英雄の旅

ヒーローズ・ジャーニー

12のアーキタイプを知り、
人生と世界を変える

AWAKENING
THE HEROES
WITHIN

Twelve Archetypes to
Help Us Find Ourselves
and Transform Our World

キャロル・S・ピアソン
Carol S. Pearson
鏡リュウジ 監訳
鈴木彩織 訳

実務教育出版

デイヴィッドへ

心と胃袋の両方が満たされなければ、狩りは終わらない

――サン・ベア（『ウォーク・イン・バランス』より）

監訳者まえがき

あなた自身の人生の旅のために

人生は、一つの旅。古今の賢人たちは、みなそんなふうに語ってきました。誕生、成長、出会い、別れ、親密な関係や結婚、そして仕事と自己実現、さらには、老いて、この世から去ってゆくこと……人はだれしもがそんな冒険の物語を生きています。そう、人はみな、物語の「英雄」なのです。

そして、どんな旅もそうですが、人生という旅を続けていくためには、地図があったほうがいいにきまっています。旅は前情報がないほうがいい、すべて初体験で飛び込んでいくほうが楽しい、という考えの人もいるでしょうが、人生という旅は一回きり。何度も同じ道のりをいくことはできません。充実した旅をするためには、やはり何かのマップや先達があったほうがいいと考えるのが賢明でしょう。どんなに順風満帆に見えるような人生の行路においても、ときに人は迷い、悩み、苦しむことがあるはずなのですから。

そして、人生という旅のマップとしては、たくさんのものがあります。哲学、思想、宗教、科学、そうしたものはすべて、かけがえのない人生を十全に生きるための智恵として生れ、発達してきました。

そのなかでも、実はもっとも身近でもっともすぐれた、そしてもっとも深い英知をはらんでいるものの一つが、「神話」なのだと思います。

神話というと、今ではどうも「嘘っぱちの作り話」と考えられることが多いようです。たとえば、3・11以降にさかんにいわれる「崩壊した安全神話」などというときの用例がそうですね。

確かに、神話に登場する神々や魔法はこの現実世界では存在するはずがありません。大昔の人は雷は神々の王ゼウスのもつ武器が起こしていると考えたり、海のかなたに永遠の楽園があると信じていたかもしれませんが、それは科学や知識が未熟だったころの、「思い込み」にすぎない……。これは事実です。

しかし、それは単なる「事実」であって、心のなかの「真実」という観点からみたときには、そうではないのです。

現代における神話の価値を大きく再評価したのは、いわゆる深層心理学者たち、とりわけスイスの精神科医であるカール・ユングでした。

ユングは、たくさんの患者の想像や夢に耳を傾けるうちに、そうした語りが世界の神話にそっくりであることに気が付きました。同時に、本来文化的な交流がないはずの、時代も地理的にも離れて誕生した神話にも驚くべき共通項があることに注目しました。たとえば、世界中のほとんどの地域で「竜退治」の神話があります。この物語の型は、現代ではコンピュータ・ゲームやヒーローもののアニメのなかにも息づいて、現代でも語られ続けています。

ユングの考えでは、実は人類の心の深い部分には、こうした共通の物語を生み出す層が存在するということになります。この層を「集合的無意識」と呼び、そして、その物語の型を「アーキタイプ」と呼ぶのです。タイプは「型」、アーキというのはもともとギリシャ語で「アルケー」、つまり、大本の、とか、始原の、という意味。モナリザの微笑みを「アルカイック・スマイル」と呼ぶときのアルケーですね。

そして、このアーキタイプが人生に意味を与える基本的な役割を果たしているとユングは考え、神話的なイメージを真剣に研究しました。

僕たちが大きな困難に出会い、その敵を打ち負かそうとするときには、僕たちのなかでは「戦士」のアーキタイプが動き出しています。誰かを深く愛し、結びつこうとするときには「求愛者」という神話的モチーフが活性化されています。一人ひとりの人生は個別で、ユニークなものではあるものの、そこには共通の心の基盤があり、そのアーキタイプを十全に、成熟して体験することによって、人は深い満足を得て成長することができるのです。

ただし、そうした神話を参照にしつつ、体験を深めていくことは、本来であれば、訓練を受けたセラピストや臨床心理士とともに分析を進めていく必要があります。

これは相当大変なことで、一般の人がすぐにとりかかれるというものではありません。

そこで、登場するのが本書です。

本書『英雄の旅』は、そんなユング心理学の考え方を、より実用的に、平易に自分で自分の人生に応用できるよう工夫したものです。

本書では、「幼子」から「道化」にいたるまで、アーキタイプのなかでもとくに重要だと思われる十二のキャラクターを抽出し、それぞれの役割を詳しく、そしてわかりやすく解説しています。

本書に登場するテストを自分でやってみることで、自分のなかでとくに活性化されているアーキタイプを自分で診断し、そして、それをより成熟させていくことができるエクササイズにトライすることもできます。

それは、あなたの人生というかけがえのない道行のための有効な地図でもあり、また、内なるアーキタイプを意識化して生きることは、人生をともに旅する最良の仲間たちと出会うということでもあるでしょう。

社会の変化がますます加速し、価値観が大きく揺らいでいる現代では、外に指針を求めているだけではいたずらにふりまわされることとなってしまいます。情報を知ることは大事ですが、同時に、こんな時代だからこそ、普遍的な物語に耳を傾け、内なる存在に目を向けることこそ、重要だと僕は信じます。

本書は、そのためのベストパートナーになってくれることでしょう。

自分自身に目を向ける勇気をもったあなたに、ぼくは監訳者としてこの本を贈ります。

鏡リュウジ

英雄の旅　目次

AWAKENING THE HEROES WITHIN

監訳者まえがき ……………… 5

はじめに ……………… 19

第一部　自我、魂、自己のダンス

第1章　旅における三つの段階 ……………… 54

第2章　自我――内なる子供を守る ……………… 58

第3章　魂――神秘を体験する……70
第4章　自己――自分という人間を表現する……88
第5章　英雄的精神を超えて……108

第二部　旅立ちのとき

第6章　幼子　The Innocent……120

第7章 孤児 The Orphan …………… 136
第8章 戦士 The Warrior …………… 154
第9章 援助者 The Caregiver …………… 176

第三部 旅――本物の存在になるために

第10章 探求者 The Seeker …………… 196

第11章　**破壊者**　The Destroyer …… 216
第12章　**求愛者**　The Lover …… 234
第13章　**創造者**　The Creator …… 258

第四部　**帰還——自由を手にするために**

第14章　**統治者**　The Ruler …… 282

第15章　魔術師　The Magician……300
第16章　賢者　The Sage……326
第17章　道化　The Fool……344

第五部　多様性を讃える力

第18章　二元性から全体性へ……364

第19章　ジェンダーと人の成長……398
第20章　ジェンダーと多様性と文化の変容……424
第21章　人生の神話……450
謝辞……465
HMI（英雄神話指標）……477
原注……490

英雄の旅

ヒーローズ・ジャーニー

AWAKENING THE HEROES WITHIN

Twelve Archetypes to
Help Us Find Ourselves
and Transform Our World

by

Carol S. Pearson

はじめに

あの人には〝魂《ソウル》〟がある、と言われる人々がいる。愛を知り、苦しみを知り、人生の意義を深く感じ取っている人たちのことだ。一番の強みは、自分という人間を知っている点かもしれない。

魂をなくしてしまったように見える人々もいる。物質的には――世間が羨むような家や、仕事や、車や、装飾品には――恵まれているかもしれない。家族の絆や信仰心を持ち合わせている人もいるだろう。だが、心の中ではむなしさを感じている。義務感に駆られて善行に励んでいる時でさえ、その行動には志が欠けている。

愛を知り、苦しみを知り、真剣に人生と向き合っているのに、それでも充実感とは無縁の日々を送っている人々もいる。心から満足できる仕事や人間関係が見つからないような気がして、そのせいで常に窮屈な思いを味わっている。自分の魂《ソウル》と結びついているはずなのに、世の中から切り捨てられたように感じてしまう。

誰よりも哀れなのは、世の中で活躍するすべや、自分の魂に忠実に生きるすべを知らない人々だ。彼らは空虚で報われない日々を送っている――といっても、わざわざそんな生き方を選ぶ必要はない。私たちには、人生やコミュニティでの暮らしに意義や目的を見いだす力が備わっているからだ。

生きるすべを学びたかったら、さまざまな英雄伝に目を向けてみるといい。英雄の探索とは自分自身にイエスと言うことであり、イエスと言い続けながら、活動の場を増やして世の中の役に立つ存在になることを目指したものだ。なぜならば、英雄の旅《ヒーローズ・ジャーニー》とは、まず第一に真の自己《トゥルー・セルフ》という宝を見つけるためのものだからだ。宝を見つけたら帰還を果たし、自分が授かったギフト〔特別な才〕を王国の変革に――それに伴う自分自身の変革に――役立てなくてはならない。探索の旅では数々の危険や罠が待ち受けているが、大きな報酬も用意されている。世の中で成功するための能力と、魂の神秘を解き明かす力、自分だけのギフトを授かって世の中のために役立てる機会と、さらには、愛情豊かなコミュニティで生活する機会を手にすることができるのだ。

この本は、人生という旅のあらゆる段階《ステージ》にいる人々に向けたものだ。旅立ちを考えている人や旅を始めたばかりの人にとっては、探索へ誘う声となる。旅人となって久しい人には、決意を新たにするきっかけとなる。そして、長い旅路の果てで、自分が学んだことを他人に伝授する方法を模索している人にとっては、一つの道具《ツール》となるはずだ。旅には人それぞれの形があり、探索者は自分が見つけた道を地図に記していく。だが、すでにその道を歩いた者の足跡を知っておけば、作業ははるかに楽なものになる。英雄たちが切り開いた道はさまざまだが、それは私たちにもたどることができる道なのだ。それを知っていれば、英雄になるには人それぞれの方法があると納得できるだろう。

＊＊＊

英雄たちの物語には、永遠に語り継がれるにふさわしい奥深さがある。私たちの憧れや痛みや情熱を大昔の人々に結びつけ、人として生きることの本質にかかわることを学べるように導いてくれる。さらには、自然界や霊的世界《スピリチュアル・ワールド》の雄大な営みと通じ合う方法も教えてくれる。人生の意義を教えてくれる神話はあまりにも原初的で元型《げんけい》的なものであり、私たちの恐怖心を掻き立てる力を持っている。と同時に、私たちを偽りの人生から解放して本来の自分に戻してくれる力も備えている。ここぞという場面で、T・S・エリオットが「原初的な恐怖」と呼んだものを避けてしまうと、人生の熱情や神秘と通じ合うきっかけを逃してしまう。そうした永遠のパターンと通じ合うことができれば、過去に味わったことのない痛みや孤独に苛まれている時であっても、人生の意味や意義といった感覚を味わえる。そうするうちに、人生に向き合う気高さを取り戻すことができるのだ。

現代人は、人類が体験したことのない生活を営んでいるせいで毎日のように世界を再構築しているのだが、だからこそ、自分たちの行動を時として拠り所のない空虚なものに感じてしまうという矛盾を抱えている。この状態から脱するには、自分たちの源は過去と永遠の両方にあるのだと実感しなくてはならない。

だからこそ、現代社会では英雄伝が大きな意味を持つ。それは、私たちをあらゆる時代や場所へ誘《いざな》ってくれる、時を超えた神話なのだ。思い切って崖から飛び降りて、慣れ親しんだ世界から未知の世界へと旅立つ物語であり、いずれは、ドラゴンと闘い、変革に必要な財宝を手にして王国に帰還する時がくるという信念にまつわる物語だ。さらには、自分に忠実になり、信頼の置けるコミュニティで仲間と共存していくすべを学ぶことができる物語でもある。

古代の神話では、王国が王や王妃の心身の健康を映し出す鏡となっていた。統治者が病んでいると国土も荒れる。王国を癒すためには、英雄が探索の旅を引き受けて、神聖な宝を探し出す必要があった。その後は、帰還を果たし、統治者を癒すか新たな統治者を見つけなくてはならなかったのだ。今の世の中には、荒れ果てた王国の兆候がいくつも現れている。飢餓、環境破壊、不安定な経済、蔓延する格差、絶望と孤立感、戦争と滅亡の脅威。私たちの〝王国〟には、指導者の魂《ソウル》だけでなく、国民全員の魂の有り様が映し出されている。人類の歴史において、英雄的精神《ヒロイズム》がここまで求められる時代があっただろうか。私たちが安定した暮らしと健全さを取り戻して豊かな王国を築くためには、古《いにしえ》の英雄たちのように、旅に出て自分の使命を悟り、自分が授かったギフトを発揮しなくてはならない。言ってみれば、世界という巨大なジグソーパズルを完成させるために、旅先で見つけたピースを持ち帰るようなものだ。それぞれが自分の役割を果たせば、一人の力が大きな力となって王国が変革される。

王国の変革が成功するかどうかは私たち次第だ。それを理解していれば、競争意識を捨てて、自分や他人に力を与えることに専念できるようになる。〝競争に負けた〟という理由で自分の力を眠らせておく者がいると、国民全員が敗北してしまう。旅に出かける勇気を奮い起こせずにいると、自分というピースはいつまでも欠けたままで、自分はもちろん、国民全員が損害を被ることになる。

真の自己《トゥルー・セルフ》を探す旅

英雄的精神《ヒロイズム》を発揮するには、新たな真実を見つけるだけではなく、その真実のビジョンに従って行動を起こす勇気を持たなくてはならない。現実的な言い方をすれば、だからこそ英雄たちにとっての勇気と思いやりの心とは、強力な自我の発達、ビジョン、迷いのない心や魂と切っても切れないものなのだ。そのどれもが、魂の旅に出かけて真の自己《トゥルー・セルフ》という財宝を手に入れることによってもたらされる。

多くの人が知るように、英雄はドラゴンを倒して囚《とら》われの乙女を（あるいは犠牲者を）救い出し、財宝を見つけて持ち帰る。多くの場合、旅の終わりで二人は結婚する。旅は〝ハッピーエンド〟でしめくくられ、その後の人生では——新しい家族や仲間たちで構成されるコミュニティでは——〝更新された真実〟が公然と掲げられる。英雄たちが持ち帰ったこの新たな真実は、彼らの暮らしだけでなく王国の暮らしまで一新させ、彼らと触れ合うすべての者に影響を及ぼしていく。

こうした神話のパターンは私たち個人の旅にもあてはまるものであり、ハッピーエンドは長続きしないのが世の常だ。旅から帰って人生の新たな段階に踏み出していくと、私たちはすぐにまた別の旅へと駆り立てられる。そのパターンは、線でも円でもなく、螺旋《らせん》を描く。旅そのものが終わることはなく、旅先で新たな現実に遭遇して物事が良い方向へ進んでいくたびに、人生の節目となるような出来事を体験をする。そして、次の旅に出かけるたびに新たな段階から一歩を踏み出し、新しい財宝と、新たに見いだした変革を起こす力を携えて帰還を果たすのだ。

旅が求めるもの

自分の旅はたいしたものではないと思い込んでドラゴン退治や財宝探しの機会を逃してしまうと、むなしさを味わい、心にぽっかりとあいた穴に苦しめられることになる。現代の均一化社会で活動する心理学者たちは、〝誇大妄想〟という極めて稀《まれ》な症例の研究には熱心に取り組むのに、世の中に蔓延する「自分はたいした存在ではない」という妄想については分類すら行なっていない。人の存在の重みに違いはないというのが事実である一方で、私たちはそれぞれに大切なギフト〔特別な才〕を授かって生まれてきた――だが、そのギフトとは旅に出なければ発揮できないものなのだ。

私たちは誰もが重要な存在であり、英雄になる資質を持っている。この本は、そのことを理解してもらうためにある。何よりも大切なのは、可能性についての古びた観念を捨てて、輝かしい人生に続く道を選ぶための潜在能力を提示している点だろう。多くの人々は、物質的財産、功績、不動産、経験を蓄積していくことで豊かな人生を実現しようとするが、このやり方が功を奏した例はない。豊かな人生を送るためには大きな存在を目指す意志の力が必要であり、その過程では、自分は無力だという幻想を捨て、自分の人生に責任を持たなくてはならない。

現代社会では人間の存在が極端に軽視されている。ビジネスの世界において、私たちは人的資源とみなされている。広告は私たちの不安や恐怖心をあおり、必要のないものまで買わせようとする。多くの宗教団体は、「善良な人間になりなさい」と説くだけで、自分は何者なのかという疑問に答える手助けはしてくれない。多くの心理学者は、自分たちの仕事は人々が現状に適応できるように手を貸すことであって、旅に出て新たな可能性を見つけるように促すことではないと考えている。多くの教育機関は、人間性を存分に発揮する方法を教えるよりも、生徒たちを経済という機械の歯車にするための教育を行なっている。

簡単に言えば私たちは商品や物資とみなされているわけで、高値をつけた人間に売られるか、価値が高まるように改良されるだけなのだ。学習能力のある道具《ツール》として評価されている点をのぞけば、そこには人の魂や心を尊重しようという意識は存在しない。その結果、私たちはしだいに自分を卑下するようになっていく。心のむなしさを埋めるために、食べ物、アルコール、薬物に依存したり、強迫的で自暴自棄な行為に陥ったりする人も多い。現代人がここまで慌ただしいペースで生きるようになったのも必然の結果なのかもしれない――そうしていればむなしさを覆い隠すことができるからだ。休まずに動き続けていれば、重要なことをしているという幻想を創り出せる。

自分自身の聖杯を探して自分の個性を見いだそうと思っても、その意気込みは、巧妙かつあからさまな方法で、既存の基準を〝満たす〟ことを求める圧力に押しつぶされる。私たちが自分自身を見つけるよりも基準を満たそうとするのは当然のことで、自分が授かったギフトを見つけて人と分かち合いたいなどという願いはとうてい叶いそうには思えない。自分が何者なのかを知るどころか、頭の中は心配事でいっぱいだ。自分はルックスがよいだろうか？　充分に賢いだろうか？　人に好かれているだろうか？　道徳は？　健康面はどうだろう？　熱心に働いているだろうか？　今のままで成功していると言えるだろうか？

私たちは、自分が「完璧」なのかどうかを知るために、他人を基準にして自分を測ろうとする。俳優や女優の非の打ち所がない容姿やスタイル、ノーベル賞受賞者の知性、偉大な啓蒙家の美徳や精神の明晰さ、億万長者《ビリオネア》の経済的成功に憧れる人がどれほど多いことだろう。努力を重ねては、基準を満たしていないという理由で自分に鞭を振るう。そうやっていたずらに時を費やしている人々が大勢いるのは驚くことではない。

このような道をたどっていたら、いつまでたっても自分を見つけることはできないはずだ。代わりに従順な消費者となって、「あなたの醜い顔は［罪深さ／病気／貧しさは］私の力で克服できますよ」とうそぶく人々に財布を開く。そうしているうちに、相手と一緒に身動きの取れない状況へ陥ってしまうだろう――自分を知ろうとするのではなく、手の届かないものを必死になって追い求めるからだ。

探索に誘われるのも、もともとは、完璧さを象徴する何らかのイメージに近づきたいという欲求があるせいなのかもしれない。だとしても、最終的には、頭に刷り込まれていた理想像から解き放たれて、自分だけの旅を始めることが可能になる。英雄の旅《ヒーローズ・ジャーニー》は、自己啓発プログラムに例えられるものではなく、あなたという人間にまつわる真実を見つけ、それを大切にするための手助けとなってくれるものなのだ。

自分が英雄だと気づけば、自分に悪いところなどないことがわかる。あなたの心は健やかだ。あなたの体は健やかだ。あなたは素晴らしい才能の持ち主だ。あなたの課題は、他の誰かになることではなく、自分がいまここにいる理由を見つけること。つまり、自分に次のように問いかけてみることだ。私は何をしたいのだろう？　何を学びたいと思っているのだろう？　私の肉体はどんなふうに動きたがっているのだろう？　私の心は何を愛しているのだろう？　あなたが問題や病気を抱えていたとしても、〝天からの声〟が返ってきて、以前は拒絶していた局面や避けていた局面に導かれることがある。そんな時は、こんな質問をしてみるといい。「この問題（病気）がきっかけとなって、旅の助けとなるような、どんな教訓を学ぶことができるのだろう？[1]」

自己発見には大きな報酬が用意されている。本当の自分を発見すると、すべてがあるべき場所に収まっていくような感覚を味わうものだ。自分に備わっている美しさ、知性、美徳に目を向けることができるようになる。そうした資質を生かして、世の中で成功することもできる。躍起になって自分の能力を証明しようとする機会が減れば、肩の力を抜いて、愛し、愛される関係を築くこともできるだろう。「自分は豊かな人間性や英雄の資質に恵まれている」と公言するのに必要なものは、はじめからあなたに備わっている。

旅の案内人《ガイド》、アーキタイプ

旅の途中では、旅への取り組み方を体現している内なる案内人《インナー・ガイド》、または「アーキタイプ（元型《げんけい》）」と呼ばれる存在の力を借りることになる。本書ではこの内なる案内人を、幼子、孤児、戦士、援助者、探求者、破壊者、求愛者、創造者、統治者、魔術師、賢者、道化の十二種類に分けて探っていく。それぞれが教訓となる教えを持ち、旅のそれぞれの段階《ステージ》で主役を務める存在だ。

内なる案内人とは、太古の昔から私たちとともに歩んできたアーキタイプのことだ。美術品や文学、神話や宗教の中にくりかえし登場する象徴であり、国や時代を超えたあらゆる場面で目撃されているからこそ、アーキタイプとして認識されている。

内なる案内人は元型的な存在であり、世界中の人々の意識下の精神世界に内在する。したがって、アーキタイプは私たちの魂の内側と外側の両方に存在していることになる。彼らは私たちの中に住んでいるが、それ以上に重要なのは、私たちが彼らの中に住んでいるということだ。その結果、彼らが中に入ってきたり（私たちが見る夢や幻想やもちろん、仕草に現れることもある）、外へ出てきたりしたところを（神話、伝説、美術品、文学、宗教はもちろん、多神教文化では星座や、鳥や動物として現れることもある）捕らえることができるのだ。彼らはそうやって、私たちの内外に存在する英雄の影像を伝えてくれている。

私たちは、それぞれの物の見方に応じてアーキタイプを認識する。アーキタイプとは何かという問いに対して、本書では五通りほどの説明を用意した。

1．霊的世界《スピリチュアル》の探求者は、アーキタイプを集合的無意識の中で象徴化された「男性神」や「女神」とみなすことがあるが、彼らを見下すのは早計である。

2．学者をはじめとする合理主義者は〝神秘〟と名のつくものには懐疑的になるのが常なので、アーキタイプのことは、枠組み《パラダイム》や隠喩《メタファー》、世の中をどのように認識するかを決定づける見えざる認知パターンといった見方をするかもしれない。

3．科学者の場合は、アーキタイプをホログラムに類似したもの、アーキタイプを認知するプロセスを一般的な科学的プロセスの類似物ととらえるかもしれない。アーキタイプが私たちの内側と外側に存在する（したがって英雄も内側と外側に存在する）ように、ホログラムの全体像はそれぞれの断片に内在する。実際、現代科学では、大宇宙と小宇宙の相似という古代からの霊的な教えを、ホログラフィー理論によって実証しようとしている。同じように、心理学の研究においても、人間の個々の心の真実を創造活動などに着目して解き明かすことがある。

物理学者は、原子よりも小さな素粒子について学ぶ際には粒子が残した痕跡《トレース》をたどっていく。同様に、心理学者をはじめとする人文科学者は、美術品や文学作品、神話や夢に潜むアーキタイプを検証することによってアーキタイプを学んでいく。カール・ユングは、両親の夢を見るたびに浮かんでくるイメージが、現代の文学や宗教や美術品はもちろん、古代の神話や伝説や美術品の中にも見いだせることに気づいた。アーキタイプだとわかるのは、それが時代や空間を超えてまったく同じ痕跡を残しているからだ。

4．「一なる神」の存在を強調する宗教関係者は（そして、男性神や女神の考察に多神教が内在することを気にかけている人は）、一神教の宗教上の真理と、アーキタイプの多元的な心理学上の真理を区別することができる。私たちが「一なる神」を論じている時の「神」とは、人間には視覚化することも、名前をつけることもできない存在だ。アーキタイプとは、その神が持ち合わせているさまざまな顔とも言えるもので、心《プシケ》と接触して圧倒的神秘《ヌミノース》の世界を想像しやすくしてくれるものである。だが、世の中には、一神教の考えにこだわるあまり自分たちの神の概念をたった一つのアーキタイプに集約させてしまう人々がいる。たとえば、神をふさふさとした白い顎髭《あごひげ》をはやした老人としてイメージするような人々のことだ。そうした人々は、自分でも気づかないうちに、神秘的な出来事には一つのイメージでは伝えきれない奥深さがあるという感覚を封印してしまっている。

一神教を唱えた初期のキリスト教においても、神にまつわる真理を伝える手段として三位一体をイメージしなくてはならなかった。さらに、現代の神学者たちは、従来の「父なる神と、子なる神と、聖霊なる神」という家父長的なパンテオンに、神の女性的な側面を付け加えようとしている。仏教で掲げられている「一なる神」とは、一つの神格を四十、四百、四千の様相に分割することができるものであり、その一つ一つが独自の名前と物語を持っている。このように、アーキタイプは、私たちを永遠なるものに結びつける役割を担っている。つまり、私たちにも理解できるような多彩なイメージを喚起させることで、偉大な神秘をより理解しやすいものにしてくれているのだ。

5. 人間の成長や人材育成に関心のある人々は、アーキタイプを旅の案内人《ガイド》として理解しているのではないだろうか。私たちの人生に登場するアーキタイプは、それぞれの役割と教訓を携え、最終的にはギフトを授けてくれる存在だ。複数のアーキタイプが同時に活性化しながら、生きていくすべを教えてくれる。この考え方の一番の長所は、私たち一人ひとりにすべてのアーキタイプが内在するとしている点だ。それはつまり、私たちにははじめから豊かな能力が備わっているということだ。

アーキタイプと英雄の旅《ヒーローズ・ジャーニー》

旅のどの段階《ステージ》でも私たちが英雄であることに変わりはないのだが、英雄の資質をどのように定義して体験するかは、文化的にも個人的にも、どの案内人《ガイド》が活性化しているかによって変わってくる。たとえば、西洋社会で「英雄《ヒーロー》」という言葉から連想されるのは、ドラゴンを倒して囚《とら》われの乙女を救い出す戦士《ウォリアー》だろう。戦士のアーキタイプは、西洋文化の男らしさを連想させるものでもあり、私たちは英雄といえば男性を——しかも、（西洋においては）白人男性を——思い浮かべやすい。女性や、肌が白くない男性は、脇役とみなされる。相棒、悪党、救出される犠牲者、従者といったところだろうか。

年齢や性別を問わず、すべての人にとって戦士のアーキタイプは英雄の資質の重要な側面ではあるものの、唯一のアーキタイプというわけではないし、最も重要なアーキタイプというわけでもない。十二種類のアーキタイプは、そのいずれもが、英雄の旅や個性化のプロセスで重要な役割を果たしている。

あなたの目に映る世界は、今のあなたの思考や行動がどのアーキタイプに支配されているかによって変わってくる。支配しているアーキタイプが戦士であれば、あなたの前には乗りこえなくてはならない壁が立ちふさがっている。アーキタイプが援助者であれば、助けを求めている人々の姿が見えるだろう。賢者であれば、幻影と状況の複雑さを目《ま》の当たりにして、真実を見つけようともがいている。道化であれば、何をして楽しもうかと考えているところだろうか。

そうなると、十二種類のアーキタイプは、英雄の旅《ヒーローズ・ジャーニー》の案内人《ガイド》であると同時に、旅に組み込まれた十二の段階《ステージ》ということになる——学ぶべき教訓と、人生を豊かにしてくれるギフトや財宝が用意されているからだ。35ページには、それぞれのアーキタイプのとらえ方をまとめてある。

十二種類すべてのアーキタイプから何かを学びたいという気持ちになれば、たった一日で、いや、たった一時間ですべてのアーキタイプと遭遇することも考えられる。たとえば、あなたの身に何か悪いことが降りかかった場面を想像してみてほしい——病気になったとか、仕事や大切な人との関係が危機に瀕しているといったようなことだ。最初の数分は、問題を直視したくないという思いにとらわれるが(影の幼子《シャドウ》)、それから生来の楽観主義が頭をもたげ(幼子)、状況を正確に把握しようと努めるようになる。次に待ちかまえているのは無力感と痛みであり、あなたは他人に助けを求める(孤児)。次は、それまで蓄えてきたものを総動員して、問題に対処するための計画を練っていく(戦士)。計画を実行に移す段階では、精神的な支えという意味で、自分や仲間が何を必要としているのかにも注意を払うようになる(援助者)。

あなたは情報収集に励み(探求者)、幻想や偽りの希望を手放し(破壊者)、自分を変えるために新たな絆を求め(求愛者)、解決策を見つけようとする(創造者)。つまり、自分自身の成長を促すようなやり方で危機に対処していくわけだ。なんとか危機を脱することができたら、すぐに自分の態度が問題を誘発したのかどうかを検証し(統治者)、自分に原因があるとわかったら、二度と同じ状況を招かないために原因となった部分を癒すように務める(魔術師)。自分には非がなかったという結論に至った場合は、ただ単に痛みを癒すこともあるだろう。そうすることで現状から学ぶべきものが見えてくる(賢者)。それを学ぶことで、再び人生を楽しむ余裕が生まれ(道化)、人生のプロセスを信じる気持ちを取り戻すのだ(幼子)。

特定のアーキタイプを活性化させずにいると、それぞれの段階《ステージ》を生きることができない。戦士が活躍しなければ、計画を練って問題に対処する段階を体験できない。賢者が現れないと、難局から教訓を得る体験がおろそかにされるかもしれない。あるいは、それぞれのアーキタイプの影《シャドウ》が表に現れてしまうこともあるだろう。計画を練る代わりに他人を非難するのに夢中になるとか、教訓を得る代わりに自分や他人に裁断を下すといった具合だ。

十二種類のアーキタイプの段階を体験するのは、日々生き抜くための貴重なスキルを育んでいく、元型的プロセスなのだ。

旅における三つの段階《ステージ》

英雄の旅《ヒーローズ・ジャーニー》は三段階に――つまり、〈準備〉〈旅〉〈帰還〉の三つの段階《ステージ》に――分けられる。(2)〈準備〉の段階では、自分の能力、勇気、思いやり、理想への忠誠心を証明するように求められる。〈旅〉の段階では、家族や一族のもとを離れて探索の旅に出るのだが、そこで私たちを待ち受けているのは死と苦しみ、そして愛だ。だが、ここで何よりも重要なのは、あなたの自己《セルフ》が形を変えていくことだろう。こうした変容は、神話の世界では、財宝や聖なる神器を見つけるという行為で表現されることが多い。〈帰還〉の段階では、私たちが王国の統治者になり、私たちが変わったという理由で王国も変革される。と同時に、私たちは再生と新生をくりかえさなければならない。さもないと、干《ひ》からびた真実にしがみつく鬼のような暴君となって、王国に損害をもたらしてしまうからだ。自分には何かが足りない、このままでは目の前の難題に立ち向かうことができない、と感じはじめたら、再び探索の旅に出る必要がある。

準備

この段階では、四種類のアーキタイプが旅立ちの準備を手伝ってくれる。私たちは無垢な存在として生を受け、幼子から楽観主義と信頼を学ぶ。〝転落〟を経験すると、うちひしがれた孤児となり、見捨てられ、人生に――特に、自分の面倒をみてくれるはずだった人々に――裏切られる。孤児は「自分の面倒は自分で見なさい」「他人をあてにするのはやめなさい」と教えてくれるのだが、無力感で身動きがとれない孤児にとっては、仲間と団結して助け合うのが人生を生き抜く最善の策だ。

戦士が登場すると、目標を設定して達成するための戦略づくりを学ぶのだが、こうした戦略では、必ずといっていいほど自制心と勇気を発揮するように求められる。援助者が活性化してくると、他人のことを気遣い、最終的には自分のことも大切にするようになる。

この四つの特性――生来の楽観主義、団結して助け合う力、自分や他人のために闘う勇気、自分や他人への同情や思いやり――が揃えば、社会で生きていく基本的なスキルに不足はない。だが、道徳心と社会的成功の両方を手に入れるのに必要なことを学んだとしても、学んだだけで終わってしまうと、ほとんどの人は満たされない思いを引きずることになる。

旅

手が届かないものに憧れるようになると、私たちは探求者となって、心を満たすために言葉にできない何かを探し求めるようになる。誘い《コーリング》に応えて旅の第一歩を踏み出すと、やがて、大切にしていたものをなくしたり苦しみを体験したりすることになる。これは、自分の暮らしに欠かせないと思っていたものの大半を、破壊者が奪ってしまうからだ。しかし、自分が人間や目的や場所や仕事に心を奪われていることがわかると、苦しみを介した通過儀礼《イニシエーション》は、エロス、すなわち求愛者の世界への通過儀礼を経ることで補完される。この愛情は深く、強い絆が求められる――そうなると、もう自由なままではいられない。こうした死や愛との出会いから授かる宝とは、真の自己《トゥルー・セルフ》の誕生だ。そして創造者は、この自己《セルフ》を世に知らしめて、王国への帰還を準備できるように力を貸してくれる存在だ。この段階《ステージ》で現れる四種類のアーキタイプの力――生き抜く力、自分を解き放つ力、愛する力、創造する力――は、古い自己を手放し、新しい自己を誕生させるための道程《プロセス》を教えてくれる。この道程を歩むことで、王国への帰還を果たし、人生に変化を起こすための準備が整うことになる。

帰還

王国への帰還を果たすと、私たちは自分が統治者になっていることに気づく。初めのうちは、国の現状に失望することもあるだろう。だが、旅で手に入れた知恵を生かしながら、深みを増したアイデンティティに忠実に生きていれば、荒れ果てた大地にも花の咲く日がやってくる。魔術師が活性化し始めると癒しや変容の道に通じるようになり、それによって王国も変わり続けることが可能になるだろう。

とはいえ、私たちが心から満たされるためには自分の主観性と向き合わなくてはならず、そこで登場する賢者が「真実とは何なのか」という問いへの答えを知る手助けをしてくれる。自分の主観を受け入れて、幻想やつまらない欲望を手放すことができるようになれば、自分は何物にも束縛されていないという境地に達して自由を味わうことができる。そこまでくれば、道化の登場を受け入れて、明日を憂うことなく、今のこの瞬間を愉快に生きることができるはずだ。

この最終段階で成し遂げたもの――自分の人生に全責任を持つこと、自分や仲間を癒して変容させること、束縛からの解放と真実へのこだわり、喜びや奔放さを受け入れる余裕――これこそが、英雄の旅《ヒーローズ・ジャーニー》で手に入れる報酬なのだ。

螺旋《らせん》の旅

「英雄の旅は〈準備〉〈旅〉〈帰還〉という三つの段階《ステージ》を移行していくもので、十二種類のアーキタイプが順番に力を貸してくれる」――そう言い切ってしまえれば、教えるのに便利なのだが、当然ながら、ほとんどの成長過程は直線的で明瞭な軌跡を描くわけではない。旅の案内人は、彼らがそうしたいと思った時に――あるレベルに達すると、私たちがそうしてほしいと思った時に――姿を見せるからだ。

成長のパターンは螺旋《らせん》のような線を描いている。つまり、道化のアーキタイプに象徴される旅の最終段階は、ふたたび幼子のアーキタイプに象徴される第一段階へ戻っていくのだが、そこからの旅は前回よりも高いレベル

ドラゴン／問題への対処	課題	ギフト／美点
存在を否定する、助けを求める	忠誠心、洞察力	信じる気持ち、楽観主義
犠牲者になる	痛みを処理して全身で受け止める	自立心、現実主義
退治する／立ち向かう	本当に大切なもののために闘う	勇気、自制心
ドラゴンやドラゴンが傷つけた者の世話をする	誰も傷つけずに与える	憐れみの心、寛容な心
逃げる	より深遠な自己に忠実に生きる	自律、野望
受け入れて退治する	自己の解放	謙虚さ
愛を与える	至福に従う	情熱、献身
自己の一部として主張する	自己の創造、自己受容	個性、使命感
建設的な利用方法を見つける	自分の人生に全面的に責任を持つ	責任感、管理
変容させる	自己と宇宙との連携	自分だけのパワー
超越する	悟りへの到達	英知、束縛からの解放
幻惑させる	プロセスに対する信頼	喜び、自由

12のアーキタイプ

アーキタイプ	目指すもの	恐れるもの
幼子	安全であり続けること	見捨てられること
孤児	安全の回復	搾取
戦士	勝利	弱さ
援助者	人を助ける	自己中心的な態度
探求者	よりよい人生の探求	順応
破壊者	変身	消滅
求愛者	至福	愛の喪失
創造者	アイデンティティ	信憑性の欠如
統治者	秩序	無秩序
魔術師	変容	妖術
賢者	真実	欺瞞
道化	享楽	意気消沈

から始まるということだ。同じ幼子でも、以前よりも賢くなった幼子なのだ。螺旋の旅ではそれぞれのアーキタイプに何度も巡り会う可能性があり、前回よりも一回り成長を遂げた状態で新たなギフトを授かることもあるだろう。出会いのたびに心に新たなものが刻まれ、それが編み物の目のような役割を果たす。私たちが現実を体験すると――そして、その現実を記憶に留めておくのにふさわしい編み目を残しておけば――その経験を血肉として、意味を持たせることができる。出会っていないアーキタイプは、編み物にあいた穴のようなもの。理解するすべをもたなければ、何を体験しても穴からこぼれ落ちていってしまうだろう。[3]

本書の使い方

本書は五部構成になっている。第一部では、英雄の探索を意識の旅として紹介する。ここでは、心《プシケ》そのものを構築して調和させる際に、アーキタイプがどのような方法で力を貸してくれるかを探っていく。私たちはアーキタイプの助けによって、自我《エゴ》を形作って、自分の魂《ソウル》とつながり、その後は、真の自己《トゥルー・セルフ》を育んでそれを世の中で表現するようになるからだ。五つの章に分けて、個性化と意識の拡張のプロセスについての基本認識を紹介し、眠っていた力を存分に発揮する方法を学ぶための土台づくりをしていく。

第二部から第四部までは、旅の途中で手を貸してくれる案内人《ガイド》について詳しく探っていく。第二部では、旅に出かける準備を手伝ってくれる、幼子、孤児、戦士、援助者のアーキタイプについて説明している。第三部では、旅の途中で登場する探求者、破壊者、求愛者、創造者のアーキタイプについて、第四部では、華々しい帰還と王国の変容を容易にしてくれる、統治者、魔術師、賢者、道化のアーキタイプに焦点を当てている。

章ごとに一つのアーキタイプを取り上げ、それぞれが個人の暮らしや文化生活のなかでどのように自己表現するかを論じていく。具体的には、それぞれのアーキタイプが教えてくれるスキル、アーキタイプの影《シャドウ》、アーキタイプが授けてくれるギフト〔特別な才〕と教訓といった内容だ。アーキタイプは、未発達な状態で姿を現すこともあれば、より洗練された形で現れることもあるので、それぞれの章ではアーキタイプの発達段階についても探っていく。

第五部では、私たちの旅が、年齢、性別、文化、個人のアイデンティティといった要素にどう影響されるのかに注目する。ここで挙げる要素は、一つの元型的な主題を無数のパターンや形式に拡散させるプリズムの役目を果たし、人それぞれの違いや創造性を受け入れるゆとりをもたらしてくれるものだ。

本書の利用目的

本書は一般の読者に向けたものだ。大学などの講義で利用するのもいいだろう。薬物やアルコールへの依存の予防・回復プログラム、心理カウンセリング、スピリチュアル・カウンセリング、結婚・家族カウンセリング、従業員援助プログラム、サポートグループで活用することもできる。もちろん、内なる英雄を目覚めさせたいと願う人々も対象になっている。本書でとり上げる理論については、次のような用途が想定されている。

1. 発展的なトランスパーソナル心理学の一環として。
2. 人間の成長を、教訓、試練、ギフトを備えた十二の段階《ステージ》で説明する手段として。
3. 活性化しているアーキタイプ、性別、年齢、心理的タイプ、文化的背景によって、人間の多様性を理解・評価する手段として。
4. 教育関係者やセラピストが個人の成長課題を見極めるために使う、診断・介入のモデルとして。
5. 社会における成功、市民としてのあり方やリーダーシップを追求する上での支援として。

6．時代を超えてアーキタイプ化した霊的真実《スピリチュアル・トゥルース》を神話、宗教、文学、心理学の中に見いだす手段として。さらには、心理学的手法により霊的・精神的成長を促す手段として。

7．個人の自己理解と成長を促すツールとして。

個人の読者であれば、本書に書かれている理論を活用して、自分がアーキタイプの影《シャドウ》に取り憑かれて損害を被っていないかどうかを確認したり、自分の中にいる英雄的な〝案内人〟をどのように分析評価すればいいのかを理解したりすることができる。何よりも重要なのは、自分の旅がどの段階《ステージ》にさしかかっているかを認識することであり、認識することで個々のアーキタイプから教訓を学ぶことができる。

アーキタイプの影《シャドウ》

世の中には、精神生活という分野そのものを未知の世界ととらえる人々もいる。そうした人たちは、どんな種類のものであれ、精神の旅という発想そのものに恐怖心を抱くかもしれない。これは未知のものを恐れる気持ちによるものだが、精神生活という領域についての知識がないせいで、活性化したがっているアーキタイプを抑えつけている可能性も否定できない。後者にあてはまる人は、初めは個々のアーキタイプをネガティブな姿で察知するはずだ。そうなってしまったら、怪物に通じる扉が開かれたら大変とばかりに、ますます強い力でアーキタイプを抑えつけることになる。

あなたもその一人であるのなら、自分の心をどうにかしようなどと考えずにこの本を読んでほしい。読むことであなたの自我《エゴ》は育まれ、やがて、アーキタイプのポジティブな側面があなたの心に整然と組み込まれるはずだ。さらには、すでに自己表現を始めているアーキタイプを認識して、そのアーキタイプがあなたにもたらしてくれた豊かな恵みに気づくようにもなるだろう。今現在も、その恩恵を受けている可能性は極めて高い。準備が整えば、新たに学んだことを簡単に自分の人生に生かすことができるはずだ。

英雄はドラゴンに立ち向かうが、ドラゴンにもさまざまな種類があるかもしれない。それどころか、集合的無意識から複数のアーキタイプが現れるのを認めようとしない人には——アーキタイプそのものを認めていればの話だが——心の中の世界にも外の世界にもドラゴンが棲み着いているように思えるはずだ。そうなったら、世界はとてつもなく恐ろしい場所に見えることだろう。

十二頭のドラゴンは、それぞれのアーキタイプの影《シャドウ》の姿だ（次の表を参照）。隠された財宝を見つけなければ、〝七つの大罪〟に匹敵するほどの致命的な存在になりかねない。私たちがひどい気分を味わっている時は、アーキタイプをネガティブな姿で表現せざるを得ない状況に追い込まれていることが多い。再び力が湧いてくるのを実感したければ、どのアーキタイプが自分を支配しているのかを調べ、支配を拒否することが必要だ。ただし、そのためには、そのアーキタイプに敬意を払って、何らかの方法で自己表現をさせなくてはならない。この場合は、該当するアーキタイプのよりポジティブな面を表現することが求められる。

アーキタイプの影《シャドウ》

幼子　否定する能力からも明らかなように、実際に起こっていることを自分自身に悟らせまいとする。自分や他人を傷つけても、その事実を認めようとしない。人から傷つけられることもあるが、その事実も同じように封印してしまう。あるいは、他人の物の見方が自分の見方と正反対であっても、その人の言葉を信じてしまう。

孤児　自分の能力不足や責任感の欠如はもちろん、みずからが犯した略奪的行為まで他人のせいにする犠牲者であり、「自分はずっと不当な扱いを受けてきた」「自分はか弱い人間なんだ」と訴えながら特別扱いや免責を期待する。影《シャドウ》に人生を支配されてしまうと、救いの手を差し伸べてくれた相手のことまで攻撃して、相手と自分を同時に傷つけてしまう。さもなければ、挫折の末に機能不全に陥ってしまう（すなわち、「私に何かを期待しても無駄ですよ。私はものすごく傷ついた［苦しんでいる／無力な］状態なんですから」という状態）。

戦士　戦士としての手腕を私利私欲のために利用して、道徳観や倫理観、グループ全体の利益を一顧だにしない悪人。人と競ったり、勝利を勝ち取ったり、自分の要求を通したりするためには理念を曲げざるをえないと感じてしまうと、待っていいいいいいいましたとばかりに活性化する（現代のビジネス界ではおなじみの存在だ）。争いが日常化している環境でも姿を現すので、自分の身に降りかかることが、侮辱的行為、威嚇、目の前に立ちふさがる障害物としか思えなくなってしまう。

援助者　苦しむ殉教者であり、「ほら、あなたのためにこんな犠牲を払ってきたんですよ！」と訴えて、相手が罪悪感を抱くように仕向ける。人を操る、自分のものにしようとする、といった行為の最中に現れ、面倒を見るという口実でその人を自分の支配下に置いてしまう（共依存の関係や、面倒を見たい、救ってあげたいという強迫観念に駆られている時にも姿を見せる）。

探求者　完璧主義者であり、常に、到達不能な目標を達成しよう、〝正しい〟答えを見つけようと奮闘している。探求者の影に取り憑かれている人々は、スポーツジムから自己啓発セミナーに至るまで、さまざまな自己改善の場を主要な活動領域にしておきながら、いつまでたっても全力で何かを成し遂げるための準備が整わない（これは、潜在能力を重視する風潮の暗部を示す病的な兆候と言える）。

破壊者　自己破壊的な行為――依存症、衝動脅迫、親密な関係や仕事上の成功や自尊心を踏みにじるような行為――と、他人に破壊的影響を及ぼすような行為――精神的虐待、肉体的虐待、殺人、レイプといったもの――のすべてに内在している。

求愛者　妖婦《セイレーン》（旅人を誘惑して旅の目的を忘れさせる）、誘惑者（愛情を武器にして相手を征服する）、セックス依存症や人間関係依存症（愛がないと生きていけないと感じてしまう）、激情に流されるとノーと言えなくなる人や、恋人が去ると完全に打ちのめされてしまう人々に内在している。

創造者　取り憑かれたような様子でさまざまな可能性に手を出すので、どれもこれも中途半端な印象を与えてしまう（映画『女が愛情に渇くとき』〈一九六四年製作〉では、主人公の女性が人生のむなしさに直面するたびに妊娠する。つまり、彼女が新しい赤ん坊の存在で自分を満たすように、私たちも、重要とはいえないプロジェクト、難題、新たな課題で空虚な心を満たすことがある）。ワーカホリックもこの一種であり、常に、まだ何かすることがあるはずだという考えに浸っている。

統治者　鬼のような暴君であり、自分のやり方に固執して王国の（あるいは、心の）創造性の芽を踏みにじり、どんな犠牲を払っても支配権を手放さない。独善的な怒りに駆られて「その者の首を刎《は》ねろ！」と叫ぶ王や女王の姿を彷彿とさせる。（子供をしつける親のように）権威ある立場にあっても、それに付随する責務にどう対処すればよいのかわかっていないと、人は往々にしてこうした行動を取るものだ。何かを支配したいという衝動に突き動かされている人間の中にも、統治者の影が潜んでいる。

魔術師　邪悪な妖術使いとして、その人の未来から輝きを奪ってしまう存在。私たちがそうした邪悪な妖術に魅了されるのは、自分や他人を軽んじたり、選択肢や可能性を自分の手で狭めたりしている時であり、結果的に自尊心の低下を招いてしまう。魔術師の影は、ネガティブな思考や行動で自分や他人を不快にさせるという、誰にでも備わっている能力でもある。

賢者　感情のない――冷淡で、合理的で、薄情で、独断的で、時として尊大な――裁判官として私たちの評価を行ない、「まだ充分とはいえない」「正しいやり方をしていない」と意見を述べる。

道化　大食家や不精者や好色漢といった、威厳も自制心もなく、欲望や肉体的衝動のままに行動していることが明らかな者。

私たちの中には、どんな時でも、「まだ充分とはいえない」（影《シャドウ》の賢者）、「恋人がいなくなったら生きていけないぞ」（求愛者の影）、「問題があるなんて気のせいだよ。何もかもうまくいくからさ」（幼子の影）などと囁く内なるドラゴンが棲みついている。しかも、外の世界でそうした内なる声を誘発する人物や物と遭遇するたびに、それをドラゴンと認識するようになる。

旅を始めたばかりの頃は、ドラゴンを外界の生き物とみなして退治しようとするかもしれない。だが、旅を続けるうちに、ドラゴンは自分の中にも棲んでいるのだと理解できるようになる。内なるアーキタイプのポジティブな側面を統合する方法を覚えれば、私たちの中にいるドラゴンは（時には、外にいるドラゴンも）頼もしい味方に姿を変える。たとえば、あなたのことを批判する人物があなたの中の影の賢者を呼び起こそうとしたら、ポジティブな賢者を前面に押し出して、「あなたの基準は満たしていなくても、私の基準は満たしている」と説明してみればいい。そうすれば、旅が終わる頃にはドラゴンは姿を消しているだろう。私たちは本物であるという証《あかし》を感じて、自由を味わうことになる。

取り憑かれるといっても、相手がネガティブな影《シャドウ》だとは限らない。アーキタイプのポジティブな姿に取り憑かれることもあるからだ。たとえば、あなたがとてもレベルの高い援助者だとしよう。あなたは人に与えることが大好きだ。何らかの思惑があってそうしているのではなく、純粋に人を助けることに喜びを感じている。そんなあなたでも、いつまでも援助者のままで、人と争わず、自分だけの至福や単なる楽しみを追い求めずにいれば、援助者のアーキタイプに取り憑かれるおそれがある。「これが正真正銘の自己《オーセンティック・セルフ》だ」という感覚が生まれるまでは、アーキタイプに取り憑かれやすい。アーキタイプのよりポジティブな姿を表現するのはもちろんだが、どのアーキタイプにも取り憑かれずにいるのが理想的だ。「これが自分だ」という純粋な感覚を育んでいけば、さまざまなアーキタイプを、それに取り憑かれることなく活性化することができる。影の呪縛から逃れることが、より自由な人生への近道なのだ。

嗜癖《しへき》、強迫観念、影《シャドウ》による憑依《ひょうい》

アン・ウィルソン・シェフは著書『嗜癖《しへき》する社会』（誠信書房）の中で、人は実体のある物だけでなく行動や思考のパターンにも嗜癖することがある、と述べている。アーキタイプに取り憑かれていると、薬物中毒の有無に関わらず、何かに嗜癖したり脅迫観念にとらわれやすくなったりするおそれがある。

依存する対象は、どのアーキタイプが優位に立っているかによって変わってくるのだが、日々の暮らしが制限されるという意味ではアーキタイプによる違いはない。次の表は、嗜癖しやすい行動や態度をアーキタイプごとにまとめたものだ。ポジティブな姿で活性化しているアーキタイプが少なくなると、それだけ依存度が強まる傾向がある。

重要なのは、薬物依存に陥っている人々が「十二ステップ・プログラム」をはじめとする治療プログラムを必要とする点だ。病状の元型的な性質を認識するのは、依存を防ぎ、治療の第二ステップへ進むための最も有効な手段であり、健康を損なう依存症状の下に現実の欲望が潜んでいることに気づけば、最高の開放感がもたらされる。問題を誘発している元型的な原因を認識すれば、病気から解放されて旅に出ることが可能になる。なぜなら、その時は必ず〝神〟が（あるいは、アーキタイプが）自分を呼ぶ声《コーリング》が聞こえるからだ。どの〝神〟が呼んでいるのかがわかれば、心を開いて相手が授けてくれるギフトを受け取ることができる。

内なる英雄の目覚め

影の姿《シャドウ》に取り憑かれないためには、私たちの中にいる英雄に目覚めてもらわなくてはならない。英雄は誰の中にでもいるものの、私たちは必ずしもその事実を意識しているわけではない。英雄は眠りについているのが本来

アーキタイプと嗜癖

アーキタイプ	嗜癖を招きやすい性質	嗜癖対象
幼子	否定的	消費行動、甘い菓子、陽気な態度
孤児	冷笑的	無力感、苦悩
戦士	禁欲的	達成、成功
援助者	救助作業	世話をやく、共依存
探求者	自己充足	自立、完全主義
破壊者	自己破壊	自殺、自己破壊的な習慣
求愛者	親密さに関わる問題	人間関係、セックス
創造者	強迫観念	仕事、創造力
統治者	強い支配欲	支配、共依存
魔術師	不誠実（なイメージ）	魔力、幻覚剤、マリファナ
賢者	批判主義	正しい答、精神安定剤
道化	酩酊	刺激、アルコール、コカイン

の姿であり、眠れる英雄を目覚めさせることが私たちの課題となる。起床の際には、窓から差し込む朝陽を浴びて目覚めるのが最も自然な方法だろう。同じように、眠っている力を活性化させるには、それを意識している部分に光を当てるのが最も自然なやり方だ。つまり、自分の中で英雄が眠っていると自覚するようになれば、ごく自然に英雄が目覚めるというわけだ。

アーキタイプについても同じことが言える。意識している部分に光を当てて、アーキタイプが私たちの中にいると認識すれば、アーキタイプが目覚めて私たちの人生を豊かなものにしてくれる。影の姿が活動している場合も、意識することによって、そのアーキタイプの忌々しい側面を、成長が期待できそうな気高い王子や王女に変えることができる。

中には、慌ただしい現代のライフスタイルのせいで、朝陽を浴びただけでは目覚めない人々もいる。疲労が溜まっていたり、自然の営みから遠ざかっていたりするせいで、目覚まし時計が鳴らないと起きられなくなっているからだ。私たちの心《プシケ》も、目覚まし時計で――普通は「症状」と呼ばれるもので――私たちを目覚めさせ、何かがおかしいと教えてくれる。そうした症状に積極的に注意を払っていれば、夢遊状態から脱して目覚めることができる。

歴史を振り返ってみると、多神教で男性神や女神の役割を担っていたアーキタイプを呼び起こすには、儀式や祈禱や瞑想を行なったり、専用の寺院をつくったりする必要があった。現代でも、アーキタイプにとって居心地のよさそうな場所が建築されている。たとえば、競争を伴う活動や組織は――運動競技から政治討論、軍隊に至るまで――競技場、神殿、国防総省《ペンタゴン》が本拠地とされており、いずれも戦士にとっては幸運を約束してくれる〝聖堂〟のような存在だ。教会は、主として憐れみと寛大さの美徳を教える場所であるとの理由で、援助者にとっての聖堂になる。学校や大学は賢者にとっての聖堂だ。アーキタイプと接触したかったら、そうした現代版の聖堂に足を運んでみるといい。

実際に、「姿を現してください」と頼んでみるのもいいだろう。あるいは、それぞれのアーキタイプを象徴する儀式や活動に取り組むほうがいいという人もいるかもしれない。たとえば、戦士を呼び起こしたかったら、何かに立ち向かったり、競技に参加したり、敢えて茨の道を選んでみたりしてはどうだろう。援助者を呼び起こしたかったら、見返りを求めずに他人に尽くしてみよう。賢者を活性化させたかったら、勉強や仕事に取り組んで思考力を磨き、自分にどのような考え方をする傾向があるのかを知っておくことだ。初めは、自分に向いていない動きを無理やりこなしている気分になるかもしれない。それでもいつかは、内なる戦士や援助者や賢者が姿を見せてあなたの活動に輝きを添え、ぎこちなさや気まずさを感じていた行為が、「これが自分だ」という根本的な自己表現のように思える日がやってくる。

アーキタイプが活性化していようと、目覚めようとしているところであろうと、重要なのは、独自の表現方法に気づいてあげることだ。たとえば、戦士がそろいもそろって同じ姿をしているとは限らない。征服欲に駆られただけの、野蛮で冷酷な戦士もいる。競争好きなゲームプレーヤーもいるだろう。善良な人々を救うための活動に携わっている戦士など、他にもいろいろな戦士がいる。アーキタイプを意識している部分に光を当てるという目的を達成するには、それがあなたの人生でどのような形を取っているかを見極める必要がある。

最後に言っておきたいのは、すべてのアーキタイプを目覚めさせることが豊かで満ち足りた人生につながるのは確かでも、十二種類すべてが同じような活動をすると考えるのは現実的ではないということだ。古代の人々は、すべての男性神や女神を崇めながらも、一人か二人の神を特別に崇拝していた。それと同じように、十二種類すべてのアーキタイプを自分自身という〝神殿〟で目覚めさせても、自分ならではの旅の意義を見いだす際には、特に活発な動きを見せている二つか三つのアーキタイプを介する場合もあるからだ。

この本では、アーキタイプを目覚めさせることに焦点を絞ったエクササイズが紹介されている。時間をかけてじっくり取り組みたいという人もいるだろうし、そうではない人もいるはずだ。いずれの場合でも、特定のアーキタイプについて書かれた箇所を読むだけで、目覚めの時を早めることができる。読むことで、あなたの意識にそのアーキタイプが刻み込まれるからだ。活性化しているアーキタイプだけに注意を払って、彼らが授けてくれるギフトを受け取ることに全力を尽くす人もいるかもしれない。意識してそうしていれば、眠っているアーキタイプも芽を摘まれるどころか、育まれ、支えられることになり、結果的にあなたの人生は豊かなものになっていく。

本書をより深く理解するために

本は最初から最後まで読み通したい、とあなたは思うかもしれない——確かに、ほとんどの本はそうして読むのが望ましい。だが、本書には異なる読者を想定して書かれた箇所がある。たとえば、第一部は、人間の心の仕組みや、英雄の旅《ヒーローズ・ジャーニー》がどのようにして心の発達を促すのかといったことに関心のある読者が興味を持つ内容になっている。第二、第三、第四部では、それぞれのアーキタイプの詳しい説明と、旅の三段階を移行していく時にアーキタイプがどのような形で私たちの人生に現れるかといったことに触れている。すでに『内なる英雄（*The Hero Within*）』を読まれた読者には、第二部が同じ内容のくりかえしに思えるかもしれないので、第一部を読んだ後は第二部を省略（あるいは、斜め読み）してもらってもかまわない。

HMI

第一部を読む前に、巻末のHMI（*Heroic Myth Index*〈英雄神話指標〉）に回答することをお勧めする。HMIは、その人の人生で活性化しているアーキタイプを測定するために考案されたツールだ。続けて、50ページのH

MIチャートにも記入してほしい。そうすれば、HMIとあなた自身の評価の両方を念頭に置いた上で、アーキタイプに関する説明を読み進めていくことができる。それぞれの得点は専用の囲み枠に記録しておくこと。中には、今の生活に直結する部分を集中的に読みたいと考える読者もいるかもしれない。

自己理解と自分の成長を求めてこの本を読む人は、本文中に出てくるエクササイズで理解したことを実生活に生かしたいと考えるはずだ。一人で読む場合も、グループで読む場合も、そうした読者は、数週間、数カ月といった時間をかけることで、自己認識能力と世の中での貢献度を大幅に向上させることができる。今の生活に大きな影響力を持つと思える箇所もあれば、数週間後、数カ月後、あるいは数年後に読んだほうがより身近に感じられる箇所もあるだろう。自分のペースに合わせて、自分なりの方法で活用してほしい。

HMIチャート

各アーキタイプの得点に該当する箇所に印をつけて、円の中心に向かって色をつけてみよう。

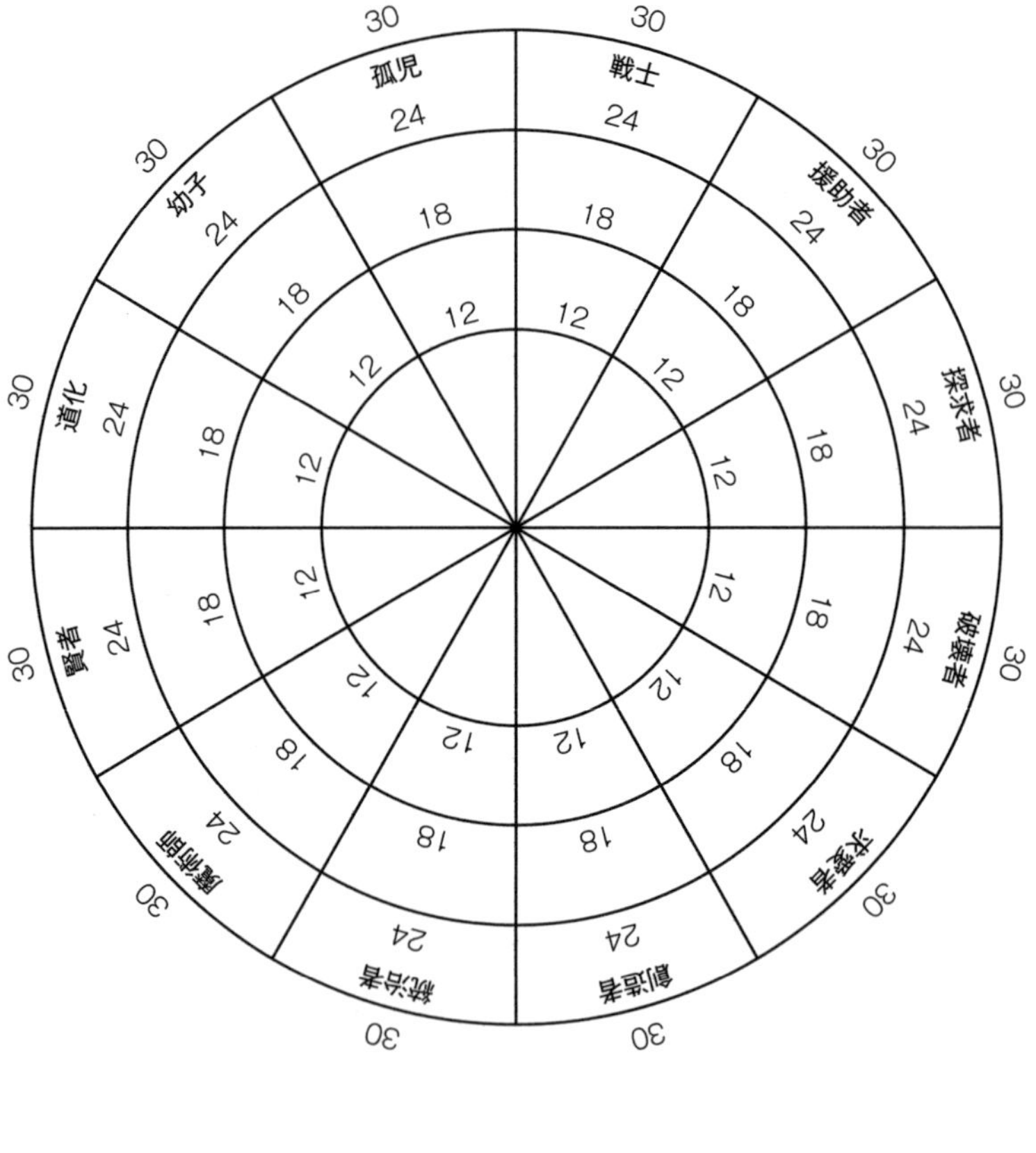

HMI自己採点表

巻末のHMIに回答し、指示に従って自己採点してみよう。得点は、アーキタイプごとに記入すること。

幼子	＿＿＿＿	求愛者	＿＿＿＿
孤児	＿＿＿＿	創造者	＿＿＿＿
戦士	＿＿＿＿	統治者	＿＿＿＿
援助者	＿＿＿＿	魔術師	＿＿＿＿
探求者	＿＿＿＿	賢者	＿＿＿＿
破壊者	＿＿＿＿	道化	＿＿＿＿

注意事項

この本で紹介する理論やモデルを活用する際の大原則は、自分や他人を操ったり、類型化したり、裁いたり、貶めたりする目的で使用してはならないということだ。モデルの構成要素はすべて、自分や他人に敬意を払うことを目的に考案されたもので、それは、探索という比喩が、私たち全員が重要だと考えている――しかも、心の底から重要だと考えている――自己認識を表現しているからだ。気づきが得られたなら、責任を果たさなくてはならない。このモデルで求められる責任とは、自分自身のパワーを主張できるように努力を続けることであり、パワーを主張する際には、自分や他人に屈辱を味わわせたり劣等感を抱かせたりするような行為は慎むこと。あなたのパワーや知恵は、自分自身の品性を高め、まわりの人々の変容を促すような形で行使してほしい。

第一部

The Dance of Ego, Self and Soul

自我、魂、自己のダンス

第一章　旅における三つの段階

自我《エゴ》と魂《ソウル》と自己《セルフ》――この三つの相対的役割について私たちの文化が発信しているメッセージは、混乱や矛盾を招きかねないものだ。経営をテーマにした本は、健全な自我《エゴ》に焦点を当てて、自己《セルフ》と魂《ソウル》を無視しているものがほとんどだ。政治理論では、職業、報酬、教育、社会的地位への平等なアクセスといった類の自我《エゴ》に重点が置かれる傾向がある。心理学の世界では健全な自我発達が強調されるのが普通だが、多くの場合、踏み込んだ研究はなされていない。

トランスパーソナル心理学は、多くの現代宗教と同様、魂《ソウル》と霊《スピリット》を育むものだが、自我《エゴ》が損なわれてしまっているケースが多い。自我を排除して神の意志に無条件で従わせたいという、あからさまな欲望にエスカレートすることもめずらしくない。三つのすべてを尊重しているのは元型心理学だけなのだが、そこでも、自我の実際的な側面に充分な注意がはらわれていない。

現代社会では、自我《エゴ》と魂《ソウル》と自己《セルフ》のすべてを尊重し、高次の超越機能が備わっている場合は、自我を（排除するのでなく）再教育するという考え方を受け入れることが急務である。実際、自我と魂が結合しなければ自己の誕生が促されることはない。最新の心理学、神学理論、政治、経営、自己啓発に関する文献を研究した結果、私の確信はこれまで以上に強いものになった。つまり、私たち一人ひとりが幸福と成功を手に入れて、〝自己実現を成し遂げ〟、霊性《スピリチュアリティ》を尊重した存在になることは可能なのだ。さらに言えば、〝至福を追い求め〟ながら責任ある市民、親、友人として生きることも、仲間たちと責任感と愛情があふれたコミュニティで暮らすことも可能である。その秘訣は、旅に出て本当の自分を見つけることにある。

本書で紹介する十二のアーキタイプは、私たちの心《プシケ》を育む手助けをしてくれる存在だ。英雄の旅《ヒーローズ・ジャーニー》には三つの段階《ステージ》――〈準備〉〈旅〉〈帰還〉――があり、その三つは、そっくりそのまま精神の発達段階にあてはまる。つまり、最初に自我《エゴ》を育み、その後に魂《ソウル》に出会い、最後に自己《セルフ》という独自の感覚を生み出すということだ。自我の旅は、世の中を安全に生き抜いて成功を手にするすべを教えてくれる。魂の旅は、人生の奥底に潜む神秘に遭遇することで、人から信頼される〝本物〟になるための手助けをしてくれる。そして、自己の旅は、自分が本物である証《あかし》やパワーや自由を探し当て、それを表現していく方法を示してくれるのだ。

「自我《エゴ》」とは、私たちの人生が容《い》れられた〝器《うつわ》〟のことだ。自我によって、自分と自分以外のものとを区別する境界線が生まれ、世の中との関係に折り合いをつけることができる。自我の助けがあれば、現実世界に適応していくすべや、その世界に私たちの要求が満たされるような変化を起こすすべを学ぶこともできる。

「魂《ソウル》」は、私たちを超個的《トランスパーソナル》な存在と結びつけてくれるものであり、ユング派の心理学者は無意識や心そのものに匹敵すると考えている。魂は、人類の潜在能力の貯蔵庫でもある。その潜在能力とは私たち一人ひとりに備わっているもので、例えてみれば、必要な条件が（充分な日光、水、肥えた土を意味するものが）揃ったとたんに、発芽してぐんぐんと伸びていく種のようなものだ。死後の世界を信じる人にとっては、肉体が滅びた後も私たちの一部として生きつづけるものだ。もっとも、死後の世界を信じなくても、魂と結びついたり、この本で紹介する概念を利用したりすることはできる。

「自己《セルフ》」は、純粋なアイデンティティを手に入れたことを示すものだ。自己が誕生すれば、自分がどういう人間なのかがわかり、ばらばらになっていた心が統合され、全体性《ホールネス》と統合性《インテグリティ》を味わうことができる。そこまでくれば、世の中で自分を表現していくための適切な方法を見つけることが私たちの務めになる。そうやって自分を表現す

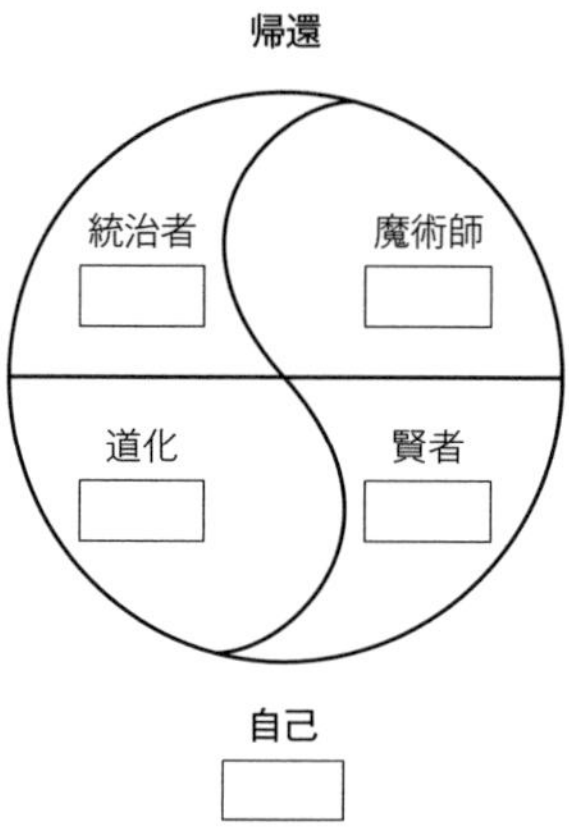

たは、世の中で自分の能力を証明しているところか、旅に（あるいは、旅における新たな段階《ステージ》に）出る準備をしているところかもしれない。「魂」であれば、大きな変遷の時を——つまり、今以上に信憑性のある本物の存在になる時を——迎えているのかもしれない。「自己」であれば、世の中で自分を表現する時がきたか、自分のパワーを自覚して全体性《ホールネス》を体験している最中だとも考えられる。

ることで、自分にしかできない貢献で日々の暮らしに喜びをもたらし、荒廃した大地に花を咲かせる手助けができるのだ。

最初の四種類のアーキタイプ——幼子、孤児、戦士、援助者——は、旅の準備を手伝ってくれる存在だ。この案内人たちからは、現実の世の中を生き抜くすべや、自我の強度《エゴ・ストレングス》を高めていく方法を学び、その上で、高い倫理観を備えた、仕事のできる市民や善良な人間になる方法を学ぶ。

次に登場する四種類のアーキタイプ——探求者、破壊者、求愛者、創造者——は、旅の最中に現れる案内人として、私たちが魂と巡り会って〝本物〟になれるよう、手を差し伸べてくれる。最後に登場する四種類のアーキタイプ——統治者、魔術師、賢者、道化——は、王国への帰還を仲介して

自我と魂と自己——それぞれのマンダラ

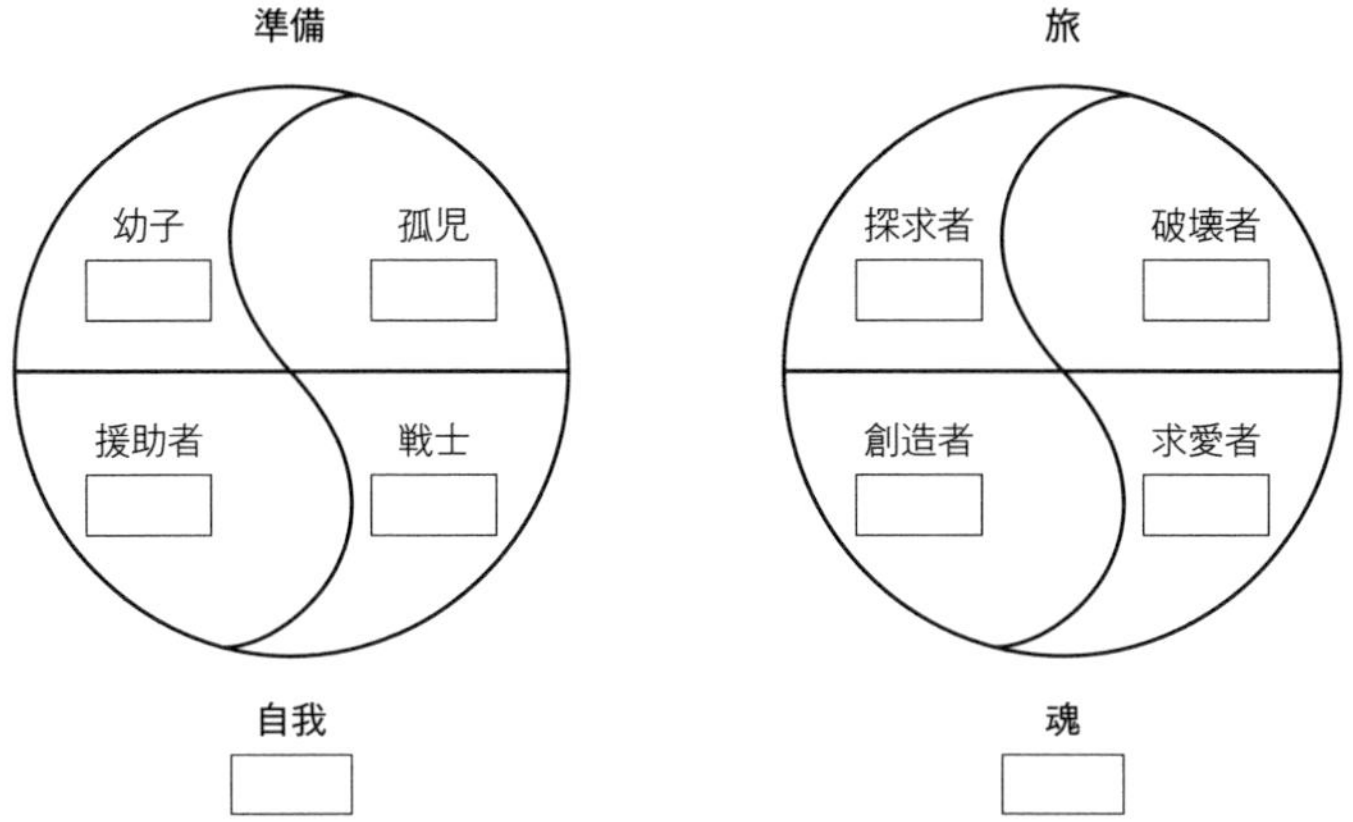

❶それぞれのアーキタイプの空欄に自分の得点を記入する。
❷幼子、孤児、戦士、援助者の得点を合計して自我の得点を出し、空欄に記入する。
❸探求者、破壊者、求愛者、創造者の得点を合計して魂の得点を出し、空欄に記入する。
❹統治者、魔術師、賢者、道化の得点を合計して自己の得点を出し、空欄に記入する。
❺３つの中で最も得点が高いマンダラはどれだろう？　「自我」であれば、現在のあな

くれる存在だ。彼らの力を借りることで、真の自己《トゥルー・セルフ》を表現して、人生そのものを変容させることができるようになる。私たちに、英雄的精神《ヒロイズム》の先にある自由と喜びを味わわせてくれる存在と言える。

上の図は、四つのアーキタイプごとの組み合わせをマンダラで表現したものだ。ユングの説では、「四」という数字とマンダラの形は、いずれも、全体性《ホールネス》や自己発見と結びつくものとされている。

第2章　自我——内なる子供を守る

英雄は自我《エゴ》のアーキタイプだと言われることがあるが、これには事実とは言い切れない部分がある。個性化という英雄の旅《ヒーローズ・ジャーニー》には、自我だけでなく、魂《ソウル》と自己《セルフ》も包含されているからだ。とはいえ、健全な自我の確立が安全な旅の必要条件であることは間違いない。

自我《エゴ》とは意識の座であり、母親や世の中から切り離された「自分」や、世の中に影響を与えることができる「自分」が存在するという認識のことだ。成熟した大人の自我は、安全への要求どころか、自分の要求を一つ残らず満たせるような能力を育んでいく。つまり、発達した自我の助けがあれば、生命の維持、満足感、安全、愛情、帰属意識だけでなく、自尊心や自己実現を求める気持ち、さらには、自己超越を求める気持ちまで満たすことができる。また、自分の要求と他人の要求との調和をはかった上で、個人、家族、コミュニティ、国家、人類の生存と発展に貢献することができる。

ただし、人生が始まった段階では自我は形成されていない。私たちは、小さくて脆い、無力な存在として生を受ける。周囲の状況をコントロールする力はないに等しく、できることといえば、痛みに泣き声をあげるか、愛らしく、かよわく、無垢な風貌で見る者の愛情を掻き立てるぐらいのものだろう。自分の世話を託さなくてはならない両親や大人たちは、いくら努力しても、自分が必要としているものを正確に言い当ててくれるとは限らない存在だ。やがて、体の動きや声音や行動をある程度までコントロールできるようになると、自分のふるまいと自分の身に降りかかることとの因果関係が少しずつ実感できるようになる。この気づきとともに、自我が誕生する。

年齢を重ね、知恵もつき、成熟した人間になったとしても、私たち一人ひとりの中には傷つきやすい子供が住んでいて、いまだに人格形成期の〝傷〟を――程度の差はあるにせよ――抱えている。自我の最初の役割は、そうした内なる子供《インナー・チャイルド》を守ってあげることだ。子供時代のある段階までくると、自我は両親に倣って保護機能を身につけるようになり、成熟とともに親の作業を完全に肩代わりする。

次の役割は、自我本来の基本的機能を使って、私たちと外界との調停役を務めることだ。初めに私たちの命が確実に維持されるように計らい、それから、世俗的成功を手に入れることに全力を注ぐ。健全な環境で育った子供は、両親や大人たちが自分を守ってくれると信じて疑わないものだ。そうした子供は、世の中を探検して人との上手な交流方法を身につけることに専念できる。しかし、機能不全家庭の子供は、幼いうちから自力で生命と安全な暮らしを維持せざるをえない状況に置かれてしまうせいで、自我の発達が損なわれるおそれがある。それでもなお、困難や苦しみの体験は、自我が力を蓄えるのに欠かせないものだ。自分を取り巻く環境が厳しいものであろうとなかろうと、旅の準備期間には辛い思いを味わうこともあるだろう――もっとも、人生をもっと楽にしてくれるスキルを身につけていれば話は別なのだが。

自我と英雄の旅《ヒーローズ・ジャーニー》

過去数世紀にわたり自我の発達ばかりが求められてきたせいで、私たちが最も共感しやすい英雄物語は、自我の発達をテーマにしたものになった。白馬に乗った英雄も、ドラゴンを倒して囚《とら》われの乙女を救い出す騎士も、貞操を脅かす相手や言い寄ってくる相手から身を守ろうとする乙女も、この古典的な物語を体現する登場人物だ。

騎士、カウボーイ、探検家、聖人、政治活動家。誰が英雄であろうと物語の本質的要素に変わりはない。英雄と王国は何らかの敵対勢力によって危険にさらされている。救わなくてはならない犠牲者が（内なる子供や内なる乙女、その人の貞操や自由として）心の中にいる場合もあれば、外の世界にいる場合もあるだろうが、いずれにしても、王国を守り抜く鍵は、勇気を奮い起こすことと、城門を守る能力だ。英雄は、城壁の中で豊かな暮らしが営まれるように、国境を守って敵の侵入を防ぐ。

征服者が英雄になったケースもある。男にせよ女にせよ、自分が望むものを――新しい土地、名声、幸運、愛情、自由を――追い求めて、手に入れた人間だ。だが、望むものを手に入れて国境を守るという行為そのものが、英雄を生むわけではない。それどころか、そうした資質は希代の悪党にも共通するものだ。英雄の英雄たるゆえんは、他人に対する気遣いや思いやりの心に示される精神の気高さにある。だからこそ、英雄は犠牲者を救おうとする。

現代社会でも、毎日のようにおなじみの筋書きが演じられている。現実世界でドラゴンを倒す者はいないだろうし、悪人を倒す者さえごくまれだ。手にする剣も、文字通りの武器というよりは、金銭、社会的地位、印象、権力、影響力、卓越したコミュニケーション能力といったものだ。それでも物語のパターンは変わらない。

旅の準備に必要なのは、私たち一人ひとりが現実社会に貢献できるような社会性を備えることであり、そこから先は、集団としての物の見方から離れ、独自の価値観や意見や欲望を表明していく必要がある。最終的に、この能力を自律や独立のために用いるように求められる時が来たら、ただ単に利己的な目的を果たすのではなく――自分自身の利益を追求したいのは山々であっても――全体の利益も追求しなくてはならない。

アーキタイプと自我の発達

自我の発達に関わるアーキタイプ――幼子、孤児、戦士、援助者――は、どうすれば自分の人生に責任を持てるようになるのかわかっていない段階で、そのやり方を修得できるように力を貸してくれる。この四つは人格形成に必要な要素を教えてくれる。つまり、生きるための基本的スキルを身につけるのに必要な信頼の気持ち、相互依存の感覚と自分の役割を果たす能力、自分や他人のために戦いを挑む勇気、そして、他人に与え、時には他人の犠牲になることもいとわない、より大きな利益との同一化である。

この四つのアーキタイプは、自我意識の基本的構成要素を確立する際にも手を貸してくれる。幼子は、私たちが社会的役割を確立するために身につける「ペルソナ」と呼ばれる仮面をつくりあげる。孤児は、私たちが抑えつけたり、否定したり、単に隠していたりする心《プシケ》の部分をつかさどり、自分にも他人にも受け入れられるペルソナが確立できるように手伝ってくれる。戦士は自我そのものを築き上げ、境界線の防御と自分の要求を満たすことに重点を置く。また、超自我《スーパー・エゴ》や自我理想《エゴ・アイディアル》の役に立つようにふるまって(1)、非倫理的、自己破壊的、他人に害を及ぼすとみなされた気質を破壊したり罰したりすることもある。援助者は、心の開かれた部分をつかさどって、自分や他人を思いやる純粋な気持ちが私たちの善良な部分を刺激するように計らってくれる。この四つのアーキタイプが力を合わせて、魂が流れ込んでいく器《うつわ》の――便宜的に「自我」と呼ばれているものの――確立を手伝ってくれるのだ。

幼子　The Innocent

私たちは幼子の力を借りてペルソナをつくりあげる。ペルソナとは、私たちが世の中で身につける仮面であり、個人の人格《パーソナリティ》、社会的役割を示すものだ。表層的なイメージであるため深みや複雑さには欠けるものの、その人がどのような人物で、どんなことを期待されているのかという感覚を、その人自身や他人に植え付けてくれる。

ペルソナを身につけさせようとする圧力は、「大きくなったら何になりたい？」というおなじみの質問から始まっている。思春期の子供であれば、流行の音楽、最先端のファッション、自分が楽しめる活動に、アイデンティティの萌芽を見いだそうとするかもしれない。大人になると、就いている仕事や、場合によってはライスタイルで自分という人間を特定する。確かなのは、すべての幼子が承知しているように、社会に適応するにはペルソナを身につけなくてはならないということだ。

人生が始まったばかりの段階では、私たちの中にいる幼子が周囲の状況をうかがいながら選択肢を吟味して、一つのペルソナを選ぶ。幼子の望みは、愛情を与えられて、何かの一部になることだ。私たちが社会から受け入れられ、うまく適応し、まわりの人々から愛され、誇らしく思ってもらえればいいと考えている。子供と同じで、自分が仲間になりたがっている集団を特別に批判したりはしない。せいぜい、社会への順応性を備えたポジティブなペルソナを選ぶといった程度だろう。最悪の例としては、愚直さを誠実の証《あかし》ととらえるような環境に溶け込むために、敢えて犯罪者のペルソナを選ぶことも考えられる。どのような選択をするにせよ、ペルソナを身につけるのは、社会や家庭に自分の居場所を確保するため——理想を言えば、褒められて好かれるため——なのだ。それが叶わないと、自分を取り巻く世界に参加することはできない。

孤児　The Orphan

幼子がペルソナを選ぶと、逆境に耐え抜く少々皮肉屋の孤児が、すばやく状況を読みとって、新しいイメージを充実したものにするにはどの資質を犠牲にすればいいかを判断する。たとえば、幼子が堅実なライフスタイルを選んだ場合は派手好きな一面を葬り、犯罪者のペルソナを選んだ場合は、他人を思いやる気持ちを抑えなくてはならない。三人きょうだいの末っ子であれば、「お姉ちゃんは頭脳派で、お兄ちゃんは才能型。じゃあ、ぼくは性格の良さを売り物にしよう」と考えるかもしれない——知性と才能を抑えて、陽気で魅力的な面を押し出すわけだ。

孤児は、私たちを傷つけそうな状況を察知して——誘拐でもしそうな輩《やから》から、通りを歩くいじめっ子、感情的に人を罵る身内に至るまで——それを避ける方法も知っている。私たちが見捨てられたり、傷つけられたり、犠牲者になったりしないように守ろうとしてくれる。そのために、ペルソナそのものが認識すらしていない情報に基づいて行動することもあるだろう。そうやって、姿を隠した、神秘的でかけがえのない相棒になっていく。

人は誰でも、見捨てられたり追い払われたりしたあげくに、個人的無意識や集合的無意識の中で暮らすことになった複数の自己を抱えているものだ。そうした複数の自己の多くは、精神分析を始めとするさまざまなセラピーを通じて意識の中に戻すことが可能であり、心をすばらしく豊かなものに育んでくれる。中には無意識にとどまり続けるものもあるだろう。意識と無意識の境に居座っているものもあるはずだ。その存在は知っていても、受け入れるわけにはいかないという（おそらくは正当な）理由から、自由な活動を認められていないものもある。あるいは、文化的な価値観が理由で、人目にさらすことがめったに許されないものもあるかもしれない。

戦士 The Warrior

イド（id）とは、心の中にある、未分化の本能的な生命力と見なされている。原初的な激情や衝動が属する場所であり、そこからあらゆる欲望が生じている。自我はイドから分裂して、イドをコントロールするために機能する。実のところ、両者の目指すものにそれほど大きな違いはない。自我にも要求を満たしたいという願望はあるが、それと同時に、その要求がどのような形で満たされるのかも気にかけている。イドと外界の折り合いをつけながら、イドの欲望に注目してはコントロールするという理性的な拘束を行なっている。この務めを手伝ってくれるのが戦士なのだ。

戦士が自己の利害という観点に立って活動していれば、それは自我強度《エゴ・ストレングス》を育む助けになってくれる。一方で、道徳的なふるまいや人助けを促す時は、超自我《スーパー・エゴ》の発達を助けていることになる。身近なレベルで考えてみると、超自我は両親やコミュニティの価値観、何が他人の利益になるかについての両親やコミュニティの意向によって決定される。そうした意見によって形作られるのが自我理想《エゴ・アイディアル》だ。この自我理想に圧迫感を覚えるとしたら、それは、私たちがそれに適応しない性質を抑えつけたり否定したりしやすくなっていることが原因だ。そうした気質を表に出そうものなら、超自我は自分に逆らったという理由で私たちに罰を与えるかもしれない。超自我が認めない相手と関わりを持った場合は、体調を崩してしまうこともあるだろうし、自我理想から逸脱した罰として、無意識のうちに自分からその関係を壊すことさえあるかもしれない。高度なレベルでは、超自我は、親や文化の価値観だけではなく私たち自身の価値観を反映したものであり、本質的には良心のようなものと言える。

援助者　The Caregiver

援助者は、超自我《スーパー・エゴ》の思いやりのある一面と関わっていて、道徳観や他人を気遣う気持ちを育む助けとなってくれるアーキタイプだ。自分の幸福はもちろん、他人の幸福まで気にかけている。個々の人間だけではなく、家族や一族やコミュニティ、人類という種の存続にまで気を配る自我の一形態と言ってもいいかもしれない。超自我は、「他人の利益のために自分の利益を犠牲にしなさい」と私たちを急《せ》き立てるだろう。心身の発達によって二元的な見方が薄れてくると、自分と他人の幸福との間で折り合いをつけられるようになり、自我と超自我との葛藤もそれだけ少なくなっていく。

援助者は、私たちの子供や仕事仲間だけではなく、人類全体の幸福も気にかけている。地球のことを気遣い、人の手がもたらす害悪に不安を覚え、傷を癒すために進んで犠牲になろうとする。世界の片隅に飢餓で苦しむ人々がいることや、自分が暮らす街にホームレスがいることを知ると、心を痛めて「何かしてあげなさい」と私たちに訴えかけてくる。大勢の幸福のために少数の幸福を犠牲にする能力と、他人を慰めて教え諭す包容力は、自我と魂の両方の居場所を備えた心を育むのに欠かせないものなのだ。

旅の準備

幼子と孤児は私たちに物事を見分ける方法を教え、支援者と誘惑者の区別がつくように力を貸してくれる。戦士は闘いに備えた訓練を行なって勇気を育み、援助者は慈悲と思いやりの気持ちを教えてくれる。こうした特性を自分のものにしようとしている最中には、〝茨《いばら》の道〟を歩まなくてはならないこともある。通常は、これが英雄になるための通過儀礼《イニシエーション》なのだと気づくことはない。ただ単に、「人生とはなんと過酷なのだろう！」と感じるだけだ。

〝探索へ誘う声〟を耳にして旅を始めると、たいていは、準備が充分に整っているかどうかを試される機会が巡ってくる。たとえば、幼子や孤児の教えをきちんと学び取っているかどうかは、誘惑者と案内人《ガイド》――避けるべき相手と従うべき相手――の区別がつくかどうかでわかってしまうものだ。私たちは、必ずといっていいほど、ドラゴン（何らかの物や人物、自分をひどく怯えさせる状況）に立ち向かって自分の勇気を証明しなくてはならない状況に追い込まれる。そして、必ずといっていいほど、思いやりの気持ちを態度で示す立場に立たされるのだ。例を挙げてみよう。多くのおとぎ話には、英雄が年老いた物乞いと出会って、残り少ない食糧を分け合う場面がある。物乞いが魔法の道具を英雄に渡して旅の大団円のために役立ててもらうという、おなじみの筋書きだ。これを現実の暮らしに置き換えると、相手と同じ条件で勝負を挑む、心の声に従って人助けをする、といった行為になるだろうか。それは大きな犠牲を強いる行為かもしれないし、出会った人に親切にするというごくあたりまえのふるまいかもしれない。

通常は、こうした試練を乗り越えて旅の支度が充分に整ったことを証明しない限り、私たちの旅に前進は見られない。すべてのテストに合格すれば、変容を体験する準備は整ったとみなされる。変容とは、それまでの自分に別れを告げて、新たなレベルを体験する世界で蘇《よみがえ》るということだ。

魂の器《うつわ》としての自我

自我《エゴ》は魂《ソウル》の敵《かたき》のように思われることが多かったが、実際には、境界線を——「ここまでが自分で、ここから先は他人」という感覚を——設定して維持する助けになってくれるものだ。これが支えになるからこそ、私たちは心を開いて霊性を重視した物の見方を受け入れることができる。適切に育まれた自我は、発達した後に中味を空っぽにして、精神や感情を脅かしたり肉体的な崩壊を招いたりすることなく、魂を収容する器《うつわ》となる。しっかりとした器がなければ、安全な居場所がないという理由で心理面や霊・精神面での真の成長もあり得ない。自我が発育不全のままでは、無意識や超個的《トランス・パーソナル》なものと対立しただけで亀裂が入り、精神の病《サイコシス》を招くおそれがある。

それならば、どうして自我《エゴ》についてはネガティブな発言が目立つのだろう？　何かにつけて利己主義《エゴティズム》と結びつけられる理由は？　これほど多くの識者が、「真の自己《トゥルー・セルフ》を発見したり、霊的な悟りに達したりするためには、自我を捨てなくてはならない」と主張しているのはなぜなのだろう？

すべては、私たちが自我の本質を誤解していたことに原因がある。第一に、私たちが出会う自我は充分に発達していないものがほとんどだ。未発達の自我は、個性化のプロセスや、それに付随して起こる抑圧されていた資質の探求、他人との融合という感覚に怯えてしまう。原初的な自我が真っ先に恐れるのは、表出する資質のせいで私たちが困難な立場に立たされることであり、次に恐れるのが、その資質に私たちが飲み込まれてしまうことなのだ。原初的な自我は自己中心的でもある。心のもっと深い場所で自己が達成したことを一つ残らず自分の手柄にしたがったり、それとは逆に、自我を超えた存在を否定したがったりする。いざとなれば、心を攻撃することもできる。自我の役目は心を防御することなので、弱いところは細部まで知り尽くしている。だからこそ、動きを止めたくなったらどのボタンを押せばいいかをわきまえているというわけだ。

変化に怯える未発達の自我に対処するには、超然とした態度で監視を行なうというのが最も簡単な方法だ。とはいえ、最も効果的な方法は、「自我は自分の味方であり、新たな要求を拒んでいるわけではない。役に立つために仲間に入れてもらいたがっているのだ」と自分に言い聞かせることだろう。さらには、自我を刺激して、より明確な骨組みや「これが自分だ」という感覚を育むことで、器を強化するように仕向けることも必要かもしれない。そうすれば、強くなったことによって、純粋な親密さ、霊的な洞察力《スピリチュアル・インサイト》、より重要な本物の証と全体性《ホールネス》を受け入れる余裕が生まれるからだ。通常は、「ここまでが自分で、ここから先は他人」「ここまでは意識が支配している部分で、ここから先は無意識に駆り立てられている部分」と自覚する機会を増やすことで自分の境界線を強化できるかどうかが問題になってくる。

自我が誤解されるようになった背景には、成熟した自我が多くの社会的機関を脅かすという理由もあった。たいていの人は、何の疑問も抱かずに両親や大人たちに頼り切っていた状態から、学校、大学、医療施設、マスメディア、政府、宗教団体、カリスマ的リーダーといったものに依存するようになっていく。歴史をさかのぼってみれば、自我を個性化された器として育んでいくことに価値や重要性を認めなかった時代や国家は数多く存在した。ほとんどの人間が、社会的機関に頼ることで目的を果たしていたからだ。魂《ソウル》や霊《スピリット》は宗教施設という器を介して、〝真実〟は学校、大学、宗教団体や政治団体をはじめとするさまざまな器を介して伝えられていた。

自分のことは自分の責任で決めるという考え方は、歴史的には新しいものだ――民主主義の勃興の一環として個人主義の理念が高まったことや、比較的新しい心理学の分野で個性《インディビジュアリティ》の育成に重点が置かれたことが理由に挙げられる。成熟した大人が「自分の力で生きていくために両親に頼り切った状態から脱却したい」と考えるように、現代の社会では、最終的には、主要な社会的機関の意見に左右されずに判断を下せる能力を身につけなくてはならない。

言うまでもないことだが、だからといって、合法的な機関を軽んじたり、法を犯したり、気に入らない書物を燃やしたり、倫理にもとる行動を取ったり、健康を損なったりしてもかまわないということにはならない。成熟した人間に必要なのは、自立した状態を保ちながら、両親への思いやりと気遣いを忘れずにいるバランス感覚——つまり、相互依存の認識だ。そうなると、安全、教育、情報といったものを提供する社会的機関や、善良に生きられるように設立された社会的機関に対する思いやりと気遣いも求められることになる。ただし、絶対服従が求められているわけではない。

英雄的人生への誘い《コーリング》に応える力を育むという点ではこういった機関が重要だっただろうが、英雄的人生を歩むためには、依存状態から抜け出す必要がある。人によっては、それが社会的機関との決別を意味する場合もあるだろう。だが、ほとんどの人にとっては、相手との関係を変えるだけで、子供のような依存状態から責任感と自立心を持った大人の世界への脱却をはかることができるという意味なのだ。

次章では、魂《ソウル》の世界を紹介して、読者を神秘の世界へ誘《いざな》っていく。ただし、この旅を始めるにあたっては、自我の重要性を忘れずにいることが大切だ。現代の文化において最も憂慮すべきなのは、自我が充分に発達してない人々が自主性や自立を期待されたり、時には強制されたりする状況だ。組織的な後ろ盾がないせいで、彼らは無力なままふりまわされ、カリスマ的リーダーの餌食となったり、誘惑に負けてアルコールや薬物に依存するようになったりしてしまう。

現代社会は一人の人間に多くのことを求めすぎる。[2] この本は、旅出つあなたの支えとなってくれるだろう。もちろん、仲間の助けを借りて旅を始めるのも一つの方法だ。英雄の旅《ヒーローズ・ジャーニー》を始めるにあたっては、理性的な自我《エゴ》にイエスと言ってもらう必要がある。魂《ソウル》にはこの本は必要ない。進むべき道は魂が知っているからだ。だとしても、魂には自我という同伴者が必要だ。現実的で地に足のついた自我は、魂の旅が私たちの暮らしを荒廃させないように目を光らせてくれている。

第3章　魂——神秘を体験する

魂《ソウル》とは、心《プシケ》の一部であり、永遠なるものと通じて私たちの人生に意義や価値といった感覚を与えてくれるものだ。ユング派の心理学者の間では、魂《ソウル》が心《プシケ》そのものと同じ概念として扱われ、状況によっては、アーキタイプが派生する集合的無意識と同じ概念で用いられることがある。宗教的な視点では、魂とはそれぞれの人間に備わっている不滅の部分であり、霊的・精神的成長と進歩を可能にするものだ。一般的には、〝魂のこもった《ソウルフル》〟という表現に見られるような、物事を深く感じ取る能力、〝魂をなくす《ソウルロス》〟という表現に見られるような、意義や価値や目的という感覚（あるいは、そうした感覚の喪失）と関連づけられている(1)。

魂を育むためには、宗教上の神を信じる必要はないし、死後の世界を信じる必要すらない。私たちが魂とつながろうとするのは、生きる意味や人生の意味を知りたいと感じた時、何らかの形で宇宙と結びつきたいと強く欲する時、死という運命について深く考える時だ。

時には、魂のおかげで一体感《ワンネス》や霊的《スピリチュアル》な結びつきを感じることがあるが、それ以上に頻繁に抱くのが、誰かと親密になっているという感覚だ。矛盾するようだが、自我《エゴ》が境界線を設定すると、思い切って誰かとつながりを持ってみたくなる——相手に呑み込まれて自分を失うかもしれないという恐怖と無縁になるからだ。

現代社会では、魂を論じようにも、論じるのにふさわしいジャンルすらわからないことがある。魂にまつわる体験も、常に、何かが失われていくような不吉な感覚で語られているのではないだろうか。私たちの社会が魂を否定しているせいで、魂の存在を感じるのは、主として、何らかの亀裂が生じた時に限られてしまっている――つまり、健康面や道徳観に生じる亀裂や、危機的状況がもたらす亀裂といったものだ。その場合、多くの人は、たとえば自己破壊的行為――依存症、禁断症状、強迫的行動――によってしか魂を実感できなくなっている。さらに言えば、人が唐突に生きる意味や宇宙との結びつきを求めるようになるのは、人生の重大危機に直面している最中なのだ。

魂の存在が明らかになるのは、幼少期から思春期、少年から青年、親、中年、老人へと移行して死に至るまでの節目となる時期だ。こうした時期は、〝閾《リミナリティ》〟の瞬間であったり、あるアイデンティティを脱ぎ捨て他のアイデンティティを身につける前の〝境界にいる〟状態の時であったりする。さらには、かつてないほどの確信を持って、超越的なものとの結びつきを求めている時期でもある。

多くの文化では、儀式や宗教的な神話を発展させ、こうした節目の時期を穏やかに迎えられるように取り持ったり、私たちがある現実から他の現実へと楽に移動できるように計らったりしてきた。世俗化された現代社会で、この道筋が険しくて孤独なものになってしまったのは、そうした儀式が少なくなったことや、霊性を尊重する機会が減ってしまったことが原因なのだろう。どの文化でもある程度の苦しみや孤独は避けられないものではあるが、自分の身に起こっていることを理解できるような枠組《フレームワーク》みがあれば、痛みを和らげることは可能なのだ。

通過儀礼《イニシエーション》

世界には、日常からかけ離れた特別な通過儀礼《イニシエーション》体験を提供して、魂という神秘の世界への橋渡しを行なう文化がある。たとえば、ギリシア、シリア、アナトリア、エジプト、ペルシアにおけるヘレニズム時代の密儀は、合意に基づく日々の現実から解放されて、古代の精神的真実《スピリチュアル・トゥルース》を目や耳で味わうことを目指した秘密の通過儀礼だった。

通過儀礼の目的は、日々の暮らしの中で象徴化されているさまざまな経験の意味や重要性に気づいてもらうことにある。通過儀礼と縁がないからといって魂と触れ合う体験が不足するわけではないが、そういう人々は、魂のパワーと意味を認識する機会を逃してしまう。通過儀礼は、そうした体験を、自我《エゴ》ではなく魂《ソウル》の言葉で――神話、象徴、歌や芸術作品や文学、儀式を通じて――意識させてくれるものなのだ。

英雄の旅《ヒーローズ・ジャーニー》とは、魂の旅の現実を知るための通過儀礼だ。旅を続けるためには、自分の人生を確立し、その後にその支配権を手放すことが求められる。これは、死や痛みや喪失と向き合う時の恐怖心から解放されて、人生の全体性《ホールネス》を体験するためだ。そのためには、自我特有の狭い視野を拡大しなくてはならない。感情や、安全や、予測可能性を忘れ、肉体の安全や有効性、道徳を意識することさえやめなくてはならない。そうするうちに、「良いと悪い」「私とあなた」「私たちと彼ら」「光と闇」「正と誤」の二元的世界から抜け出して、パラドクスの世界へ導かれていく。

この旅の倫理は多くを求める絶対的なもので、自我の倫理とは異なっている。自我を自覚した状態では、「死にたくない」「あらゆる苦しみと無縁でいたい」「世の中で成功して財を成したい」「人から愛されたい」といった願望が生まれてくる。特に強いのが、「自分が生きている世界を意味のあるものにしたい」という願望だ。

旅に出る時にはこうした欲望をすべて捨てて、魂の真実を見据えなくてはならない。つまり、神秘の中にこそ生命の本質があるということだ。合理的な自我の視点で見ると、魂の真実は理にかなったものとは言い難い。「健康で、裕福で、思慮分別がある」のは確かに良いことではあるが、生き生きとした〝本物〟になるためには、生命の中枢を担う神秘の世界に足を踏み入れて、肉体の分離、死、還元、セックス、情熱、恍惚について学び、そのすべてに美があることに気づかなくてはならない。

魂がないと、ロボットになったような気分になる。型どおりに動くことはできても、意味のない動きをくりかえすだけだ。通過儀礼を数多く体験していても、魂と触れ合っていなければそこから影響を受けたり変容を促されたりすることもない。それでも、チャンスは何度も巡ってくる。決して遅すぎるということはない。神秘《ミステリー》の世界を訪れるたびに、理解の度合いは深まっていく。魂との結びつきを逃したからといって罰せられはしないが、人生は無意味だという思いにつきまとわれることは、刑罰に匹敵する苦しみとなるだろう。

本物になる

通過儀礼は、幼少期に初めての混乱、苦しみ、激しい愛情、憧れ、欲求不満を体験するところから始まっている。子供でも理解できる通過儀礼体験の隠喩としては、物やおもちゃに命が吹き込まれるプロセスが挙げられる。ほとんどの子供は、ほとんどの大人がそうであるように、物に命が宿るという物語にある程度までは共感を覚えるものだ。善良な人はもちろん、世の中で成功している人でさえも、自分の魂と向き合うまでは自分は本物だという実感を得ることはできないからだ。

ディズニー映画の『ピノキオ』（一九四〇年製作）は、本物になるまでのプロセスを扱った作品として知られている。この物語では、息子を欲しがっていたゼペットが、丸太を彫ってピノキオという操り人形をこしらえる。そこへ青いドレスの妖精《ブルーフェアリー》が現れて、操り人形に自分の意志で動く力を授けてくれる。ゼペットとブルーフェアリー（それぞれが、自我《エゴ》と霊《スピリット》を象徴している）にできることはお行儀のいい操り人形をこしらえるところまでで、本物の男の子になる権利はピノキオが自分で獲得しなくてはならない。

ピノキオは初めは〝聞き分けのよい〟愛らしい操り人形で、期待される通りのことをこなしていく。自立心の兆候が見え始めるのは、ゼペットやブルーフェアリー、良心の象徴であるコオロギに反抗したり期待を裏切ったりするあたりからだ。ピノキオは乱暴者のランプウィックと一緒に『遊びの国《プレジャーアイランド》』へ向かう。大半の人間がそうであるように、自分の至福を追い求めようとしていたピノキオは、キャンディーを食べたり物を壊したりする、他愛のない遊び《プレジャー》を追いかけて脇道に逸れていく。

本能のままに喜びを求める暮らしに夢中になっていたピノキオは、自分とランプウィックがロバに変わっていくことに気づいて、危ういところで難を逃れる。この方向感覚の喪失によって激しい衝撃を受けたせいで、ピノキオはそれまでとはまったく違う角度から世の中を眺めるようになる。

ピノキオの神秘の世界への通過儀礼は、四つの段階に分かれている。第一段階では、ブルーフェアリーと出会って、自分には〝本物の男の子《リアルな》〟になる可能性があると知らされる。これが、探索へ誘う声となった。第二段階では、ピノキオが自分の影《シャドウ》の資質とそれによってもたらされる破壊を許容する。第三段階では、クジラの腹の中で、自分がどれほどゼペットを愛し、ゼペットからどれほど愛されていたかを思い知る。最後には、ピノキオの帰還とともにブルーフェアリーが現れて、独力でその権利を獲得したという理由で、ピノキオを本物の男の子に変身させる。つまり、ブルーフェアリーはピノキオが人生を体験したと言っているのだ。ピノキオは苦しみを味わった。以前よりも賢明なまなざしで物を見ることを覚え、それによって、俗な喜びと本物の至福との区別がつくようになり、純粋な気持ちで人を愛する力を手に入れた。そして、恥や後悔に力を奪われずに自分の行動に責任を持つことができるようになった。簡単に言えば、本物《リアル》になっていたのだ。

象徴的な言い方をすれば、自我の段階にとどまっている人生は、ロボットやおもちゃのような無生物として生きるのと変わらないことになる。私たちが飢えを感じるのは、本物の体験を欲しているせいだ。霊《スピリット》に呼びかける行為は、そうした純度の高いものを見つけるための最初の一歩にすぎない。通過儀礼《イニシエーション》は、世の中に対する見方を根底から覆し、もっと深い英知とつながってから自分の身に起こっていることを理解するように求めてくる。この通過儀礼は、何らの方法で、破壊者によってもたらされる苦しみや困窮や喪失、求愛者（エロス）のアーキタイプと関連する、純粋で情熱的な愛情や結びつきを与える力を予期しているのかもしれない。最終的には、自分の魂《ソウル》と結合することによって、新たな自己《セルフ》（創造者）の誕生が可能になるということも。

神秘を体験する

神秘《ミステリー》の世界に——精神分析や神秘体験を通じて、あるいは、死や愛を直接的に体験することによって——足を踏み入れると、この地球上で肉体が営んでいる命を受け入れ、それを愛するすべを学ぶことが可能になる。肉体にとどまっていたとしても、魂は不滅だという考え方が否定されるわけではない。肉体は魂を表現する一つの形であり、魂の一部と言えるからだ。魂が肉体を必要とするのは、命が生まれて死んでいくという宇宙の営みに私たちを参加させて、もっと充実した自分だけの自己の獲得を可能にするためなのだ。日々の暮らしのあれこれや、いずれは死ななければならないという意識から解き放たれて、命を授かるのに必要なものに心を開いてみると、宇宙の営みに加わったことによってもたらされる畏敬や驚嘆を自然に味わえるようになる。

だが、自我には魂の苦しみの本質がなかなか理解できない。幼子は、不愉快な事実を否定して単純な信念だけを持ちたがる。孤児は、死や苦しみを、人生が不公平であることの証ととらえてしまう。援助者と戦士は、人々が苦しまないように奔走する——つまり、戦士は苦しみの火種となっているものを見つけて打ち倒し、援助者は、苦しみを一手に引き受けて他人を救おうとするのだ。

私たちの霊《スピリット》までもが、そうした経験を乗り越えたい一心で、すべてを超越した至福の状態を探し求める。実際にそれが可能であることは、さまざまな時代や場所を生きた神秘主義者や賢人たちの証言からも明らかだが、一足飛びにその状態にたどり着けるわけではない。パラドクスから抜け出すには、その道を通り抜けるしかないということだ。

通過儀礼《イニシエーション》体験としての方向感覚の喪失

通過儀礼を体験すると、物の見方が変わってしまうのは避けられない。目と耳と思考能力を活用して、それまでとは違うレベルで世界に接しやすくなるような方法を学ばなくてはならない。自分からそれを求める人は、物の見方を変えるために考案されたさまざまな通過儀礼体験を利用するのもいいだろう。とはいえ、ほとんどの人々は意識的に通過儀礼体験を選んでいるわけではない。それは偶然に起こったように見えるもので、時には大きな衝撃をもたらすこともある。

その衝撃が肉体に及ぶ場合もある。『使徒行伝』によれば、後に聖人となったパウロは、ダマスカスへ向かう途中で視力を奪われた。ジーン・アウルの著書『ケーブ・ベアの一族』（ホーム社）に出てくるシャーマンは、少年の頃、雷に打たれている。一方、精神的な打撃を受ける場合もある。『創世記』に登場するヤコブは、兄の怒りから逃れてハランへ向かう途中で天国へ続く梯子《はしご》の夢を見る。自分が天上と地上が触れ合う場所にいると悟ったとたん、ヤコブは畏怖の念に打たれるのだ。神聖な空間は私たちのすぐそばに存在しているのだが、たいていの場合は、衝撃を受けて通常の物の見方から逸脱することによってその事実を感じたり悟ったりする。

苦しみや喪失や痛みがいきなり襲いかかってきたせいで、衝撃のあまり方向感覚を失う人もいる。悪い予感、幽体離脱、霊的な存在が登場する生々しい夢といった、通常の物の見方では説明のつかない体験をする人もいるだろう。

さらには、病気や身体の障害、裏切り行為の結果として方向感覚を失うことも考えられる。中には、薬物による恍惚状態（これはお勧めできない）や、何らかの精神疾患を通じて通過儀礼を体験する人もいる。ストレスに耐えきれなくなったり、現実の暮らしに対処できなくなったりして、方向感覚を失う人もいれば、誰かに本物を見極める感覚を損なわれたあげくに、方向感覚を失う人もいる。

現代社会の慌ただしいペースも、自分を追い込むための修養の機会とみなすことができるかもしれない。だが、そうした戦略は裏目に出る危険をはらんでいるものだ。方向感覚を失うこと自体は通過儀礼体験ではない。通過儀礼が起こるのは、私たちが衝撃に打ちのめされて、物事の意味をより深いレベルで探り始める時なのだ。そんな時は、「今のところは、自分の手で人生をコントロールできている」というふりはしないことだ。無力感を味わっている状態のまま、それまで見ていなかったものの何を見る必要があるのかを、心のより深い部分で知らなくてはならない。

こうした瞬間を体験すると、合理的な心はすべての原因を突き止めたいという誘惑に駆られるものだ。分析して物事を合理的に考え抜く行為には何一つ間違ったところはないのだが、このスキルはあくまでも自我を育成するためのものだ。ただ単に、自我が苦労の末に身につけた戦略は魂のレベルで人生を理解するには不向きということだ。

通過儀礼体験で不安になった時は、自分にこう言い聞かせて心を静めるといい。「どうやら、これが私にとっての通過儀礼体験のようだ。原因を突き止められないことはわかっている。これ以上努力したところで、この状況を自分でコントロールすることもできない。これが続いている間は、自我《エゴ》の力で責任を持って行動するだけで精一杯だ。子供たちの世話をして、時間どおりに出社して、友人には親切にふるまおう。でも、この体験で目覚めようとしているのは私の魂《ソウル》なんだ。今の私にできるのは、自分が必要としている学びの時がやってくるのを待つことだけだ」

そして、その時は必ずやってくる。新たな洞察が内側からじわじわと浸み出てきて、夢の中でも、目覚めている時でも、「これだ!」「そうだったのね!」と叫びたくなるかもしれない。共時性《シンクロニシティ》によって、友人や、書物や、手紙や、自分が聞きたがっていたことを〝たまたま〟口にしてくれた話し手を介して届けられることもある。自然界にある物や象徴を通じて届くこともあるだろう。私たちはそれを目にした瞬間に、これが自分の知りたかったことだと悟るのだ。

魂《ソウル》の言葉は、右脳が支配する、隠喩的で、叙述的で、矛盾をはらんだものであり、左脳が支配する、論理的で、論証的で、二元的な自我《エゴ》の言葉とは似ても似つかないものだ。魂の洞察は、通常は、懸命な努力の結果としてではなく、答えを知りたいという切実な願いから生まれる全体的認識《ゲシュタルト》として訪れる。混乱の中にとどまり、無力感を味わい、不満を募らせてはじめて、霧がぱっと晴れるような瞬間を迎えやすくなる。そうした時は、自分の身に起こっていることはコントロールできない。ただし、運が良ければ、混乱の下に広がる深い英知の世界へ沈んでいく方法を覚えることはできる。その世界へ続く扉は、誰に対しても常に開かれているものなのだ。

古代の密儀宗教と錬金術

一般的に言って、現代社会には自分の通過儀礼体験を積極的に語りたくなるような空気が存在しない。確かにユング派の分析は現代版の通過儀礼ではある。しかし、分析を受けている人々のほとんどは、自我を重視する心理学者のもとで、自分を取り巻く世界に順応するすべを身につけているだけなのだ。さまざまな時代や場所で守られていた古代の風習では、通過儀礼の役割や機能にもっと注意が払われていた。ここでは、そうした風習の中から二つの例を紹介する。つまり、古代の密儀宗教と、科学としての錬金術である。

心理学的真実の源泉としての密儀宗教

密儀というのは、性衝動や、生や死を讃える豊穣宗教の神秘的な側面だ。すべての密儀に欠かせないのは、自然の周期と、霊的、精神的な生活の周期には類似点があるという仮定だった。つまり、個人や家族の生活、自然の変遷、神の実在性は、互いを映し出す鏡であり、そのすべてが一つになってすばらしいプロセスが進行しているとみなされていた。

太陽の周期（春夏秋冬）を讃える文化もあれば、月の周期（月の満ち欠けや、満月）を讃える文化もあった。自然の周期は、生命の誕生、交接、死といった神聖な出来事に匹敵するものとみなされていた。霊的な原理は、初めは女神であり、後に男性神となる。この神から生まれた息子（初期の女神神話では母親の配偶者となる）や娘は、親から大切に育てられる。だが、神の子供たちは犠牲者となる宿命を負っていた。農業の女神デーメーテールの娘であるコレーは、死者の国を支配するハーデスに掠われ、一年の半分は黄泉《よみ》の国にとどまらなければならず、ディオニュソスは飲んで浮かれている最中に仲間の手で八つ裂きにされてしまう。イエス・キリストは十字架に架けられた。

このような物語では、死や犠牲の後に再生や復活を象徴する出来事が続く。年老いて死んだ神は、新年を迎えると蘇った。イエス・キリストは復活した。ばらばらにされたオシリスの体は再び一つに集められた。コレーが地上に戻ると、季節が冬から春へと変わるようになった。こうした死と再生のパターンは、季節の変化に符合するだけでなく、再生という心理学的なパターンを映し出している。かつての自分が死んで、これからの自分に命を与えることができるからだ。

その後は、キリスト教のような家父長的な宗教が登場する。こうした宗教にまつわる物語では、死や復活の場面では神秘的な雰囲気が保たれていても、それまで重要視されていた性衝動に対する関心は失われている。初期の豊穣神崇拝では、死と再生だけでなく、性の交わりの結果として生命が誕生するという偉大な奇跡も讃えられていた。だからこそ、最も神聖なものとされていた遺物では、極めて露骨な技法で男性と女性の性的エネルギーが表現されている。こうした象徴的表現が、キリスト教の礼拝に受け継がれた例もある。たとえば、エスター・ハーディングは、「火をともした蠟燭を沈めて洗礼槽を受胎させる」のは、性愛を表現した古代の象徴的表現の一つだと記している。[2] しかし、そうした象徴的表現の根底にあった、性の結合という奇跡に対する敬意は失われてしまった。

それどころか、近年では性の交わりを偉大な神秘とみなすことを異端と見なす向きもあり、処女懐胎という概念が教義となってからは特にその傾向が強いようだ。だが、古代の人々にとっては、情熱やエロスに対する賛美は復活を祝う儀式には欠かせないものだった。ヒンドゥー教のシヴァとシャクティの言い伝えのように、創造は神々の気軽な交接によってもたらされる。さらに、ハーディングが明らかにしているように、神が〝処女〟から生まれたことが重要視されるのは、禁欲の奨励に端を発しているわけではない。歴史をたどると、「Virgin《ヴァージン》」という言葉は、自分をしっかりと持った〝自己完結した女性〟を意味していたからだ。性的な魅力があったり、子供がいたりしても、誰かの妻や所有物ではあり得ない女性。つまり、その女性が自分の中に女神がいることを知っていて、自分自身を讃えているという意味だったのだ。

通過儀礼を介して死や情熱や誕生といった神秘の世界に入っていくプロセスは、古代の密儀や世界各地の先住民が崇拝してきたものであり、そこには、探求者、破壊者、求愛者、創造者といった魂のアーキタイプが反映されている。

象徴化された心理学的真実としての錬金術

錬金術師《アルケミスト》というと、ほとんどの人は化学者《ケミスト》になり損ねた人間だと決めつけているかもしれないが、実のところ、錬金術師の——少なくとも、その教えを本当に理解していた人々の——一番の目的は実験室にこもって鉛を金に変えることではなかった。それどころか、錬金術のプロセスと旅の神話は、精神の発達と育成における重要な段階を象徴化したものなのだ。

多くの秘儀を伝授する教えがそうであるように、錬金術も主に口伝で師匠から弟子に伝えられてきた。師匠がわざと曖昧な文書を書き残していたせいで、秘伝に通じた者《イニシェイティッド》だけが文書に記された言葉の意味を理解できた。師匠たちが、健全な自我《エゴ》や倫理観や道徳観を欠いている人間が錬金術の技術を発見して自分や他人を傷つけるのではないかという、もっともな不安を抱いていたからだ(3)。

本物の錬金術師にとっては、鉛を金に変える物質的次元での目的はあくまでも二次的なもので、真に目指していたのは、鉛の意識を黄金の意識に高めていくという霊的《スピリチュアル》な目標だった。つまり、自我《エゴ》に対する意識を拡大して魂《ソウル》を体験し、その過程で、自己《セルフ》を生み出そうと考えたのだ。鉛を金に変える目標達成は、内面におけるより重要な霊的達成を外側から確認するための指標とみなされていた。卑金属（課題）から金（霊《スピリット》）のエッセンスを抽出するためのさまざまな科学的措置は、英雄の旅《ヒーローズ・ジャーニー》のそれぞれの段階に該当する。すなわち、自我に支配された合意に基づく現実から、形状を変えることが可能な霊的領域《スピリチュアル・ドメイン》に入り、それから、元の場所に戻って、霊を世間に表明できるように物理的な現実を変容させるということだ。錬金術の最終段階は――王族、金、太陽で象徴化されている――物質的次元で霊的真実《スピリチュアル・トゥルース》を明らかにする能力を示している。

アーキタイプが魂《ソウル》の成長に及ぼす影響

本物の存在になるための旅の途上で最も活躍する四つのアーキタイプ――探求者、破壊者、求愛者、創造者――は、古代の密儀や錬金術を介して人類に語りかけてきた。そして、現代を生きる私たちには、精神分析のような、私たちを自分の深い部分と結びつけてくれるプロセスを通じて語りかけてくる。この四つが揃うことで、私たちは人生の意味や本物の証《オーセンティシティ》を体験することができるのだ。

四つのアーキタイプは、それぞれが魂の異なる要素や一面に類似している。探求者は霊《スピリット》に相応する。破壊者は死の本能であるタナトスに、求愛者は生きる力であるエロスに、創造者は（自分自身のアイデンティティによって焦点が定められている時は）想像力に相当するものだ。霊は常に上へ向かう。霊は物理的な存在を超越したいと願っていて、私たちを魂と出会う探索の旅へと誘ってくれる。タナトスは常に下と内側へ向かう。神話に出てくる黄泉《よみ》の国への旅が典型的な例であり、毛虫が蝶に変身するプロセスの繭《まゆ》をつくる行為に象徴される。エロスは、魂が外へ向かう動きをつかさどって、私たちが他人と結びつくことができるように力を尽くしてくれる。想像力は、魂の一部として物事に意味をもたせ、物語やイメージや可能性を紡いでいく。したがって、その動きは拡張的なものになる。

探求者 The Seeker

探求者は悟りや変容を探し求めるが、初めのうちは、自我《エゴ》の思考プロセスに大きく支配されている。したがって、探求者は悟りを、〝より立派な〟存在、〝より熟練した〟存在、〝より完璧な〟存在になるために必要なものだと決めつけている。探索の旅とは、人間の属性を超越した存在になること目的としたものだ。これまで見てきたように、これは霊の呼び声《コール》であり、上昇や前進を続け、常に自己改善を目指している。最後には、通過儀礼《イニシエーション》によって上昇をあきらめるように求められるので、そこからは、魂《ソウル》と、魂の真実の奥深くまで降りていくことができる。

探求者の旅には、依存状態から抜け出して未知の世界へ飛び込んでいく勇気が必要だ。人は常に、自分に理解できないこと、自分が知らないことを恐れている。自分の内なる真実に気づいていない人間は、「独りぼっちになったらどうしよう」「追い詰められて内なる悪魔《デーモン》と向き合うことになったらどうしよう」と震えながら生きている。外界や、外界の仕組みを知らずにいる人間は、「世の中に放り出されたらどうしよう」と怯えている。どちらも、自分の身に起こることにどう対処すればいいかわからないという不安を抱えているわけだ。

ユングが説いたように、世の中には、他人よりも内向的で、内面の世界に親しみ、その世界を探索するのが好きでたまらない人々がいる。外界のほうがくつろげるし、そこを探索するほうが好きだという人々もいる。少なくとも自分では理解していると思い込んでいる世界にいる時ほど、人は危険を冒してみようと思うものだ。私たちの中にいる探求者は、「おまえが最も恐れているものを探ってみろ、未知の物に果敢に立ち向かうことで変容が可能になるのだ」と囁きかけてくる。

破壊者　The Destroyer

心の旅で最初に出会う破壊者は、抑圧されてきた潜在的な自分の姿として、ネガティブな影《シャドウ》の姿で現れる可能性がある。長期間にわたって虐げられ、閉じ込められ、憎悪や悪口の対象にされてきたために、そうした影の姿には成長や発達の機会が与えられなかった。そのせいで、ひねくれて悪意のこもった表現方法をとるようになったのだ。

ユングの説明によれば、影《シャドウ》は無意識へ続く道を切り開いてくれる存在だ。責任を持って自分の影と向き合うことで、私たちは黄泉《よみ》の国の豊かな実りを手にすることができる。黄泉の国を描写する際に、高価な宝石や財宝の山が巨大な怪物に守られている情景が描かれてきた理由もそこにある。英雄たちは、財宝を手に入れるためにはドラゴンに立ち向かわなくてはならないと知っている。初めて闘った時には戦士としてそうしたのであって、ドラゴンは自分の外側にいると信じ込んでいた。ドラゴンを倒して宝を手に入れた時には、言うまでもなく、自我の力《エゴ・ストレングス》を勝ち取った。二度目の試練では、ドラゴンが自分自身であることを受け入れて、魂という宝物に続く道をたどっていく。

心の中に影が広がっていく瞬間は恐怖を感じるかもしれないが、実を言えば、この影は恵みをもたらしてくれる存在だ。統合されて、そこから変容が起これば、必ず大きなギフトを授けてくれるからだ。ただし、破壊者は死の願望であるタナトスとして現れることもある。タナトスは影を介して表面に噴き出すことがあり、これが自分の真実だと信じていたものをことごとく破壊してしまう。と同時に、私たちが歳を取り、病気になり、死を迎える原因をつくっている心の一部でもある。見かけがポジティブな姿であろうとネガティブな姿であろうと、常に死と結託している存在だ。

求愛者 The Lover

求愛者のアーキタイプは、エロティックな生命力のエネルギーの中で見いだされ、私たちの中にいる男性神と女神の結婚に象徴されている。結婚と、心理的な統一と、宇宙の営みは、これまでもたびたび一つに結びつけられてきた。[4] ユング派分析家のジューン・シンガーは、「空と大地」「男性と女性」「光と闇」として表現される原初の分離は再び統一されなくてはならないと説明している。これを象徴化したものが聖なる結婚であり、この結婚によって自己が誕生する。[5] だからこそ、男性と女性の役割をつなぎ合わせただけでは真の両性具有者は生まれない。二元性を超えたところで動いている、心の根本的な再統合が必要なのだ。

ユングの教えによれば、魂《ソウル》の世界に入っていくには、心《プシケ》の中にある異性の要素を経由しなくてはならない。男性にとってはアニマ、女性にとってはアニムスと呼ばれるものだ。アニマやアニムスはさまざまな方法で確認できる。夢の中で重要な役割を演じることもある。何らかの創造活動に打ち込んでいる場合は、作品の中に現れることもめずらしくない。自分のアニマやアニムスの性質を体現している、実在の男性や女性に惹かれることもあるだろう。

人は往々にして、外界に目を凝らすことによって内面の動きを理解する。個人としても集団としても、実在する女性への敬愛を通じて、内なる女性を愛するすべを学んでいく。また、現実の男性への敬愛を通じて、内なる男性を愛するすべを学ぶのだ。

西洋の主要な宗教では、男性神と女神の聖なる結婚が重要な象徴でなくなって久しいが、心理学の世界では一つの事実としてとらえられている。心の中で起こる聖なる結婚とは、心理学上の相反する属性、つまり、「男性と女性」「肉体と霊《スピリット》」「魂《ソウル》と自我《エゴ》」「意識と無意識」の結合としてさまざまに表現されている。対極にあるものが一つになるのは、私たちが、他人だけでなく自分に対しても贖《あがな》いと思いやりを込めた愛情（神の愛《アガペー》）を抱けるようになった時であり、その先には、より深遠で、より統一された自己の体験が待っている。この自己には、全体性《ホールネス》、潜在力、パワーがますます強くなっていくという特徴がある。

創造者 The Creator

創造者のアーキタイプの力を借りれば、私たちの奥深くで眠っている真のアイデンティティの種子を目覚めさせることができる。創造者は、私たちの人生を始動させるプロセスを統轄する存在だ。〝想像力〟と呼ばれているものの一部であり、想像力を必要とする活動にスポットライトを当ててくれる。想像力がなければ、人生を創造することはできない。とはいえ、本物の自己を実感しなければ、想像力に注意が向くこともない。創造者がさまざまな計画やアイデアをつくりあげてもあちこちに放置されたままで、結局は満足感を得られずに終わってしまう。

ジーン・ヒューストンは、この種子を〝生命力《エンテレキー》〟と呼び、宇宙規模のアイデンティティではなく、それぞれの人間に授けられた象徴化された人生の使命を強調している。生命力との結びつきは、常に、傑出した男女を――アーティスト、ミュージシャン、科学者、哲学者、霊的世界の指導者を問わず――際だたせるものだった。そうした人々には、真のアイデンティティと使命感が備わっている。

自分の魂と結びつくためには、生命力と――個々の運命と――結びつくことに精一杯の情熱を注ぐことが求められる。そうすれば、自分が何をすべきかが見えてきて、自分ならではのやり方で地球に貢献することができるだろう。生命力は創造的な言葉で潜在的な想像力に語りかけながら、自分という人間の真実から浮かび上がってくる人生を創りあげるように働きかけてくる。

＊＊＊

あなたは、魂《ソウル》に関わる四つのアーキタイプを、精神分析や（おそらくは、夢に現れたアーキタイプを検証する形で）、霊的世界の探求によって意識的に体験するかもしれない。もっと簡単に、日々の生活を通じて体験することもあるだろう――今以上のものが欲しくてたまらなくなったり、大きな喪失や苦しみを味わったり、情熱的な恋に落ちたり、無意識のうちに重要な本物の証《オーセンティシティ》を体験したりすると、突如として、あなたという人間から有機的な形で軽々と浮かびあがってきたものが行動に表れるようになるからだ。こうした体験は、少なくともそれが起こっている間は、私たちを魂という神秘の世界に導いてくれるものだ。ほとんどの人が似たような体験をしているはずだ。自分を変えようとしてその体験を受け入れれば、その先には通過儀礼《イニシエーション》が待っている。

精神分析やそれに類似した方法で行なう心の旅では、四つのアーキタイプは、個性化のプロセスのそれぞれの段階を特徴づけている。つまり、内なる心理の世界を探索し、自分の願望を明確にして、心の影《プシケ　シャドウ》の要素を統合し、男性性と女性性のバランスを取り、「これが自分だ」という深遠な感覚を受け入れられるようにしてくれるプロセスだ。このプロセスを経た結果として――自分の体験を意識していればの話だが――自己《セルフ》が誕生する。この達成が旅からの帰還の印となり、帰還の末に王国の変革が成し遂げられる。自己を生み出すだけでなく、その自己を実体のあるものとして世の中に明示しなければ変革は実現しない。それを実行するプロセスについては、次章に譲ることにする。

第4章 自己——自分という人間を表現する

自己《セルフ》とは全体性《ホールネス》の一つの表現であり、個性化のプロセスの終着点に相当する。探索の旅は終わり、財宝も手に入り、王国——その人の人生——は、新たな秩序作りの方針に基づいて変革されている最中だ。

自己の本質は合理的とは言えないものだ。ある時は一人ひとりの最も独特な部分であり、ある時は私たちの自我《エゴ》を超個的《トランスパーソナル》の領域に結びつけるものであり、その二つの役割を同時に果たすこともあるからだ。自己は、新しい生き方への入り口でもあり、私たちを〝あがき続ける人生〟から連れ出して、豊かな暮らしへ導いてくれる。だからこそ、旅の最終段階の達成には王族のイメージがふさわしい。私たちは、自分の王国の王や女王になり、内なる自己に忠実でありさえすれば、その程度に応じて、不毛の土地で花が咲き始める。

統治者は、「物事はこうあるべきだ」という考えはもちろん、「これが自分だ」という認識についても時代遅れの考えにしがみつくことがある。だが、英雄の旅《ヒーローズ・ジャーニー》は直線ではなく螺旋《らせん》を描く旅だ。私たちは旅をしながら、常に自分と王国を再生し続けなくてはならない。古びた真実やアイデンティティにしがみついている統治者は、邪悪な暴君に姿を変え、王国や個人の心《プシケ》の活力を封じ込めてしまう。そうした事態を避けるには、もう一度、古い統治者を犠牲にして、新しい——旅から帰ったばかりの——英雄に王国の統治を託さなくてはならない。そうすれば、王国には豊かな実りと繁栄がもたらされるだろう。(1)

聖杯伝説

古代には、王国の健全な姿を取り戻すために、統治者やその代理が犠牲になることを慣例とする文化がたくさんあった。そうした慣例は、再生と変化の必要性にまつわる、比喩的、心理学的真理をそのまま行動に移したものだ。王位継承に特有の死と復活の感覚は、「王は（女王は）崩御された。王（女王）の御代が長くつづかんことを！」という伝統的な歓呼の叫びに象徴されている。

漁夫王《フィッシャー・キング》の伝説は、あの壮大な聖杯伝説を織りなす伝承の一つとして、十二世紀に広く知れ渡ったものだ。心理学的見地から言えば、何度もくりかえして再生が必要であることを説いたものでもある。物語に出てくる統治者は、傷を負って苦しんでいる。王国が荒廃したのは、王の傷が癒えないせいだと考えられている。王国がかつての美しさと繁栄を取り戻すためには、王の傷を癒さなくてはならない。

王はカーボネックという聖杯城で暮らしている。王が健康を取り戻すためには、王よりも若い騎士が現れて、聖杯に代表される聖遺物について正しい質問をしなくてはならない。パーシヴァルの伝説によると、はじめて城を訪れたときのパーシヴァルは、肝心の魔法の質問を口にする機会を逃してしまう。その結果、パーシヴァルは何年にも渡って放浪を続け、漁夫王の苦しみは続き、国土は荒れ果てたままとなる。だが、パーシヴァルがようやく聖杯城へ戻る道を見つけてその質問を口にすると、王の病は癒え、王国はふたたび華やぎと繁栄を取り戻す。

人は、一生のうちに何度かは、漁夫王と同じ立場に置かれるものだ。何かがうまくいっていないという漠然とした不安。傷を負って、自分自身から切り離されたように感じ、王国にも内面の状態が反映されてしまう。初めは自分の傷に気づかないこともめずらしくない。ただ、自分は幸せでないと感じるだけだ。以前は効き目があった方法を試しても心が晴れることはない。

パーシヴァルと漁夫王のエピソードは、キャメロット伝説という長大な物語——アーサー王と円卓の騎士たち、聖杯探求の物語――の一編を成す物語だ。宮廷が置かれたキャメロットは黄金期を迎え、その牧歌的なイメージは自己の獲得を象徴する良質の隠喩《メタファー》となっている。苦しむ漁夫王のイメージには、自己が傷ついて苦しむ人間の姿が象徴されている。[2] ユング派の心理学者たちは聖杯伝説に魅せられ、パーシヴァルの物語には特に注意を払ってきた。物語の中に、象徴化された心理学的真実が数多く潜んでいるからだ――その真理とは、内なる統治者の傷を癒す方法を教えてくれるものであり、それを知ることで、自分なりのキャメロット伝説を体験することも可能になる。

聖杯と苦しみの王

円卓の騎士たちは聖杯を探す旅に出るが、聖杯というのは、最後の晩餐で使われた後に磔《はりつけ》にされたイエス・キリストの血をうけた杯とされている。したがって、聖杯は血（「これは、罪が赦されるように、多くの人のために流されるわたしの血、契約の血である」〈『マタイによる福音書』二六章二八節〉）と苦しみが持つ変容の力に語りかけてくる。

心の中の二元的なイメージは――たとえば、栄光を手に入れた統治者（アーサー王）や荒廃した王国を治める苦悩の王（漁夫王）のイメージは――第三の包括的なイメージによって統一へと変容する。聖杯伝説で暗に示唆されている王の一人はイエス・キリストだ。だが、ここで描かれているのは復活した神としてのイエス・キリストだけではなく、十字架に磔にされたイエス・キリスト、頭に茨の冠を戴き、「ユダヤの王」と書かれた札を掲げて茨の上に座らされていたイエス・キリストのことでもある。ここで忘れてはならないのは、宗教にまつわる偉大な物語には、歴史的、神学的意義に加えて、深遠な心理学的、隠喩的な意味が込められている点だ。

隠喩的には、イエス・キリストの物語は、自己の誕生、死、復活のプロセスを語ったものと言える。そう考えれば、歴史的・宗教的見地から〝信じる〟かどうかは別にして、イエス・キリストの物語からは、心理学的な洞察を得ることが可能になる。この事実は、苦しみを経て、復活、全体性《ホールネス》、贖いに到達するという、本質的なプロセスに関わっている。

〝磔刑《たっけい》〟の体験は、統治者のアーキタイプには避けては通ることができないものであり――だからこそ、「わが神、わが神、なぜわたしをお見捨てになったのですか」（『マタイによる福音書』二七章四六節）」と叫んだにも関わらず、イエス・キリストは王として描かれている――自己の誕生の心理学的な構成要素としても欠かせないものだ(3)。世の中で自分の魂の現実を明らかにすると、人は往々にして磔にされたような気分を味わうもので、物理的次元の現実と霊的次元の現実の衝突が解決されて蘇りや復活を果たすまでは、その感覚が薄れることはない。そう考えると、イエス・キリストの復活と再臨の預言に象徴されるのは、物理的次元で魂の本質を余すことなく表現できるような意識の状態である。

自己《セルフ》のアーキタイプは、ポジティブな表現活動を全体性《ホールネス》として認識する。といっても、私たちはほとんどの時間はそれを内面の葛藤として経験するのであり、その体験があまりにも強烈なせいで本物の苦しみが生まれてしまうこともある。自己が進化を遂げる時はもちろんだが、移行の時期にも、自己を完全に生み出すまでは常に何らかの内面の苦しみに苛まれるだろう。この内面の痛みを、魂と自我、男性性と女性性、内面の要求と外界での責任と限界の間に生じる、痛みを伴う本物の葛藤の中で浮かびあがるようにしていると、自己を鍛えて命を吹き込んでくれるような苦しみが生まれてくる。もう少し簡単な言い方をすると、内面の葛藤から生じる痛みを感じ取れるようにしておけば、その葛藤を新たな統一に還元させるプロセスが始まるということだ。

葛藤を、特に、現代のキリスト教神学者であるパーカー・パーマーが「この世の最大の矛盾。つまり、生きるためには死ななくてはならない(4)」と呼ぶものを心を開いて受け入れた時に、人は心の安らぎを得る。通常は、誰もが抱えている内面の苦しみが骨身に染みるまでは、一瞬たりとも安らぎが訪れることはない。苦しみなくしては、心の新たな統一を勢いづけてくれるような熱気は生まれてこないのだ。

十字架の心理学的な意味

錬金術の世界でも、内面の矛盾《パラドクス》という痛みを体験しなければ変容は起こらない。キリスト教と錬金術の象徴的表現が似通っているのは、象徴化されている心理学的真理が説得力のある深遠なもので、元型的なものであることの現れだ。パーカー・パーマーは矛盾を〝十字架〟とみなしているのだが、錬金術の世界では、矛盾の解消は、男性性と女性性、意識と無意識、霊と魂の聖なる結婚に象徴されている。

象徴としての結婚は、死と復活の体験でもあり、深刻な苦しみを伴うものだ。伝統主義者のタイタス・ブルクハルト（一九〇八～八四年）の説明によれば、これは「逆T字」もしくは「十字架」に象徴されている。「逆T字」と「十字架」の縦の軸は、意識（軸の上部）と無意識（軸の下部）の結合を現している。横の軸は、男性的なエネルギーと女性的なエネルギーを現している。意識（自我）と無意識（魂）は霊であり、触媒となって、「魔法の言葉のような独創的な働きをするものを誘発する」。

男性と女性の力は、「十字架の縦軸に巻き付く二匹の蛇に象徴される。二匹の蛇は、横軸にぶつかるところでようやく顔を合わせ、中心部分で絡み合う。その先は、一匹の蛇に姿を変えて、縦軸にしっかりと巻き付きながら上昇していく(5)」

これを聖杯伝説に出てくる言葉に置き換えると、最初は、活発で、意識的で、〝男性的な〟（もしくは陽の）方法で、聖杯の探索を始めるという意味になる。旅の途中のどこかで、この意識的で活動的な経験が通過儀礼となり、私たちが受容的で、霊感を吹き込まれ、〝女性的な〟（もしくは陰）、聖杯のような存在になれるように、私たちの心を開いてくれる。そうすることで私たちは霊に目覚め、自我の生活を特徴づけている二元的な分裂が癒される。この癒しは、私たちの意識を統一して自己の誕生を促すだけでなく（自我が魂の役に立っていればの話だが）、私たちが矛盾との折り合いをつけ、自分自身の人生の君主や統治者になるための責任を喜んで引き受けられるようにしてくれる。だが、そのためには、内面の矛盾や不合理によって生じる苦しみに耐えながら、その苦しみによって錬金術のガラス瓶が温まるのを待つしかない。そうすることで、自我と魂、男性性と女性性が、形状を変えて一つに溶け合うように〝融解〟されるからだ。

　復活したイエス・キリストは王としてのイエス・キリストだ(6)。眠りから目覚めた自己は、錬金術の世界では、両性具有の君主に象徴されている。充分に具現化された自己は、一人ひとりの内面の深み、安らぎ、全体性《ホールネス》といった感覚として体験される。ほとんどの人にとっては、全体性と自分自身を余すことなく感じた時に、ほんの一瞬だけ味わうことができる感覚だ。たとえ束の間に過ぎなくても、そうした瞬間は、未来の可能性や、おそらくは具体的な未来を語りかけてくれる、魔法のような力を持っている。

自覚という責任

パーシヴァルは、初めて聖杯城を訪ねた時に一振りの剣を授けられる。それから聖杯の行列を目にするのだが、そこには、血が滴る聖槍を掲げた従者、光り輝く聖杯を手にした乙女、皿（あるいは鉢）を運ぶ少女の姿があった。パーシヴァルが、行列や運ばれてくる品々のことを尋ねさえすれば、王は苦しみから解放される――だが、パーシヴァルは最後までその質問を口にしなかった。

　城を訪ねるという体験や、そこで目にする象徴的な遺物や人物は、魂の通過儀礼《イニシエーション》を表すアーキタイプに符合する。剣の授かり物は探索へ誘う声（探求者）を、血が滴る聖槍は死（破壊者）を、聖杯はエロス、つまり霊性《スピリチュアリティ》の女性性（求愛者）を表している。皿（あるいは器《うつわ》）は創造者のアーキタイプを意味するが、これは、真の自己《トゥルー・セルフ》が誕生すると、自分が〝糧《かて》を与えられて〟滋養を摂ったと感じるのはもちろん、自分の行動が自然に他者の滋養となるからだ。

　パーシヴァルと傷ついた王は、それぞれが、心の異なる部分を表している。パーシヴァルには、魂を体験する貴重な機会が与えられるが、質問を口にしなかったせいで王を癒すことができない。この逸話からわかるのは、探索を——通過儀礼、死、エロス、誕生を——体験するだけは不充分だということだ。自分の体験を意識しなければならない。そうすることによって初めて、自分が体験していることの意味を自分や他人に気づかせることができるのだ。(7)

ほとんどの人が、探索へ誘う声を——深い愛情や情熱や喪失、内面や外面の苦しみや葛藤、自分自身の人生を創造したり創造しそこねたりする体験を通じて——耳にしたことがあるはずだが、魂が意図するものに気づかないまま対処してしまうと、奇跡を体験できずに終わってしまう可能性がある。自分を変えてもらうためには、目をしっかりと開いて驚異を体験しなくてはならない。目の前で起こっていることをじっくりとかみしめ、その意味が明らかになるように求め、自分が超個的《トランス・パーソナル》な世界と接していることを受け入れられるようにしておこう。

パーシヴァルと同じように、聖杯の騎士ランスロットも、初めは、行列に圧倒されて眠気を催し、その意味を問いただす機会を逸してしまう。自我のレベルでしか物事を意識していない人間がそうであるように、二人は目覚めていなかった。偉大な騎士であるにも関わらず、ある意味では本物の〝夢中歩行〟をしていたことになる。

癒された君主というポジティブなイメージで自己を体感するには、意識という重荷を受け入れるのをいとわず、通過儀礼体験だけでなく、その体験によって得た英知を意識に統合させなくてはならない。王として生きるのは、すでに知っていることを知るという——さらには、これから知るはずのことを問いただすという——責任を引き受けることなのだ。

分裂が統合された段階で、私たちの旅は終点にさしかかっている。そして、目覚めた心と自我にそれまで取り組んできたことを認識させようとするだけでなく、自分がようやく知ったことに基づいて行動し始める。言うまでもないが、傷ついた王とは私たちの傷ついた自己に他ならない。自我と魂が分裂した状態では、自己は本質的に傷を負った状態にあるからだ。

エロスと知識

苦しむ君主は、たいていは生殖器に傷を負っている。[8] そこには、時代とともにさまざまな意味が付け加えられてきた。最も重要なのが、エロスの価値が文化的に貶められたという解釈で、私たち全員が霊的《スピリチュアル》な不能状態に追いやられたと考えられている。エロスの傷を――現実的にも隠喩的にも生殖器と関連している傷を――癒せば魂も癒される。貶められて侮辱されてきたのは、魂の側面だからだ。

エロスは、魂だけでなく、女性性とも関連している。マリオン・ジマー・ブラッドリーのベストセラー小説『アヴァロンの霧』（早川書房）は、アーサー王の物語を〝妖姫《ようき》〟モーゲンの視点から描いた作品だ。モーゲンが〝巫女《みこ》〟をつとめる古代の女神信仰は、家父長制度的キリスト教が円卓会議を支配してから存亡の危機に瀕していた。女神の存在を否定することは、新しい秩序作りの一環として必要だった。だが、そのせいで、女神を傷つけた責任を負わされることにもなったのだ。女神がいなければ、そして、エロスという原則と聖なる力としての女性性が存在しなければ、情熱は破壊的な方向へ向かっていく（王妃グィネヴィアとランスロットの不倫は王国の分裂を招いてしまう）。そもそも、エロスや女神や女性たちが本来の名誉ある地位を取り戻せなければ、真の健全さや全体性《ホールネス》を望めるはずもない。[9]

聖杯には、男性性と女性性の適切な結びつきが象徴されている。だからこそ、騎士たちはそれを探さずにはいられない。王国には男性性があふれ、キリスト教がそれまでの豊穣神信仰に取って代わったせいで、エロスの神聖なエネルギーが見下されるようになっていた。杯そのものは〝女性的な〟エネルギーを象徴するもので、そこに〝男性的な〟酒精が注がれる。そうなると、聖杯は、肉体的なレベルというよりは霊的なレベルでの男性性と女性性の性的結合を表現することになる。

生殖器はさらに、生殖性や豊かな実りとも結びついている。荒れ果てた大地は、すべてのレベルにおける繁殖の失敗を示唆している。

この時代の伝承に登場していた統治者たちは、象徴的な意味において、王国と結婚したものとみなされていた。王国内で大きな問題が起こるのは――同時に国土の荒廃もはじまっているはずなのだが――結婚がうまくいっていない〝証《あかし》〟といえる。錬金術の聖なる結婚や、イエス・キリストの教会との結婚、統治者の土地との結婚は、いずれも、対立し合う複数の原則が――つまり、男性と女性、自我と魂、内面の現実と外界への表明が――統一されたことを表している。そのような結婚の失敗は、外界と内界のいずれかに、豊穣と繁栄が不足していることを物語っている。

生殖器に負った傷を癒すには、手始めに、私たちの異質な部分を結びつけて、霊と心と感情と性衝動が連携して互いに助け合うようにしなくてはならない。人生の早い段階で分裂が起こったのは、自我を創造して、意識で自分の性衝動をコントロールできるようにするためだった。そこには、鍛錬や自制心、自分や他者に対する責任感を育むというもっともな理由があった――さらには、誰もが大勢の子供を抱えているわけではないと確認するためでもあったのだ。

これは重要で効果的な教えではあるが、それだけでは私たちは傷を負ったままの状態にある。エロスが〝関わり〟を支配していることを思い出せば、生殖器に負った主要な傷が癒えない限り、意識の完全な統合は不可能なのだと理解できる。心の別々の部分――つまり、自我と魂、意識と無意識、男性性と女性性をつなぎ合わせてくれるのも、エロス、もしくは愛なのだ。

この傷を癒せば、分断されていた霊性と肉体性、心《マインド》と体《ボディ》がふたたび統一される。この統一で、心臓と生殖器、生殖と排出のパワーが内面で結びつくことによって、「古い物をある程度まで破壊したり手放したりしなければ、新しいものは（新たな自己を含めて）生み出せない」という認識に基づく関係を受け入れることができるようになる。

この統一は、内面の葛藤や緊張を癒してくれるエロスの賜物であり、心的なものだけを指す意識とは異なる意識を収容できるようになる。意識は、自分の人生の支配権を主張するには欠くことのできないものであり、心や左脳の知識以上のものが求められる。聖書では「知る（know）」という動詞を性交の意味で用いており、ここではそれが大きな鍵になってくる。私たちに必要なのは、心《マインド》と体《ボディ》と心臓《ハート》と魂《ソウル》が混ざり合うような方法で意識を研ぎ澄ますことだ。苦しみや変容を体験する時には、深い絆と美しさを備えた性的な親密さを特徴とするような、体と心の同一のつながりが必要だ。これが本来の学びや意識であり、錬金術における意識の変容を可能にしてくれる人生や経験への入り口になる。この知識があれば、十字架に架けられた王は復活した王となり、ガラス瓶の中で分離された男女は両性具有の君主となる。さらには、私たちが自分の苦しみを存分に味わって、それを強く意識すると、私たち自身の人生の統治者が現れる。

聖なる質問

漁夫王《フィッシャー・キング》の伝説では、王が癒されるのは、聖杯の探求者が聖杯に代表される聖遺物の意味を問いただした時とされている（これは、無意識から意識への転換を意味している）。パーシヴァルの物語にはさまざまなバージョンがあるが、そこで口にされる質問は、人類と聖杯との関係、聖杯と神との関係に重点を置いたものだ。「聖杯は誰に仕えているのですか？」と尋ねるのが伝統的であるが、「誰が聖杯に仕えているのですか？」と尋ねる場合もある。これは、聖杯が私たちに仕え、私たちが聖杯に仕え、聖杯は神に仕えていることを思い出させる言葉だ。この問いかけには警告の意味も含まれている。統治者は（自我を満足させるために支配するのではなく）常に神に仕えなければならず、したがって、王国と統治者を守っているのも（聖杯に象徴される）神の恵みであるからだ。心理学的なレベルでは、聖杯は魂に仕えていると言える。

現代の探求者も同じ問いかけを口にしなくてはならない。聖なる質問を口にする時の私たちは、心を開いて、より深いレベルで自分の魂と現在の暮らしを受け入れている状態だ。遺物のひとつひとつが、質問をしなさいと呼びかけてくる。剣の贈り物は、「この剣と私の命で何をすればいいのですか?」という問いを求めている。私たちの中にいる傷を負った統治者は、思いやりのこもった「どこが痛むのですか?」という問いを求めているが、これはあなた自身が癒される準備が整ったことを意味している。血が滴る聖槍は「何を犠牲にしなければいけないのでしょう?」という問いを、一番食べたいものを与えてくれる皿や器《うつわ》は「私に本当に必要な物は何なのでしょう? どうすれば、必要だと思い込んでいる物や足りないと思い込んでいる物と区別することができるのでしょう?」という問いを求めている。聖杯は、心を開いて悟りと全体性《ホールネス》の感覚を受け入れてから、「私の魂は私に何を求めているのでしょう?」と問うように命じている。

導かれるままに正しい問いを口にすると――その行為によって、自分の人生における元型的な意味を見いだすと――内なる王や女王が癒されて、荒れ果てた王国が変容する。

意識的になるというのは、眠りから目覚め、自分に忠実になり、人類の建設的な一員になるという新たな責任を担うことだ。これが、「王族の志を持つ」という言葉が意味するもの――つまり、完全に目覚めた状態で意識を高め、自分の感情をありのままに受け止め、世の中で自分という人間を表現する能力を得て、自分から進んで自分の人生に責任を持つということだ。

自己を体験するには、高潔であればいいというわけではない。害を及ぼす力も含め、自分の持っている能力を最大限に活用するということでもあるからだ。しかも、対立する性質の統合は永遠に続くわけではない。意識がどのような形で統一されようと、遅かれ早かれ分裂の時がやってきて、そこから新たな旅が始まるだろう。アーサ王の円卓会議でさえ永遠には続かなかった。歴史上の一つの時代は、また別の時代に取って代わられるということだ。

自分を表現する

心の深いところまで降りていって魂の目的に従おうと覚悟を決めると、もう二度とかつての暮らしには戻れない。得る物もあれば、失う物もある。ただし、ユングの妻エンマと、ユングの共同研究者だったマリー＝ルイーズ・フォン・フランツは、円卓会議の廃止は、パーシヴァルが聖杯の英知を日常生活に持ち帰らなかったことにも起因すると考えていた。パーシヴァルは魂に魅了されて帰還を果たさなかった。「パーシヴァルは聖杯城という人里離れた場所に引きこもるべきではなかった。周囲と関わっていくためには、円卓会議の場に聖杯を持ち帰るべきだったのだ。そうすれば、霊《スピリット》と世の中が離婚することもなく、世の中は霊によって新たな命を授かることができただろう[10]」

現代を生きる私たちにとっての課題は、ただ単に統合された自己《ユニファイド・セルフ》を——自我と魂、心臓と頭、男性性と女性性を結びつけながら——創りあげるだけでなく、その自己を日々の仕事や生活の場で表現していくことだ。

放浪者、つまり、私たちのさまよえる魂は、畏怖の念や神秘の力で幅や深みを増した意識を育むように誘惑される必要があるのだが、統治者は日常的な務めで足下を支えられている。ユダヤ教の教えでは、しきたりや戒律を守り続けることによって示される〝日々の行ない〟による霊性《スピリチュアリティ》が強調されている。禅の修行では、人々がもがき苦しむ状態から存在している状態へ移行し、子供じみた状態から自覚を伴う大人の生き方に脱却できるように助けている。禅の指導者である鈴木俊隆《しゅんりゅう》は、一つひとつの務めに意識を集中させれば、仏陀のような境地に到達する助けになると語っている。

お辞儀をする時は、お辞儀だけをしなくてはならない。座る時は、ただ座る。食べる時は、ただ食べる。

これを実践していれば、万物の本質が見えてくる……（中略）……。どのような状況に置かれても、仏陀を無視することはできない。あなた自身が仏陀なのだから。(11)

キリスト教、ユダヤ教、禅宗の教えや実践は、形式においても重要視されるものにおいてもまったく異なるものではあるが、いずれも、超自然的な世界から抜け出して日々の暮らしの営みに専念するという――可能であれば、希なものと平凡なものを統合するという――やりがいのある務めにいそしむように求めている。結局のところは、超個的《トランス・パーソナル》な経験ではなく、そのような経験がどのような方法で生きるすべを伝えてくれるのかが重要なのだ。これこそが、帰還のテーマである。

自己と内面の調和

自分を表現するにあたっては、統一を体験したらすぐに次の苦しみを味わわなければならないのだろうか？　そのサイクルを永遠にくりかえすのが私たちの運命なのだろうか？　そんなことはない。ユング派の心理学者ふうの言い方をすれば、そこに、大昔の宮廷におなじみの重要人物が顔を揃えていた理由がある。自己のアーキタイプが統治者だけだとしたら、苦しみと贖《あがな》いのサイクルは未来永劫続いていたかもしれない。だが、統治者の中には、調和のとれた新しい状態を保つ方法を編みだしていったおかげで、暴君にも漁夫王《フィッシャー・キング》にもならなかった者もいる。彼らのそばには魔術師と賢者と道化が控えていた。宮廷の要人は、王国を調和のとれた状態に保ってくれる。それぞれが、さまざまな方法で全体性《ホールネス》を体現する存在だ。それぞれが、自分なりのやり方で超個的《トランス・パーソナル》な王国と結びついている。それぞれが男性性と女性性を備えている。それでいて、それぞれが相手を補完する存在であり、力を合わせることによって個々の寄せ集めよりももっと優れた全体像を築きあげる。

偉大な統治者は魔術師の力を借りて（アーサー王と魔術師マーリンの関係を思い出してほしい）、水晶玉をのぞきこんで未来を予言する、病人を癒す、王国の人々をまとめるための儀式をつくりあげる、人生の霊的な側面との結びつきを保つといった目的を果たしていた。魔術師は、水晶玉をのぞきこんで危険を察知することもあれば、統治者が魂から切り離されていると警告することもある。ただ単に、漠然とした危険が迫ってくると知らせることもある。魔術師は、王国の厄災の原因となっている統治者の傷を癒す。最終的には、城の中にエネルギーの場をつくりあげる手伝いをするが、その「場」とは、ポジティブな人々や出来事を統治者に引き寄せて、それによって王国そのものをポジティブなエネルギーで満たすためのものだ。

偉大な統治者には、賢者を召し抱えて客観的な助言をしてもらうという思慮深さもある。統治者は時として、取り巻きの口車に乗せられたり、自分の感情や興味を優先して冷静な判断力を失ったりしてしまうものだ。真実だけに共鳴して、宮廷内の駆け引きや力関係には頓着しない賢者の助言があるからこそ、統治者は妄想や虚栄心の餌食にならずにすむ。

最終的には、すべての統治者が道化や（シェイクスピアの作品に出てくるような）阿呆を召し抱えて、客をもてなし、城に笑いもたらそうとする。道化には、他の誰かが言ったら縛り首になりそうなことを統治者に進言する役目もある。軽く見られているせいで、重要な秘密を見聞きすることもある。最も重要なのは、道化には統治者を楽しませる力と、膨らみ続けるうぬぼれ、尊大さ、傲慢さを一気にしぼませる力があるということだ。

ここで重要なのは「宮廷」という隠喩《メタファー》だ。象牙の塔にこもって統治者に助言をしようとしない賢者もいる。シャーマンや魔術師の中には、一人きりで仕事をして、一族やコミュニティや宮廷には援助の手を差し伸べない者もいる。そして、野山をさすらうだけで、コミュニティの暮らしには貢献しようとしない道化もいる。宮廷に集まる統治者と魔術師と賢者と道化は、互いに助け合い、自分だけの才能を使って、健全で、豊かで、喜びにあふれた王国を創りあげていく。

心理学的なレベルでは、この四つのアーキタイプは、それぞれが統合された自己《インテグレイテッド・セルフ》の一面を表している。四つの面が調和すれば、心は安らぎで満たされ、苦しみと癒しのサイクルは停止する。

統治者　The Ruler

統治者は、心理学的な全体性《ホールネス》と秩序の創造に関わるアーキタイプだ。統治者は、統一され、全面的に明らかにされた自己を創りあげることを目標とする。統治者の主要な役目は王国に秩序をもたらすことであり、そのプロセスの結果として得られるのが平和、統一、調和といった感覚だ。つまり、ばらばらになっていたピースが一つにまとまることを意味している。

統治者は委員会の議長であり、心の秩序に気を配っている。再教育を施された自我《エゴ》でもあり、最高のレベルに到達していれば、もう魂《ソウル》から心《プシケ》を守る必要はない。高度な成長を遂げた統治者であれば、内なる声《インナー・ボイス》や活性化しているアーキタイプが声を発し、その声に耳を傾けてもらう機会を得られるようにするはずだ。

そこまでの成長を遂げていない統治者の場合は、心の一部を押し殺して強制的に秩序をもたらし、受け入れられた部分と排除された部分を分裂させてしまうだろう。極端な例になると、心の中で内乱が勃発して苦しみがもたらされ、場合によっては心を病んでしまうおそれがある。ほとんどの人の統治者はその狭間のどこかにいる。彼らは、私たちの可能性を秘めた部分を排除したり抑圧したりして、残りの部分で調和のとれた秩序正しい表現を獲得しようとする。健全な心からは、対立するさまざまな声が聞こえてくることになるだろう。

統治者は、世の中の魂や霊の代弁者となるからこそ、立派な統治を行なう善意の君主になることができる。つまり、魂と直接結びついた状態で、自我の関心事に耳を傾けるだけでなく、魂の意志に意見を求めるというはるかに根源的な方法によって、心のさまざまな側面で判断を下していくということだ。

魔術師　The Magician

魔術師は、秩序による締め付けが厳しくなりすぎた時に、自己《セルフ》を癒して変容させ続ける力をもったアーキタイプだ。心の中で、自分や他人のために復活と再生を起こす仲介者として活動する。影《シャドウ》を統合して、有益なエネルギーに変容させることができる。

魔術師は内なる錬金術師として、基本的な感情や思考をより成熟したものに変容させる力を持っており、私たちが新たな行動パターンを覚えたり、幼稚な行為を洗練された適切なふるまいに変えたりすることができるように力を貸してくれる。さらに、偽薬《プラシーボ》効果の考案者として、病気を癒すことができる（病気をつくりだすこともできる）。自我が魂のために機能していれば、人生を創りあげたり変容させたりするためのプロセスを、意識的なものになるように力を貸してくれるアーキタイプである。

自己と結びつくアーキタイプは、どれもが超自然的なものとのつながり《リンク》を与えてくれる存在であるが、魔術師は神聖なもののパワーと通じ合って、人を助け、救済し、罪を許す。また、すべての人間が同じ能力を発揮できるようにして、私たちが自分や他人を許すことを学び、そうすることによって、ネガティブな状況を、さらなる成長と他人との親密なかかわりが期待できるポジティブな状況に変えることができるように計らってくれる。

賢者　The Sage

賢者は、瞑想の最中に客観的な自己として現れる心の一部である。私たちの思考や感情を監視すると同時に、そのいずれをも超越している。そのような存在として、私たちが人生の真実と正面から向き合い、ちっぽけな自分を超えた、宇宙の真実を知る人間になれるように手を貸してくれる。真実に逆らうのをやめれば、私たちは自由になることができるのだ。ユングの類型《タイプ》論でいえば、夢の中で信頼できる助言をしてくれる「老賢者」にあてはまる。

内なる賢者は、私たちが瞑想したり、日々の出来事に対処したりする様子を見守っている。私たちの思考や感情を監視して、それぞれが互いにとらわれずに流れていくようにしてくれる[12]。

心理療法では、賢者のおかげで自分の病的な思考パターンに気づき、自分がどのようにして人生の脚本やものの見方を世間に示してきたかを見極めることができる。賢者はそうしたパターンを観察して、そのパターンに隠されたより大きな真実を察知してくれる存在だ。凪《な》いだ水面と流れの速い水面では映し出される風景が違って見えるように、歪《ゆが》んだ思考を介した現実は、比較的適切な方法で映し出された現実とは違ったものに見えてしまう[13]。

道化 The Fool

道化は、意識の多様性を表す心の要素だ。王や女王を笑い者にする宮廷道化師のように、内なる道化（もしくは、いたずら者《トリックスター》）は、統一された自己という感覚に常に横やりを入れてくる存在だ。道化のせいで、フロイト派心理学者を始めとするさまざまな人々が、意識は全体像を知りたがっていないと唱えるようになったのだ。道化は、私たちが常に、たった一つの自己ではなく、複数の自己を表現しているのだと悟らせてくれる存在だ。そのせいで、道化は結びつきを断たれた影の自己、つまり、新しく生まれようとしている自己の前兆とみなされることが多い。イドそのものではなく、イドを育み、変容させ、意識の他の側面と統合させる手助けをするアーキタイプだ――そう考えれば、心のエネルギーの貯蔵所とも言えるだろう。

したがって、現実化されてからも常に再生を続けている自己には、ここで紹介した四つのアーキタイプすべてが必要だ。そもそも、統治者が単独で定める規則は抑圧的なものと決まっている。王族が定める秩序は、安定化には適していても窮屈なものだ。たとえば、高いレベルに到達した統治者は、私たちに十二種類すべてのアーキタイプを表現するように求めてくるかもしれない。そうすれば、世の中で成功する機会や何かの役に立つ機会が増えるからだ。しかし、理論上では、統治者は、王国全体の繁栄に貢献しないアーキタイプや、既存の秩序に従わないアーキタイプを望まないはずだ。適応できないアーキタイプは、追放の憂き目に遭うか、地下牢に閉じ込められても不思議はない。だが、魔術師が焦点を合わせているのは、アーキタイプをより輝かしいポジティブな姿で表現して、役に立つ存在にすることだ。賢者は、一人ひとりの本質的な真実やギフトを受け入れて、私たちがアーキタイプについて合理的な判断を下せるように導いてくれる。

道化は、すべてのアーキタイプを表現して楽しもうと誘ってくる。それが個人の成長や、内面の平和、英知、生産性に役立つからではない。ただ単に複数の自己を表現すると気分が良くなるという理由でそうするのだ。道化がそのための空間を提供するのも、世の中を変容させるためというよりは、「これが自分だ」という自己表現を望んでいるからにすぎない。

＊　＊　＊

宮廷に四人の重要人物がそろえば、私たちは統合された人間になり、責任能力があり、健全で、結びつきを持ち、正直で、賢明で、多彩な顔を持った喜びにあふれた人間になることができる。実を言えば、この四人こそが旅の終わりに与えられる報酬なのだ。自己を表現していく私たちは、苦しみと喪失を体験し、自分にはそれを乗り越える力があると気づいた後の私たちは——もう、恐れには支配されていない。だからこそ、危険を冒すだけの余裕も生まれている。自分のアイデンティティと使命を見つけたおかげで、世の中に真の貢献をすることができる。自分の創造性の扉を開いたおかげで、それまでの努力が報われる方法も見つけやすくなる。人を愛するすべを学んだおかげで、人からの愛情も素直に受け入れられるようになるだろう。

自我に支配されている時は飢餓の世界に住んでいたが、この時点では、豊かな恵みの中にいるように思えるはずだ。しかも、人生に用意されている数多くの贈り物《ギフト》を認識して、それを一つ残らず受け取るすべを学ぶことが大切だということもわかっている。旅の途中で奇跡を経験した私たちは、すでに、何もかも自分一人で背負わなくてはならないという考えからは解放されている。それどころか、完全に自分のものになった宝は、どんなものにも奪い取られることはない。自分のものになっていないのなら、手元に置いておくことは不可能だ。

自分だけの自己を明らかにするための土台が整っていけば、それだけ、「幸せにならなくては」という切迫感は薄れていく。山のような仕事をこなす必要はなくなり、自分だけの仕事をこなしたいと思うようになる。大勢の人々の愛ではなく、心から自分を満たしてくれる愛だけを求めるようになるだろう。多くの物を所有する必要はなくなるかもしれないが、私たちの貴重なものが反映されていると考えれば、実際に手にしているものこそが本物の宝なのだ。お金でさえ、多くはいらないと思うようになるかもしれない。自分が心から楽しむことができる物事や活動にお金を使うようになるからだ。

私たちは、ゆっくりとではあるが確実に、成功への梯子《はしご》を登らなくても幸せは手に入るのだと気づいていく。すべての面において自分自身になりさえすればいいからだ。自分自身になれば、すべてが手に入る。苦しみのサイクルの勢いが衰えていくのは、心構えができて恐れが薄らぐせいでもあり、全体性《ホールネス》を感じるためには必ずしも統一された自己でいる必要はないと気づき始めるせいでもある。道化は、苦しみによってではなく、心の中でぶつかり合っていたピースに「手を取り合って踊りましょう」と提案することによって、私たちの中にいる複数の自己に応えてくれる。魂の伴奏が不協和音を鳴らしていようと見事なハーモニーを奏でていようと問題はないし、踊っている姿が優美であろうと滑稽であろうとかまわない。ダンスそのものが目的なのだから。

第5章 英雄的精神を超えて

この本で最後のアーキタイプとして登場する道化は、自己《セルフ》を表現する行為をつかさどっているという理由で〈帰還〉のアーキタイプに含まれている。とはいえ、厳密に言えば、道化は旅のどの段階《ステージ》にも収まりきらない存在だ。私たちは、旅の始まりと終わりの段階で道化と出会う。ただし、旅の最中には、辺境にたたずむ姿をちらちらと目にするだけだ――普通は、意識にとどめるほどの存在感を認めることはないからだ。統治者は、意識や真の自己《トゥルー・セルフ》の達成を象徴している。それに対して道化は、私たちが自分自身を超越し、英雄的精神《ヒロイズム》や、個性化や、意識を超えて恍惚感を味わえるように手助けをしてくれる存在なのだ。

初めて出会う道化は、心《プシケ》の極めて原初的な部分と連携している。本能的な衝動、欲求、願望と結びついているので、存在そのものを認めたくないと思ってしまうような道化もいるだろう。フロイト派心理学の言葉を借りれば、イド、基本的衝動、種の本能と密接に関わっている。比較的原始的なものとみなされている文化においてさえ、道化の初期の姿を表したいたずら者《トリックスター》は、社会に受け入れられるペルソナからは除外されている。ただし、これまで見てきたように、人生の楽しみに貢献する存在という認識はなされている。

私たちの中にいるトリックスターの成長と発達について学びたかったら、神話や伝説をひもといてみるといい。ユングは、トリックスターが姿を現すのは、「悪党ぶった口調、カーニバルやお祭り騒ぎの席、宗教や魔術の儀式、信仰に関わる不安や高揚感を感じる時」や「あらゆる時代の神話の中」だと考えていた。ユングの見解では、そうした神話に登場するトリックスターは、「太古の昔にまでさかのぼる元型的心的構造である。最も純粋なトリックスターは、未分化のままの人間の意識を忠実に写し取った姿をしており、動物の域をほとんど脱していない心に反応する」(1)。

トリックスター神話と自我の発達

トリックスターが神話や儀式の最中に現れると、人々は、自分の意識の中にトリックスターの影の姿《シャドウ》を認めてそれを笑い飛ばす。文化を築くためにそのほとんどを犠牲にせざるを得なかったとはいえ、自分の中にもトリックスターの資質が残っていることを知っているからだ。だが、ユングは、トリックスターは前時代的な意識形態にとどまるものではないとも述べている。つまり、個人や集団の暮らしにずっと貢献してきたというのだ。トリックスターは、初めは、完全に未分化な本能として現れる。人類は、意識を育むためにそのような存在を超越しなくてはならなかった。だが、本能的なものを完全に捨て去ることはできない。そんなことをしたら、エネルギーや活力まで失ってしまうからだ。

ネイティブ・アメリカンの神話にたびたび登場するトリックスターは、食欲旺盛な幼児のような生き物で、周囲の物と自分の体の部位との区別さえつかない。人類学者のポール・ラディン（一八八三〜一九五九年）が、ウィネベーゴ族のトリックスター神話に出てくる英雄の冒険について詳しく述べている。このトリックスターは、鴨肉を火であぶっている最中に眠気を催し、自分の肛門に肉の番をするように命令する。だが、肉は盗まれ、目を覚ましたトリックスターは激怒するあまり見張りを怠った肛門を焼いてしまう。そうするうちに、おいしそうな匂いが漂ってくるのだが、当然ながら、それは自分の肉が焼ける匂いである。地面に落ちた脂肪を少しだけ口に含んだ英雄は、とてもおいしいと考える。そうするうちに、最後には自分の腸を食べてしまうという物語だ。

私たちはトリックスターを嗤い、自分はそんなに愚かではないと思うかもしれないが、抑えきれなかった欲望が自己破壊につながるというのは誰にでも起こり得ることだ。二日酔いに苦しんだり、ダイエットを続けられずに後悔したり、情熱に流されて避妊を怠ったりした経験がある人にならわかるだろうが、人は、本能の赴くままに行動したらどうなるかということをそれほど簡単に忘れてしまうものなのだ。

言うまでもないことだが、幼い子供はゆっくりと、自分の肉体と周囲の物、自分の感情と両親の感情を区別できるようになっていく。成長するにつれて、最終的には、特定の行動とその結果を結びつけて考えられるようになる。大人になれば、自分の肉体の部位と外界の物体や生物との違いは容易に区別できるはずだが、自分の本当の考えや価値観や感情や意見と、親や友人、マスメディアに登場する人々のそれとの違いを見極めることができるとは限らない。自分と他人の欲望が区別できないせいで、他人の望みを果たしたいという願望に取り憑かれている人や、何の疑問も抱かずに、他人も自分と同じことを考えていると思い込んでしまう人もいるだろう。

何が〝自分らしく〟何が〝自分らしくない〟のかを知りたいと思えば、それだけで、私たちの中にいるトリックスターが活性化する。トリックスターの神話は、自分の部位《パーツ》をつなぎ合わせて完全な姿になりなさいと教えてくれる。たとえば、トリックスターの性衝動は、はじめは奔放で貪欲で、愛や責任といった感覚とは無縁のものだ。ウィネベーゴ族のトリックスターのペニスは、もともとは背負って運ばなくてはならないほど大きなものだった。体の他の部分とつながっていないので、近くの村の酋長の娘と性交を行なう際にはペニスだけを送り込むほどだ。想像はつくだろうが、そのせいで村は大騒ぎになる。トリックスターの性衝動はそれ以外のアイデンティティとは完全に分離しており、若者の性衝動を彷彿とさせる。

トリックスターのペニスは、最後には、彼が怒って追いかけていたシマリスに囓《かじ》られて、現在の人間のものと同じ（縮小された）形になる。そのおかげで、肉体に取り付けることが可能になった。原初的で巨大な、結びつきを断たれたペニスを囓って以前よりも扱いやすい大きさにするというのは、意味的には、思春期を迎えた男性と女性の割礼の儀式を思わせる。奔放にさすらう欲望に痛手を与えて管理下に置くのは、文化に恩恵をもたらす行為なのだ。

ウィネベーゴ族のトリックスターの生殖器は、小さくなって精力が弱まっただけでなく、肉体の一部となった。つまり、性的な衝動はトリックスターという存在の他の要素でコントロールすることが可能になったわけだ。とはいっても、別の性を生きるのがどういうことなのかを体験するまでは、〝有意義な関係〟を築く準備が整ったとはいえない。初期のトリックスターの性衝動は、多形倒錯的で未分化のものだ。したがって、彼は（彼女は）男女の両方の性を包含していることになる。そう考えれば、思春期を迎えた子供がユニセックスな髪型や服装に惹かれる理由や、同性愛を嫌悪する風潮にそれほど染まっていない段階で異性と同性の両方に性的な魅力を感じる理由も理解できる。

ウィネベーゴ族のトリックスターは、女性になりすまして酋長の妻となり、何人かの子供を授けるのだが、最後には真実を見破られて逃げ出すことになる。最強のトリックスターは両性具有であり、その事実が男装や女装といった形で表現されることもある。彼らは男性と女性の両方の感覚を知っているため、一種の全体性《ホールネス》を備えている。そのおかげで、完成した状態を実感するために性別が異なる相手を求めるような真似はしないのだ。彼らは万物から刺激を受けているように感じ、常に喜びが沸き立つような気分で歩きまわっている。

自分の中のトリックスターにカリスマ性や権力を感じている人々は、恐怖心から精神エネルギーを抑えたりはしない。自分の中の男性性と女性性の両方を活性化させた経験があるので、両方の性と意思の疎通を図ったり関わったりできるからだ。しかも、そういう人々は、自分の性的な感情が社会的に不適切なものだと予想される時でさえ（賢いトリックスターであれば、そうした〝不適切な感情〟には従わないように学んではいるが）、その感情を押し殺すような真似はしない。また、他人を喜ばせるために自分の欲望をなだめすかして、エネルギーを浪費するようなこともない。彼らは自分が喜びや満足を感じるものを知っていて、「変人だ」「普通じゃない」と思われることを恐れない。

道化は、因習的な社会に縛り付けられはしないが、社会の規則を覚え、計画を効率的に進めていくすべはわきまえている。適切な社会的役割（あるいは、複数の役割）を自分と同化させることなく演じるのも、道化に備わった能力の一つと言える。自分が何が好きで、何を考え、何を感じているのかを知るのに労を惜しまない道化は、アイデンティティを揺るがされることなく、状況や環境に応じて自分の役割を変えていくことができる。それが本来の役割ではないと知っているからだ。ウィネベーゴ族のトリックスターの場合は、神話の終わり近くで、再び男性としてのアイデンティティを取り戻し、結婚して子供をもうける。だが、たとえ一瞬でも、トリックスターもこれで腰を落ち着けるだろう、新たな役割に素直に従うだろうと考える者はいない。

私たちの中にいるトリックスターには、世の中をさすらいながら探索を行なう時間が必要なのだ。それは、ただ単に、刺激や経験を渇望する気持ちに応えるためであり、「これが自分だ」というものを見つけるためであり、何が好きで何が嫌いなのか、何を感じ何を感じないのか、何を考え何を考えないのかを知るためだ。そうした時間を過ごさずにいると、真の意味でのアイデンティティを感じることはできない(2)。だからこそ、強い影響力を持った魅力的な人々の中には、道楽の限りを尽くした過去や、大きな過ちを犯した過去を持つ人、物事を台無しにしてしまった経験からたびたび教訓を得てきた人が大勢いるのだろう。

トリックスター——探索と自己表現

トリックスターには、実験を通じて熟練の技を身につけていく一面もある。たとえば、機械を分解して仕組みを調べ、何らかの発明に挑み、起業家として新規プロジェクトに着手し、新技術を試し、組織内政治がどのように動いているかを学び、自分以外の人間が何に動かされているのかを突き止めようとする。こうした形で表現されるトリックスターの好奇心は、自分のやりたい仕事を知る助けにもなっており、少なくとも、その仕事を始めるにあたっての初心者レベルの技術は身につけられるようにしてくれる。

トリックスターのエネルギーは拘束したり正しい方向へ導いたりすることが可能であるが、そうすべきときでも、完全に封じ込めてはならない。言うまでもないことだが、休暇を取ったり、頻繁に遊びに出かけたり、快適な暮らしで体を喜ばせたりすることは、ほどよいユーモアのセンスがそうであるように、人々が心穏やかで、満ち足りた、バランスのとれた状態を保つための助けとなっている。

私たちの中に潜む成熟したトリックスターは、成長を遂げて独特な嗜好を持つ型破りな快楽主義者《エピキュリアン》であり、自分の人格のさまざまな面をさらけ出しても、社会から受け入れられることを知っている。高い創造性を持ち合わせたトリックスターは、自分にぴったりのライフスタイルを創造して、人からは奇異に思われても自分はそうするのが大好きだという現実を心ゆくまで表現することができる。そうしたライフスタイルのせいで社会の隅に追いやられることもあるだろうが（多くのアーティストやミュージシャンの生活を思い浮かべてほしい）、それでもポジティブな力を蓄えていることに変わりはない。

老成してから出会う道化は、「権力や目標や達成感を求める暮らしから解放されれば、朝が来るたびに新しい一日を生きることができるよ」と教えてくれる。死という運命を意識することによって人生の一瞬一瞬をありのままに味わうようになれば、いつでもそうした境地に達することができるはずだ。

道化と英雄

道化の要素は、英雄の要素から分裂したものだ。そのため、高潔で善良な英雄は、統合性《インテグリティ》と信念と勇気にあふれた清らかな幼子として旅を始める時に、トリックスターを相棒として伴っていることがある。トリックスターは、抜け目のなさを発揮して英雄が生き残るのに必要な手立てを教えてくれはするのだが、その言動は英雄的な自己像と一致しているとは限らない。

ただし、分裂の際には、華美な一面だけでなく、その英雄に備わっている愚かな一面も一つ残らず対象にする必要がある。そうすれば、その要素がコントロールされることはもちろん、抑圧されることもないからだ。彼らは、信頼の置ける忠実な相棒という立場に置かれている。より〝英雄的な〟自我《エゴ》と、トリックスター（あるいは道化）の相棒が対話を続けることによって、状況（トリックスター）にも倫理（幼子）にも適した戦略を見つけ、犠牲者（孤児）を救い出すことができる。トリックスターの相棒は（あるいは、両方の要素を兼ね備えたトリックスターの英雄は）、障害を迂回して直接的な対決を避けるという、賢い方法を選ぶことができる。

自我は――幼子、孤児、戦士、援助者によって強化されながら――秩序に共鳴する。文化や心においては、秩序のある世界を求めて、混沌に恐れを抱くものだ。ところが、道化は混沌や無秩序の味方であり、だからこそ、宇宙のエントロピーの法則とも馴染みが深い。道化が何かを計画しても、自我がそれを認めなかったり、どうしても受け入れられなかったりすることがあり、時には、それが原因となって道化が分裂する。

道化とイドとダンス

長年に渡って道化を相棒とした関係を築いてきた人は、危険のまっただ中にあっても、「この道を進めばいい」と確信できる。良好な信頼関係が育まれていれば、子供がジェットコースターを楽しむように、私たちもその道のりを楽しむことができる。子供たちは手すりにしがみついて悲鳴をあげる――だが、本気で怖がっているわけではなく、気分が高揚して叫んでいるだけなのだ。

まずは次のことを認識しておいてほしい。幼子や孤児や戦士や援助者が、自我の発達を助けているだけで自我そのものではないのと同じように、道化はイドが変容できるように手を貸しているだけでイドそのものではない。

道化は、私たちが本能に突き動かされた原初的な生活と縁を切って、意識を育むことができるように力を貸してくれる。と同時に、本能的なものや、魂とのつながり《リンク》も提供してくれるのだが、それは意識の外に存在していることが多い。

意識が統合されると、さまよう道化は宮廷道化師や阿呆になり、すでに心の中で確立されている役割を担う。この錬金術的な変容に先だって、自我は本能的な生活を抑制しようとする――そうしないと、私たちが文明化された存在になろうとしないからだ。だが、ほとんどの人はやりすぎてしまう。生来のものである本能的な地盤から切り離されたせいで、自身の気力やカリスマ性やパワーを失ってしまうのだ。

旅に出て自己統合に励んできた人は、自分の本能を信じることができる。奥底に潜む本質的な自己に従って生きていけば、自分や他人を傷つけるのではないかという恐れを感じずに、〝至福を追い求める〟ことができる。彼らは人生のプロセスに身をゆだねる方法を知っていて、そうすることで人生そのものがダンスになる――つまり、純粋な喜びを表現する場になるということだ。

個性化を超えた過剰な自己

ジェイムズ・ヒルマンは著書『魂の心理学』（入江良平訳、青土社）の中で、「一つの神」という概念は自分たちも「一つの自己」になることができるという幻想を生み出すものなので、心理学のモデルには一神教よりも多神教のほうがふさわしいと述べている。ヒルマンは賢い道化の視点についての考察を行ない、私たち一人ひとりの中で生き生きと活動しているものが実に多彩な可能性を秘めていることを受け入れてほしいと説いている。

ヒルマンは、心理学とは「自らの主要な確信と前提を見抜く機会」であり、だからこそ、「心理学の字義的な人物信仰は、そうした人物を隠喩として再人物化することによって解消されうる」と主張している。ヒルマンは、さらにこう続けている。「そうなれば人格を新しい仕方で想像することができる。すなわち、私は一人の非個人的《インパーソナル》な人物、多重の人格化を演じている隠喩《メタファー》である。私は心情の中のイメージを模倣しているのであり、これらのイメージが私の運命なのだ。そしてまた、私を投影しているこの魂は、疎遠で、非人間的で、非個人的である元型的な深みを持つ。私のいわゆる人格とはペルソナであり、それを通じて魂が語るのだ」

ヒルマンは、多神教の伝統で「神々として人物化された元型」のことを、「彼らは各々が指導霊として現れ、それぞれの倫理的な立場や本能的諸反応、思考と言語の様式をそなえ、それに応じた感情を要求する。これらの人物は私のコンプレックスを支配し、それによって私の生を支配する」と語っている。(3)

統一が完了する、ほんの一瞬の超越した時間をのぞけば、私たちは複数の自己を抱えて生きている――こうした複数の自己は通常は統合されることすらない。それどころか、たいていの人々はそうした自己を内面に抱えたまま生きていくことができる。それは、自分の自己像にそぐわない側面を意図的に無視しようとしているせいかもしれないし、その側面を自己像に適合させるための自己啓発に打ち込んでいるせいかもしれない。だが、人生において複数の自己の表出を体験するのは、人間として避けられないことだ。自分という人間のさまざまな側面がそれぞれに異なるものを求めるのも、その一例だろう。道化は、拒むのをやめてその瞬間を楽しむ方法を覚えたほうがいいと諭してくれる。

自分を表現する

ハル・ストーンは著書『自分の自己を抱きしめよう（*Embracing Our Selves*）』の中で、複数の自己の豊かさを再体験できるような演習を紹介している。(4) ストーンは参加者に、自分たちの心は多くの潜在的な自己でできており、そのうちのいくつかが、抑圧されたり、否定されたり、覆い隠されたりしているのだと気づかせている。

ゲシュタルト心理学の技法を使って参加者がそうした自己から移動するように仕向け、改めて、意識の中や、外界との豊かなコミュニケーションの中へと誘っている。人々は、自分のものとは異なる身体言語《ボディ・ランゲージ》や言語パターンをそっくりそのまま取り入れており、一つのアイデンティティから別のアイデンティティへと移行するたびに、年齢も人種も変わってしまうように見える。それぞれの自己に名前がついている場合もある。これは意図的に行なわれている作業なので、多重人格障害を起こしているわけではない。賢い道化とは、統一された自己《ユニファイド・セルフ》という幻想を突き抜けて、全体性《ホールネス》の多彩さを表現できる存在なのだ。

私たちのなかにいる道化は、うぬぼれで膨れあがった心に穴を開けて、私たちが地に足のついた生活を営めるようにしてくれる。結果として、「運命は自分の手で切り開く」という感覚は奪われる――だからこそ、英雄として人生に立ち向かう生き方とは別の次元へ導かれるのだ。道化は、私たちの中にいる複数の自己を表現して、かけがえのないさまざまな瞬間や人間の美しさと楽しさを味わい尽くすだけだからだ。

統治者と魔術師は、大地を救って癒すことに奔走する。賢者は、懸命な努力の末に真実に到達する。道化だけが、今のこの瞬間に身をゆだね、豊かに実った命を味わおうとする。善し悪しを云々することなく、人生の楽しみばかりか悲哀までをも味わい尽くす。その時の道化は幼子特有の素直さと創造性を持ち合わせているが、幼子のように、すぐに物事を否定したり、庇護を求めてきたりすることはない。道化のまなざしは、統治者に助言できるほど澄み切っている。

道化は、過ちを犯すという人間の性《さが》を受け入れる。その姿勢によってもたらされるのは笑いであって、人を裁く、悲嘆に暮れるといった行為とはもちろん、社会的な運動とも無縁のものだ。道化が活性化すると喜びがこみあげてくるのだが、それは、私たちが現実の世界を生きるのに必要な共同体の「なすべきこと」から解放されるからだ。自我や、重要な存在になりたいという欲求から解放されれば、心を開いて喜びを受け入れることができる。

この状態が旅の終わりを意味するわけではない。旅は生涯を通じて続いていくからだ。とはいえ、旅の性質は間違いなく変わるだろう——英雄的精神《ヒロイズム》を超えてダンスを始めれば、私たちが体験する苦しみははるかに少なくなるからだ。その時の道化は、私たちを本能的な暮らしと結びつけ、より大きな喜びを体験する力を貸してくれるアーキタイプだ。これは、私たちが「人間らしさを受け入れることによって、天から授かったものこそが自分が歩む唯一の道だと悟る」ことを、道化が知っているせいなのだろう。その時が来たら、必死に生き延びる必要はなくなり、大地を踏みしめていることを喜べばいい——今いる場所で、今の自分のままで。

第二部

Preparation for the Journey

旅立ちの時

第6章
幼子
The Innocent

HMIの得点
（幼子）
点
12アーキタイプ中、上から
番目

幼子とは、私たちの中にある、人生や自分自身や他人を信頼する気持ちを指している。一見すると不可能としか思えないことにも、信念と希望を抱き続ける。それが何であれ、自分が期待するものへの〝信念を貫き通す〟。信じるからこそ何かを学ぶことができるという意味では、生活や仕事の場で求められる基本的スキルを学ぶのに欠かせない資質とも言えるだろう。

人は皆、母親の胎内で守られながら、無垢《イノセント》な状態で生を受ける。運が良ければ、親から愛情と慈しみを与えられ、その親を支える親族や友人や社会からも信頼され、私たちの潜在能力や勇気、スキルを習得して磨きをかけようとする努力、私たちの個性を尊重してもらえる。そうやって、自立する日がやってくるまで、安全で安らかな毎日を送れるように守ってもらえるのだ。

愛と慈しみを与えられて育った子供は、世の中は安全な場所であり、自分が成長と成熟を遂げる過程では、まわりのみんなが物質的、知的、精神的サポートをしてくれるはずだと無邪気に信じている。他人を信頼し、結果として自分自身を信じるようになるおかげで、生きていくのに必要なスキルを――つまり、仕事のスキルや知識だけでなく、基本的な社交性を――身につけることができる。今は無理でも、いずれは、自分が享受している安全を他人に与え、自分が学んだことを誰かに受け継いでもらえる日がやってくると承知している。

人は無垢な状態で人生を歩み始め、権力者の教えを信じ、彼らが自分の利益を最優先してくれるかどうかには

アーキタイプ——幼子

目指すもの	安全であり続けること
恐れるもの	見捨てられること
ドラゴン／問題への対処	存在を否定する、助けを求める
課題	忠誠心、洞察力（物事を見極める力）
ギフト（特別な才）	信じる気持ち、楽観主義、忠誠心

頓着しないものだ。私たちの中にいる幼子は、信頼に値するとは言い切れない相手の言葉まで信じてしまう。親から、「おまえは醜い」「行儀が悪い」「自分勝手だ」「協調的ではない」「愚かだ」「怠け者だ」と言われれば、それを鵜呑みにしてしまう。試験で悪い点を取ると、「自分は頭が悪い」と決めつけてしまう。人種差別や性差別、同性愛嫌悪、階級意識を内面化して自分のものにしてしまうのも、「みんながダメだと言うのだから、そんな存在が根本的に認められるはずがない」と信じ込んでしまうのも、幼子の特徴だ。

安全で幸福な子供時代を送ってきたおかげで、楽天的で人を疑わない人生観が養われるという一面はあるが、そうした体験をしてこなかった人でも、幼子からギフトを授かることはできる。悲惨な子供時代を送ってきた人々の中にも、社会で活躍できる大人になって最終的には幸福な人生を手に入れる人もいれば、力をうまく発揮できないまま生涯を送る人もいる。

楽園を失い、楽園を取り戻す

世界には、「無垢な者が堕落する神話」を語る伝統が数多く存在する。キリスト教文化では、エデンの園から痛みや苦しみや争いがはびこる世界へ追放されるという神話がそれにあたる。しかし、すべてのバージョンがそうであるように、物語には続きがある。それぞれの神話には、贖《あがな》い主が現れて人類を——少なくとも、信仰を失っていない人間を——救済して、天国へ連れ戻す場面あるからだ。

東洋には、失われた楽園《パラダイス》を一つの知覚形態としてとらえ、私たちを幻想から解放してくれる真実の光景とみなす考え方がある。無心で師匠や導師《グル》の教えを吸収し、瞑想などの修練を積んでいけば、最後には忠誠心が報われて涅槃《ニルヴァーナ》に到達し、宇宙の美との一体感《ワンネス》を味わうことができるというのだ。

ウィリアム・アーウィン・トンプソンは著書『落下する肉体が光に向かう時（*The Time Falling Bodies Take to Light*）』の中で、多くの文化では、転落を進行中のプロセスととらえる感覚が強いと主張している。トンプソンは、インドのヴェーダ期〔紀元前一五〇〇〜五〇〇年〕の宇宙論や、西アフリカのドゴン族に触れながら、次のように書いている。「宇宙は卵であり、膨張して粉々に砕け散ってから、時間の中で展開するという歩みが始まる……（中略）……時間への転落は、一つの事象というよりは、あらゆる事象が発生する時空を整える出来事である」。転落は時間が始まる前に起こったことであり、人類の営みのあらゆる瞬間に今もなお起こり続けている。転落の混沌と、全体性《ホールネス》の起源である宇宙卵《コズミック・エッグ》は、どちらも同時に存在するものなのだ。

ホピ族とマヤ族はそろって進化的な世界観を持っていた。彼らが信仰する神々は、「苦しみの末に人間を産み落としたが、その努力はたびたび失敗に終わった」。しかも、神々は「再挑戦」をしなくてはならなかった。神々にせよ人間にせよ、楽園を失って取り戻すという周期的な動きは、現実世界における理想、過ちを犯すという不可避の「転落」、再挑戦という新たな努力——現実の楽園は無理だとしても、私たちの暮らしに何らかの改善をもたらすための日々の努力——を実現させようとする継続的な試みを物語っている。[1]

ギリシャには、男性と女性はもともとは一つの生き物だったという、全体性《ホールネス》の原初の状態を説明するすばらしい言い伝えがあった。ところが、その生き物があまりにも完成した存在だったために、恐れをなした神々が両性具有の生き物を男性と女性に引き裂いてしまう。その結果として、男性と女性は、性別の異なる相手を見つけないと体を半分にされてしまったような感覚に苛まれ続けると考えられている。ジューン・シンガーが、名著として知られる『男女両性具有』（藤瀬恭子訳、人文書院）の中で取り上げているように、元型心理学者たちは、この言い伝えを「楽園の喪失と、楽園の奪還」の一つのバージョンとして用いている。元々は完全で両性具有だった私たちが、今では不完全な存在になっているという考え方だ。成長して男性性と女性性（ユング心理学の用語ではアニムスとアニマ）のバランスを取ることができるようになった時に、私たちは全体性《ホールネス》を取り戻す。

さらに言えば、実質的にはすべての文化に存在する黄金時代の神話は、歴史上に実在した時代を伝えるものと考えられている。リーアン・アイスラーは著書『聖杯と剣――われらの歴史、われらの未来』（野島秀勝訳、法政大学出版局）の中で、楽園追放の神話は史実の一バージョンにすぎないという、人類学的データに基づいた主張を行なっている。つまり、「この《庭》は新石器時代の、女と男がはじめて土地を耕し、かくして最初の「庭」をこしらえたときの寓意的描写」だというのだ。

アイスラーは、歴史上の一時期に栄えた女神崇拝の文化では、世界的に、戦争や階級や性差別や人種差別が存在しなかったとの持論を展開している。そうした文化が協調態勢に基づいて機能していたのだから、人間の間にも、心《プシケ》の中にも階層は必要なかったはずだ。そこでは、人々の自我《エゴ》と魂《ソウル》と霊《スピリット》が調和しながら機能している。アイスラーはさらに、争いのない平等な人生を送ることは可能だという信念を取り戻した時に、私たちはかつての楽園を取り戻すことができると訴えている。(2)

幼子の旅

どのようなレベルにおいても、幼子の旅は、一種の理想郷《ユートピア》とでも言うべき、健全で、安全で、安らかで、愛があふれた環境で幕を開ける。そして、次の瞬間にはそのような環境から放り出され、私たちを裁こうとする人々が待ちかまえ、差別が横行し、争いや暴力がはびこり、幻想を粉々に打ち砕いてしまう世界に足を踏み入れていく。

だが、私たちの中の幼子は知っている。楽園での暮らしを忘れてしまったとしても、かつては時代や場所を問わずに存在していたものなのだから、いつかは、誰かの手で楽園を蘇らせることができるはずなのだ。幼子が活動していようと眠っていようと、今よりも幸せな人生を送っていたという記憶は心の奥に刻まれている。幼子との初めての出会いには、そこに存在していたから出会ったという単純な理由があった。無垢な心を取り戻すのはそれとはまったく別の体験だ。私たちは、用意された選択肢の中から一つの道を選ぶ。だからこそ、幼子は旅の始まりであり、終わりでもある。程度の差はあっても、誰もが「かつては存在していたはずだ」と考える世界があって、自分の内面に向かう道を歩いているうちに、あの世界をもう一度訪れたい、発見したい、創りあげたいと願うようになるからだ。最後にようやく巡り会う賢い幼子は、人を待ち受けているさまざまな体験を知り尽くし、生きとし生けるものが互いの存在を認め、敬意を払われ、何らかの権限を与えられるような、平和で平等な世界を創りあげる道を選択できるようになっている。

英雄は幼子として旅を始めることが多いのだが、すぐに孤児になり、住む場所を奪われて奴隷になったり、見知らぬ土地をよそ者としてさすらったりするようになる。一昔前の英雄の旅《ヒーローズ・ジャーニー》では、英雄は孤児であると同時に異邦人であり、ほぼまちがいなく、血のつながった親とは別の人間に育てられていた。探索の旅には、本当の両親を見つけたいという動機があった。

首尾良く〝本当の家族〟を見つけるにせよ、生まれた惑星に戻るにせよ、自分が属する種族を知るにせよ、筋書きはいつも同じ内容だ。主人公が抱えている問題は、どれもこれも、まちがった場所にいるという事実に起因している――言ってみれば、パズルのピースが形の合わない場所にむりやりはめこまれているようなものだ。楽園への帰還は、これが自分の居場所だと心から感じることができる家族や惑星や種族を見つけた時に果たされる。

愛の物語にも同じ筋書きに従ったものが多い。人は、恋に落ちると束の間の楽園を体験する。続いて、自分の恋人が完璧な存在ではなく死という運命を背負った（おまけに、凡庸な）人間であることを思い知らされるような出来事が起こる。子供を持つ人間が、大いなる母《グレート・マザー》や大いなる父《グレート・ファーザー》のアーキタイプに従って生きていくことができないように、男性にも女性にも、「完璧な恋人」や「完璧な魂の伴侶《ソウルメイト》」のイメージに忠実に生きるというのは無理な相談だ。二人の関係が実際に破綻するかどうかは別にして、ほとんどの関係が――始まりが小説に出てくるようなロマンチックなものだったとしても――遅かれ早かれ、出会った頃の天にも昇る気持ちから〝転落〟するからだ。

失われた無垢な魂を取り戻すという神話が、失われた楽園を取り戻す物語、本当の故郷や種族を再発見する物語、愛の物語のいずれの変形版であろうと、筋書きそのものには強い希望があふれており、私たちの中にいる無垢な子供を目覚めさせる力を持っている。その無垢な子供には、子供にしかできないような方法で物事を信じる力がある。

この、子供ならではの信念を目覚めさせることこそが、イエス・キリストの「心を入れ替えて子供のようにならなければ、決して天の国に入ることはできない」（『マタイによる福音書』一八章三節）という言葉の真意であるのはまちがいない。こうした信念の力があるからこそ、事態が最悪の局面を迎えたように見える時にも夢や希望や展望を抱き、夢や希望や展望を抱き続けるからこそ、それを形にすることができるのだ。

理想としては、新しいことに取り組む際には、無邪気な一面を――つまり、率直さや楽観主義や興奮といったものを――備えているのが望ましい。何が待ち受けているのかわからない状態では、信じるしかないからだ。旅を始めて新たな螺旋の道を歩き出すたびに、私たちは以前よりも賢くなって成熟へと向かっていく。

さらに言えば、奇跡が起こるのは幼子という自我《エゴ》の状態にいる時だけだ。幼子以外のアーキタイプは、結果をコントロールするのに忙しいからだ。『奇跡のコース』（ナチュラルスピリット）やその類書（たとえば、『愛とは、怖れを手ばなすこと』（サンマーク出版）や『スピリチュアル・ゲームの本（*A Book of Games: A Course in Spiritual Play*)』では、すべての苦しみは単なる幻想にすぎない、実際には善良なものしか存在しないと説いている。だからこそ、宇宙を心から信頼すれば奇跡が起こりやすくなるという。多くの宗教で、神が慈愛に満ちた親のような姿に描かれるのは、宇宙は安全な場所だと信じてもらうためなのだ。

不服従と信念

幼子は、さまざまな名目で転落の元凶と非難され、返還や贖いを求められることがある。アダムとイブの物語では、イブが言いつけに逆らって知恵の樹に生《な》っていた林檎を食べたせいで、二人が楽園から追放されて苦しみを運命づけられたとされている。

矛盾するようだが、この転落は〝幸運な転落〟とみなされており、全体性《ホールネス》から二元性（善と悪の認識）への転落であることは明白だ。ユダヤ教の教えでは人々と神の契約を通じて贖いの日が訪れるのだが、これは、人類が神を愛しているというよりも、神が人類を愛していることが理由とされている。契約によって人類に課せられる責任とは、戒律を守ることだ。キリスト教では、人間たちの罪を贖うために神が自分の息子を送り込んだとされている。贖い《アトウンメント》とは、「一体となる《アット・ワン・メント》」――つまり、断片化や二元性を超えて、再び統一の感覚を取り戻すという意味を持っている。ユダヤ教とキリスト教では、現世であろうと（戒律に基づく社会を建設することによって）、死後の世界であろうと、再び神との一体化がなされ、楽園を取り戻すことができるとされている。

映画『リトルフットの大冒険』（一九八八年製作）は、恐竜の子供であるリトルフットが、母親や祖父母と一緒に旅をする物語だ。彼らが暮らす楽園は日照りのせいで荒れ果ててしまうのだが、遠く離れた場所に「みどりの谷」と呼ばれる豊かな土地があることを知っていた母親は、長い旅を続ければその土地にたどり着けるはずだと考える。ところが、母親は旅の途中で死んでしまう。リトルフットは悲しみに打ちのめされ、その後は一人で旅を続けていく（途中で、体の大きさや形状が異なる生き物たちが仲間に加わる）。希望を捨ててもおかしくない出来事が次々と起こるものの、リトルフットは母親の言葉を信じて疑わない。そしてついに、母親が言っていたとおり、みどりの谷を見つけるのだ。

こうした物語を聞くたびに、「信じても大丈夫だ」という心の声が蘇る。一途に信じていれば報われる日が訪れるだろう。幼子のアーキタイプに人生を支配されていると、楽園を見つけたり造り直したりするなんて無理にきまっていると感じてしまう。返還や贖いを求められても、それに応えるだけの力がない場合もあるからだ。だが、信じていればそれでいい。信念を持ち続けていれば、奇跡へ続く扉が開かれるだろう。

純潔と忠誠心

古い物語では、英雄が、王や女王、大義、神や女神、崇高な愛に忠誠を誓う場面がたびたび登場する。誓いを守ることは――そして、この原初の約束に忠実であり続けることは――英雄的精神《ヒロイズム》の中核を成す一面だ。若い時には誰もが自分や他人に対して何らかの約束をするものであり、私たちの中にいる幼子はその誓いを神聖視し続ける。

中世の文学作品には、純血を守るためなら死をもいとわないという女性たちを讃えた物語が数多く存在する。処女《ヴァージン》とは、私たち一人ひとりの中にいる幼子のシンボルであり、自分が何をしようと、どんな目に遭わされようと、汚されることのない清らかなものだ。古代の「Virgin」は、男性の所有物ではない、〝自己完結した〟完全な女性を指していた。必ずしも肉体の清らかさを意味するわけではなく、内面の全体性《ホールネス》が保たれている女性という解釈も可能な言葉だ。

文化的なレベルでは、女性が貞操観念についての二重基準《ダブルスタンダード》という重荷を背負わされているのに対し、パーシヴァルのような男性の英雄たちは、結婚するまで貞操を守り、結婚後は相手に忠実であるように命じられている。心理学的な観点から言えば（禁欲という観点からではなく）、彼らは、幼子が持っている原初の全体性《ホールネス》を失わず、成熟して新たな誓いを立てる準備が整うまでは、無垢な子供の頃に立てた誓いに忠実であり続けるように運命づけられている。崇高な愛のために自分を大切にするというのは、束の間の喜びで妥協するのではなく、自分の夢を――ロマンスや、就きたい職業、政治に関わる夢を――叶えるために辛抱することを指している。

幼子の影《シャドウ》

幼子が、信頼感と楽観主義にあふれた無垢な状態を守りたい一心から、転落を拒むのは珍しいことではない。ところが、そうやって拒み続けていると、幼子の影《シャドウ》に主導権を握られてしまうおそれがある。たとえば、無垢な状態にしがみつく行為が病的な域にまで達すると、人によっては摂食障害を起こしかねない。ユング派分析家のマリオン・ウッドマンが示唆しているように、肉体を軽視したり、女性を劣った者とみなしたりするような社会では、無垢な自分を守るためには、思春期への――つまり、成熟した（つまりは、性的な魅力を持った）女性の肉体への――転落を拒むという方法しかないからだ。(3)

幼子はすぐに物事を否定しようとするので、親や恩師や恋人が信頼に値しない人間だという事実を直視したがらない。そのせいで、他人から虐げられるという状況に自ら踏み込んでいって、傷つけられたり、不当な扱いをうけたりする状況を何度も何度もくりかえすのだ。

当然ながら、こうした状況は、虐待されている子供、パートナーに肉体や精神を傷つけられている男女、仕事で不当な扱いを受けている大勢の人々にも当てはまる。肉体を苛まれるような関係を清算したがっている人はもちろん、精神的な虐待が日常化している関係を断ち切りたいと考える人々の多くは、自分が不当な扱いを受けていることに気づくまでには時間がかかったと認めている。

幼子は自分の行動を否定するという行為にも走りやすいため、問題が起こっても、自分の責任から目を背けてしまうおそれがある。幼子は、少なくとも初めのうちは絶対主義的で二元的な存在なので、「自分にも欠点がある」と認めた段階で自分自身に恐れを抱いてしまうからだ。だからこそ、自分に至らない点があるという事実を頑なに拒み続けるか、罪悪感や羞恥心に支配されてしまうかの、二つに一つになってしまうのだ。

健全な幼子であれば、罪を犯した時は自分を許し、節度のある行動を心がけながら前に進んでいく。他人から傷つけられたり、自分の理念を侵害されたりするような目に遭っても、すぐに相手を許し、もう二度とこのようなことはしないはずだと考える。

ところが、他人を恐れるようになった幼子は、自分を責めることで恐れそのものと向き合うのを避けるようになる。例を挙げてみよう。幼い子供は、親からみだらなことをされたり暴力を振るわれたりすると自分が悪いと考えるものだが、それは、おぞましくなるほど理不尽で残酷な親と向き合うよりも、自分の至らなさを受け入れるほうが楽だと考えるからだ。傷ついた幼子が、自分の至らなさと向き合うのを恐れるようになると（大人のほうがその傾向が強い）、自分を相手に投影させて、相手に至らない点があるのだと責めるようになる。

こうした戦略を採っていると、果たすべき責任を回避するようになっていく。虐待を受けていることを否定していれば、自分を守るために立ち上がる必要もない。自分の過失を他人のせいにしておけば、自分を変える必要もない。他人の差別意識や敵対心といった悪意に満ちた態度を内面化させていれば、その状況から逃れるすべを見つける必要も、自分の無力さを噛みしめる必要もないまま、自分を責め続けていればいいからだ。

幼子は、ペルソナ（仮面）や社会的役割のイメージどおりの姿にとどまることや、世間に隠し事をしないことが重要なのだと信じている――そうした表面的な現実の枠を超えると、ドラゴンに遭遇してしまうからだ。無意識の中に潜むアーキタイプは影《シャドウ》で自己表現をする傾向があり――夢の中でも、起きている時でも――、それを意識している部分に光を当てずにいると、私たちに取り憑いてしまう。したがって、幼子だけが活動している人は、心理的には常に恐ろしいものに取り囲まれているはずだ。孤児の影は幼子を誘惑して、信号《ルール》なんか無視して道を渡ってしまえとそそのかす。戦士の影は、幼子に闘いを仕掛けて情け容赦なく責め立てるだろう。援助者の影は犠牲を強要し、幼子が少しでも個人的な願望や幸福に目を向けようものなら、自分勝手だと責めるはずだ。

魂《ソウル》の成長に関わるアーキタイプは、あまりにも威圧的だという理由で、別の姿に投影されてしまうだろう。探求者は異端者、破壊者は敵対者、求愛者はふしだらな誘惑者、創造者は危険思想にかぶれた罪人、といった具合だ。そういう時の幼子は、胸にぽっかりと穴があいたような気分で生きており、自己破壊的な習慣や性的な欲求に取り憑かれ、無意識のうちに、劇的な状況や困難な状況を創りあげたいという欲望を抱えている。

幼子の成長と発展

幼子は往々にして「自分は特別だ」と感じているものであり、その信念とビジョンの純粋さゆえにカリスマ的存在になる可能性を秘めている。彼らは、「自分は特別で善良な存在なのだから、宇宙やまわりの人たちから気にかけてもらうのは当然だ」とも思っている。

こうした幼子の初期レベルにとどまっている人は、表向きは自立を装っていても、心の中では、組織や雇用者や友人や配偶者が自分の世話をしてくれると信じて疑わないものだ。自分が負うべき責任を引き受けることはほとんどないが、〝とても善良〟であり、勤勉に働く可能性はある。世の中には、幼い子供にそうするように、彼らに愛情を注ぎ、知らず知らずのうちに面倒を見てしまう人々もいる。そう考えれば、このような生き方が功を奏する場合もあるだろう――あくまでも、仕事や配偶者を失ったり、友人や同僚から「もう面倒は見切れないからいいかげんに成長してほしい」と言われたりするまでの話だが。

幼子のレベル

影	否定、抑圧、非難、順応、根拠のない楽観主義。危険な行為
覚醒を促す声《コール》	安全で安心できる環境。守ってもらいたい、無条件の愛と容認を経験したいという欲望
レベル1	疑いを抱かずに、周囲の状況や権力を受け入れる。自分が体験している人生がすべてであるという信念。依存状態
レベル2	“転落”を――幻滅や失望を――体験するが、逆境にあっても信念と善良さを持ち続ける
レベル3	賢い幼子として楽園への帰還を果たす。否定、愚直、依存とは無縁の信頼と楽観主義

ただし、それよりも高いレベルに到達しても、真の成長を遂げなければ充実した成人期を過ごすことはできないだろう。転落を経験しない限りは――つまりは、最低でも、自分は宇宙から特別待遇を受けているという感覚がなくならない限りは――実体のあるものや永続するものを次々と達成することはできないかもしれない。しかも、その影響は、仕事だけではなく個人的な人間関係にまで及ぶはずだ。幼子は、人との関係において、原初的な母と子の共生関係を再現しようとする。他人と自分を異なる存在とみなさないことが多いせいで、他人も自分と同じものを欲していると思い込んでいるからだ。

幼子が「あの人は自分が望むものを望んでいないようだ」「自分の欲求が阻止されそうだ」と察知すると、私たちは、子供じみた怒りを包み隠さずぶちまけるべきか、それとも、精一杯魅力的にふるまって欲しいものを手に入れるべきだろうかと思い悩む。言い換えれば、私たちの中にいる幼子は、親を操って自分の欲求を満たそうとする小さな子供のように、傷つきやすく、他者に依存している存在だということだ。

私たちの中にいる幼子は、人生が思っていたよりも残酷なものだと知って打ちのめされてしまうことがある。ただし、立ち直るのも早く、すでに見てきたように、世界がかつてないほど荒涼とした場所に思える時も信念を持ち続け、実現の可能性は皆無だと思える時でさえ夢をあきらめないという、人間の資質を表している。

幼子が成長できるかどうかは、すべてが失われてしまったように見える時でも「まだ希望はある」と言い続けられるかどうかにかかっている。今は一人で砂漠をさまよっている身でも神が必ず私を聖地へ導いてくれる、という信念だ。幼子に必要なのはパラドクスを学ぶことだ。つまり、心の奥底では「信じても大丈夫だ」という信念を持っていても、見てくれる人がいない場所には財布を置きっぱなしにしないほうがいいということだ。

最初のレベルの幼子は、人生を二者択一の場とみなしている。つまり、「安全な場所」か「安全ではない場所」かのいずれかだという考え方だ。権力者は自分たちが論じている内容を「理解している」か「理解していない」かのいずれかであり、国民は「完璧」か「役立たず」かのいずれかだ。さらに悪いのは、自分は完璧でなくてはならない、そうでなければ存在価値がない、と感じてしまうことだ。したがって、幼子は理想主義や完璧主義に燃えていたかと思うと、幻滅を味わって冷笑的《シニカル》になるという両極端を行ったり来たりすることになる。

歳月を経て高いレベルに到達した幼子は、人生は安全なものと危険なものが混在する場所であることを知るだろう。権力者は、内容を理解した上で物事を論じている――常にそうとは言えないが。最高にすばらしい人間も最低最悪の人間も、良い性質と悪い性質を併せ持っている。運が良ければ、良い動機と悪い動機、力強さと弱さを併せ持った自身の人間らしさを受け入れ、宇宙を信じるという最低限の信頼の結果としてある程度の安心感を得るようになるだろう。それは、世の中の仕組みに詳しくなったせいでもある。

幼子は、初めのうちは、安全を条件付きのものととらえている。「道を渡ろうとしない限りは安全だ」「みんなが言うとおりのことをしていれば安全だ」という考え方だ。安全な世界は狭い場所に限られ、外の世界には目に見えない未知の危険があふれている。そうした危険を身をもって体験すれば、その分だけ自分の世界広がっていく。ただし、そのためには、痛みや挫折を知り、幻滅を味わうことも必要だ。転落とは、生涯で一度だけの体験ではない。生きていれば、幻滅を感じ、人から見捨てられ、他人や自分自身から裏切られるという体験を何度もくりかえすだろう。運が良ければ、そうした体験をするたびに無垢な状態へ（楽園や、エデンの園や、約束の土地へ）立ち戻ることができる。うまくいった時には、新たなレベルに到達しているだけでなく、否定ではなく英知の産物としての無邪気さで自分の世界をそれまで以上に祝福したい気持ちになっているはずだ。

さまざまな経験を通じて信念を失ったり取り戻したりするうちに、現実のより大きな部分が安全な王国と認識されるようになっていく。年齢を重ねるにつれて、安全に渡ることができる道はたくさんあるとわかってくる。愛の終わりを乗り越えれば、人を見る目をある程度までは養うことができたのだから、これからは他人と深く関わったり誰かを愛したりすることを恐れる必要はないと気づくようになる。刺々しい空気の中で自分の真実を口にしても、攻撃されることも殺されることもない。そうするうちに、私たちは気づいていく。正直に生きても安全なのだ。過去の自分には理解できなかった周囲の状況を受け入れられるようになったのだから、ますます安全性は高まっている。

最終的には、幼子もパラドクスを理解するすべを学び、それとともに、現実を字義通りにではなく比喩的に理解できるようになる。幼子が活動している時の私たちは、少なくとも初めのうちは、考えることの大半が逐語的な思考に縛られてしまっている。教師や霊的指導者《スピリチュアル・リーダー》、神話や伝説が言うことを、額面通りに受けとってしまうのだ。たとえば、世界のほとんどの地域には、無垢なものを犠牲にすれば神々から罪を許してもらえるという神話がある。そのせいで、古代には、最も純粋な存在である少年少女や動物たちを生け贄に捧げて神をなだめるという文明が数多く存在した。

より複雑な形で世界を理解できるようになると、無垢な者の犠牲を求める行為が心理的要求であることが理解できる。神やコミュニティ、あるいは、自分の魂との統一感や一体感《ワンネス》を失ってしまうと、自分の純粋さを犠牲にして、幻想や現実否定の世界から抜け出すことが必要になってくる。そうなったときには、旅に出て、私たちを全体性《ホールネス》へ回帰させてくれるような新たなレベルの真実を見つけなくてはならない。

旅には、大きなパラドクスがつきものだ。ある段階では、絶対に夢や理想を手放してはならないのだが、そのままでは、英雄はいつまでたっても幼子のままだ。私たちに求められるのは、夢や理想を抱きながら少しずつ自分の幻想を捨てて、結果的に成長して何かを学ぶことなのだ。初めは現実と妄想の区別がつかないものだが、それはそれでかまわない。それもまた、旅先で見つかる答えの一つであるからだ。私たちが必要に迫られて犠牲にする純粋さは、いつの日か、もっと高いレベルに到達した時に再び手に入れることができるだろう。

EXERCISES　エクササイズ

あなたの人生において、幼子が、いつ、どこで、どうやって、どの程度現れているかを考えてみよう。

❶幼子が現れるのは多いほうだろうか？　それとも少ないほうだろうか？　昔と今とだったら、どちらが現れる機会が多いだろう？　今後は今よりも表面に出てくる機会が増えるだろうか？　次の中で現れる頻度が高いのはいつだろう？　職場にいる時、自宅にいる時、友人と一緒にいる時、夢や幻想の中。

❷友人、身内、同僚といった人々の中で、幼子のアーキタイプに影響を受けていると思われる人は誰だろう？

❸幼子の現れについて、あなたが望むものと違っているところはあるだろうか？

❹それぞれのアーキタイプは異なったやり方で現れるので、じっくりと時間をかけて、あなたの人生で現れている幼子や、現れる可能性がある幼子を、文字や映像で（たとえば、絵を描く、コラージュをつくる、特別な服装やポーズで映っているあなたの写真を使う）描いてみよう。どんなふうに見えるだろう？　どんなふうにふるまっ

ているだろうか？　最もくつろいでいるように見えるのは、どのような状況の時だろう？

DAYDREAMS　空想の世界

自分が完璧な子供時代を過ごしたという空想をしてみよう。それは、欲しいものをすべて手にすることができる生活だ。つまり、愛情、おもちゃ、安全、刺激、あなたの成長を促すありとあらゆる手段といったものだ。時間をかけて自分の感情を分析してみよう。実際の子供時代がどんなものであろうと、空想の世界では、自分が望む時に完璧な子供時代を過ごすことができる。

*

空想に浸って、自分が救出される場面を思い描いてみよう。「いつかは、私の王子様（お姫様）が現れる」という空想でもかまわないし、完璧な心理療法士《セラピスト》、すばらしい上司、キャメロットを復活させてくれそうな政治的指導者を夢想してもかまわない。相手を信じて救いを待つ自分の姿を思い描き、自分はとても善良で、救出される価値がある人間なのだと想像してみよう。思いやりと善意にあふれた、力のある人物の手で救い出されて面倒を見てもらう場面を想像してから、今度は、自分が救出する側の人間になるところを想像してみよう。あなたはどんな気分を味わうだろう？

第7章 孤児

The Orphan

HMIの得点
（孤児）
点

12アーキタイプ中、上から
番目

孤児も幼子と同様の〝転落〟を体験するが、その後の行動にはちがいがある。幼子は辛い体験を踏み台にしてそれまで以上に努力を重ね、「もっと強い信念を持とう」「もっと完璧で人から愛される人間になろう」「もっと価値のある人間になろう」と考える。孤児の場合は、「人は自力で生きていくものだ」という本質的な真実が立証されたものと考える。

孤児という呼び名にぴったりなのは、自分の面倒を見るスキルも備わっていないうちに、親の庇護や生きる糧を取り上げられてしまった幼い子供だ。親に死なれた子供や、文字通りに遺棄された子供もいれば、親がいても育児放棄、差別、虐待といった被害に遭っている子供もいるだろう。傍目には綻《ほころ》びのない家庭で暮らしているのに、大切にされることも、養ってもらうことも、導いてもらうこともなく、精神的にも肉体的にも安全だとは感じていない孤児は大勢いる。

孤児のアーキタイプが活性化し始めるのは、私たちの内なる子供が、見捨てられ、裏切られ、酷い扱いを受け、無視され、幻滅させられたと感じるような体験をした時だ。他には次のようなきっかけが考えられる。教師が不公平だった。遊び仲間にからかわれた。友達が陰口を言っている。ずっと一緒だと言っていた恋人が去っていった。雇い主が自分を共謀者にして職業倫理に反する業務をさせようとしている。さらには、世の中の現実を思い知らされることもそのきっかけとなるだろう。たとえば、テレビのコマーシャルは信用できない。不正を働く警

アーキタイプ——孤児

目指すもの	安全の回復
恐れるもの	搾取、迫害
ドラゴン／問題への対処	無力感、救出に対する願望、冷笑的《シニカル》な追従
課題	痛みと幻滅の十分な検証を行ない、 心を開いて他人の助けを受け入れる
ギフト（特別な才）	自立心、共感、現実主義

官や、貧しい患者を診《み》たがらない医者がいる。手っ取り早く儲けるために環境を破壊する実業家もいる。そして、民主主義の社会にも、他者よりも優遇される人々が存在するという事実がある。

自分の中にいる孤児の存在を認めずにいると、孤児は、世の中からはもちろん、私たちからも見捨てられたままだ。残念なことに、私たちが暮らす社会では、傷を負った人や、弱い立場の人々を受け入れる制度が整っていない。私たちはいつどんな時でも「だいじょうぶ」だということになっているが、それは、ほとんどの人々が自分の弱さを隠し、道に迷い、まわりから裁かれるのを恐れてインナー・チャイルドを傷つけていることに他ならない——しかも、裁くほうの人々も、自分の中に傷ついた子供を抱えているという皮肉な状況なのだ。結果的に、この子供は、傷を負った上に深い孤独に苛まれることになる。

孤児が生まれるまで

人生には孤児を生み出すような体験があふれており、世の中には他人よりも強く孤児を抱えてしまう人々がいる。抱えている数が多くなれば、それだけ、孤児のアーキタイプが幼子のアーキタイプよりも優位に立つようになる。

私たちがポジティブで安全な経験から無垢な心を手に入れるように、私たちの中にいる孤児は痛ましい体験をきっかけに活性化する。子供の頃の体験は特に大きな影響力を持っている。現代では、アルコール依存症などの問題を抱える家庭で育ったアダルト・チルドレンを支援するグループがあるが、そうしたグループにこれほど多くの人々が参加しているという事実は、綻びのない家族の中に見捨てられていた子供たちが大勢存在することを物語っている。ただし、私たちの中にいる幼子が、自分の親には育児に専念する愛情深い援助者という理想像を演じてほしいと願っていると、そう願う分だけ見捨てられる確率も高くなる。親もただの人間であり、人間とは過ちを犯す生き物であるからだ。私たちが傷を負っているのと同じように、私たちを育ててくれる親もそれぞれの旅で傷を負ってきた。幸運に恵まれた者だけが、傷を負っていることを認めて癒しのプロセスに取りかかる方法を見つけた親に育てられるのだ。

そう考えれば、私たちはみな、あるスペクトルの中にいることになる。つまり、幸せを絵に描いたような家庭で育った者もいれば、おぞましい家庭で育った者もいて、その狭間に、ありとあらゆる家庭で育った者が存在するわけだ。私たちの中にいる子供はそのどこかで親から見捨てられる。それが、成長のプロセスなのだ。私たちは真実を探すために学校へ通い、専門家の間でも意見の衝突があることに気づく。正義を求めて裁判所へ行って、法の番人も公正だとは限らないと気づく。人は、見かけや、話し方や、出身地によって不当な差別を受けている。要するに、私たちは、人生は必ずしも公平ではなく、権力者は必ずしも正義の人ではなく、この世には絶対確実なものなど存在しないことを学ぶのだ。

その意味では、孤児は失望を味わった理想主義者であり、幻滅を感じている幼子ということになる。幼子が「清らかな心と勇気は必ず報われる」と信じているのに対し、孤児は、「報われるとは限らない。それどころか、邪悪な者が成功を手に入れることさえある」という認識を持っている。

孤児から反逆児へ

孤児に日々の暮らしを支配されると、世の中がひどく救いのない場所に思えてくる。私たちは自分を救ってくれるはずの父親らしき人物に見捨てられ、目の前に広がる世界には二種類の人間しか住んでいない。つまり、犠牲者となる弱者と、弱者を無視するか食い物にしようとする強者のいずれかだ。孤児の人生を体感したかったら、誰も来てくれないと知りながら、ベビーベッドで泣きつづける赤ん坊を想像してみるといい。涙はそのうちに枯れるだろうが、痛みと孤独は胸に染みついて消えることはない。時には、亡命者のような気分を味わうこともある。

幼子であるアダムとイブがエデンの園から追放された時、神は二人に対して、困難にあっても信念と忍耐を忘れなければ罪は贖われると約束した。同様の罪を犯した聖書の登場人物――カイン、イシュマエル、リリス、ルシファー――は、追放されたあげくに孤児となった。彼らを待っていたのは、エデンや祖国、天国そのものから永遠に閉め出されるという運命だった。

このような孤児たちは、亡命者のまま、カインやさすらいのユダヤ人〔刑場に引かれるキリストを嘲った罰として流浪する運命を定められたユダヤ人〕のように、安住の地が見つからないまま世界中をさまようのかもしれない。さもなければ、ルシファーのように、自分が置かれた状況に絶望するあまり、反逆者となって自分を拒絶した権力そのものに背を向けることもあるだろう。

二十世紀になって〝神の死〟が公然と口にされるようになると、孤児は哲学の世界で主要な地位を占めるようになった。アルベール・カミュが『シーシュポスの神話』（新潮社）でそうしたように、実存主義者は、現代生活の本質的な不合理さを、神の死と、その死に伴って人生そのものの意義が失われたことに端を発するものとみなしている。カミュはこう問いかける。人生そのものの意義も体験できず、希望に満ちた楽観的な感情という利益も享受しない状態で、なぜ生きるのか？　自ら命を絶ってしまえばいいではないか。

カミュは『反抗的人間』（白井浩司訳、新潮社）を発表する頃には不合理さにも一種の意義があることを認めているのだが、それは、抑圧され、犠牲にされてきた世界中の孤児たちが団結することによって生まれるものだと考え、「彼らがみな救われなければ、一人だけの救いがなんになるか！」と訴えた。反逆者は楽園や特別なものに対する希望を捨て、希望を捨てるからこそ、不死という幻想も捨てなくてはならない。それは、「生きることと死ぬことを学び、人間であるために、神となるのを拒絶すること」なのだ。(1) これは、人生は無意味だという感覚への反応として死を選ぶ可能性もあるという、自殺問題についてのカミュなりの解決方法だ。無邪気な心で楽園を望んだり、永遠の命に憧れたり、親代わりの神さまの存在を信じたりするのをやめて、何らかの方法で人類全体を思いやるようになると、そこから私たちの成長が始まる。私たち全員が死という運命を背負い、傷を負い、互いの助けを必要としていることに気づくだろう。

孤児の贖いは、最終的には、上から——神や、教会や、国家や、歴史から——ではなく、集団行動からもたらされなくてはならない。孤児は、どこかの時点で過ちを犯した権力者に見切りをつけて自分で自分の人生をコントロールするようになる。それを実行した時に、反逆者となる。

反逆者となった孤児は正義のために力を尽くし、抑圧された人々、傷を負った人々、苦しんでいる人々に「みんなで力を合わせよう」と呼びかける。普遍的な真実だからそうするのではなく、心の声がそうするように命じるからだ。この世には絶対的で客観的な真理など存在しないと気づいた反逆者は、相対的で主観的な真理を支持するようになる。互いに対する思いやりを通じて生まれたものだけが、意味と呼ばれるものとなる。

孤児のアーキタイプが授けてくれるギフトは、依存からの解放と、自立した上での相互依存という生き方だ。その力を手にすれば、外部の権力者に頼るどころか、自分や他人を助けるすべを学ぶことができる。

カミュが思い描く反逆者とは、孤児と戦士の要素を融合させたもので、男性の成長の過程が反映された存在だった。これに対して、女性は援助者を通じて同様の体験をする場合が多い。フェミニズム作家のマドンナ・コルベンシュラーグは、このイメージを、相互依存関係にある援助者たち、つまり、それぞれが大地の女神ガイアという霊的《スピリチュアル》な存在の一部であり、それぞれが相手を気遣う気持ちをもった人々の集団として表現している。コルベンシュラーグは、「個人の全体性《ホールネス》と政治的な均衡を取り戻すためには、私たち一人ひとりの中にいる孤児の〝世話をする〟すべを学ばなくてはならない」と述べている。(2)

カミュやコルベンシュラーグが示しているように、最高レベルに到達した孤児は、自分自身の力ほど強力で信頼に足りるものは存在しないという認識に至っている。物であろうと人であろうと、世の中には、自分の代わりに物事を処理してくれるものなど存在しない。人間は自分の代わりに責めを負ってくれる存在を、実存的なものや霊的なもの、男性的なものや女性的なものとさまざまな形で思い描いてきたが、いずれにしても、私たちに残されている道は、自分の責任で人生を切り開きながら、同じ孤児である相手との相互依存関係を続けていくというものなのだ。

孤児の抵抗

孤児が成長していく上での課題は他人と結束するすべを学ぶことであり、うまくいけば、権力者に逆らいながら、命の糧を与え合って互いを慈しむすべを身につけることもできる。そもそも、孤児というのは差し伸べられた手に激しい抵抗を示すものだ。傍目には救済を願っているように見え、本人も救われたいと思っているはずなのに、めったに援助を受け入れようとしない。口では「助けて欲しい」と言うかもしれないが、それから、「ただし……」の言葉遊びが始まってしまう。施設にせよ人間にせよ、力になってくれるかもしれないと紹介されたものについて、欠点を並べ立てることもある。

幼子であれば、自分を救い出して安全な居場所を用意してくれるような、親代わりの人物や施設を求めるはずだ。たいていの孤児は幼子の段階を離れたばかりであり、個人や組織を信頼するのは、残酷な方法で騙してくださいと頼みにいくようなものだと感じている。

成長という意味では、孤児の段階は、子供が親に依存した暮らしに背を向けて、きょうだいや友人たちを頼り始める時期を指している。それは、健全な家庭で育った子供にも言えることで、親を辛辣に批判することはなくても、「独断的」「厳格」「融通がきかない」「的外れになりやすい」といった親の欠点に気づき、それを記憶にとどめるようになる。

政治的に考えると、孤児の段階は、抑圧された人々と自らを同化させ、一致団結した行動に解決策を見いだす能力を育む時期だ。と同時に、権威や権力を持った人々に対する不信感が最高潮に達する時期でもある。霊的には、不可知論者となって神への依存から脱却して、人を助けるために何ができるのかという現実的な問題に関心を持つようになる。教育面では、権威に疑問を抱き、他人の意見を批評する能力が芽生える時期にあたる。

個々の人生においては、アウトサイダーとして生きる時期とも言える。孤児の活動が活発になると、社会や組織が問題を抱え、人々に甚大な被害をもたらしていることがわかってくる。他人や組織に批判的な目を向けるようになるものの、初めは、無力感のせいで行動を起こすことができない。疎外されているよう感じるだけかもしれない。結果的に何らかの変化を起こす場合は集団行動によるものとなり、一人ひとりは無力な存在であっても集団になれば力を発揮することも可能だと判断した、自分と同じような人々と力を合わせることになる。

最終的に孤児が学ぶのは、他人に犠牲を強いる行為や人間の限界から目を逸らさずに、それによってもたらされる痛みを充分に味わいながら力を手に入れるということだ。そうすれば、私たちは解放され、力を合わせてより良い世界を築いていけるようになる。孤児が、「自分たちがやらずに誰がやる」と言うからだ。

自分で自分を孤児にする

孤児は（特に、高いレベルに到達していない孤児は）、他人に裏切られたことが原因で、健全とはいえない懐疑心を抱いて自分の希望や夢に背を向けてしまうことがある。心の奥で、「身の程知らずの夢や希望だったのだから、失望するのがあたりまえだったのだ」と思っているからだ。結果的に、好きでもない仕事に甘んじたり、自分を大切に扱ってくれない恋人や友人に我慢したり、それ以外にもさまざまな手段を講じて、自分の夢をごくわずかな可能性しか感じられないものに限定してしまうことがある。

ここで思い出してほしいのは、「強い信念と想像力と懸命の努力があれば（場合によっては信念だけでも）やってやれないことはない」という幼子の大言壮語に、孤児が反発するということだ。幼子に人生を支配されると、私たちは楽観主義に傾いて非現実的になりがちだ。孤児に日々の暮らしを支配されると、必要以上に悲観的になって、本気で望んでいるものに挑戦しようとする意欲すら失ってしまうことがある。挑戦したとしても、「どうせ欲しいものは手に入らない」という思い込みが強すぎるせいで、わざとチャンスをふいにして自分が書いた脚本どおりに行動しようとする。例を挙げてみよう。孤児は、自分で人生をコントロールしているという感覚を高めるためだけに、わざと相手が拒絶したくなるような行動を取ることがある。落胆や拒絶や放置は避けられないと信じているせいで、先手を打っておけば少しは気分が良くなるように思えるからだ。

希望の持てない状況から抜け出せずにいる時に、幼子が「一生懸命働いていれば他の誰かが変化を起こしてくれる」と信じて疑わないのに対して、孤児は「もうたくさんだ」と吐き捨てる。うまくいけば、その場を去ってアウトサイダーや反逆者と手を結ぶのだが、最悪の場合は、活動するのをやめてその場にとどまり、希望とは無縁の日々を送る。

私たちの中にいる孤児は、相対的な視点から「隣の芝生は青い」と考えるだけだ。楽園どころか自由すら求めようとせず、徐々に広さと快適さを増していくだけの檻で暮らしていければいいと考える。本当に好きな仕事に就けるとは思っていないので、職探しをするとしたら、「これ以上、自尊心を傷つけられたくない」「疎外されたくない」「もう少し幅のある仕事をしたい」という理由が考えられる。心から幸福に浸れるような愛情生活が手に入るとは思っていないが、少なくとも、積極的に虐待をすることがないパートナーを見つけようとはする。本物の幸福など期待していないので、買い物で不満を紛らわせようとする。

孤児は権力者への信頼を失っているが、それと同時に、仲間との結束を強く望むようになる――しかも、グループの一員となるために、自分から進んで自己《セルフ》という独立した感覚を犠牲にすることも珍しくない。こうしたケースでは幼子のような追従者になる場合もあるが、幼子が社会や組織の規範に従う典型的な追従者であるのに対し（過激な幼子も存在するのだが）、孤児は、冷笑的《シニカル》な態度で法に従うか、伝統的な規範を拒んでアウトサイダーの規範を盲目的に信奉するかのいずれかだ。具体的には、十代の非行グループや排他的な集団、左右を問わない過激な政治団体などで、行動規範を守るように求められることが考えられる。心に傷を負った人々や虐待の犠牲者たちを中心とした自己啓発グループや支援グループにおいても、規範に縛られているせいで、健康になってグループへの依存から脱却することが阻まれてしまう可能性がある。

孤児に人生を支配されると、本来の価値観が表面化してしまうこともある。ジェイムズ・ヒルマンは『裏切り（*Betrayal*）』と題する論文の中で、自身の体験を――特に、友情、恋愛、結婚における関係が破綻していく最中の体験を――踏まえてこう語っている。「最も卑劣で嫌らしい部分がいきなり表面に表れて、他の人間のものだったはずの盲目的であさましい態度を取り、それまでのものとは矛盾する価値体系で行動を正当化している自分に気づかされる。本性を剝き出しにされて、内なる敵に引き渡されてしまったのだ」

孤児に偽りのペルソナ（仮面）を育むことになるような傷を負わせるのを避け、心の奥底にいる本来の自分を表に出すのは、自己防衛的な行動と言える。ヒルマンは、自分への裏切りは「本質的なもの、自我にとってはなくてはならない大切なものを裏切る行為である。ただしそれは、自分の苦しみを一身に引き受けて、どれほどの傷を負うことになっても、自分のあるべき姿になるためなのだ[3]」と結論づけている。

皮肉なことに、苦痛から逃れようとして本物ではない偽りの人生を送っていると、ますます見捨てられ、傷を負い、幻滅を味わってしまうのだ。本質的には、その時点で自分自身に背を向けてしまったことになる。

極端に走る孤児

自分自身に背を向ける頃には、孤児の活性化は手に負えないところまで進んでいる。多くの人々は活性化の兆候をほとんど表に出さないものだが、それは、偽りの自己《フォルス・セルフ》を生きている人々は、慣例通りにふるまって世の中にうまく溶け込んでいることが多いせいだ。そういう人々は往々にして類型的で薄っぺらに見えるもので、少々神経質だという印象を与える者もいる。だとしても、見かけはごく普通なので、警戒心を抱かれたり病的な人間とみなされたりすることはない。彼らは、偽りの人生や偽りの愛情に甘んじて生きており、本物の満足感の代わりに、消費や愚かな野心で気を紛らわせることもある。こういう人々には、根本的に「これが自分だ」という感覚が欠けている。胸にぽっかりと穴があいたような気分を味わっていても不思議はない。

彼らは精神的な飢餓状態にあるため、「あなたにふさわしいマウスウォッシュを使い、あなたにふさわしい車に乗らなければ、尊敬や愛情を勝ち取ることはできません」と謳《うた》う広告を簡単に受け入れてしまう。恋人も、仕事も、家も、自分の心を満たしてくれるという理由からではなく、ただ単に自分にふさわしいものを手に入れたいという理由で選ばれる。根本的に子供のような存在で、その時々の文化で価値を認められそうなものを追従することによって、喜びを得て、人から愛されようとする。彼らは、相手に〝ふさわしい〟男性や女性、労働者、友人としての役割を演じている。自分そのものを演じることも珍しくない。

このような人々は、何もなかったらどうしよう、怪物が（つまりは、影《シャドウ》が）潜んでいたらどうしようという怯えから自分の内面を見つめようとしないので、状況が悪化するまで、助けを求めないことがある。最悪の場合はひどく冷笑的になって、喜びを得たり、友人をつくったり、他人に影響を与えたりする努力すら放棄してしまう。そこから先は、商品や贅沢な食事や衣類にお金を使う、〝勝者〟となって物事をコントロールしているという幻想を得る、アルコールや薬物に依存する、スリルや興奮を味わう、といった方法で快楽のみを求めるようになる。

心の痛みが激しすぎて、アルコールや薬物、刺激物やアドレナリンの分泌で痛みを麻痺させなければほとんど喜びを得られないという孤児の場合は、助けを求める可能性が高くなる。そのような事例では、幼い頃の自分を虐待したり威圧的な態度を取ったりしていた人物が心の中に棲みついていて、愛情を感じさせない批判的な親の声で「おまえには何の価値もない」「おまえを愛するような人間はいない」と囁き続けているのかもしれない。その人物がはるか昔に自分を捨てた人物や、自分から縁を切った人物、すでに亡くなっている人物だとしても影響力に変わりはない。

幼子が泣きながら「安全な場所に行きたい」と訴えるような場合でも、孤児は、少なくとも初めのうちは、安全を与えられても〝享受〟できないことがある。どこへ行っても、心の声に罵倒されたり非難されたりし続けるからだ。外面的な安全が保たれている環境にいても、内面の環境が脅かされているせいでのびのびと成長することができずにいる。

中には、自尊心に重い傷を負っているせいで、どんな場面でも――勉強、スポーツ、仕事、心理療法、霊的修養の場でも――なかなか進歩を遂げることができない孤児もいる。ささいな躓きを完全な力不足の証拠と見なして、挫折したり、自分を責めたり、非難の矛先を他人に向けたりしてしまう。そういう人々には「誰にでも過ちを犯す可能性はある」という認識がなく、そのまま前に進み続ける。こうした兆候が顕著になるにつれて仲間からますます遅れを取り、遅れを取ることによって自尊心は低下の一途をたどる。このような孤児は、学業や心理療法や友情や人間関係を途中で放り出すことによってますます孤立を深め、自分には力がないという確信を深めていく。

このような生き方をしていると、最後には、犠牲者こそが自分にふさわしい役割だと考えるようになりかねない――つまり、人との交流や目標達成の未熟さを幼い頃の心的外傷《トラウマ》や不平等な社会のせいにしたり、自分の無能さや弱さを逆手にとって人々の関心を集めて面倒を見てもらおうとしたりするわけだ。孤児の段階にいる時に最も気をつけなくてはならないのは、自分の痛みや何かの犠牲になっているという事実が、人の注目を集める格好の言い訳になってしまうことだ。さらに言えば、他人の罪悪感につけ込んで欲しいものを手に入れる方法を覚えてしまうと、人間の成長に欠くことができないステップとしての、孤児の最高レベルに到達する方法を身につけることができない。つまり、自分と同じように傷を抱えていると認知した相手と、自発的に相互依存の関係を築くことができなくなってしまうのだ。

中には、高度に発達したスキルを備えていても、将来の可能性に価値を見いだせなかったり（あるいは、見いだせない上に）絶望を感じていたりするせいで、限られた空間の中で身動きがとれなくなっている孤児もいる。彼らは、状況が悪化すればするほど無力感に苛まれて麻痺状態に陥っていく。時には、このままでは死んでしまうと気づくまでは、その場を立ち去る勇気を振り絞ることができない場合もある。虐げられた妻、圧政に苦しむ民衆、何かに依存している人や、過度の忠誠心を求める組織で働く人間、あまりにも偏狭な暮らしにとらわれてしまっている人間――立場は違っても、そのパターンは非常に似通っている。多くの場合は、当の本人が自分をとらえている人間や習慣やシステムに魅了されていると言ってもいい状態にあるので、文字通りの救出が必要だ。

このカテゴリーにあてはまる人々は、身動きの取れない状態から脱出するために愛情や支援や救いの手を求めている。最初に手を差し伸べてくれるのは一人の人間である場合が多いのだが、そこから先は、できるだけ早いうちに複数の仲間から助けてもらうのが理想的だ。誰からも助けてもらえない孤児は、否応なしに冷笑主義《シニシズム》になり、そこから犯罪的で、非倫理的で、冷酷な行動に走ってしまうおそれがある。そうした行為は、孤児の手にかかれば、自分の生い立ちや、社会、その時代の一般的な風潮（「みんなもやっている」）のせいにして正当化できるものなのだ。被害者と加害者で構成される世界に住んでいれば、少なくともパワーや支配力は手に入るという理由から、孤児が加害者になる道を選択することもあるかもしれない。

犯罪行為、依存、倫理にもとる非情な行動は、その人間が大きな問題を抱えていることの表れだ。内なる孤児の痛みにではなく、加害者と同化しているせいで、自分や他人を（あるいはその両方を）虐げてしまうのだ。そのような人々には助けが必要であり、訓練を積んだ専門家と、似たような境遇に置かれながらも、絶望と心の痛みを乗り越えて加害者の立場から脱却しようとしている仲間たちの、両方からの支援が望ましい。

このような人々には、明確な境界線と、〝愛の鞭〟と、生き方を変えて以前よりも健全な暮らしを送っているお手本が必要だ。ただし、初めのうちは、彼らは心を開いて助けを受け入れることすら拒むかもしれない——絶望と冷笑主義《シニシズム》があまりにも強いせいで、誰かが助けてくれるという信念が根本から揺らいでいる可能性があるからだ。時には、状況が悪化して（アルコール依存者更生会で〝どん底〟と呼ばれる状態）、「変わらなくてはならない」という現実を直視せざるを得ない段階まで落ちていかないと助けを受け入れないこともある。ここで肝心なのは、そこまでの深手を負っている人間を〝自分とはちがう人間〟とみなして、彼らと縁を切ってはならないということだ。そうしたい誘惑に駆られるというのなら、それはほぼまちがいなく、私たち一人ひとりの中にある小さくても偽りのない本物の部分を拒んで遠ざかろうとしている証《あかし》であり、相手と同じ冷笑主義や自己破壊主義に陥ったり、自分や他人を裏切ったりする可能性を秘めていることは言うまでもない。

孤児の活性化は、行き過ぎれば機能不全をもたらすが、成長と発達には欠かせないものだ。他人とは比べものにならないほどの痛みを体験して孤児となった人間でさえ、健康と信念を取り戻す過程で手にするギフトの威力に驚き、痛みに耐えただけのことはあったかもしれないと気づくことがある。人間であれば傷を負うのは当然であり、その傷が旅立ちを決意するきっかけとなる。傷を負うことがなければ、いつまでたっても幼子のままで、成熟や、成長や、学びの機会は訪れないだろう。

私たちは、完璧な親を——元型的な父親と母親を——求めながら、欠点のある、いかにも人間くさい親を手に入れる。不死を願い、死という運命を手に入れる。宇宙の中心になりたいという憧れを抱き、自分はその他大勢の一人にすぎないと思い知る。こういう人間になりたい、こんなことを成し遂げたいという壮大な夢を描いたあげくに、たいていは、ありきたりな人生に甘んじなければならないと気づくのだ。

何よりも耐えがたいのは、自分の希望や価値観や夢に背を向けて、自分どころか他人まで失望させてしまったと気づくことかもしれない。ジェイムズ・ヒルマンは『裏切り』の中で、人生におけるさまざまな裏切りを、魂《ソウル》の誕生を誘発するものだと述べている。私に言わせれば、そうした裏切りは、初めのうちは自我《エゴ》の誕生とも結びついている。信頼の気持ちを持ち続けることができれば、母と子の共生に始まる、世界との幸福な共生関係に安心して身を置くことができるだろう。そういう場合は、自分の欲求が満たされないという思いが旅立ちのきっかけとなり、旅に出ることで、欲しいものは自分の責任で手に入れなくてはならないと気づくのだ。待っていても誰かが与えてくれるわけではない。

ジーン・ヒューストンは著書『最愛の人を探し求めて（*The Search for the Beloved*）』の中で、傷の性質を見れば、その人がどういう人間であり、どういう人間になることを選んだのかが、かなりの部分まで明らかになると述べている。その姿が、傷跡から枝を伸ばして独特の姿を形作っていく樹木のようなものだというのだ(4)。傷を負ったことが原因で自分の使命に目覚めた人間は大勢いる。親のせいで心に深い傷を負った子供は、心理療法によって救われた後に、自らも心理療法士《セラピスト》になることがある。「自分は罪深い」「病的だ」と感じていた子供が、宗教的な体験によって〝救われ〟たり癒されたりした後に、聖職者となった例もある。小児麻痺を患った子供が長距離走者になった例や、無力感を味わった若者が実権を握っている感覚を味わうために政治の道に入る例もある。

古典的なシャーマンの物語では、てんかんや精神障害といった重い傷を負った者が登場し、シャーマンがそうした肉体や精神の病を癒すことによって魔力や癒しの力を育んでいくというあらすじが定番とされてきた。残念ながら、私たちの文化には、世の中を健康な者と傷を負った者に二分する風潮が根をおろしてしまっている。傷を負った人を治療して〝正常な〟状態にしてあげようと周囲が望むせいで、当の本人は、傷を負った状態を分かち合うことはおろか、その傷に潜んでいたかもしれないギフトを見つけることもできなくなる。全員が共有できる痛みであれば支援や愛情だけで癒やせるものなのに、まわりがそれを与える機会も奪われてしまうのだ。

誰よりも能力が高く、向上心にあふれた人々は、傷を負った人々の脆さを受け入れがたいと感じてしまうことが多い。指導者である場合はなおさらだ。病んだ者、傷を負った者、弱い者と痛みを分かち合っている人々も、別のカテゴリーに追いやられてしまう。子供たちがそうであるように、目に見える傷を負っている者は、気づいた時には社会の末端にいて、場合によっては仲間からつつき殺されることもある。抑圧された傷を抱えている者は加虐的で残酷になる可能性を秘めているからだ。

支援団体や心理療法における守秘義務や、すべての十二ステップ・プログラムにおける匿名性が慣例とされてきたのは、私たち全員が、自分の傷や、弱さや、脆さについての情報が悪用される可能性があることを認識しているからだ。悪用するのが、自分自身の破綻を自分や他人に認知されるのを恐れる人間であることは言うまでもない。

心の傷は誰もが負うものであると同時に、自我《エゴ》を築くプロセスと、魂《ソウル》と結びつくプロセスの両方に欠かせないものだ。孤児が授けてくれるギフトは、自分が傷を負っていることを認識し、心を開いて自分の恐れ、脆さ、傷

孤児のレベル

影	冷笑主義《シニシズム》的、冷淡、自虐的もしくは加虐的な性向。犠牲者の役割を利用して周囲を操ろうとする
覚醒を促す声《コール》	遺棄、裏切りと自分への裏切り、幻滅、差別、迫害
レベル1	苦境に立たされているという現実を受け入れて、痛み、遺棄、迫害、無力感、人間や公的機関に対する信頼の喪失を実感するすべを学ぶ
レベル2	助けが必要だということを受け入れる。自分から救いや支援を求めるようになる
レベル3	権力者に依存する代わりに、助け合いと団結の精神で権力者に対抗する人々と相互依存の関係を築く。現実的な予想を展開させる

そのものを（安全な環境で）受け止める助けとなってくれる。そうすることによって、黙って攻撃に耐えているだけの状態を脱して、他人と触れ合うことが可能になる。ここから得られる触れ合いは、親密さをもたらしてくれると同時に、私たちが自分や他人に対して憐れみを抱くことができるような形で心を開いてくれるものである[5]。

癒しとは、私たちが外界から見捨てられた時に背負った痛みと現実を、心の奥底で実感した時に始まるものであり、傷が癒えていくにつれて、自分がどのようなやり方で自分の自己《セルフ》と呼ぶべき部分を否定してきたのかが認識できるようになる。そうなって初めて、心《プシケ》が一体感《ワンネス》と全体性《ホールネス》を感じることができるのだ。一人ひとりが見捨てられた自己を再生させれば、大勢の人々から疎まれている性質を私たちの代わりに〝発揮〟している人々を追放したり虐げたりする必要はなくなるはずだ。聖書に登場する賢い父親のような存在になって、父親が忌み嫌ったことをことごとく実行に移したあげくにすべてを失って帰還した放蕩息子を温かく迎え入れることができる。その父親は、息子に説教をする代わりに、祝宴を開いて息子の帰還を喜ぶ気持ちを示すのだ。最高レベルに到達した孤児は、放蕩息子の帰還を心から喜べるような生き方を教えてくれる。

EXERCISES　エクササイズ

あなたの人生において、孤児が、いつ、どこで、どうやって、どの程度現れているかを考えてみよう。

❶孤児が現れるのは多いほうだろうか？　それとも少ないほうだろうか？　昔と今とだったら、どちらが現れる機会が多いだろう？　今後は今よりも表面に出てくる機会が増えるだろうか？　次の中で現れる頻度が高いのはいつだろう？　職場にいる時、自宅にいる時、友人と一緒にいる時、夢や幻想の中。

❷友人、身内、同僚といった人々の中で、孤児のアーキタイプに影響を受けていると思われる人は誰だろう？

❸孤児の現れについて、あなたが望むものと違っているところはあるだろうか？

❹それぞれのアーキタイプは異なったやり方で現れるので、じっくりと時間をかけて、あなたの人生で現れている孤児や、現れる可能性がある孤児を、文字や映像で（たとえば、絵を描く、コラージュをつくる、特別な服装やポーズで映っているあなたの写真を使う）描いてみよう。どんなふうに見えるだろう？　どんなふうにふるまっているだろうか？　最もくつろいでいるように見えるのは、どのような状況の時だろう？

DAYDREAMS　空想の世界

誰にも邪魔されそうにない、静かで居心地のいい場所に腰を下ろし、ゆっくりと深呼吸をしてみよう。人から慈しんでもらいたいという欲望を――内なる子供にとっては当然の欲望を――じっくりと味わってほしい。喜んであなたの面倒を見てくれそうな相手を思い浮かべてみよう（具体的な人物や、想像上の人物、神でもかまわない）。

次に、「私を慈しんでくれる人や、救ってくれる人はいない」と自分に言い聞かせてほしい。あなたは、自力で行動せざるを得なくなるだろう。悲しみ、失望、冷笑といった感情や、無力感や能力不足といった感覚をじっくりと味わってほしい。

＊

空想の世界を抜け出して、自分と同じような感覚を持った人々――つまり、互いに支え合い、互いの感情や知識を分かち合うことに賛同している人々――のグループに加わった場面を想像してみよう。そのような仲間の支えがあるという前提で活動する自分の姿を思い描いて、わき上がってくる感情に注意を向けてほしい。

第8章 戦士

The Warrior

HMIの得点
（戦士）

点

12アーキタイプ中、上から

番目

たいていの人は「英雄」という言葉から戦士を連想するはずだ。戦士は閉塞的な環境から脱けだして、宝探しの旅に出かける。旅の途中では、何頭ものドラゴンに立ち向かって倒すように求められる。そうした英雄たちは、勇気にあふれ、気高い理想に共鳴し、王国や自らの名誉を守るために、あるいは、弱い者たちに危害が及ぶのを防ぐために、進んで自分の命を危険にさらすものだ。

私たちの中にいる戦士は、勇気と力と高潔さを身につけろと呼びかけてくる。つまり、目標を設定してそれに向かって邁進する能力や、いざという時には自分や他人のために闘いを挑む能力のことだ。戦士が私たちに強いるのは、自分自身の高潔さに積極的に関与していく生き方だ。戦士は、独自の理念や価値観に従って生きており、必要に迫られればそれを守るために立ち上がる。経済的な損失や社会的な犠牲を払うことになっても生き方は変わらない。人と競い合う場面では最善を尽くそうとするが、勝利を目指すだけでなく、フェアプレーに徹しようと努力する。

戦士として生きるのは、世の中で力を誇示して自分の居場所をつくり、その世界をより良い場所にするという生き方を貫くことだ。現実的には、個人や集団の暮らしの中の不愉快な点や不満な点を特定し、力や説得によって変化を起こそうとする生き方を指している。人に振りまわされない不屈の精神と、物事を〝自分の思い通りに〟する強引さが求められる。

アーキタイプ――戦士

目指すもの	勝利、自分の道を見つける、 苦闘の末にまわりとは異なる存在になる
恐れるもの	弱さ、無力感、無能、能力不足
ドラゴン／問題への対処	倒す、打ち負かす、改心させる
課題	高次の自己主張、 本当に大切なことのために闘う
ギフト（特別な才）	勇気、自制心、スキル

成長を遂げた戦士は、なんといっても、私たちの境界線を守るのに欠かせない存在だ。勇気と自制心を備え、よく訓練された戦士がいなければ、王国は常に蛮人たちからの侵略の脅威にさらされる。自分の中にたくましい戦士を抱えていなければ、周囲の要求や押しつけから身を守るすべがないはずだ。私たちが生きているのは戦士の精神に則った社会だ。競争に基づくシステムは――スポーツや政治の世界、司法制度、資本主義経済、教育の場での競争主義に至るまで――戦士の特徴的な属性を土台にしているからだ。

現代のように、戦争をしても国家間の紛争は解決されないことが明白になった時代には、戦士のアーキタイプにネガティブな感情を抱く人々が大勢いる。だが、戦士のアーキタイプそのものに問題があるわけではない。私たち自身が、もっと高いレベルの戦士に移行する必要があるということなのだ。境界線を守る力がなければ、どのような文明や国や組織も、一人の人間も、安全とは言えないからだ[(1)]。略奪を目的とする原始的な戦士をおとなしくさせるためにも、高いレベルに到達した戦士が――スキルや機知、法律や言葉の力で自分の身を守る能力、もしくは、自分たちの大義のための支援を取り付ける能力を備えた戦士が――必要とされている[(2)]。

敵を打ち負かす力

戦士の神話が教えてくれるのは、勇気と苦闘で悪を打ち負かす方法だ。神話の中には、ドラゴン、悪の暴君、邪悪な力や過酷な環境と闘うために立ち上がった偉大な英雄たちの物語が一つ残らず象徴化されている。彼らは、闘うことによって自分だけでなく他人までも救い、特に、自分よりも弱い立場の人々に救いの手を差し伸べた。物語に必要な登場人物は、英雄と、悪役と、救いを求める被害者だ。

時には、闘いの勝者が、アレクサンダー大王、ナポレオン、ジョージ・ワシントンといった、経験豊富な軍人の場合もある。ダビデとゴリアテの戦いのように、若くて小柄な人間が、自分よりも年嵩で体格的にも勝った乱暴者を倒す例もある。

戦士の神話といえば、男らしさとは切っても切れないものとみなされている。それどころか、「マッチョ」と「戦士」ははなはだしく混同されている。だが、この二つにもちがいはある。真の戦士とは、他人を守ってその人の品格を高めるために闘うものだ。マッチョな人間は、他人を守って闘う場合でも、彼らを弱い立場にとどめて優越感を味わおうとする。高いレベルに到達した戦士であれば、他人に対しては、自分がしてほしいように接するはずだ――つまり、相手に敬意を払うということだ。

因襲的な社会では、男性には戦士、女性には援助者の役割が与えられているが、女性の中にも偉大な戦士は存在する――ギリシャ神話に登場するアマゾン族に始まり、奴隷制廃止や婦人参政権獲得のために闘ったスーザン・B・アンソニー（一八二〇～一九〇六年）、エリザベス・キャディ・スタントン（一八一五～一九〇二年）、ソジャーナ・トゥルース（一七九七～一八八三年）といった女性たちにつながる系譜がそれにあたる。確かに、男性と対等な権利を求めたり、アイデンティティという個々の感覚を持ったりするだけでも、女性たちには内なる戦士に接触する力が求められる。

公正さを欠く権力者——それが、職場の上司や教師といった人々であろうと——に立ち向う時や、誰かに危害が及ばないように行動を起こす時が、戦士への道の第一歩だ。理念のために自分の命や生活を危険にさらす時には、決まって、その人の中で戦士の神話がポジティブな形で息づいている。洋の東西を問わず、抑圧された暮らしから抜け出すために革命を起こそうと闘っている人々の心には、戦士の神話が根を下ろしている。

戦士の神話はこう訴えている。この世には、悪や不正やごまかしがまちがいなく存在する。ただし、充分な知恵とスキル、立ち上がるための勇気と自制心を身につけ、充分な支援を取り付けることができれば、それに打ち勝つことは可能なのだ。さらに言えば、私たちは自分に対する責任だけを負っているわけではない。弱者や無力な者を守ることも私たちの務めなのだ。剣の力も、ペンの力も、言葉の力も、他人を不用意に傷つけるために発揮してはならない。常に、境界線を守るのに必要なだけの、最小限の戦力と最小限の刑罰で対処するべきである。

自分が当事者でない場合でも、問題が発生すると解決策を探して急場を凌ごうとするのも、私たちの中にいる戦士の力だ。不正や侮辱的行為を見過ごして手を打たずにいると、最終的には、私たちの中にいる戦士が屈辱を味わうことになる。

戦士の影

不正に立ち向かう戦士がいる一方で、不正を働く者を守ろうとする戦士もいる。だが、影の戦士がそろいもそろって悪党だというわけではない。

数多くの有能なアーキタイプと同じように、戦士も評判を落としてしまったアーキタイプだが、それは、私たちの周囲にいる戦士のふるまいが、原始的で、不愉快で、非生産的なものばかりであることが原因だ。出会った相手をことごとく競争相手とみなす人間や、常に何らかの運動に身を投じていて、他人を兵隊にして大義のために闘おうとする人間、これが戦士に取り憑かれた人間だ。彼らは戦士を支配できず、戦士に支配されてしまっている。

初めて戦士の活性化を体験する者が、ひどく初歩的で幼稚なスキルしか持ち合わせてない場合もある。誰かが、自分には賛同できないことや気にくわないことを言うと、それを個人的な攻撃と受け止めて、自分の命が掛かっているような勢いで猛然と闘いを挑むのだ。

ただ単に、他人の視点に立って世の中を眺めることができない戦士もいる。そういう戦士の目に映っているのは、「戦士」と「悪党」と「救いを待つ被害者」で成り立つ世界だ。自分が「戦士」ではない場合は、「悪党」か「被害者」にならなければならない。たとえば、競争こそが学習意欲を掻き立てる唯一の策だという考えに固執する教育者。患者に自分の体が戦場になっているような気分を味わわせても、病巣を攻撃しつづける医師。大口契約がまとまりさえすれば、自分の健康や家族の人生に甚大な被害が及んでもかまわないと考えるビジネスマン。

このような、一つの目標に固執する生き方は、深刻な事態を招きかねないものだ。それどころか、「登場人物は英雄か悪党か犠牲者のみ」という筋書きに頼り切っていると、英雄が英雄らしい気分を味わうために悪党と犠牲者が（それゆえに、戦争と貧困と抑圧も）存在するという、自己達成的予言が生まれかねない。戦士のアーキタイプには、一人の人間として生きるだけは充分ではないと信じる、ネガティブな一面がある。自分が他人よりも勝っていることを証明せずにはいられない。戦士の望みは最高の存在になることだ――ということは、必然的に他の人々は最高の存在にはなれないわけで、最終的には、戦士の倫理に矛盾が生じてくる。

こうした考え方が危険極まりないネガティブな形で明示されると、人の上に立ちたいという欲望は、人間らしい感情や崇高な価値観でも抑えることができなくなる。現代社会には、戦士に備わっているポジティブな側面を完全に失ってしまった人間が大勢いる。ビジネスや政治を始めとする現代生活のさまざまな場面では、競争意欲は旺盛であっても、その懸命の努力が何らかの理想や、より大きな社会全体の目的と結びついていない人々が目につくようになった。彼らは一番になることを求めているだけなのだ――しかも、底の浅い、俗悪なやり方で。彼らが欲するのは金銭や社会的地位や権力だけであり、それを手にするためなら、平気で不正を働き、嘘をつき、卑劣なことをやってのける。つまり、英雄ではなく悪党に落ちぶれてしまっている。

戦士の道を歩む時には、善か悪かの選択が重大な意味を持つ。戦士が選ぶ道は、自分の力を使って世の中をよりよい場所にするか、ただ単に、力を手に入れて他人を支配するかのいずれかしかないからだ。ヒトラーや『スター・ウォーズ』のダース・ベイダーのような、絶対的な悪の方向へ進んだ戦士は、自己中心的な方法で世の中を二つのカテゴリーに分類する。自分の欲望や力を阻む者は、打ち砕かれ、征服され、悔い改めなくてはならない。犠牲者は守ってもらえるかもしれないが、ネガティブな戦士の支配下に置かれるという代価を払わなくてはならない。言うまでもなく、この例にあてはまるのがあらゆる種類の帝国主義であり、他国を征服した国家にも、従業員を威圧する経営者にも、妻を奴隷のように扱う夫にも同じことが言える。

パワーの主張には危険が伴い、それが倫理面の危険である場合も少なくない。現代における戦士のアーキタイプが抱える問題とは、戦士と言われる人が真の戦士ではない例があまりにも多いことだ。彼らは孤児であり、他人を出し抜いたり支配下に置いたりすることによって自分が無力感に苛まれていることを公言しているだけなのだ。彼らは戦士ではなく、偽物の戦士にすぎない。

必然的に、あらゆるタイプのネガティブな戦士には、（共感の気持ちを高めるために）自分の中にいる孤児を育み、（冷笑主義《シニシズム》から解放されるために）幼子を肯定する必要が生じてくる。そうなって初めて、ポジティブな力強い戦士になることができるのだ。

戦士の誕生

現代では、有能なはずの戦士がすっかり人気をなくしてしまったが、それは、私たちが文化的なずれを体験しているせいだ。つまり、今の世界にはもっとレベルの高い戦士が必要なのだ。高次の戦士に出会うためには、ちっぽけな自己の利益を超越したもののために闘い、より高度で純粋な戦士に必要とされる理想主義を唱え、真に重要なもの――現代では、それが種の存続を意味する可能性もある――のために闘うことが求められる。さらには、社会全体の利益につながるような方法で闘うことが求められるのだが、現代では、そのためにはアイデンティティの再定義が求められるかもしれない。そうすることで、自分の会社や国家だけでなく、世界中の人々を同じ〝チーム〟の一員とみなすことができるようになるはずだ。このような背景では、人間や集団や国家ではなく、無知や貧困、強欲さや狭量さが敵と見なされる。

だが、そのレベルから旅を始める人間は一人もいない。自分の身を守るという基本を身につけ、自分が望むものを手に入れることによって、最初の一歩を踏み出すのだ。ほとんどの人にとって、戦士と援助者は、初めて出会う大人のアーキタイプとして意識に統合される存在だ。少なくともどちらか一方を成長させなければ、ほとんどの人は感情面でも肉体面でもいつまでたっても子供のままだ。

内なる幼子は壮大な夢を思い描く。孤児は、その夢の障害を見極める。だが、戦士が現れなければ、予期せぬ幸運《セレンディピティ》や他人の親切にでも恵まれない限り、その夢が実現する可能性は皆無に等しい。戦士は、幼子が描いた夢や創造的なアイデアを受け継いで、目標とプランを設定する。さらには、そのプランにこだわり、いざという時は戦略的な撤退を選べるような自制心を授けてくれる。

大きな成長を遂げた戦士と、健全な幼子は、問題が起こるたびにいちいち立ち上がるという落とし穴にはまらない。本気で重要だと思うもののために闘うのだが、それは心の奥に抱いている価値観や理想を守るためであって、物質的な利益を得るためではない。孤児と親しくなっていれば、四六時中タフである必要はないし、他人にタフであり続けるように求める必要もないはずだ。時には、相互依存という方法を取り入れて対等な関係を築き、そのせいで人の上に立ちたいという要求が希薄になることもあるだろう。高度なレベルに到達した援助者が活性化すれば、私利私欲のためではなく、国民や国家の幸福や自分たちが信奉する大義のために喜んで立ち上がるようになる。

自我《エゴ》に関わる四つのアーキタイプがそろって成長を遂げていれば、戦士は非常に高いレベルで活動を行ない、本当に必要とされた時だけ闘いを始めるはずだ。ところが、幼子や孤児がひどい傷を負っていて、援助者が未熟なままであると、戦士が設定する目標や計画や構想は、独りよがりで意地の悪い、独善的なものになってしまう。純粋な心や霊・精神の成長のためというよりは、基本的な生命の維持だけを目指した内容になるはずだ。

戦士のアーキタイプだけが意識に表れている人は、どのような場面でもドラゴンに遭遇したような気分になり、自分には「逃げる」「闘う」「滅ぼされる」のいずれかの道しか残されていないと思い込んでしまうだろう。このような心理的風景の中で生きていくのは辛いことだ。もちろん、ここでも肝心なのは勇気であり、大勢の人々がこのような過酷な風景の中で勇気を身につけている――そこに棲み着かずに時々訪れるだけの人も例外ではない。

孤児もこの領域で暮らしているが、自己《セルフ》を守る能力を備えているという自覚がないので、自律性を失う危険を冒しながら自分を守ってくれる相手を探し続けている。たとえば、男性が男女両方のために戦士のエネルギーをもつように求められていたかつてのような社会では、女性が、男性からの経済的、社会的、肉体的庇護を求めて、自分の肉体そのものに対する権利を手放すことも珍しくなかった。こうしたシステムに従って暮らしていた多くの男性たちは、いざという時には女性や子供を守ることができるレベルの高い戦士へと成長を遂げたが、それほど成長しなかった男性たちは〝軟弱者〟を蔑む視線にさらされることになり、自分が守るはずの女性や子供の（あるいはその両方の）肉体や精神を虐待した。それでも、多くの女性は、主として自分で自分の身を守る暮らしが想像できないという理由で、そうした男たちのもとにとどまった。その代償として、女性は自分の中にいる戦士を抑えつけて否定しなくてはならないという社会の圧力に屈することになったのだ。

かつての家族制度では、それぞれの立場に応じたアーキタイプの役目が割り当てられていた。母親が援助者で、父親は戦士。子供たちは、「良い子に（幼子）になって両親を敬いなさい、さもないと家から追い出されて身よりのない子供（孤児）になるよ」と言い含められていた。父親が戦士の資質を育むことができる唯一の人間である家庭では（息子が代わりを務めたり、フロイトの説にあるように、息子が父親を退位に追い込んだりするまでは）、父親が影の戦士になったとたんに父親から家族を守る盾がなくなり、父親が死んだり家を出たりするようなことになれば、世間から家族を守る盾がなくなってしまう。母親が唯一の援助者である家庭では、母親が病気になったり家を出たりするようなことになれば、家族がばらばらになってしまうおそれがある。おまけに、母親がわが子を貪り食うという援助者の影の面を表に出すようになれば、母親に傷つけられた者を慰めたり助けたりする者はいなくなる。要するに、誰かが自分の務めを果たさなくなると、家族全員が苦しまなくてはならなかったのだ。時代の流れに応じて、一人ひとりの人間が心《プシケ》のバランスと全体性《ホールネス》を育むことに重点が置かれるようになってきた。だからといって、特定のアーキタイプの資質を発揮する個人が集団を〝導く〟可能性が排除されたわけではないが、多様性のおかげで、集団が特定の個人の元型的な成長に依存する機会は減ってきている。

それでもなお、現代の社会では、ほとんどの男性が援助者のアーキタイプよりも戦士のアーキタイプと過ごすほうが居心地が良いと感じ、ほとんどの女性は、闘うよりも人の世話をしているほうが気楽だと感じている。何世紀にも及ぶ社会的圧力の結果だと考えるのが妥当ではあるが、何らかの生物学上の素因がそうさせているとも考えられる。にもかかわらず、競争好きな戦士の尺度で定義された男性優位の労働市場に進出する女性が増加の一途をたどり、その一方には、男性が妻や子供たちとの親密な関係を望んでいるという現実があるのだから、社会が取り組まなければならない難題が生じていることは確かなのだ。

だが、このような場面でも、戦士のアーキタイプが力になってくれるはずだ。内なる戦士のおかげで、全体性《ホールネス》の中から、社会的に組み込まれたものとはちがう個性という感覚を見つけることができるからだ。戦士のアーキタイプが登場しなければ、「これは自分だけのものであり他人のものではない」というアイデンティティの感覚を養うのは困難だ。境界線の警備に当たって、芽生えたばかりの自分（自我）が他人の要求や願望に侵害されないように守ってくれるのも戦士なのだ。

幼子も孤児も、自分の境界線という実際的な感覚を持ち合わせていない。幼子は、宇宙やまわりの人々との一体感《ワンネス》を感じている。孤児は、空間の隔たりを傷や欠落としてしか理解していない。他者との隔たりを感じると、力を得るどころか無防備になってしまう。戦士は、私たちが自分の境界線を見つけたり設定したりする手助けをして、私たちが攻撃されないように守ってくれるアーキタイプなのだ。

戦士の旅

戦士の予備軍は、パワーを実感するからではなく、他人がつくった境界線の中に閉じ込められているという閉塞感から旅を始めることも珍しくない。たとえば、古いおとぎ話の英雄は、子供の頃に邪悪な魔女や恐ろしい暴君の手で幽閉されたり、意地の悪い継母や継父に虐待されたりするパターンが多かった。今の世の中には、子供時代が終わった後も、人生の要所要所で閉塞感や虐げられる気分を味わっている人々が大勢いる。ここでの課題は、そのような環境に置かれても、彼らのようにならずに生きていくすべを身につけることだ。

心理学的な観点から言えば、自分自身の境界線を設定するまでは、他の誰かに準備を整えてもらうことが必要だ。他人が設定した境界線に圧迫感を感じたとしても、境界線を創造する能力が身についていなければ、そこから脱出することはできない。立派な親であろうと、ろくでもない親であろうと、親は子供のために境界線を引く。

それは、社会的機関や規則にも言えることだ。私たちの自我が幼い子供のままでいるうちは、私たちのためを思い、私たちの利益を考慮してくれる人間に境界線を設定してもらうことで、(相手がそれほど威圧的でない限りは)自分は守られているという安心感を感じるものだ。ところが、私たちのほうに自立する準備が整ってくると、突如として、彼らが定めた規則や制限が恵みをもたらすものとは思えなくなる。囚われているような気分になって、必死の抵抗を始めるのだ。

理想的な形は、私たちが成熟して自主的に活動できるようになったら、それに合わせて、両親や学校を始めとする社会的機関が空間を広げて規則を少なくしていくというものだ。実際に、家や職場、因襲的な結婚生活や更正施設に別れを告げる日が来るまでに、段階的に、自分にふさわしい規則や境界線を設定するすべを身につけることができるからだ。ところが、家族や、学校を始めとする社会的機関がその人の成長を望まない場合は、若者はもちろん、大人のことまで子供扱いするようになる。もっとひどい場合には、従順さが足りない子供や言いつけに従わなかった子供に罰を与えたり虐待をしたり、規則に反発しようとする子供の欲求を無視したりするので、支えを失った子供は、境界という感覚を身につける前に思い切った行動に出なくてはならなくなってしまう。いずれの場合も、育ち盛りの若者は、発育を促す準備が整う前にそこから逃げ出す必要がある。

明確な境界線を設定するまでは、それが正しいかどうかは別にして、「自分は他の人間や何らかの事象のせいで囚われの身になっている」と考えるはずだ。世の中で自身のアイデンティティを主張し始めるようになると——特に、本物の声を主張することから生まれるパワーを誇示したくなると——「実際に行動に移したら、みんなから袋だたきに遭うか見捨てられてしまう」という幻想を抱いてしまう。しかも、私たちの中にいる戦士は、他人の真実を攻撃することによって自分自身の真実を語るというやり方で旅を始めることが多いので、自分から攻撃や遺棄を誘発してしまうおそれがある。その時は気づかないだろうが、まわりから敵意に満ちた反応が返ってくるのは、私たちのパワーへの反動ではなく、私たち自身が相手を攻撃しているせいなのだ。

「男は力を持った女を脅威とみなす」と教えられてきた女性たちは、二倍の苦労を背負うことになるのだが、同じようなメッセージは、「権力に逆らうな」「波風を立てるんじゃない」といった形で男性と女性の両方が受け取っているものだ。力強い声で意見を言えるようになる頃には、本物の声を長い間抑制されていたせいで、初めての主張が泣き声や怒鳴り声となって口から飛び出してしまう。女性の場合は、援助者に仕えて他人のために闘っている最中に戦士と出会うことが多い。人のために闘ってから、自分のために闘うすべを学ぶわけだ（男性の場合はそれとは逆で、幸福な愛情生活、家族、組織的なチームをつくるといった目標に決然と取り組む戦士に仕えるうちに、援助者の思いやりや慈しみを表現する方法を学ぶことが多い）。

目覚めたばかりの戦士は主に二つの方法で自分を守る。秘密主義と戦略的撤退だ。秘密主義は一種の偽装作戦とも言える。相手の目に留まらなければ、それだけ攻撃される機会も減るだろう。新しい関心事やアイデアや自己の感覚を攻撃しそうな人々も襲ってくることはないはずだ——なにしろ、攻撃対象の存在を知らないのだから。賢明な戦士は、闘いの準備が整うまでは戦場に足を踏み入れるべきではないとわきまえている。つまり、他者との隔たりを解消するだけの価値があるという自信と、闘いが始まっても自分の身は安全だという確信が持てるようになるまで、争いの火種になりそうな問題は取り上げないようにするということだ。

戦略的撤退は有意義なものだ。自分よりも大きな力に押しつぶされるのが目に見えている場合、戦士は闘いの場から退いて体制の立て直しに時間をかける。親から自立しようとしている子供も、仲良しグループから抜けようとしているティーンエイジャーも、自分が友人や同僚や仕事仲間とは違っていると気づいた大人も、極端にネガティブで手厳しい反応に直面すれば、いったんはその場を退いて、傷の手当てをしたり、鋭気を養ったり、軍備の再編成をしたりしながら機が熟すのを待つものだ。場合によっては、ダメージが大きすぎて二度と声を挙げる気になれないこともあるだろう。

だが、ほとんどの人は退却して策を練る。待機している間に新しいスキルを身につけることもあるかもしれない。例を挙げてみよう。親元を離れなくてはならないと自覚した上で、いつどこで助けを求めればいいかを探りながら高校を卒業する日を待ち続ける子供たち。辛い仕事を続けながら、学位を取得するために夜間学校に通い続ける労働者。空手を習ったり、チェスのような戦略的なゲームの練習をしたりしてから、もう一度闘いを挑む人々もいる。時には牢獄としか思えない環境にとどまり続ける自分を責めることもあるだろうが、彼らはそうやって、精神的な強さを身につけて立ち上がれる日が来るのを待ち続ける。

より賢い戦士の場合は、戦闘地域を自分の管理下に置き、勝利の見込みは充分にあると確信できるまでは闘いを始めないものだ。じっくりと時間をかけながら基礎訓練に耐えて作戦を錬るというのが、唯一の理にかなった方法だ。この準備期間に自己鍛錬を学び、自分の衝動や感情をコントロールするという高いレベルの戦士の技を身につける。だが、最終的には誰もが闘いに挑まなければならないし、そのためには勇気が必要だ。

世の中には、生まれ落ちた時から事実上の闘いを始める人々もいる。兄弟や両親や友人たちと闘い、たいていは教師とも闘い、闘いを重ねるうちにスキルが研ぎ澄まされていく。時の経過とともに、スキルに磨きをかけるすべを覚え、こう悟る日がくるかもしれない。問題が起こるたびに闘いを仕掛けるのが戦士なのではない――機知と勇気を身につけて、闘うべき時と場所をわきまえているのが戦士なのだ。

だが、賢明な戦士であれば最後にはこう悟るはずだ。最終的に自分の望みが叶うような方法で周囲に影響を与えるには、自分が何を望んでいるのかを知り、それを手に入れるためには闘いも辞さない覚悟が必要なのだ。自己主張の訓練で最も重要なのは、自分が成し遂げたいと思っていることを明確にしてから、相手を尊重したやり方でそれをわかりやすく伝えることなのかもしれない。

ただし、自分の真実を伝えればいいというわけではない。人に話す必要がない場合も数多くある。自分の望みを明確にして、その認識に基づいて行動し、まわりからどう思われようと自分の目標から絶対に目を逸らさずにいることだ。さもなければ、今の自分よりも強くなった時に、他人の助言や気遣いを素直に聞き入れて、(目標ではなく）戦略の見直しを図ればいい。

　中にはほとんど負け知らずの者もいる。最初から、まわりとちがう意見や考え方や行動を主張するように促された上に、それを褒めてもらうという〝恵まれた〟体験をした者は、自分が強くなったことに気づき、それを支えにしてもう一度やってみようという勇気を奮い起こすことができる。ただし、どこへ行っても対抗勢力に巡り会わずにいると、帝国主義者になって、自分の主張がまわりに及ぼす影響を省みなくなってしまうおそれがある。そんな状態で敗北すれば、壊滅的な打撃を受け、自己という感覚そのものが問題とされてしまうだろう。

　何の犠牲も伴わずに自分の願望を主張できる状況に置かれていると、ほぼまちがいなく、アイデンティティの要求と自己中心的なきまぐれとを見極められなくなるはずだ。皮肉なことに、「欲しいものはすべて手に入れる」がモットーの帝国主義者は、立ち上がる勇気がなくて存在感を発揮できない人間と同じように、心理学的には恵まれない人間だ。ひょっとしたら、どちらも「これが自分だ」という実感を持つことはできないかもしれない。個性《インディビジュアリティ》が犠牲を強いられているせいで、自分の気まぐれや欲望に疑問を投げかけ、本当に必要なものだけを見極めるという意欲が失われてしまっているからだ。

レベルの高い戦士になるために

　最高レベルに到達した戦士にとっては、内なる敵を——怠惰、冷笑主義《シニシズム》、絶望、責任感の欠如、拒絶といったものを——相手にするものが実質的な闘いとなる。内界のドラゴンに立ち向かう勇気があれば、最終的には、機知と自己鍛錬とスキルで外界のドラゴンに闘いを挑むようになる。

　世の中が時として過酷な場所になることを考えれば、闘いの代価は甚大なものになりかねない。自分を抑えることはもちろん、闘いの場を選べるだけの強靱な精神を身につけることが重要だ。成熟した戦士、特に、自分のスキルに自信を持っている戦士は、問題が起こるたびに闘いを挑むのではなく、慎重に闘いの場を選んでいる。戦士は、目標を設定して、それを達成するための戦略を練る。そうする過程で、自分が遭遇しそうな障害や難題と、それを乗り越えるための方法を突きとめる。さらには、目標の達成を邪魔しそうな対抗勢力を特定する。レベルの低い戦士は、この対抗勢力を敵として対象化し、あらゆる手段を講じて相手を打ち負かそうとするので、結果的に複雑な状況を単純化してしまう――実際の戦争では、自責の念を感じずに平気で相手を殺すことさえある。

レベルの高い戦士であれば、他人の支持を取り付けてから、目標を達成する方法を模索するはずだ。戦士は組織やコミュニティの力関係を理解しており、自分の大義のために軍に支援してもらう方法も知っている。必要なだけの支援を取り付けたとわかるまでは、決定的な投票や決議を避ける方法もわきまえている。実際の闘いはあくまでも最後の手段であり、決定に至るまではそれ以外の選択肢を慎重に吟味する――つまり、対抗勢力との衝突を避ける、対抗勢力を混乱させる、思い通りの反応に誘導する、不意をつく、相手の軍に潜入する、相手を転向させるといった選択肢だ。さらには、敗北を認めてそこから教訓を得るタイミングと方法もわきまえている。

戦士にとっての課題とは、闘いに固執せずに目標を達成することだ。レベルの高い戦士であれば、一時的な撤退の時機を選ぶことができる。戦略を立て直し、自分たちのエネルギーの動員と再編成を行ない、準備が整うまでは次の行動は起こさない。たとえば、大義のために職場で闘っていた女性が、最終的には勤め先の病院を辞める決断を下したとしよう。戦士になるには職場にとどまって闘い続けるほうがいいように思えるかもしれないが、彼女には、このままでは真の目標は達成できないとわかっていた。職場を去るほうが目標そのものを達成するチャンスは大きくなり、勇気を証明したことで自分を納得させることもできたので、それ以上闘い続ける必要がなくなったのだ。

現実には、誰よりもスキルの高い戦士というものは、少しも戦士らしく見えないものなのかもしれない。舞台

戦士のレベル

影	無慈悲、理念を持たず勝利に執着する、相手を征服するためにパワーを使う、自分と異なるものを無条件に脅威とみなす
覚醒を促す声《コール》	大きな難題や障害
レベル1	自分や他人のために闘って勝利を収めるか優位に立つ（限度は設けない）
レベル2	自分や他人のために理念をもって闘う。ルールを守って正々堂々と闘いや競争に挑む。利他的な目的を持つ
レベル3	率直な自己主張。（個人的利益のためだけでなく）本当に大切なもののために闘いや競争を行なう。暴力をほとんど（あるいは、まったく）必要としない。「双方が勝者となる」解決策を好む。堂々と闘いを宣言する。コミュニケーションを活発にして、誠実にふるまう

裏で繰り広げられる機知の応酬をのぞけば、闘いと呼べるようなことは起こらないからだ。より高いレベルに到達した戦士は、流血を避けるだけでなく、当事者全員の面目を保ったまま勝利にこぎつける。つまり、全員が公正な扱いを受けていると感じなければ平和は保たれないということだ。

レベルの高い戦士とは、強靱な精神、人間や状況を評価する知的能力を讃えられる存在であり、だからこそ、闘いが必要であれば立ち上がり、歩み寄りが可能であれば独創的な解決策を模索することができる。戦争よりは平和のほうが好ましいと思うことはあっても、いざとなれば臆したりはしない。それどころか、発展途上にいる戦士は、優れた判断力があれば争いが避けられるような状況でも、嬉々として闘いに赴く傾向がある。

思想家や学習者と同じように、戦士は、他人に異議を唱えながら自身のアイデアを具体化させ、他人のアイデアを「まちがっている」（時には、〝危険なまでに〟犯罪的にまちがっている）「不適当」「説得力がない」「子供じみている」「支持者がいない」という理由で信用したがらない。このプロセスは、初めのうちは、私たちの中にいる戦士に自分が「正しく」て他人が「まちがっている」ことを証明しようという考えを抱かせて、それと共に、自分のほうが優れているという仮定がもたらされる[3]。

戦士が最も快適だと感じるのは、何が正しいのかが単純明快で、正しい行ないや人間を容易に見極められる世界にいる時だ。ところが、現代の世の中はそれほど単純な場所ではない。現代社会で戦士を活性化させるには、道徳的に複雑で曖昧な世の中で統合性《インテグリティ》をもつことが必要だ。

現代社会が求めているのは、絶対的な悪や善の基準が存在しない状況で決断を下し、その決断に基づいた作業に献身できる戦士だ。そこから先は、「正しい考え方、正しい行ないとは何だろう?」に加えて、「自分にとっては何が正しいのだろう?」という自問が始まり（その後は、「みんなにとっては何が正しいのだろう?」という問いでバランスを取るようになり）、最終的には「関係者全員にとっての最高の選択とは何だろう?」という問いを抱くようになる。

このような状況では、「人はそれぞれの視点から世の中を眺めている」「真実の前には敵も味方も存在しない」という正しい認識が助けとなって、意思決定や紛争解決を行なう戦士は、「片方が勝者となる」から「双方が勝者となる」モデルへ移行することができる。〈私〉が「正しくて」、〈私〉と〈あなた〉の意見がちがう場合は、〈あなた〉が「まちがって」いなければならない。だが、〈私〉と〈あなた〉がそれぞれに「自分にとって正しいこと」を考えて行動に移しているのなら、たとえお互いの思考や行動の間に大きな隔たりがあったとしても、そこに対立が生まれるとは限らない。

にもかかわらず、善意の戦士のほとんどが、文化的な相対主義に何らかの制限を（犯罪行為や、あからさまな反倫理的行為で）加えてしまう。戦士の任務とは、王国に損害を与えて弱体化させようとする内外の勢力を阻止することにあるからだ。高いレベルに到達した戦士であれば、両者のちがいを尊重しなくてはならない状況と、力による迅速な是正が求められる状況との間で、うまくバランスを取っていこうと考える。

基本的な闘い方についても、戦士の成長レベルに応じたちがいがある。レベル1の戦士は野戦の戦闘員だ。手段を選ばない闘い方で、目標は、相手を（内界の敵も外界の敵も）ただ倒すのではなく息の根を止めること。敵は正真正銘の悪であり、人間ですらないとみなすこともある。戦士が教養と洗練を身につけるにつれて、闘い方はフェアプレーの理念とルールに則るようになり、致命的な損害を与えずに敵に勝つことを求めるようになる。宗教の世界では、異教徒を殺さずに改宗させるという動きがこれに当たる。

レベル3では、戦士の関心は、もっと広範囲の社会の利益につながる目標を達成するという一点に集約される。多くの場合、戦士が自我の力だけで設定した目標は、他者との競争を経て達成されるものになりがちだ。ユングが言っているように、自我は他者との対比によって自らを証明しようとするからだ。そうなれば、自分自身の目的を叶えて、自分とは異なる見解をもった人々に勝ちたいと思うようになってしまう。

最終的に、意志の隅々にまで魂が浸透して、戦士がその人の魂の声に従うようになると、個人の達成目標と大勢の幸福に寄与するものとが対立しない場面が増えていく。相手が敵であろうと（あるいは、敵であるからこそ）、その人の言葉に耳を傾けて何かを学ぶことができるようになれば、ますますその傾向は強まるだろう。偉大な戦士が最後に学ぶ教訓とは、その時点で自分たちが提供できるものを与えなくては、真の勝利を収めることはできないということだ。

それができれば、全員が勝者となる。だからこそ、最高レベルに到達した戦士は、全員が心の奥底で充足感と喜びを味わえるような目標を達成すれば一人ひとりが利益を得ることを認識した上で、「双方が勝者となる」解決策を模索する。

私たちの中にいる戦士は、私たちの文化が、社会や自然界に害を及ぼす行為に侵害されないように守ってくれている。熱帯雨林が激減したり、酸性雨が増えたり、薬物が蔓延したりするのは、内なる戦士が集団的な利益のために機能していないからだ。私たちが自制心をなくして自己破壊的な行動様式を抑制できない時は、内なる戦士が正常に機能していないことになる。

一人ひとりの戦士が、自己の利益にとらわれずに、子供たち全員の安全と公共の利益を守るようになると、ようやく世の中がうまくまわりはじめる。言うまでもないことだが、内なる戦士にも個人的な嗜好がある。環境問題が一番の気がかりだという戦士もいれば、飢餓や住宅問題、規範や道徳観の維持、正義に関心を持っている戦士もいる。

他人を守ることができない戦士がいる一方で、利己主義を警戒するように教えられてきた戦士は、自分のために闘うことができないおそれがある。健全で成熟した戦士は、螺旋の道を広げながら、保護を必要とするものの所在地を特定する能力を育んでいく。初めに自己を守ってから、愛する者、同じ社会の人々と対象を広げ、最後に地球を守るという順番だ。

チベット仏教の指導者チョギャム・トゥルンパ（一九三九～八七年）は次のように語っている。「勇者（戦士の道）の本質、もしくは、勇敢な行為の本質とは、どのような人間も物も見捨てまいとする断固とした姿勢である」最高レベルに到達した戦士には「私たちには世の中を破滅から救うことができる」という自覚があり、その上で「啓蒙された社会」を築くことができると認識している。(4) だが、そのためには、勇気だけでなく思いやりの心も必要だ——それが、次に取りあげるテーマでもある。

EXERCISES　エクササイズ

あなたの人生において、戦士が、いつ、どこで、どうやって、どの程度現れているかを考えてみよう。

❶戦士が現れるのは多いほうだろうか？　それとも少ないほうだろうか？　昔と今とだったら、どちらが現れる機会が多いだろう？　今後は今よりも表面に出てくる機会が増えるだろうか？　次の中で現れる頻度が高いのはいつだろう？　職場にいる時、自宅にいる時、友人と一緒にいる時、夢や幻想の中。

❷友人、身内、同僚といった人々の中で、戦士のアーキタイプに影響を受けていると思われる人は誰だろう？

❸戦士の現れについて、あなたが望むものと違っているところはあるだろうか？

❹それぞれのアーキタイプは異なったやり方で現れるので、じっくりと時間をかけて、あなたの人生で現れている戦士や、現れる可能性がある戦士を、文字や映像で（たとえば、絵を描く、コラージュをつくる、特別な服装やポーズで映っているあなたの写真を使う）描いてみよう。どんなふうに見えるだろう？　どんなふうにふるまっているだろうか？　最もくつろいでいるように見えるのは、どのような状況の時だろう？

DAYDREAMS　空想の世界

是非とも手に入れたいと思うような、大きな価値を持つものを思い浮かべてみよう。物や人でもかまわないし、名誉や地位、社会の不正が正されるといったような、自分が強く惹かれるものでもかまわない。欲しい物を手に入れるための運動を開始して、掻き集められるだけの武器を使っている自分の姿を想像してみよう。あなたの武器は銃や戦車や手榴弾かもしれないし、言葉や、政治的な影響力の行使、相手に罪悪感を抱かせるテクニックかもしれない。どのような手段にせよ、必要なだけの時間と労力を費やして目標達成のために闘い続ける自分の姿を想像してみよう。そのような無制限の闘いに抵抗を感じる場合は、これは現実ではなくてただの空想なのだと自分に言い聞かせること。見事に目標を達成したら、じっくりと成功を味わい、自分が抱くはずの感情を検証してみよう。

第9章 援助者

The Caregiver

HMIの得点
（援助者）

点

12アーキタイプ中、上から

番目

援助者の理想的な姿は、ケアの心を持った完璧な親だ——子供をつくる力を持ち、愛情深く、子供の才能と好奇心を見抜いてそれを育ててあげようと気を配り、新しい命に愛情を捧げるあまり、いざとなれば子供のために命まで投げ出しかねないからだ。この理想像は、子供の成長過程に応じて姿を変える。相手が赤ん坊であれば、援助者は子供のあらゆる要求に応えようとする。だが、子供が成長すると、物事への取り組み方を学び、世の中の仕組みが理解できるように導いていく。段階を踏みながら、自分のことは自分でできる子供になってもらうためだ。

その後の成長を支えていくのも、親と同様の役割を果たす援助者たちだ。たとえば、教師や心理療法士《セラピスト》、重篤な患者の世話をする看護師、経験の浅い従業員に仕事を教える上司、弟子を指導する師《メンター》といった人々だ。援助者は、学びや癒しの場面で全面的な責任を負うことによって旅を始めるのだが、相手が経験を積んでたくましく成長するにつれて両者の関係に変化が起こり、最終的には、生徒やクライアントや患者や従業員や弟子たちが自力で活動できるようになる。

充分な成長を遂げた戦士を抱えている援助者であれば、行動——子供の行動や、組織の行動、あるいは、社会での行動——について、相手にふさわしい限界と境界線を設定することができる。この境界線のおかげで、集団や個人の生命を育んでいく器《うつわ》の境目が明確にされて、安心感がもたらされる。ただし、境界線を設定する際には、

アーキタイプ——援助者	
目指すもの	人を助ける、 愛と犠牲を通じて影響を及ぼす
恐れるもの	自己中心的な態度、恩知らずな態度
ドラゴン／問題への対処	ドラゴンや、ドラゴンが傷つけた者の 世話をする
課題	誰も傷つけずに与える
ギフト（特別な才）	憐れみの心、寛容な心

人々を養って成長と発達を促す状況づくりを行なう時ほどのエネルギーは発揮しない。

援助者は、人々が「自分には居場所がある」「自分には価値がある」「自分は大切にされている」と感じられるように力を貸し、個人と地域団体との関係を深めるような形でコミュニティをつくりあげる。援助者は、人々が安心してくつろげるような雰囲気と環境を創りあげるアーキタイプなのだ。[1]

生命の樹

援助者のシンボルの一つである生命の樹は、常に私たちを養って命を支えてくれる存在だ。この古代のシンボルは豊穣を——一人ひとりに行き渡るだけの豊かなものが存在することを——表している。母なる大地が私たちに必要なものを与えてくれるからだ。これと類似する古代のシンボルが、たくさんの乳房をもった女神の立像だ。乳がたっぷりあるのは誰の目にも明らかなので、心配しなくても大丈夫だという安心感がもたらされる。

ユダヤ教の神秘主義思想『カバラ』には、生命の樹は霊《スピリチュアル》的な支えを象徴化したものであり、人々が受け取る慈しみと「糧」は、パンではなく「知恵」だとされている。このような考え方は、エデンの園に植えられていた生命の樹を連想させるものだが、聖書ではこの役割を担うのは善悪を知る知恵の樹とされている。アダムとイブは、無知よりも知恵を選んだ〝幸運な転落〟をきっかけに、人生をありのままの形で享受することになった。つまり、喜びと苦しみの両方が含まれている人生だ。仏陀が悟りを得た場所も菩提樹の下とされている。時が流れると、生命の樹は十字架となって表れる。これは、多くの援助者たちに備わっている殉教者の資質を意味するものだ。イエス・キリストは木に磔《はりつけ》にされて――そして、実際にその木の一部となって――自らを犠牲にすることで人々の命を救ったのだ。

援助者が登場する神話は、人に与え、場合によっては自分を犠牲にするという資質を変容させた物語だ。第一には、私たちが宇宙の中で愛情と思いやりを与えられていることを知り、第二には、人を慈しんで与えるという普遍的な責任を分かち合うことについて、つまり、木から恵みを与えてもらうだけでなく自分も木になるということについて教えてくれるものだ。

たくさんの乳房をもつ女神と、十字架に磔にされたイエス・キリストのイメージには、木になるための二つの様式が暗示されている。前者は、目立った犠牲を伴わない豊かさについて語っており、豊穣と喜びと満足感を伴う贈与にまつわるものだ。二つ目は、苦痛を伴うものの、与えられる者だけでなく与える者にも復活と変容をもたらす可能性をもつ犠牲と贈与にまつわるものだ[2]。

援助者は、自我《エゴ》の発達に関わるアーキタイプの中では最も崇高な存在だ。と同時に、自我への関心から魂《ソウル》への関心へと移り変わるきっかけを与えてくれるアーキタイプでもある。高いレベルに到達した援助者は、自分という人間や、自分が望むことを知っているが、自己の利益よりも他人を憐れむ気持ちのほうがはるかに強い。自分を尊重していないからではなく、他人を気遣うことこそが自分の価値を表現する最高の手段になるからだ。援助者に備わっている慈しみの心は、自衛本能よりもはるかに強力なのだ。

援助者は寛容のアーキタイプだ。レベルの高い心《プシケ》や文化で活性化していれば、その程度に応じて、私たち全員に豊穣と自由をもたらしてくれる。援助者（殉教者）の典型と言えるのが、イエス・キリスト、ガンジー、マーティン・ルーサー・キング、フローレンス・ナイチンゲール、マザー・テレサといった、民衆のために命を捧げた人々だ。進んで殉教者になった者もいれば、大義や使命を全うするために日々の暮らしを犠牲にした者もいる。そこには、大勢の模範的な親たちも含まれている。

援助者は、父親よりも母親と結びつけて考えられてきたが、肉親たる父親がスキルを備えた献身的な援助者となる例も珍しくない。援助者は、母性と父性を兼ね備え、思いやりとパワーの両方を与えてくれるアーキタイプだ。一人の人間が別の人間を気遣ったり成長を助けたりする場面には、必ず援助者の存在がある。内なる援助者を受け入れようとしない男性は、人生で出会うすべての女性に母性を求め、そのせいでいつまでたっても依存的な〝お母さん子〟から脱却できない傾向がある。そうした依存状態の埋め合わせとして極度の女性嫌いになることも多いのだが、これは、内なる戦士とつながることができない女性が、庇護を求めて依存している男性に憎しみを抱く可能性があるのと同じことなのだ。

影の援助者

援助者という完璧なイメージから連想されるような、清らかで細やかな無償の愛を与えることができるのは、純粋なアーキタイプだけだ（あのガンジーにも欠点はあった）。現実の暮らしでは、自分が成長しきっていない段階で援助者の役を割り当てられることも珍しくない。例を挙げてみよう。若い親の中には、自分自身の旅を経験していない段階や、親や仲間たちとは異なる純粋なアイデンティティを確立していない段階で、いきなり子供の世話に追われるようになってしまう人々が大勢いる。親や友人たちの価値観や、社会の一時的な流行や熱狂から生まれた感覚を自分のアイデンティティだと思い込むような人間が他人の面倒を見ようとすると、必ず、その人自身が傷を負うことになってしまう。

若い母親は特にこのカテゴリーに当てはまりやすい。気づいた時には子供の世話に追われていて、自分自身の境界線を広げたり、アイデンティティを確立したりする時間がなかったからだ。彼女たちは本質的には幼子である可能性があり、孤児は抑圧され、戦士はまったく成長していないといってもいい状態だ。援助者よりも幼子の要素が強い母親は、無意識のうちに子供に面倒を見てもらいたいと望んでいるはずで、その期待は次の世代にも影響を及ぼしていく。彼女たちの子供が、母親と一心同体の生活を送りながら、母親の機嫌を取ったり気を使ったりすることに神経を集中させてきたせいで、本当の自己《セルフ》を見つけるのに苦労することになるからだ。さらに、こうした若い母親たちは、子供の世話をするのに必要なスキルを備えていないことへの苛立ちから、子供の心や肉体を虐待するおそれがある。

その一方で、援助者に人生を支配されている女性は、他人の要求を満たすことに夢中になって、何かを頼まれた時に「ノー」と答える力を失っているおそれがある。それどころか、実際に援助を求められているかどうかに関わりなく、助けを求めている人間全員の要求に応えなくてはならないという思いに取り憑かれているかもしれない。実際、他人の世話をするという行為で孤児が活性化する感覚をごまかそうとしている人間が――男女を問わず――どれほど多いことだろう。だが、私たちが本当に必要としているのは、自分が気遣ってもらうことなのだ。

自分のアイデンティティを見つけていない若い父親は、罠に掛かって、援助者の道具としての役割――つまり、扶養者の役割――を押しつけられたように感じるかもしれない。これは、彼らの戦士が援助者に奉仕させられて罠に掛かったように感じているということだ。子供の面倒を見たくても具体的なやり方がわからない、という父親もいるだろう。母親が援助者の役割を一手に引き受けていたような家庭で育った場合はなおさらだ。若い男性の場合は、もっと人のために尽くす人間になりたいという憧れはあっても、自分にはふさわしくないという理由で背を向けてしまう可能性もある。〝雄々しいハンター〟になりたくて仕方がないのに、家族を養うためには退屈な仕事に耐えなくてはならないと感じているのかもしれない。中には、家族の元を去る、家長の特権を振りかざす、何の疑問も抱かずに家族を自分に隷属させる、といった方法で鬱憤を晴らそうとする男たちもいる。場合によっては家族を虐待することもある。

当然ながら、献身的な親であると同時に仕事でもキャリアを積んでいる人々が、家庭では援助者のアーキタイプを育み、職場では戦士のアーキタイプを育んでいることもあるだろう。そうすることによって、与える力と主張する力の両方を伸ばしていくことができるのだ。うまくいけば、この組み合わせによって自我《エゴ》に全体性《ホールネス》が生まれるかもしれない——力に憐れみの心が加わるからだ。しかし下手をすると、他人を気遣う活動と他人と競う活動を空しく交互にくりかえすだけで、精神的な発達が伴わないという可能性も考えられる。

健全とは言えないケアは、幼子と孤児の両方（もしくは、片方）が負っている傷が深すぎて、自我に関わるアーキタイプの成熟した姿を表現できていないことが原因だ。戦士や援助者の様態に長くとどまりすぎた場合も同じことが起こる。

あまりにも早い段階で援助者の様態に放り込まれたことに由来する問題は別として、援助者のアーキタイプは、他のすべてのアーキタイプがそうであるように、本質的にネガティブな一面を備えている。溺愛者もその一つであり、母と子の共生状態をいつまでも維持していたいと望む一面が表面化したものだ。事実、慈しみの行為は、元型的な母親と父親が生まれたばかりの若い自我を貪り食って自分のもとにとどめるための手段や、自分の自我の一部にするための手段とされてしまう場合がある。

援助者のエネルギーが呼び覚まされれば、そこには常に溺愛の可能性が潜んでおり、深い愛情で相手を受け入れる関係を育んできた人々が、二人の間の境界が消えはじめたことに気づいて不安を感じるのは珍しいことではない。相手に食べられてしまうという恐怖心はときには強烈なものになり、世話《ケア》が孤独や人恋しさを味わわないための手段とされている場合は、相手に癒えない傷を負わせてしまう危険性が非常に高くなる。自分の中にいる飢えた子供が、空腹を満たすために他人を食い尽くそうとするようなものだからだ。言うまでもないことだが、皮肉なのは、そうしたネガティブな援助者が、他人を貪り食っておきながら、援助者の役割を担うことで自分が貪り食われるような気分を味わっている点だろう。

男女を問わず、人は全体性《ホールネス》を実感するために他人を利用する生き物であり、本人には相手を利用しているという自覚はないものだ。例を挙げてみよう。自分の人生を犠牲にして、夫と子供のためだけに生きてきた母親は、家族の人生を自分のもののように感じてしまうことがある。こういう家庭では、夫や子供が、援助者がやってみたいと思っていることを実践するように誘導されたり、圧力をかけられたりしていることも珍しくない。援助者がそうやって偽りの人生を生きているからだ。好きな道に進むことをあきらめて援助者となった父親にも、子供を身代わりにして（妻を身代わりにする例はほとんどない）達成感を得ようとしたり、子供に同様の要求をして、自分が果たせなかった夢を実現させるか、自分の価値観や主義主張に黙って従うか（その価値観が〝正しい〟という名目で）のいずれかを選ばせようとしたりする傾向がある。

男女を問わず、人は往々にして、自分の不満を人間関係に持ち込んで、愛する人が空虚な心を満たしてくれるのではないかと期待するものだ。女性の場合は、「相手とすべてを共有したい」「すべての行動をともにしたい」という願望で自分の期待を表現し、母と子の原初的な共生関係を恋人との関係で再現しようとすることがある。さらには、相手の男性に父親の役割まで求めることがある。おそらくは経済的な支えを求めてのことなのだろうが、厄介事から守ってほしいと考えていることはまちがいない。こういう女性は、相手が自分の望み通りにふるまってくれないと動揺して泣き崩れ、援助者である男性は、彼女を安心させて養育するというやり方でこれに応える。

欲求を満たすために女性に頼ろうとする男性は、一方では、親密な関係、特に共に生きる関係を匂わせるものに怯える可能性がある。自分の自由は守ろうとするのに、女性に対しては常に自分を待っていてほしいと考えている。好きな時に行き来をして、性的な結びつきと自分が許容できる範囲での心の触れあいがあればいいと考えているのだが、女性がその求めに応じない場合は、彼女が後悔しているそぶりを見せるまでは、不機嫌な顔をして相手に背を向け、別れをほのめかす。極端な例になると、妻が働いたり、仕事に夢中になったり、女友達と外出したりすることを快く思わず、その時間帯が夜間になるとますます不満を募らせる。そういう男性たちは子供のようにふるまい、特に娘たちと似たような行動を取る可能性がある。

相手を貪る援助者のもう一つの姿は、苦しむ殉教者であり、「こんなに尽くしているのに、一度もそれに見合うお返しをしてもらったことがない」と感じている女性や男性がこれにあたる。通常は、人から受けとることを苦手としている人（おそらくは、「受けとる人よりも与える人のほうが幸いだ」という教えや、人から何かを受け取ったら負い目を感じるかもしれないという恐れが原因だ）、自尊心が低い人、戦士が充分に活性化していないせいで「ノー」と言えない人がこれにあたる。

いずれの場合も、苦しむ殉教者は、他人が罪悪感や義務感を抱くようにし向けて思い通りに事を進めることがある。最後には、殉教者と殉教者が自分を捧げている相手はそろって牢獄に閉じこめられてしまうのだが、そこは、全員が他人を喜ばせるために行動するのに、誰一人として自分が欲しいものや必要としているものを手に入れられない場所なのだ。

苦しむ殉教者は、初めに戦士の側面を育て、そうすることによってより直接的で正直な方法で自分の要求を満たしていく必要がある。苦しむ殉教者のそばにいる人々は、頼んでもいない犠牲的行為から恩恵を受けているという罪悪感で身動きが取れなっているはずなので、そこから脱して、自分自身の戦士を活性化させる能力を育んで限界と境界線を設定しなくてはならない。

男性にせよ女性にせよ、人には良くないこととわかっていながら他者を〝貪り食う〟傾向があり、それをやめるには、自分の中に他人だけでなく自分のことも気遣ってくれるような援助者を見つけなくてはならない。もっとも、人から充分な関心を払ってもらった経験がなければ（あるいは、過剰なまでの関心を払われてきた場合は）、人を気遣えと言われても途方に暮れるだけかもしれないが。

慈しんで導く力

人はそれぞれに、生涯を共にするインナー・チャイルドを抱えて生きている。自分の援助者を成長させずにいると、このインナー・チャイルドの養育と世話は常に他人任せになってしまう。援助者は、インナー・チャイルドの要求に注意を払い、その子が傷つけられたり無視されたりしないか目を光らせている。援助者は、インナー・チャイルドがどんな存在であろうとも無償の愛を注ぎ続ける。「お風呂に入って温まりなさい」「ココアをお飲みなさい」「面白い本を持ってベッドに入りなさい」といった言葉をかけたり、気晴らしになるような楽しい活動を提案したりする。助言を行ない、困難な状況にうまく対処して前回よりも軽い傷ですむような方法を見つけてくれることもある。

内なる援助者の流儀には、その人の親や、人生における親代わりの存在の行動パターンが反映されているものだ。動揺するたびに食べ物を与えられていた人は、突如として、牛乳やクッキーといった、親が子供をなだめる時に与えそうな食べ物が欲しくてたまらなくなるかもしれない。抱きしめてもらっていた人であれば、人のぬくもりを求めるかもしれない。養育はしてもらっても適切な助言をしてもらわなかった人は、新たなスキルではなくて〝心の慰め〟を求めるかもしれない。助言はしてもらったが慰めは与えられなかったという人は、物事への対処の仕方を改善することは得意でも、自分を慰める力が充分ではない可能性がある。

親から充分に世話《ケア》してもらえなかった人は、足りない分を補おうとしてマスメディアから世話のイメージを吸収する。たとえば、機能不全家庭で育った人間が世の中にあふれかえると、完璧主義者が「親とはこうあるべきだ」と唱える姿が理想像となってテレビや映画や小説の中に登場する。事態をさらに複雑にしているのが、テレビで目にする援助者のイメージの多くがコマーシャルに登場するものであり、それが購買意欲に結びついている点だ。人から気遣ってもらいたいという切実な願いが消費主義に帰着してしまうので、その欲求が一時的に影をひそめることはあっても解消されるまでには至らない。自分が、食べ物や品物やアルコールや金銭を渇望していることに気づいたら、自らが良い親になって自分を気遣ってあげる必要がある――つまり、そうした渇望の影に潜んでいる真の必要性を見つけ、根本的な原因を解消する方法に取り組むか（あるいは、取り組んだ上で）、力になってくれそうな人やものを見つけるということだ。

内なる援助者がそれほど有能でない場合は、外界に手本を求め、その人物を模範としながら行動することが重要だ。それだけでも、自分を気遣うという健全な感覚が呼び覚まされる。良い親というのは慰めを与えるだけの存在ではない。子供が自分の才能や能力を認知して育んでいけるように、教え導くことも必要だ。内なる援助者は、私たちが必要としていることを見抜いて、私たちの成長と発達を助けてくれる方法を見つける能力を伸ばしてくれる。

例を挙げてみよう。仕事をクビになって惨めな気持ちで帰宅すると、あなたの援助者がこう声をかけてくる。「大丈夫よ。熱いお風呂に入って体を休めたら？」。内なる戦士が健全であれば、境界線の監視に力を入れながら「気分が落ち着くまでは、おまえを責めたり動揺させたりしそうな相手には話すんじゃないぞ」と声をかけ、安心して話ができる相手を教えてくれるはずだ。だが、内なる戦士が心を病んでいると、すぐに闘いを仕掛けてきて、「おまえの力不足が原因だ（悪いのはおまえの方だ）」「いつかはこうなるとあれほど警告したじゃないか（おまえ自身から守ってやろうとしていたのに）」と責め立てる。

援助者が健全であれば、この時点で戦士に声をかけてくるだろう。「もうそのくらいでいいでしょう。この人のせいじゃないわ。あの手の上司の扱い方を知らなかっただけよ。明日になって気分が良くなれば、どうやってその方法を学べばいいのかわかるでしょう」。内なる援助者は、私たちを慰めるだけではなく、人生に投げかけられた試練や難題から何を学べばいいかを見極めることによって私たちの成長を促してくれるのだ。

慰めるだけで私たちを成長させてくれない援助者は、十二ステップ・プログラムのパンフレットで〝イネーブリング〟という言葉で紹介されている行為を実践しているのかもしれない。このパンフレットによれば、アルコールや薬物に依存している人のパートナーは、依存を容認するようなやり方で相手の世話をすることがあるそうだ──本質的には、事態の収拾をはかって後始末をすることしか考えていないため、依存症の人間が自分の依存状態に向き合わずにすんでしまうからだ。このような姿勢は、相手を依存状態に押しとどめる助けにしかならない。

そう考えると、子供を慰めるだけで過ちから何かを学ぶことができるように促さない親も、生きるためのスキルの向上を促して、結果的に過ちの回数が減るように導くという務めを怠っていることになる。だとしても、この務めは、戦士ではなく、疑いの余地がないほどの高い関心を示してくれる援助者が果たすことが重要なのだ。子供たちが、「攻撃されているのではなく、支えてもらっている」と実感できるからだ。

くりかえすが、援助者の多くはこの務めをうまくこなせないまま、（責める相手を見つけることに関心を持つ）戦士に後を任せたり、慰めの言葉をかけたりするだけで、ほとんどの問題に関わっている潜在的なスキル不足に言及することがない。援助者に求められるのは、発達段階に応じて内なる子供を養育することだ。たとえば、内なる子供が幼児の時には抱きしめたりあやしたりしてあげればいい。八歳になった子供には、じっくりと話を聞いて、何かが起こった時に考えたことや感じたことを理解できるように手を貸してあげる必要がある。十二歳の子供は、別の可能性についての中立的な意見を求めている。十六歳になれば、「お前ならうまく対処できる」という言葉を待っているものだ。

援助者のレベル

影	苦しむ殉教者、わが子を貪る父と母、“罪悪感を抱かせる”行為や、自責の念にかられた行為、イネーブリング（他人の依存癖、無責任な態度、自己中心主義を助長して扇動する行為）
覚醒を促す声《コール》	他人の世話を必要とする責務（たとえば、親としての責務）、他人の（あるいは自分自身の）窮乏や依存状態の認識
レベル1	自分の要求と他人の要求の狭間で葛藤する。他人の欲求や自分に求められているもののために、自分の欲求を犠牲にする傾向がある。救済活動
レベル2	他人を気遣う行為で自身を傷つけるのではなく豊かにすることができるように、自分自身を慈しむすべを学ぶ。“愛の鞭”の使い方を習得する。他人に尽くすのではなく、力を与える
レベル3	子供をつくる力。身内や友人たち以外の人々を慈しみ、彼らのために責任を負おうとする意欲。コミュニティの形成

他人を気遣う力があれば、自分の内なる子供、特に、この世には心から安心できる場所など存在しないと信じている孤児を慰めることができる。他人に愛情を持って接し、安全な場所を提供してあげるようにすれば、その分だけ、孤児もそのような場所が存在するかもしれないと考えるようになる。ただし、他人の世話ばかりで自分の世話をなおざりにしていると、孤児はこんな結論を出してしまうだろう。「なるほど、安全な場所は確かに存在するらしい——だが、自分のための場所ではないようだ」

いずれは、面倒を見ていた子供が私たちとのつながりを断って旅立ちの準備を進め、自力で飛び立っていく瞬間がやってくる。それは、感謝にあふれた清々しい旅立ちかもしれないし、もう何も教わることはないという非難に満ちた旅立ちかもしれない。後者の場合は、思春期の子供や弟子にとっては、相手との関係のネガティブな面をつながりを断つための推進力に代えるのはごく自然なことだと知っておくべきだろう。この時点で、自分自身が親や師《メンター》から分離した時の体験だけでなく、その逆の体験も再現されるのだ。

両方の立場を経験することで円が完成して、完全な経験がもたらされる。この経験を生かして、親や師《メンター》の元を離れたのは、ほとんどの場合は、彼らの能力不足ではなく自分の準備が整ったことが原因だったのだと認識できれば、内なる孤児が癒される機会も増えるだろう。

さまざまなケアの形

心の養育や導き以外にも、ケアにはさまざまな形がある。普段は目につかないような務めが多いのだが、〝目につかない〟のは、社会全体から当然のこととみなされやすいせいだ。人は、実行に移されていない時だけそれに気づく。家事に置き換えれば、食器洗いや洗濯、部屋の掃除や整理整頓、住まいを手入れが行き届いた状態に保っておくという作業に相当する。さらには、コミュニティのために家族の要求に気を配り、社会生活や親類縁者とのつながりを提供するということでもある。

組織においては、施設や社員食堂や託児所を整備する、従業員の健康や勤労意欲に注意を払う、従業員一人ひとりの暮らしに関心を持って配慮するといった、業務の達成や生産性だけにとらわれない取り組みを指している。社会全体という単位では、次のような取り組みが挙げられる。建物や公園や橋梁の保守管理。各種の組織、グループ同士やグループ内での交流関係の維持。若い世代の教育。児童、病人、身体的弱者、高齢者のケア。つまりは、世の中で最も弱い立場や最も不利な立場に置かれた人々が、忘れられたり見捨てられたりしないように関心を持つということだ。

こうした、家族や組織や社会全体における援助者の働きは、不当なまでに過小評価されがちだ。援助者の役割を担っている人々は充分な報酬を受け取っていないことが多く、努力を重ねても当然のこととしかみなされない。偉大な援助者の中には、人が嫌がるような仕事を引き受けている人々もいる。床を掃き、ポータブルトイレの処理をし、単調な書類仕事をこなしながら、組織内の雰囲気づくりや健全性の向上に一役買ってくれている。時には、雑用係や召使いのようにみなされることもある。それでもなお、彼らの貢献は計り知れないほど貴重なものだ。それどころか、世の中になくてはならない存在であり、彼らの力がなければさまざまな機関が崩壊してしまうだろう。

彼らは官僚でもあり、道化が嫌悪するような規則をつくって施行し、国の基盤設備が壊れ始めていること、つまり、橋や道路の修繕時期が来ていることを通告する。これまで創ってきたものの手入れをしてからでないと、新しい計画に取りかかることはできないと思い出させてくれる存在だ。

ケアは、肉体や、物理的な生存と安らぎを求める肉体の要求に関心を持つところから始まるものだ。そこから、感情や心の育成、人間同士の関係、動物や植物や組織同士の関係、地球そのものを大切に思う気持ちへと広がっていく。現代の文化ではこうした務めが尊重されるとは限らないため、実際には実行に移されないこともある。実行に移したとしても、みんなから感謝されたり、自分の貢献に見合うような報酬が手に入ったりするとは限らない。

少なくとも歴史上の今の時点では、ケアは人目につかない地味な作業であり、努力が報われないことや、正当な評価すらされないこともある。それでもそれなりの見返りはあるもので、気づいてくれる人はいなくても自分は大切な仕事をこなしているという思いから自尊心が芽生えることもある。謙虚に役割をこなす姿からは一種の気高さが感じられる。本人には何の見返りもなく、時には不利な立場に置かれることすらあるだろうが、自分が公正で親切で寛大な存在になれると知ることによって、かつては品性と呼ばれていたものが培われていくからだ。

螺旋の道を太くする

戦士がそうであるように、援助者も自分のもの——自分の子供、自分の計画、自分の所有物——だけを気にかけるという姿勢で第一歩を踏み出すことがある。それから、自分自身をケアするすべを身につけていく。成熟するにつれて、コミュニティで暮らしながら何らかのケアを提供できるようになる場合もあるが、すべての責任を引き受けるわけではない。極めて健全性が高い家族やグループや組織では、たいていは、そこに属している全員がそれぞれの責任を果たしているもので、一人ですべてをこなすような人間は存在しないものだ。「気にかけて欲しい」と訴える声は決してやむことはない。すべての声に応えることはできないので、できる範囲でシステムに貢献する必要がある。

ただし、ケアにはもう一歩上の段階がある。実際の活動は職場や生活の場を中心としたものになるだろうが、コミュニティ全体を気にかけて、他の人よりも幸運に恵まれていない人々の要求を満たしてあげる責任があると認識する力を育むことが大切なのだ。そうやって、関心の対象を広げる感覚を身につけていけば、ゆくゆくは自分が暮らす国を、最終的には地球全体を気にかけるようになるかもしれない。

このように高度な成長を遂げた援助者こそが、未来学者のヘイゼル・ヘンダーソンの言葉にあるように、私たちに「地球規模で考え《シンク・グローバリー》、地域規模で行動する《アクト・ローカリー》」ことを求め、地球全体を気にかけるように訴えかけてくる。私たちに必要なのは、人類と地球そのものの幸福に関心を持ちながら、自分の職場や生活の場でも、人類と地球をケアするという前提で行動することだ。

公共の利益のために犠牲を払うという行為が、自分をケアすることの代替行為になってはならない。援助者は、ケアとは自分に対するものから始まり、関心の対象を螺旋を描くように拡張させながら外に向かって威力を発揮するものだと知っておく必要がある。思いやりの対象は自分から家族へ、コミュニティへ、自分の国へ、地球へと広がっていくものなのだ。

援助者とアイデンティティ

幼子と孤児と戦士と援助者は、それぞれが、自分という人間を発見するための手助けをしてくれるアーキタイプだ。私たちは幼子の力を借りて自分の望みを知り、孤児から与えられた傷によって自分の成長の輪郭を明確にする。戦士は、目標と優先順位を設定して、それを守るために闘いを挑み、自分が選んだアイデンティティを確立しようと奮闘する。援助者は、犠牲を払うことによってそのアイデンティティに磨きをかけていく。私たちの中にいる援助者は、あらゆることを気遣い、責任と義務を背負い、必要とされた時にはいつでもその場にいたいと考えている。だが、実際にすべてを引き受けたり、すべての人の要求に応えることは不可能だ。援助者は、一つのもののために別のものをあきらめるという取捨選択をしなくてはならない。

生きていれば常に選択を迫られる。戦士が闘いを挑む相手に不自由しないように、世の中から思いやりを求める声がなくなることはない——それは、私たち自身の声であり、愛する人の声であり、組織や大義、苦境に陥った民衆の声でもある。私たちが男性神や女神であれば——そのアーキタイプの純粋な現れであれば——すべての声に応えることも可能だろう。だが、過ちや死を免れることのできない人間には無理な相談だ。だからこそ、選択をする。

レベル1の援助者は、取捨選択の責任は負いたくないと考えるかもしれない。一番大きな声で叫んでいる相手の世話をするだけだ。黙々と外界の要求に応え続けるうちに、疲労が貯まり、病気や疲労や意欲の消失といった症状が表れ、極度の落ち込みなどを理由にして「もうこれ以上は無理だ」と言えるようになる。この時の援助者は、自分の役割に骨まで貪り食われたように感じている。

レベル2に到達した援助者は、放置されていたインナー・チャイルドの面倒を見るだけで、他人の世話は拒むかもしれない。レベル3に到達した援助者は、家族、組織、コミュニティの世話人たちの輪に喜んで力を貸すものの、一人ですべてを背負うことはない。この段階では、意識的に対象を選ぶという気持ちが呼び覚まされているので、あそこではなくここに与えよう、あの人ではなくこの人の面倒を見よう、あの大義ではなくこちらの大義のほうが力を貸すだけの価値がある、と結論を下していく。

援助者から学ぶ大きな教訓とは、与えられるものを惜しみなく与え、それと同時に、正確な自己認識力を育んで自分の限界や優先順位を見定める力を身につけろというものだ。有意義な活動に貢献できる機会が巡ってきた時にも「ノー」と言える力が備わっているからこそ、最終的には、自我が魂と衝突するような要求をしてきた時にも援助者が「ノー」と答えてくれるようになる。

レベル4に到達した援助者は、ポジティブな殉教者になって、他人への愛のために喜んで自分の人生を差し出そうとする。ただし、民衆や大義や信念のために命を差し出すように求められるのは、イエス・キリストやガンジーのようなごく限られた人々だ。ほとんどの人々は、自分だけに備わっている力を世界のために発揮するように求められるだけだ。求めに応じれば、ほぼ確実に、死という運命を受け入れることを余儀なくされる。それを進んで受け入れた時に神秘の世界に入っていく準備が整うのだが、詳細は第三部に譲ることにする。

EXERCISES　エクササイズ

あなたの人生において、援助者が、いつ、どこで、どうやって、どの程度現れているかを考えてみよう。

❶援助者が現れるのは多いほうだろうか？　それとも少ないほうだろうか？　昔と今とだったら、どちらが現れる機会が多いだろう？　今後は今よりも表面に出てくる機会が増えるだろうか？　次の中で現れる頻度が高いのはいつだろう？　職場にいる時、自宅にいる時、友人と一緒にいる時、夢や幻想の中。

❷友人、身内、同僚といった人々の中で、援助者のアーキタイプに影響を受けていると思われる人は誰だろう？

❸援助者の現れについて、あなたが望むものと違っているところはあるだろうか？

❹それぞれのアーキタイプは異なったやり方で現れるので、じっくりと時間をかけて、あなたの人生で現れている援助者や、現れる可能性がある援助者を、文字や映像で（たとえば、絵を描く、コラージュをつくる、特別な服装やポーズで映っているあなたの写真を使う）描いてみよう。どんなふうに見えるだろう？　どんなふうにふるまっているだろうか？　最もくつろいでいるように見えるのは、どのような状況の時だろう？

DAYDREAMS　空想の世界

自分が、人と分かち合えるような無限の資源を持っていると仮定してみよう。たとえば、時間、財産、英知といったものだ。働く必要がないので、世界中を放浪して困った人を助けながら毎日を過ごしている。自分がどういう状況に遭遇して、どのような手助けを行ない、助けられた相手がどのような形で感謝を示すのか想像してみよう。

＊

空想の世界を広げて、自分にも限界があると気づいた場面を思い浮かべてほしい。あなたは、人に与えることによって自分が殉教者となってしまう場合や、相手にもできること、相手が自分ですべきことを押しつけられそうになった場合は、「ノー」と答えられるようになっている。続けて、あなたが慌てて救助に駆けつけなかったからこそ、元気に活躍している人々の姿を想像してみよう。最後には、自分自身を慈しんで養育している場面を想像してみてほしい。自分にも、他の人にするように優しくしてあげてほしい。

第三部

The Journey — Becoming Real

旅——本物の存在になるために

第10章

探求者

The Seeker

HMIの得点
（探求者）

点

12アーキタイプ中、上から

番目

探索とは憧れの気持ちから始まるものだ。私たちは満たされない思いに苦しんだり、閉塞感や疎外感やむなしさに苛まれたりする。自分に足りないものを何と呼べばいいのかわからないまま、その神秘的な何かを手に入れたいと願うこともある。シンデレラは王子が現れるのを待ち焦がれた。ピノキオの生みの親であるゼペットは、子供が欲しくてたまらなかった。テレマコスは、父であるオデッセウスを探しに旅に出る。王子は大いなる宝を探し求めた。

聖杯を探し求め、ビジョンを求めて山に登り、英知を求め、未踏の地を横断し、ありとあらゆる分野で誰も成し遂げていないことを達成しようとするのは、人間ならではの衝動のようだ。探求者は霊《スピリット》の呼び声《コール》に反応する――高みを目指せ、という呼び声に。

幸福を追い求めて

探求者が求めるのは、より良い未来を見つけること、もしくは、より完成度の高い世界を築くことだ。探求者の衝動は、ユダヤ教のセデルの祝祭〔過越《すぎこし》の祭りの期間中に行なわれる儀式。晩餐で『出エジプト記』を朗読する〕に唱えられる「来年もエルサレムで」という美しい唱和でも明らかであり、聖地パレスチナへの文字通りの移住を切望するという行動にも表れている。

アーキタイプ——探求者

目指すもの	より良い人生、もしくは、 より良い生き方の探索
恐れるもの	順応、罠にかかること
ドラゴン／問題への対処	放置、回避、意識の外に追いやる
課題	より深遠で重大な真実に忠実に生きる
ギフト（特別な才）	自律心、野望

機会の平等と成功への足掛かりを求めてアメリカ大陸に渡った人々も、これと似たような衝動に駆り立てられていた。この衝動は上や外へ向かうもので、目標は、心に描く理想郷の実現だ。二十世紀には、アメリカ第三十五代大統領ジョン・F・ケネディが、このエネルギーを活用して宇宙という未知の領域の探索を志し、機会の平等を目指した社会制度を可能にする〝新開地《ニューフロンティア》〟をつくりあげようとした。

完成された人間や、社会的公正を夢見る気持ちの陰には、必ず、完璧な世界という理想郷への憧れが潜んでいる。マーティン・ルーサー・キング・ジュニア（一九二九～六八年）は、あの有名な「私には夢がある」という演説で人々の胸にユートピア精神を吹き込み、山の頂に立って平等という夢を持ち帰ろうと呼びかけた。七十年代から八十年代にかけての女性運動、潜在能力回復運動、ニューエイジ運動は、いずれも、自由への希求や、機会と意識の拡大に訴えかけるものだった。

人は皆、未知のものの呼びかけに無関心ではいられない——もちろん、山の頂、辺境の地、宇宙という新開地、新しい社会というように、人によって思い浮かべるものはさまざまだろうし、照準を合わせているものにも、富（それがあれば、まったく新しい世界への扉が開かれてチャンスを手にすることができると信じている)、政治的自由、経済的機会、意識の拡大、悟りや涅槃《ニルヴァーナ》への到達といったちがいはあるだろう。ただ単に、今以上のものを手に入れたいという漠然とした憧れに突き動かされる人もいるかもしれない。

私たちは、転落を経験する以前の無垢な時代への憧れを抱いて旅を始める(それが、胎児や幼児だった頃の原初の人生とのつながりを指している場合もある)。人生における探索や懸命の努力のほとんどは、この欲求がきっかけとなっている。ただし、何を手に入れてもその思いが満たされることはない。愛も仕事も地位も、苦労の末に成し遂げたことも、私たちを探索へと誘って旅立たせることはできても、憧れの楽園をもたらしてくれることはないからだ。

だが、私たちが自分に正直になって、本物の自己《トゥルー・セルフ》を生み出せば、この切実な思いを満たすことができる。「自分には何かが欠けている」「結びつきを断たれている」「分断されている」という思いがあるからこそ、私たちは完全なものや結びつきに憧れる。その憧れは外界の楽園を手に入れたいという欲望に投影され、本当の問題は、自分の意識を自我《エゴ》の現実を超えたところまで広げることだと気づくまでは満たされないものなのだ[1]。私たちに必要なのは、自分が求めるものを内界で見つけることであり、それができなければ外界の楽園は永遠に見つからないだろう。そのためにも、英雄の人生を歩もうという呼び声《コール》に応えなくてはならない。

探索への誘い《コール》――境界線を超える

探索へと誘う声はあらゆる世代の耳に届くものだが、その声を一番はっきりと聞き取れるのは、思春期の終わりから青年期にかけての時期だろう。探検に――新しい土地や、新しいアイデアや、新しい体験の探索に――ふさわしい時期であり、世の中のことを学ぶのにふさわしい時期でもある。旅をして、物事を学び、実験を行なう時期なのだ。

幼い頃から健全な自我が育まれるような環境で育った若者は、胸を高鳴らせながら嬉々としてこの呼びかけ《コール》に応じることができる。喜びがあまりにも大きいせいで、新しい冒険を呼びかける声に興奮して、将来を不安に思う気持ちや、安全な場所を――パパやママの元や、学校を――離れたくないという気持ちが霞んでしまう場合もあるだろう。新しい冒険とは、大学進学、仕事、結婚、軍への入隊、旅といったものであり、未知の体験や、自分で選んだことを実行する機会を与えてくれるものはすべて該当すると言ってもいい。

歳月を経てから、「結婚したのは［軍に入ったのは／大学へ行ったのは］家を出たかったからだ」と、当時を振り返ることもあるかもしれない。だが、どんな理由があったにせよ、それがきっかけとなって自分の人生を生きるという壮大な冒険を始められたことに変わりはない。皮肉なのは、自我の視点からは理想的とは言い切れない選択も、魂《ソウル》を豊かに育む冒険になる点だ。

自我の発達が充分とは言えない若い探求者は、意気揚々と壮大な冒険に出かけるほどの勇気や自信は持ち合わせていないかもしれない。その経験は恐怖に満ちたものとなり、最初の一歩が、世界を巡る旅というよりも、障害物に怯えながらの移動と言ったほうがよさそうなものになることも考えられる。中には、『オズの魔法使い』のドロシーのように、孤児になったような気分で、偉大な魔法使いに家へ帰る方法を教えてもらうための旅に出る者もいる。

放浪の旅に出たいという思いは、成人期への移行期間と同じように、中年期にも強くこみあげてくるものだ。十代後半の若年期には、自分の本当の使命を教えてくれる呼びかけ《コール》や、真実の愛、腰を落ち着けてもいいと思えるような自分の居場所、自分を支えてくれる人生哲学を探そうとする。中年になると（それまでにも何度も起こっていた可能性はあるが）、ふたたび同じような疑問が表面化する。結婚をしていれば、こんな疑問が湧いてくる。「この相手と残りの人生を共にしたいのだろうか？」。満足していたはずの仕事や経歴に突然やりがいが見いだせなくなって、別の道を選ぼうかと考えるようになる。

自分が成し遂げてきたことについては、若い頃の憧れという観点から再評価が行なわれる。昔の野心を実現できたかどうかは別にして、ここでは、死という運命が待ち受けていることを前提とした野心の再定義が不可欠だ。以前よりも霊性《スピリチュアリティ》が重要視されるようになり、死という運命が単なる哲学的な問題というよりは個人的な問題として認識された時点で、哲学上の仮定にも再評価が必要になる。

中年期を迎えた大勢の人々と、若年期の少なからぬ人々は、呼びかけ《コール》を耳にしても、旅とは両立できない責任――子供の世話、仕事、ローンの支払い、親の介護といった責任――との折り合いをつけなくてはならない。冒険なんて夢物語にしか思えない、と感じる人もいるだろう。もう一度勉強したいと望んでいても、子供を大学へ通わせるために働かなくてはならないからだ。七つの海を航海したいのは山々だが、ローンの返済を終わらせるのが先決だ。

探索へと誘う声はさまざまな形で届けられる。その内容は常に同じで、もっと高いレベルで力を発揮しなさい、もっと意味と深みのある生き方を見つけなさい、あなたとあなたの周囲の環境が手を携えてつくりあげてきた社会的なペルソナの奥にいる本当の自分を見つけなさい、と呼びかけてくる。

時には、息苦しさやむなしさを感じている人が、必要に迫られて探索の旅を始めることもある。そういう場合は、現在の環境に疎外感や限界を感じるという形で呼びかけの声が届けられる。探求者は、適応と個性のどちらを優先させるべきかと思い悩む。そのままでは息苦しくてたまらないからだ。にもかかわらず、家族や仲間や職場や学校といった環境に対して、「みんなを喜ばせたい」「うまく適応したい」「要求を叶えたい」という気持ちは強く残っている。ほとんどの人が承知しているように、暗黙のルールを破った時の報復ほど凄まじいものはないからだ。

私たちは、権力者や同僚たちに気に入ってもらえるような形で旅を始め、経済的な成功や地位を確保したまま、家族や友人たちに喜んでもらえるように歩み続ける。だが、まわりに合わせて生きていると、いずれは、内側にいる本当の自分と、まわりから期待されている行動が嚙み合わなくなってくる。この齟齬《そご》は人間の成長になくてはならないものだ。周囲に〝溶け込んでいる〟かどうかは、他人とどれだけ似ているかという観点から定義される。逆に言えば、個性というものは、他人とどれだけ似ていないかという観点から定義される。ということは、周囲に適合していない部分こそが、私たちのアイデンティティ――私たちの自己《セルフ》――ということになる。

放浪の旅は、「あれをやってみよう」「これをやってみたい」という、どちらかといえば場当たり的な試みによって始まる。傍からは遵奉者にしか見えない場合でも、本人だけは、自分の中に他人《ひと》からは見えない個性の源泉があることを知っている例もある。また、反逆者として、現状に必ずといっていいほど異議を唱える例もある。こうした態度は通常、自己という独自の感覚を失わずにいるためには表立った主張を続けていくしかないという考え方の表れだ。どちらの例も、実際は環境にコントロールされてしまっている。

「この場で本心を口にしたり、本当にやりたいことをやってしまったら、仕事を［家族を／友人を］失ってしまうのではないだろうか?」――そんな疑問を抱いたことがある人は大勢いるはずだ。探求者の予備軍は、仕事や家族や友人たちからは得られないものに恋い焦がれながら、それを追い求めるのであれば仕事や家族や友人たちを手放さなくてはならないと信じ込んでいる。場合によってはそうなることも考えられる――少なくとも、一時的には。心を開いて成長を遂げるためには、慣れ親しんだ世の中や体験に別れを告げる必要があるからだ。だからといってそれに関わるコミュニティを二度と取り戻せないわけではないし、ましてや、コミュニティの人々を物理的に置き去りにしなくてはならないわけではない。自分なりの生き方や考え方を身につけるためには、感情的な距離を置く必要があるということだ。

多くの人々は、自覚がないまま別れの道を選択するものだ。私たちの中にいる探求者は孤立感によっていっそうの刺激を受ける。私たちは、配偶者や恋人に去られたり、仕事をクビになったり、組織に疑問を抱き始めたせいで「規則に従わないのなら出て行け」と言われたりすることがある。さもなければ、虐待や依存といった不健全な関係に恐れをなして、自分を守るために立ち去らなくてはならないと感じることもあるだろう。そうした状況では、戸惑いや、旅に出る準備が整っていないという思いがいっそう強くなるかもしれない。

自分が望むものよりも、望んでいないものが明確になることも珍しくない。それどころか、自分の魂に徹底的に尽くそうとする時期に突入することもある。この段階では、自分がいる場所を立ち去ることが人生最大のテーマになるかもしれない。新たな状況に遭遇するたびに、その経験が［人物が／仕事が］自分を満足させてくれるかどうかを見極めようとする。心を満たしてくれないものはその場に残し、再び（少なくとも気持ちの上では）旅を始めるのだ。

出エジプト

ユング派分析家のパール・ミンデルは、『出エジプト記』は呼びかけ《コール》に応じることをテーマにした神話だという解釈を行なっている。心理学的には、この場合の「エジプト」が既知の人生への隷属状態を意味しているというのだ。「ファラオ」は現状にとどまりたいという私たちの願望であり、「モーセ」は私たちの中で芽生えたばかりの英雄的な自己を指している。モーセの英雄的資質と懇願にも関わらず、ファラオがモーセの民を旅立たせまいとすると、神の介入によって数々の災いがもたらされる。ミンデルはこの成り行きを、状況が悪化したせいで、それまでの麻痺状態を脱して事態の深刻さに目覚めざるを得なくなった時機とみなしている。だが、実際にエジプトを脱出しても、求めている楽園や聖地がすぐに見つかるわけではない。それどころか、何年もいたずらに荒野をさまよい続け、エジプトに戻りたいと何度も願うことになる(2)。

そうやって荒野をさまよっている間も、揺らぐことのない心の支えを持ち続けていられる人間は幸せだ――それは仕事や人間関係かもしれないし、霊的修養の道かもしれない。たった一つの揺るぎない支えのおかげで、魂が求めるあらゆる変化を起こすことが容易になる。

この段階では、自我がいたはずの場所が空っぽになっていることに気づいて、自分が何をしたいのか見当もつかなくなることがある。そんな時にできる唯一のことが新しいことへの挑戦であり、あれこれと試していれば、何かが心の琴線に触れるものだ。学生であれば、何気なく受けた講義が好奇心に火をつけるかもしれない。愛や仕事を見つけたり、山に登るチャンスを手に入れる人もいるだろう。だが、喪失感があまりにも大きいと、ごく簡単なことも決められなくなり、朝食で食べるシリアルからテレビ番組に至るまで、誰かの思惑どおりのものを選んでいることに気づかないまま日々を送ることも珍しくない。

空想の世界に注意を向けてみれば、自分が求めているもののイメージが見つかるかもしれない。そのイメージは私たちの中にある。不毛の大地をさまよっている時は、自分はもっと大きな目的のために旅をしているという信念を持ち続け、恵み《マナ》は天からもたらされると知っておくことが不可欠だ。

そうはいっても、胸に抱く憧れは、魂《ソウル》のレベルでの自分という人間を知りたい、壮大な宇宙の一部になってみたい――媒介となるものが、真実の愛、偉大な仕事、究極の体験、個人的な変容、英知の獲得のいずれであろうとも――という心の飢えとつながっているものだ。年齢を重ねると――特に、体が衰えはじめると――自分の肉体を抜け出して、向こう側で待ち受けているはずの人生を試してみたいと願うようになるかもしれない。

冒険をしようという魂の呼びかけ《コール》には、いつ応えても遅すぎるということはない。さまざまな冒険が失敗に終わり、その中に病的な体験まで含まれていたとしても、それからようやく探していたものが見つかる例もあるからだ。

時には、本気になる手前で旅をやめてしまうこともあるが、実際には引き返そうとしても手遅れなのだ。そうなってしまった人間は、探求者ではなく、ただの放浪者にすぎない――心を閉ざし、親密な関係を恐れ、深く考えずに因襲を打ち破ろうとする。何にも依存せず、人とはちがった存在になり、ひたすら前に進み続ける。何かに深く関わることも、本物の絆を結ぶこともできない。結婚したとしても、心の奥では、自分の王子様やお姫様が現れるのを待っている。仕事に就いていても、これは〝本物の仕事〟じゃないと考えている。それどころか、楽園で暮らしたい、せめてもう少しましな生活はできないものかと切望しているせいで、人生そのものが空虚なものに思えてしまうのだ。

自分という人間や自分自身の旅に本気で取り組んでいない人間は大勢いる。本気で生きてみたいと思うのなら、放浪者として無為に過ごすのをやめて、純粋な気持ちで探求者を目指さなければならない。その時が来れば、探索の旅はそれまでとはちがう深みを帯びてくる。突如として、霊的な深みや本物の証《オーセンティシティ》を求めるようになり、自分に必要なのは単なる環境の変化――仲間や、仕事や、自分の居場所に関わる変化――ではなく、自分自身が変わることなのだと理解する。気軽に神の言葉を口にするようになるかどうかは別にして、この新しい探索が霊的探求の色合いを深めていく例もあるが、それも、深遠で永遠の意義を持ったものを探しているからこそ起こることなのだ。

最高のレベルに到達した探求者は、探し求めていた真実を発見する。現実の世界では、私たち一人ひとりが何らかの真実を発見した状態を指しており、そうやって私たち全員が探求者と託宣者の両方の役割を果たすことによって、自分の疑問や洞察を他人と分かち合えるようになる。

試練の道

境界線を越えて英雄の旅《ヒーローズ・ジャーニー》に出る決意を固めると、さまざまな試練が訪れて、充分な準備が整っているかどうかが――つまり、幼子、孤児、戦士、援助者の教訓をしっかりと学んだかどうかが――試される。幼子の無邪気な楽観主義と孤児の条件反射的な悲観主義とのバランスが取れるようになっていれば、したたかに立ちまわって、信頼すべき相手と信頼すべきでない相手を見分けることが可能になる。具体例としては、案内人と誘惑者の区別がつくようになるはずだ。旅の最中には、私たちを応援して道案内をしてくれる人間もいれば、行く手を遮ろうとする者も現れる。判断を誤ると、孤児の状態に後戻りさせられて、より優れた洞察力を身につけるまでは前に進めなくなってしまう。たとえば、どこへ行っても抑圧的な関係が築かれるというのなら、それがあなたに与えられた試練なのだ。じっくりと時間をかけて取り組んでほしい。

時には、難題やドラゴンに行く手を阻まれて、私たちの勇気が試されることもある。闘いに負けると、戦士のスキルに磨きがかかるまではくりかえしドラゴンと対峙することになるだろう。さらには、他人の役に立つことで援助者の高度なスキルを発揮する機会が巡ってくるはずだ。おとぎ話や神話の世界では、ドラゴンを倒せば財宝が手に入る。困っている人に手を差し伸べれば、身を守ることができる魔法の力が与えられる。たとえば、英雄が物乞いを助けると、「いざという時にはこれが役に立つだろう」と言って物乞いが魔法の道具を分けてくれるという展開だ。見た目があてにならないことを考えれば、手を差し伸べる時と黙ってやり過ごす時を見極めるのも重要なスキルと言える。自分の自我を満足させたいという――自尊心や、試練を〝乗り越えたい〟という――動機で行なわれる人助けは、裏目に出るものと相場が決まっている。人助けは、見返りなど考えずに、助けたいという思いから自然に生まれる行為でなくてはならないからだ。

霊的探求《スピリチュアル・シーキング》

程度の差はあるが、探索の旅はどのような形をとったものであろうと、本物の証《オーセンティシティ》と――自分の内界や、外界や、宇宙全体という広がりの中で――出会いたいという基本的な欲望に還元される。この切なる願いは、多くの人にとっては神を探し求めるという行動になって表れる。さまざまな時代や場所で、人々は聖なるものに名前を与えてきた。ネイティブ・アメリカンは、氏族の象徴であるトーテム・アニマル、母なる大地と父なる空、先祖たちに神性を見いだしてきた。ギリシア、ローマ、エジプトを始めとする多くの国々では、複数の男性神や女神を崇拝する多神教の文化が築かれていた。人類の歴史においては、男性の神性が強調された時代もあれば、聖なるものが女性の形をとっていた時代も——特に人類の歴史が始まった頃には——あった。ほとんどの霊的伝統において、「唯一神」や「神々」を讃える方法が見いだされていた。

現代のような、神を崇めない人々が大勢存在する時代というのは、人類が初めて体験するものだと思われるが、それでも、ほとんどの人々は自分にとっての聖なるものを持っている。中には、平和や正義のために働いている時に、聖なるものとの結びつきを感じるという人々もいる。創造活動の最中に神聖な気持ちになるという人もいる。森を散策している時や、家族の伝統行事などの最中に、心の奥に眠っていた真実が——心の真実が——表面に出てくる瞬間を楽しむという人もいる。深い敬意と本物の親密さを感じている相手と愛を交わしている最中に聖なるものを見いだす人もいれば、生命の誕生や死の訪れを見守っている最中に神聖な存在を感じる人もいる。いずれの場合も、自分が〝本物の《リアルな》〟存在になった時に感じる、正真正銘の真実の瞬間と結びついている。

崇高な言葉を使うにせよ、俗世の言葉を使うにせよ、私たちが自分自身を越えた確かなものを体験するまでは、内なる探求者を満足させることはできないだろう。私たちは探求者に駆り立てられるようにして、超個的《トランスパーソナル》体験へ向かっていく。必ずしも〝正しい道〟を見つける必要はない。そこにたどり着く道が見つかりさえすればいい。

キリスト教徒には、信者でもない人間から超個的な領域について学ぶことなどあり得ないと感じている人々が大勢いる。私が知っているユダヤ人は、ユダヤ教以外の——キリスト教に限らない——宗教における圧倒的神秘《ヌミノース》体験についても学ぼうとする広い心の持ち主だ。神の言葉を使わなければ、多くの人々がそれを体験することができるだろう。そういう人々には、ユング派心理学やトランスパーソナル心理学が役に立つ。女性の中には、「白人」で「男性」の「長老」として描かれる男性神よりも女神のほうがずっと受け入れやすいと感じている人々が大勢いる。

聖なるものを体験する方法は人によってさまざまなので、「肝心なのはそれを体験する機会ではなく、それを受け入れる能力なのだ」と結論づけるのが理にかなっているようだ。ネイティブ・アメリカンの信仰では、祖先との対話、動物や樹木や山との対話を通じて、圧倒的神秘《ヌミノース》を体験できることがある。ハワイでは、いまだに火山が女神ペレーとして敬われている。

一神教の伝統の中で育った西洋人には奇妙に思えるかもしれないが、こうした考え方は異端と呼ばれるようなものではない。ユダヤ教徒やキリスト教徒も、仏教徒やヒンドゥー教徒も、より霊的《スピリチュアル》な道を模索するヨガの修養者も、実質的にはすべての人間が、「神は愛であり、神はあらゆる場所に存在する」という考え方に同意するからだ。だからこそ、「人はあらゆる場所で神を見つけることができる」「神はあらゆるものを通じて私たちに語りかけてくる」という考えが生まれてくる。

探求者にとっての霊的な世界に、超越的な神という観念が含まれているとは限らない。だが、探求者が、尊いと感じるもの、神聖だと思うもの、日々の暮らしに精気を吹き込んでくれるものを定めるように求めていることはまちがいない。

聖杯の出現

内なる探求者とは物事の意義を追い求める人であり、聖杯伝説では、聖杯を探し求める騎士たちの姿に象徴されている。快適な暮らしや成功を手に入れたとしても、人生に重要な意義や価値を見いだせなければ、内なる探求者が心の安らぎを得ることはない。

壮大な聖杯伝説によって霊的探索という古代の真実が象徴化されたのは、十二世紀のことだった（詳しくは第四部を参照のこと）。アーサー王に仕える騎士たちは聖杯を見つけるという誓いを立てるが、ここで表現されているのは、ビジョンや悟りの探求だ。

クリスマスがそうであるように、聖杯伝説にもキリスト教徒と異教徒の象徴主義が融合されている。聖杯とは最後の晩餐に使用された杯であり、アリマタヤのヨセフの手に渡った後に、ヨセフがイエス・キリストの体から滴る血と汗を受けるのに使ったと伝えられている。そのようないきさつで、この杯は聖遺物とみなされるようになった。アーサー王の時代には、聖杯はキャメロットに出現して、集まった者たちに「彼らが好む食べ物と飲み物を」与えた。ある文献によると、これは「聖杯から得ることができる霊性の糧《かて》の象徴」だった。多くの騎士たちが聖杯のパワーを探し求めたが、それを見つけることができるのは純粋で善良な者だけだとされていた[3]。

内なる探求者は、宇宙の真実と人生の意義を見つけるためには手段を選ばないはずだ。その欲求があまりにも強いために、いざとなれば、大切にしている人間関係や苦労して手に入れたものを——家や仕事、友人や恋人を——犠牲にすることもいとわない。私たちが恐ろしいことや自分を貶めるようなことをしても、内なる探求者が探索に捧げる忠誠心には一点の曇りもない。何よりも深遠な意味を持つのは、聖杯の探索が、真の自己《トゥルー・セルフ》の探求を象徴している点だ。

ブライアン・クリーブは、聖杯が役に立つのは一人ひとりが死を迎える時だと言っている。「何も見えなくなる前に目に映る最後のものであり、永遠の命という贈り物を授けてくれるものだ[4]」。内なる探求者は、宇宙の究極の美しさを体験できるのであれば——文字通りの意味でも抽象的な意味でも——死もいとわないだろう。だが、ここでの論点は、肉体の死というよりは、古い自己のために命を捨てて、新しい自己を誕生させようとする意欲なのだ。

何よりも重要なのは、探索の旅をきっかけにして、神は私たちの中にいると実感することだ。この真実に気づいたからといって、私たちが「夢の国《ネバーランド》に旅立って二度と戻らないわけではない。自分の中に聖杯という贈り物を抱えて戻ってくることが私たちの義務であり、その時は、自らが杯となって、生きとし生けるものに再生をもたらし、過去の出来事を伝えていけるようになっているかもしれない。私たちは、人々が用いる聖杯となる。聖杯を見つけるというのは、聖杯になるということに他ならないからだ」[5]。つまりは、利己主義を捨てて、人類全体への愛に包まれながら生まれ変わるということだ。内なる探求者とは、自分のためだけではなく人類全体のために探索を続けようとする人間の一面を指している。

影の探求者

探求者の呼びかけに応えずにいると、その影の姿《シャドウ》と出会ってしまうおそれがある。影の探求者は、私たちに強迫観念を抱かせて、まわりから孤立して孤独を味わうような自立へと駆り立てようとする。その欲求が拒絶されると、今度は、肉体や心に何らかの症状を引き起こす形で働きかけてくる。ジェイムズ・ヒルマンが『魂の心理学』で雄弁に語っているように、私たちの病理化は神々の呼びかけの声なのだ[6]。

霊性《スピリチュアリティ》を高めたいという欲求は、薬物を使って〝ハイに〟なる、危険や興奮を味わってアドレナリンを分泌させる、何かに取り憑かれたような非情な野心を抱く、といった影の姿で表面に出てくることがある。通常は、世の中に対する野心――成功への階段を昇りたいという野心――となって表れるのだが、場合によっては、加減を知らない霊的野心となってしまうおそれがある。影の探求者にまつわる物語の中で最も恐ろしいのは、神の権力を奪おうとする無謀な試みに失敗して地獄に落とされたルシファーの物語ではないだろうか。「ルシファー」とは「光をもたらす者」という意味であり、より多くの光を求める彼の探索そのものが、いつの間にか外界の闇に放り込まれるきっかけをつくってしまう。それは、ルシファーが単なる上昇ではなく、他者の頂点に君臨したいと望んだことが原因だった。このように、影の探求者は時として高慢な姿で表面化するものなのだ。

多くの神話には、霊的野心は影の姿をとっていなくても危険なものだという警告が潜んでいる。探求者とは、自我から魂への移行を促すアーキタイプであり、自我の憧れだけが探索の旅の動機となることも珍しくない。例を挙げてみよう。プロメテウスは、神々の火を盗んだ罪で生きたまま肝臓を鳥についばまれるという罰を受けた。ダイダロスは、息子のイカロスに高いところまで飛んでいかないように警告するが、高慢な心のせいなのか、憧れを追い求める探求者の無謀さのせいなのか、イカロスは太陽の近くまで飛んでいく。そのせいで翼に塗ってあった蠟が溶けて、イカロスは真っ逆さまに海へ落ちていく。

ただし、ルシファーとイカロスの物語には探索の旅を思いとどまらせるようなメッセージがこめられているわけではない。ただ単に、思い上がった態度や高慢さを諫めているだけだ——スキルも資格もない者は高く飛びすぎてはいけない、ということだ。二人が罰せられたのは、高みへ昇ろうと試みたからではなく、思い上がった態度で自分の限界を見失ってしまったせいなのだ。

超越と死

限界を超えたいという願望はすべての憧れの原点であり、水や空気、食糧や温かさを求める人間の欲求と同じように不変のもののようだ。それどころか、超越を望む気持ちが強すぎて、そうした人間の基本的欲求がおろそかにされる例もあるほどだ。健康を顧みずに最高傑作を残そうとする偉大なアーティスト。断食や馬毛の毛衣に身を包むといった方法で、肉体を苛みながら霊に奉仕する偉大な神秘主義者。命や四肢を失う危険を冒してまでも最高峰を目指す登山家。怪我をものともせずに、前人未踏の記録を達成するために競技に参加するアスリート。英知を探し求めて図書館にこもっているせいで、血の気を失い、猫背になっていく研究者たち。

現代人の多くが体験する超越とは、その内容に関わらず、仕事を通じて体験できるものだ。好きな仕事に全身全霊で打ち込んでいると高揚感がもたらされる。ところが、さまざまな職業や、多くの専門職でほぼまちがいなく言えることだが、その状態があたりまえになってしまうと、より多くの時間を注ぎ込んで、肉体的、心理的、霊的な健康を損なってしまうおそれがある。

探求者のレベル

影	過度な野望、完全主義、自尊心、献身能力の欠如、一般的な中毒症状
覚醒を促す声《コール》	孤立、不満、空虚な心。チャンスの到来
レベル1	探索、放浪、実験、研究、新たな挑戦
レベル2	野心を抱く、成功への階段を昇る、自分の能力を最大限に発揮する
レベル3	霊的な探索、変容

現代のような実利主義の社会では、頂上を目指すべき山が、専門分野や職業上の成功であることも珍しくない。毛衣に身を包み、断食を始めとする苦行で体を苛みながら超越を果たそうとする修道士や修道女たちのように、現代人は、自分の健康と引き替えに成功という聖杯を手に入れることに何の疑問も抱いていない。世の中に蔓延する仕事中毒《ワーカホリック》が不幸で不健全なこととされているのに対し、仕事に対する意欲は健全なものとみなされ、大勢の人々が目的にかなう新たな方法を見つけて限界を超えていく。

もっと成功して裕福になって、人生の——物質的に満たされて、以前は考えられなかった個人の自由が保証されるような暮らしの——主導権を握りたいと望みながら、私たちは自らの健康と地球の健康を犠牲にしてしまっている。文化そのものが、探求者の影《シャドウ》に取り憑かれている状態だ。

探求者の奴隷になってしまうと、自分の肉体を傷つけ、誰よりも愛している相手に悲しい思いをさせ、慎重さを（ほぼ）完全にかなぐり捨てて、今よりも大きな存在になりたいという欲求を優先させるようになる。放浪の旅には、自分に理解できること、体験できること、自分がなれるものや行動に移せることについての境界線を拡張する行為も含まれている。言ってみれば、芽が出始めた種のように、勢いよく花を開いて新しい生命を生み出すための準備を整えるわけだ。と同時に、それは、以前の器が壊れるという意味でもある。人は飛躍的な進歩を遂げるたびにこれと同じ体験をするものであり、それは、死を迎える時も同様だ。

だが、探求者のアーキタイプと死とのつながりがポジティブな形で神話化される場合もある。詩人のアドリエンヌ・リッチ（一九二九〜二〇一二年）が書いた『エルヴィラ・シャタエフへの幻想（*Phantasia for Elvira Shatayev*）』という作品は、一九七四年八月にレーニン峰の嵐で命を落としたロシアの女性登山隊から着想を得たものだ。そこに描かれているのは、超越と死に同時に呼びかける声だ。峰の頂で迎えた死は悲劇的なものではない。それどころか、人生の最高点とみなされている。詩に登場する隊長のシャタエフは、何カ月もかけて登頂の準備をしてきたと語ってから、眼下に広がる世界が危険な場所に思えると言い、その理由を、地上の世界では人々がそれぞれの独房に閉じ込められているせいだと説明する。峰の頂きに立った時に、彼女たちは超越を成し遂げたのだ(7)。

人類と自然のコミュニティで自分という人間と自分の可能性を完全に理解できるのであれば、死という代償は大きなものではない。探求者の究極の目的は、超越を通して自己を充足させること――つまり、完全な自己になって、宇宙と一つになるということだ。

東洋の宗教の中には、霊的実践の目的を、「肉体と自我を超越して、結果的に神と融合すること」と定めたものがある。本質的には、個々の自我や自己といった感覚を捨てて、一体感《ワンネス》という海に沈んでいくという意味である。これは、「不死の世界に到達して永遠に神と過ごす」というキリスト教の目的と似通っている。これが霊《スピリット》の目指す場所なのだ。

そうなれば、病気にならなくてもアーキタイプのポジティブな姿で死とつながることができるようになり、実質的にはどのような状態でもつながることが可能になる。探索の旅は霊の呼び声であり、その声は、「復活と変容を体験しよう」「古い自分を捨てて新しい自分に生まれ変わろう」と呼びかけてくる。こうして、探求者は旅のどこかの時点で通過儀礼を体験する。

通過儀礼《イニシエーション》へ至る道

毛虫から蝶への変容は、古くから、一つの種が別の種に変わったかと思うほどの極端な霊的変容のシンボルとされてきた。そこには、肉体［自我］のレベルでの人生の終わりと、霊が吹き込まれた人生の再生が象徴されている。

現代では大勢の人々が、自分たちの欲求を学問、運動、職業といったさまざまな分野での達成に向かうように導いている。しかも、初期の欲求はとてもポジティブで健全なものだ。まさに、思春期から十代後半にかけての若者がとるべき行動と言えるだろう。何かを達成することはもちろんだが、若者には旅に出たり世の中を探索したりすることも必要だ。探求者のアーキタイプはこうして自我の発達に役立っている。だが、私たちが成長と成熟を遂げれば、いずれは、もっと深遠で、霊性がより明確に打ち出された探求者と再会する日がやってくる。この段階に到達した時の霊の呼びかけが、自己を超越して宇宙との一体感《ワンネス》を体験する能力を求めるものなのだ。その体験によって、霊的な存在に生まれ変わるための力がもたらされる。

このような変容を可能にするには、積極的な探索以上のものが求められる。真の変容を起こすためには、過去の自分に別れを告げなくてはならない。そういうわけで、次章では破壊者のアーキタイプと、破壊者がどのようにして魂の王国への通過儀礼《イニシエーション》に着手するかについて詳しく述べようと思う。

EXERCISES　エクササイズ

あなたの人生において、探求者が、いつ、どこで、どうやって、どの程度現れているかを考えてみよう。

❶探求者が現れるのは多いほうだろうか？　それとも少ないほうだろうか？　昔と今とだったら、どちらが現れる機会が多いだろう？　今後は今よりも表面に出てくる機会が増えるだろうか？　次の中で現れる頻度が高いのはいつだろう？　職場にいる時、自宅にいる時、友人と一緒にいる時、夢や幻想の中。

❷友人、身内、同僚といった人々の中で、探求者のアーキタイプに影響を受けていると思われる人は誰だろう？

❸探求者の現れについて、あなたが望むものと違っているところはあるだろうか？

❹それぞれのアーキタイプは異なったやり方で現れるので、じっくりと時間をかけて、あなたの人生で現れている探求者や、現れる可能性がある探求者を、文字や映像で（たとえば、絵を描く、コラージュをつくる、特別な服装やポーズで映っているあなたの写真を使う）描いてみよう。どんなふうに見えるだろう？　どんなふうにふるまっているだろうか？　最もくつろいでいるように見えるのは、どのような状況の時だろう？

DAYDREAMS　空想の世界

今いる草原よりもいい場所だと思えるような、より青々とした草原を思い浮かべてみよう。それは、今とはちがう居場所かもしれないし、今とはちがう仕事や職場、今とはちがうパートナー、今とはちがうライフスタイルかもしれない。次に、その空想を現実のものにするにはどのような変化を起こせばいいのか想像してみよう。あなたは、その変容を喜んで受け入れたいと思うだろうか?

第11章 破壊者 The Destroyer

HMIの得点（破壊者）
点
12アーキタイプ中、上から
番目

日頃からさまざまな手段を——食べ物、買い物、テレビ番組、アルコール、薬物といったものを——麻酔代わりにして日々をやり過ごそうとしていると、恐怖を感じなければ目が覚めなくなってしまう。人は遅かれ早かれ、喪失感や恐怖や痛みによって、通過儀礼《イニシエーション》体験へ導かれるものだ。探索は活発に続けられている。だからこそ、私たちは自分でその体験を選んだ気になっている。だが、通過儀礼のほうが私たちを選ぶのだ。破壊者が活性化すると、特にその傾向が強くなる。

子供や恋人や親の死に遭遇したり、死という運命を思い知らされたりすると、通過儀礼体験がいきなり眼前に迫ってくることがある[1]。無力感を味わった時や、自分が頼りにしてきたもの、目標にしてきたもの、築き上げようとしてきたものが水泡に帰したことに気づいた時にも同様のことが起こる。不正行為の被害者になることも考えられる。善良で、自分を律し、勤勉で、愛情豊かな人間として生きてきたのに、待っていたのは酷い仕打ちだったというわけだ。

死という運命や自分の限界に気づく上に、その背景には「生きる意味など初めから存在しない」という思いがあるのだから、ダブルパンチを食らうようなものだ。死に向かって生きていると気づくだけでもやりきれないのに、その事実を知った上で、自分の人生には意味がないと感じるのは耐え難いことだ。ところが、死を受け入れまいとするのではなく、死は避けられないものだと認めて自分の人生に意味を持たせることこそが、往々にして

アーキタイプ——破壊者

目指すもの	成長、変身
恐れるもの	停滞、もしくは、消滅。復活のない死
ドラゴン／問題への対処	破壊される。もしくは、破壊する
課題	自分を解き放って、他のものにゆだね、 死という運命を受け入れることを学ぶ
ギフト（特別な才）	謙虚さ、受容

このジレンマを解決する手段となる。

死は誰にでも訪れる。死後の世界を信じるかどうかは人それぞれだが、俗世での人生を生きて、その美しさを味わったり、人生に付随するさまざまな出来事に対処しなければならないという点ではちがいはない。人の命がはかないからこそ、私たちはその尊さに気づかされる。死を自覚するからこそ、成功や名声や富に過度の執着を抱かずにすんでいる。死に呼び戻されて、本当に大切なものを忘れるなと釘をさされるからだ。

死後の世界を信じようと信じまいと、死という現実を否定し続けていれば死に取り憑かれてしまう。フロイトは、人生では死の神タナトスがエロスに負けないほどの力を持っており、エロスと同じように、その存在を否定してはならないものだと理解していた。そんなことはないというのなら、考えてみてほしい。人はなぜ、体に悪いと知りながら煙草を吸ってしまうのだろう？　どうして、極度の緊張を強いられるような仕事を続けるのだろう？　どうして、虐待を受けるような関係を続けてしまうのだろう？　奇妙ではあるが、生活習慣やその人なりの自己破壊的行為によって、大勢の人々が無意識のうちに死を選んでいるのだ。

実際に死を免れる方法はない上に、私が知っているほとんどの人々にとっては、自己破壊的行為から完全に逃れる方法すら存在しない。依存性のある行為を厳しく咎《とが》める人々でさえ、たいていは、過度の飲食、不特定多数の相手との性行為、強欲といった、社会に許容されている悪習に溺れているものだ。どうやら、人類が破壊者と完全に縁を切ることは不可能なようだ。そうなると、誰が、誰によって破壊されるのかが問題になってくる。

　科学者はエントロピーについて、無秩序と混乱が増大していく傾向は宇宙にとってはあたりまえのことだと説明する。生命は無秩序な宇宙に秩序を押しつける。つまり、エントロピーはこの秩序に逆らって作用するわけで、これは、男性神や女神を創造者であると同時に破壊者として崇める宗教で認知されている考え方だ。例を挙げてみよう。インドでは、女神のカーリー〔シヴァ神の妃デーヴィー神の邪悪な側面の一つとされている〕は死と破壊をもたらす神として崇められている。キリスト教では死と破壊のパワーを分離して悪魔に授け、崇めるというよりは抵抗すべき霊的な存在であり、場合によっては打破すべきものとみなしている。にもかかわらず、普通だったら邪悪とみなされるはずのもの――つまり、死や、破壊や、自己破壊――との交流を避けるのがこれほど難しいのは、魂《ソウル》が閾下《いきか》で死と契約を交わしているせいなのかもしれない。

死の否定

　意識して何かを否定すると、何であろうとそれに取り憑かれてしまう。人が死と交流する場面から目を背けてしまうと、無垢な状態に――本質的に自我《エゴ》を優先する立場に――しがみついて、魂を否定することになる。しかも、知らず知らずのうちに自分が否定するものの下僕になってしまうのだ。私たちが死と無秩序に取り憑かれるのは珍しいことではない。

　ほとんどの人間は、個人としても、社会の一員としても、活気と繁栄を促して世の中をもっと住みやすい場所にすることに専念したいと求めるものだ。だが、今の世の中は、幼児の死亡率が極めて高く、アルコールや薬物への依存が蔓延し、子供も大人も健康を脅かすほどの脂肪や砂糖やジャンクフードを摂取している状態だ。自分たちが汚染した空気を吸い、自分たちが汚染した水や食糧を摂取し、今もなお、核を始めとする有害廃棄物を、廃棄物中の有害物質よりも先に寿命が尽きそうな倉庫に保管している。死を否定する風潮が行き渡ったせいで、私たちは自分でも気づかないうちに、死の盟友になってしまったにちがいない。私たちの自我は神を善意の親のように思いたがる。その神は、私たちを慈しむのに充分な強さを備えているので、私たちは絶対に――何歳になっても――宇宙規模の援助者を失うことはないという考え方だ。これは、宗教や霊性にとっての重要な部分だ。その信念があるからこそ、私たちのインナー・チャイルドは安心して大きくなることができるからだ。だが、そうやって子供っぽい態度を取っているうちに、聖なるものを人間の欲求を満たすための下僕としか見なさなくなってしまうおそれがある。

子供のままの自我は、神はさまざまな危険から自分を守ってくれるのだろうか、自分の望みどおりの安全を確保してくれるのだろうかと疑問を抱くものだ。だが、安全面を重視すると物事を否定する態度につながるのが常であり、時にはそれが精神の麻痺に行き着くこともある。

私たちの魂には、変容に欠かせない死への憧れが象徴化されている。だとしても、死と喪失の現実は神学上の難題を次々と提起するものだ。たとえば、アニー・ディラードは著書『ホーリー・ザ・ファーム（*Holy the Firm*）』の中で、神秘主義者の旅を、炎に引き寄せられる蛾に結びつけている。ディラードは、一匹の蛾が蠟燭の炎の中へ飛び込んでいく様子を眺めていた晩のことを書いている。それは、翅の全長が五センチ以上もある、金色の美しい雌の蛾だった。初めは腹部が蠟に張り付き、炎が全身を焼き払った。後には外殻だけが残されたが、炎はそれを芯の代わりにして燃え続けたという。ディラードは蛾が二時間にわたって燃え続けるのを眺めた後で、「彼女を吹き消した……（中略）……形状が変わることもなく、曲がったり反り返ったりもしなかった――内側が赤々と輝いているだけだったのだ。それはまるで、シルエットになった壁の隙間から炎をちらつかせている建物のようであり、空洞の聖人像のようであり、炎の照り返しを浴びながら神に召される乙女のようでもあった」

ディラードはさらに、事故で重度の火傷を負ったジュリー・ノリッチという愛らしい少女の物語を引き合いに出して、少女の悲劇と慈愛に満ちた神との折り合いをつけようとしている。ディラードは、神は「正気を失っている……神が何を愛しているのか見当もつかない」(2)と書いている。それでも、残酷な運命は常に人を待ち受けているという認識に対するディラードの反応は、神と縁を切ったり、「神は死んだ」と宣言したりすることではなく、あらゆるものに——自身が取り上げたような悲惨な体験も含めて——聖なるものが完全な形で存在すると確認することだった。

ディラードは、ジュリー・ノリッチは形成手術を受けて普通の生活を送れるようになるはずだと書いている。ディラードは、「あなたのために尼僧になりましょう」と空想の中のジュリーに語りかける。「すでにそうなっているのです」と。自我の意識にとっては自虐的ととられてもおかしくない発言だが、魂にはその意味がわかるはずだ。なぜなら、魂は、人生や神や自己《セルフ》を愛し、自我によって美化された人生だけではなく、ありのままの人生も愛したいと望んでいるからだ。

神秘の世界に入っていく際には、ほぼまちがいなく、恐れと向き合って、宇宙の究極の現実とは心地よいものでも整然としたものでもなく、人の力でコントロールできるものでもないと認識しておくことが必要だ。情熱に身を焦がすにせよ、生と死の神秘に触れるにせよ、その体験は自然のサイクルの一部であり、複雑で、深遠で、自我を脅かすという特徴を持っている。

私たち一人ひとりの中にいる破壊者は、死と結託して、死を愛する存在だ。現代の世の中で、魂を破壊して自我にまで死をもたらそうとするのは、この破壊者の影《シャドウ》の姿なのだ。破壊者は、私たちという人間を守るために、魂を攻撃することで自我を救おうとする。最後には、私たちの防御壁までも攻撃して、より深いところにいる自己と出会えるように扉を開けてくれるのだ。

苦悩の意味と役割

破壊者は変身の立役者ともいうべき存在だ。この役割だけを務めている時の破壊者は非常に温厚な存在に見えるので、私たちも穏やかな気持ちで宇宙からの基本的な恵みを享受できる。ところが、破壊者は、不条理で無意味としか思えないような方法で拳を振り下ろしてくることがある。

世の中には、宿業《カルマ》や輪廻を信じていれば痛みや不当な扱いの説明がつくという考えから、「現世での困難は前世で犯した罪の結果なのだから、真の意味の不公平などあり得ない」と断言する人々がいる。ジョン・サンフォードは著書『邪悪（*Evil*）』の中で、「ダッハウやアウシュヴィッツの恐怖をじっくりと考えてみれば……（中略）……人間の残虐性の犠牲になった人々が前世の行ないに対する相応の報いを受けたとほのめかすのは、人の心をもった者のすることとは思えない(3)」と異議を唱えている。

誰もが承知しているように、人の人生には、人間の感情から見た正義が通用しない場面がたくさんある。被害を受けるのが、栄養失調の赤ん坊や、虐待を受けている子供や、残酷な拷問の犠牲者であろうと、火山の噴火、地震、干ばつ、洪水、凶作といった〝神のみわざ〟とやらの犠牲者であろうと、不条理だという感覚は変わらない。このような体験に見られる宿命めいた正義とは、合理的なレベルではなく、宇宙の神秘というもっと深いレベルで見いだされるものだ。

破壊者が立ち去った後の虚無は、孤児が体験する遺棄よりも深刻で、人の気力を奪うものだ。破壊者は、充分なアイデンティティと物事に対処する力があると自信を持っている人々が人生の最盛期を迎えている最中に、その拳を振り下ろすことがある。不正行為を罰するためではない。それどころか、旧約聖書の『ヨブ記』には、

「このような不当な目に遭ういわれはない」と言いたくなるような災難の数々が詳しく述べられている。

ヨブは成功者だった——人々から慕われ、地位や財産も手に入れ、道徳的な人物でもあったのだ。豊かで、思いやりにあふれた善良な人物だったが、それでもすべてを——財産や子供や、名声までをも——奪われる。破壊者は見事なできばえのペルソナ（それが社会的な成功を意味しているかどうかは別にして）に攻撃を仕掛け、うまくいった場合は新しいものに通じる道をつくりだす。神秘主義者の中には、その破壊によって聖なるものへの道が開かれ、以前の暮らしを忍ばせるものとは無縁の生活を始めた者もいる。ヨブの場合は、すべてを失った後で社会的な仮面をつくりなおす機会に恵まれ、最終的には新しい富と子供たちを授かった。ヨブは、以前の暮らしに戻って、「いわれのない喪失感を味わったことも皮膚病に苦しめられたこともない」という顔をして生きたりはしなかった。神秘の世界との遭遇が、ヨブを永遠に変えてしまったからだ。

この物語では、大勢の人々がヨブの身に降りかかった悲劇を因果応報という観点から説明しようとする。何か悪いことをしたにちがいないと言い張る者もいれば、ヨブの妻のように、神も誤りを犯す、神を呪って死んだほうがいいとほのめかす者もいた。ここでは、神秘的な出来事は誰かの過ちによってもたらされるものではないと強調しておきたい。そんな因果関係が成り立つのなら、正解を見つけさえすれば、物事の結果をコントロールして死も痛みも不正も苦しみも排除できることになってしまう。死や苦しみの〝存在〟を人生の一部としてとらえ、人間がその現実を嫌悪するという事実を受け入れることができた時に、神秘の世界を体験した上で、自分にできる範囲で不公平や苦悩を軽減する方法を模索することが可能になるのだ。

神秘のサイクルは、原因の解明という観点（「誰を責めればいいのか？」）からはもちろん、実利的な観点（「何のために苦しむのか？」）に立った解釈も可能である。もしかすると、私たちはよりレベルの高い存在になるための通過儀礼《イニシエーション》として肉体を与えられ、愛や生命の誕生と死といった神秘を体験しているのかもしれない。だからこそ、意識下に潜む神性を使って、人の形をした神を独自の方法で表現する機会が与えられているのではないだろうか。

神の本質や魂の不滅についての言及は本書のテーマからはずれるのだが、切り裂かれるような痛みを感じる災難がどの程度の頻度で起こるものなのかを認識しておくことは不可欠だ。すぐに思い浮かぶのが、ホロコーストの生存者、機能不全家庭に育った人々（特に、子供の頃に性的虐待や暴力を体験した人々）、エイズ患者や、苦痛を伴う治療に耐えながら癌と闘い続ける人々、薬物乱用で人生のどん底を味わっている人々だ。他には、愛する子供や長年連れ添った配偶者を亡くした人々や、生活を支えてアイデンティティの感覚を与えてくれたキャリアを失ってしまった人々。さらには、若い頃は健康で活気に満ちていたのに歳を取ってからは病気や肉体の衰えに苦しんでいるという、ごく普通の人々の人生もあてはまるだろう。

自我は、成長する子供を守って、子供の神経では耐えられないような恐ろしい出来事を直視させまいとすることがある。つまり、育児放棄、肉体や精神を苛む虐待行為、レイプ、近親相姦といった経験を封印してしまうのだ。自我の発達とともに、そのような現実と向き合っても壊滅的なダメージを受けない段階まで成長すると、記憶が表面に浮かび上がってくる。人を打ちのめすような記憶は、実際に一時的な機能障害を招くおそれがある。心的外傷《トラウマ》が比較的軽いものであれば、心理療法によって容易に過去の体験を受け入れることができるはずだ。

外部から破壊がもたらされると、私たちは自分は無力だという思いに――運命の手から逃れることはできないという思いに――とらわれる。エイズや癌に罹患すると、自分の体や意志が死後の世界とつながったように感じ、さらには、「自分はただの無垢な犠牲者ではない。死や邪心や残虐性は自己の中に巣くっているのだ」と気づくようになる。自分の中に死が存在していると悟るのは、影《シャドウ》を実感する強烈な体験となる。

この体験によって力を発揮できなくなる者もいれば、変容の力を蓄える者もいる。時には、壁が崩れ落ちて狂気や冷笑主義《シニシズム》に屈することもある。だが、その体験に名前をつけることができれば、過去から解放されて未来に心を開くことができるのだ。たとえば、心理療法で子供の頃の心的外傷が軽減された人は、感情をなくして物事を否定し続ける状態から解放され、新しい人生と本物の証を手に入れることが可能になる。命を脅かすような病気に苦しんでいる人は、ほぼまちがいなく、自分に不必要なものには執着しなくなるはずだ。時には苦しみや痛みや病が引き金になって、恩寵という癒しの力への道が開かれることもある。多くの宗教が「自分たちの教えを信じなければ体験できない」と主張するかもしれないが、悟りや癒しは一つの宗教の専売特許ではないし、そもそも宗教だけが提供できるものですらない。特定の宗教の信者にならなければそのような恩寵や癒しは体験できないというのなら、十二ステップ・プログラムは何の役にも立たないはずだ。だが、現実には、そこかしこで、薬物やアルコールに依存する人々が自分の人生を〝高次のパワー〟にゆだねた段階で恩寵と癒しを体験している。それは、その人が高次のパワーとは何なのかをほとんど意識していない場合でも同じなのだ。

苦悩を体験すると、人は往々にして自我に愛着を持たなくなっていく。私たちは、健康、富、家庭、生きる姿勢、愛する人々に愛着を持つものだ。だが、時には、新しいものを受け入れるために古いものを手放さなくてはならない。嬉々としてそうすることもあれば、渋々そうすることもあるだろうし、自分の意志に反してそうすることもあるだろう。いずれにせよ、結果は変わらない。

献身的な愛が無力感や喪失感を伴う例も珍しくない。私たちは愛を捧げると同時に、それ以外の選択肢を手放して、可能性があふれた無限の世界から、死という運命を背負った有限の世界へ移っていく。そうなれば自由な存在ではいられなくなるだろう。私が尊敬していたある女性は、恋に落ちた相手がアルコール依存症であることを知った。その時から彼女の人生の大半は、自分は「アルコール依存症者の家族の会」に通い、恋人は「アルコール依存症更生会」に通うという、二人三脚の回復プログラムに費やされるようになった。努力を重ねて目標を達成するという人生を送ってきた彼女は、恋人の世話に時間と注意力を奪われたせいで、自分の野心をある程度まであきらめざるを得なくなる。知り合いのある男性は、結婚してすぐに、相手の女性が末期癌の宣告を受けるという事態に直面した。楽しみにしていた予定を次々とこなしていく代わりに、彼は妻と共に死に向かうプロセスを歩んでいったのだ。

このような状況に置かれると、人はその人なりの方法で無力感に対処する。中には、苦痛の中で身動きがとれないまま、死の後に訪れる復活の機会を逃してしまう人もいる。重要なのは、苦しみから生まれる嘆きや怒りを充分に感じ取ったら、少なくとも死後の世界の現実を理解できるようになるまではその感情を忘れることだ。ここでは、自分はすべてを掌握しているという安心感が得られるような信念が役に立ってくれるだろう。

伝統的な宗教では、「神はすべてを掌握し、私たちの最大の利益を考えてくださっている」と教えている。多くの人々は、私たちの一人ひとりが心のより深いレベルで（おそらくは魂のレベルで）自分の身に降りかかることを選んでいて、自分の成長と発展のために先を見越した選択をしているのだと信じている（意識や自我には、私たちがより困難な道を選ぼうとする理由は理解できないとしても）。どちらも、自我に支配の手を緩めさせ、支配力を失ったとしても何らかの善意の力が仕切っているから大丈夫だという考え方だ。このような信念を持っていれば、恐れや苦しみが軽減された状態で、神秘の世界を体験することが可能になる。

皮肉なことに、私たちがビジョンや霊《スピリット》や恩寵を体験する頻度は、私たちが味わう虚無感の程度に関連しているようだ。だからこそ、ほとんどの宗教が、世俗での（ペルソナの段階における）成功と霊の成功とでは求めるものが違うと考え、神秘主義者や禁欲主義者は、親密な関係や、所有物や、自尊心を手放してしまうのだ。破壊者と関連づけられる美徳とは、謙虚な姿勢である。

神話とその機能

英雄の旅《ヒーローズ・ジャーニー》には、世の中の癒しや改善のために犠牲を求め、自らも犠牲になるという積極的な意志が不可欠だ。イエス・キリストや、オシリスや、ディオニュソスは、人々が充実した人生を過ごせるように犠牲になった。こうした犠牲が必要とされるのには実にさまざまな理由がある。最大の恐怖に立ち向かうことで、執着から解放されて自由を手に入れたいという願い。あるいは、心を開いて変容を受け入れることで、自分や他人への思いやりの気持ちを呼び覚ますという目的も考えられる。

シルヴィア・B・ペレラは著書『神話にみる女性のイニシエーション』（山中康裕監修、創元社）でシュメールの女神イナンナの神話を取り上げているが、この女神は、自らのパワーを手放して冥界に下り、通過儀礼《イニシエーション》を体験したと伝えられている。イナンナは、地下に降りていく途中で王冠や宝石や衣類を次々と剝ぎ取られ、冥界に到着した時には裸になっていた。それから命を奪われ、肉体は吊されたまま朽ちていったという。

私たちの誰もがそうであるように、イナンナは破壊者の降臨によって無力な存在になった。自力で窮地を切り抜けることはできない。誰かが助けてくれるのを待つだけだ。イナンナは、大地の神であるエンキの好意によって救われる。エンキは爪垢で二人の嘆き人をこしらえて冥界に送り届けるのだが、この二人には共感という大きな能力が備わっていた。二人が冥界の女王であるエレシュキガルに憐れみと思いやりの気持ちを示すと（彼女は陣痛で苦しんでいた）、褒美としてイナンナの亡骸が与えられる。ペレラはこのプロセスを、心理療法という典型的な共感の姿勢によってもたらされる復活に結びつけている。イナンナは、生命の食物と水によってようやく再生を果たすのだ(4)。

私たちの先導者となって、死を避けることはできないが死の後には必ず復活が待っていると教えてくれるのが、英雄であり、イエス・キリストであり、イナンナだ。彼らの教えを知っていれば、たとえそれが冥界への進入を意味する場合でも、前へ進み続ける勇気を奮い起こすことができる。

千の顔を持つ破壊者

英雄は、自我と自己と魂のバランスを取ることを目指すものだが、さまざまな時代や場所で、大勢の人々が自我や自己を犠牲にして魂の育成に力を注いできたという事実がある。これが、禁欲的な霊的生活を選んで俗世での幸福や人間関係をあきらめることを意味する場合もある。

そうは言っても、ほとんどの人間には、そこまで徹底的に俗世を拒むことはできないものだ。私たちには、霊や魂の成長だけでなく、俗世での成功も含めたバランスの良い人生が必要だ。そのような人生を送っていても、神秘主義者や禁欲主義者の手で完成された瞑想のテクニックから恩恵を得ることは可能であり、そうしたテクニックを使えば、自分を空っぽにして、喪失を体験せずに心を開くことが容易になる。自分を空っぽにすれば過去を振り返ってくよくよすることもなくなり、将来に対する野心や不安から解放されるだろう。

破壊者はここでも頼もしい味方になってくれる。私たちは、旅には無用となったものを一つ残らず手放す方法を学ぶ。さらに言えば、スティーヴン・レヴァインが著書『めざめて生き、めざめて死ぬ』（春秋社）で説明しているように、人生で体験する喪失は、大きなものも小さなものも、死を迎えるためのリハーサルにすぎない。時代や国によっては、尊厳を持って死を迎えられる能力こそが充実した人生の証とされていた。瞑想を始めとする霊的修養の習慣を身につければ、欲望を捨てて今という瞬間そのものを体験する力を得ることによって、死に備えることができる。

威厳を持って死を迎える方法を学ぶには、人生の教訓や失望を一つ残らず受け入れて、変化には喪失がつきものだと認識する力を身につけることが重要だ。人生で体験するあらゆる変化は、死という究極の転移に備えた実習に他ならない。

変化を起こしたり、何かをあきらめたりする時は、痛みや嘆きを否定してはならないと認識すれば、破壊者は頼もしい味方になろうとしてくれる。重要な決定を下す際には自分の死を念頭に置くようになるという意味では、良き助言者であるとも言えるだろう。死に——不安や野心にではなく——道案内を任せれば、いいかげんな決定を下す機会は減るはずだ。明日になれば命が尽きると宣告されたら、今日という一日をどう過ごそうと考えるだろう？

破壊者には自由に姿を変える能力も備わっている。自然崇拝の神秘的教義は、常に、死の後には復活が待っていると思い起こさせてくれる。四季の移り変わりはその最たるものだ。寒くて暗い冬が続いたとしても、春は必ずやってくる。このような信仰には、冬に十字架に架けられた神や体をばらばらにされた神が春の訪れとともに蘇る、といった教えがある。他の宗教でもこうした復活の詳細がさまざまに定義されているが、信徒に安心をもたらす究極の教えはどれも変わらない。つまり、死の後には必ず新しい命が芽生えると教えてきたのだ。

神秘の世界と出会うと、身にまとっているものを剝ぎ取られて私たちの本質が剝き出しになる傾向があるのだが、それと同時に、虚飾や幻想が剝ぎ取られて宇宙の本質をのぞき込むことも可能になる。この真実には、最も崇高なものから最も下劣なものに至るまでのあらゆる体験が網羅されている。もちろん、どれもが一人ひとりの人間の魂の――少なくとも、潜在性という形では――一部であり、私たちを取り巻く世界に存在するものなのだ。

死の運命と痛みを受け入れる

身にまとっているものを剝ぎ取られる際に、宇宙の真実のどの部分に目を向けるのかは、その人がどの方向を見つめ、どういったビジョンを描いているかによって変わってくる。それは私たちを導く力を持っている。ジョゼフ・コンラッドの『闇の奥』（中野好夫訳、岩波書店）に登場するクルツに人間の最も邪悪な一面を目撃させて、「地獄だ！　地獄だ！」と叫ばせたように。あるいは、ヴァージニア・ウルフの『灯台へ』（御輿哲也訳、岩波書店）で、目にしたものの荘厳さと美しさに圧倒されたラムジー夫人を、もう人生の痛ましい一面を拒む必要はないという思いで満たし、「もうこれで十分、これで十分だわ」とつぶやかせたように。この二人の反応は、程度の差こそあれ、一つの神秘体験と言える。極限状態は現実にまつわる深淵な真実を提示してくれるからだ。

すべての密儀は、生と死、恩寵や霊的な剝奪を体験する際の畏《おそ》れの気持ちに注意を払うように呼びかけてくる。

イエス・キリストの受難には、十字架に架けられて「わが神、わが神、なぜわたしをお見捨てになったのですか」と叫んだ瞬間も含まれている。詩人のセオドア・レトキ（一九〇八～六三年）は、「闇が訪れると、目がものを見始める」と書いている。

ディオニュソスの物語は、恍惚感と激しい痛みは分かちがたく結びついているのだと教えてくれる。ワインと喜びと悦楽の神であるディオニュソスは、酒宴の席で信奉者たちから崇められたあげくに、彼らの手で八つ裂きにされる。ロバート・ジョンソンが著書『喜びの心理学を理解する（*Understanding the Psychology of Joy*）』で指摘しているように、ディオニュソス神話とキリスト教の聖体拝領の儀式は、まったく同じ神話的構造に則っている。つまり、「裏切りと、殺人と、磔刑《たっけい》。神がワインになる点も同様だ」という基本的な構造のことだ。ジョンソンは、ディオニュソスのように激しいエネルギーをもったヒンドゥー教のシヴァ神にも触れている。インドを訪れたジョンソンは、鞭を手にした若い男性が、二人の伴奏者が叩く太鼓の音に合わせて踊っている姿を目撃する。クライマックスに差しかかると、踊り手が鞭で自分の体を打ち始め、肉が大きくえぐられた。

血が滴って苦悶の表情が浮かび始めると、「若者は踊りの熱狂とエネルギーで恍惚状態に陥って」、「顔に浮かぶ表情は痛みから恍惚へ変容した」。その地域の住民たちが若者に捧げ物を差し出した。彼らは、自分たちの苦しみや痛みが、踊り手自身の痛みと共に喜びに変わったと考えたのだ。(5)

心理学的に考えると、自発的に自分の痛みと向き合おうとしなければ積極的に喜びを味わうことはできないということだ。自発的に自分の無知と向き合おうとしなければ、英知を手に入れる機会はめぐってこない。孤独を感じることがなければ、愛を経験する可能性は低いだろう。突き詰めれば、自分のまやかしの部分から目を背けていると、心を開いて魂を受け入れることはできないということになる。

影《シャドウ》の姿から盟友へ

他のアーキタイプと同じように、破壊者にも影の姿がある。人は文字通りの意味で影の破壊者に取り憑かれることがあり、そうなると犯罪に走ってしまうおそれがある。さもなければ、革命家になって、影の破壊者のエネルギーを人を抑圧するシステムや有害なシステムの打破、破壊、改革といった行為に向けることもあるだろう。殺人、レイプ、児童虐待、強盗といった犯罪行為は、自己破壊的な行為のすべてがそうであるように、病的な状態で活動している破壊者の仕業といえる。

健全さを絵に描いたような人間でさえ、他人を傷つける言動を取ってしまうことはある。破壊者のせいで卑屈な気持ちにさせられるのは、私たちが破壊者に対して無力だという理由もあるが、無力なせいで否応なしに自分や他人を傷つけるような言動を取ってしまうせいでもある。

ジェイムズ・ヒルマンは、他人を傷つけたり裏切ったりしてしまう場面も自己顕示の瞬間とみなしている。ヒルマンは、自分が害を及ぼしたことを認めて責任を取るという行為が自分自身との対峙につながり、それによって魂を受け入れる準備が整うのだと語っている。ユダヤ教の教えでは、新年祭のロシュ・ハシャナから贖罪日のヨム・キプルまでの間に、神に対する過ちはもちろん、他人に対して行なった過ちに対する贖いを行なうように求めている。そうすれば、新しい年の可能性を受け入れることができるというのだ。キリスト教徒は、神に直接訴えかけたり聖職者を介したりする形で、自分が犯した罪を告白する。つまり、〝恩寵〟によって許しを得るわけだ。どちらの教えでも、過ちを犯して贖いをするというプロセスがポジティブな効果を生むものとみなされているが、ヒルマンも、心理学的な視点から、私たちが自分の〝裏切り〟と対峙して贖いを行なった時に心《プシケ》の中で変容が起こると指摘している。

他人に危害を加えたことを認めて責任を取るという行為を拒むと――誰でも何らかの形で人を傷つけてしまう

破壊者のレベル

影	自己破壊的な行為（薬物やアルコールへの依存、自殺も含む）、他者への破壊的行為（殺人、レイプ、名誉毀損を含む）
覚醒を促す声《コール》	痛み、苦悩、悲劇、喪失の体験
レベル1	混乱状態、死や喪失や痛みの意味を理解しようとする努力
レベル2	死という運命と喪失、両者に伴う無力な状態の容認
レベル3	自分や他人の価値観や成長を支えてくれなくなったものを手放そうと決意する能力

ものなのだが——破壊者は私たちを悪党に変えてしまう。最悪なのは、自我の発達が不充分なせいで自分の衝動や道徳観や性格をコントロールすることができない人間が、破壊者に完全に支配され、自分を抑える力も意志もないままに破壊的な行動に走ってしまうケースだろう。

もう少し友好的な態度を装っている破壊者は、いわゆる、クローゼットの中味を一掃する手伝いをしてくれる存在だ。感情面では、破壊者の力を借りてうまくいっていない関係を断ち切ることができる。心理学的な面では、自分に合わなくなった考え方や行動と決別する手助けをしてくれるだろう。ただし、破壊者が私たちを介して活動すると——それが良い効果を生んだとしても——私たちはほぼまちがいなく、破壊がもたらされたことに罪悪感を覚えてしまう。

旅に出れば、自分自身のパワーを体感することが可能になる——それは、破壊と創造のためのパワーなのだ。世の中には、いずれは別れが訪れるはずの相手や傷つけてしまいそうな相手に対する責任や、変容という性質をもった英雄が必然的にもたらす損害に対する責任を回避するために、自分のパワーを行使しようとしない人間が大勢いる。自分は無力だと感じていれば、他人を傷つけたことに対して責任を取る必要はない。自分が創ったわけではない世界で、閉塞感を味わいながら生きていくだけのことだ。

探求者が高みを目指すように求めてくるとすれば、破壊者は、心の奥深くへ降りていって創造だけでなく破壊の能力も統合するように呼びかけてくる。

コロンブスが活躍した時代には、地球の端から墜落すると神の掌《てのひら》からこぼれおちてしまうという、霊性にまつわる神話があった。だが、私たちが神聖なものと出会えずにいるのは、深みに降りていこうとする衝動のせいではない。私たちが聖なるものとの結びつきを断たれているのは、幸福や社会から受け入れられることに執着しすぎて自分の全体性《ホールネス》という真実と向き合えずにいるせいなのだ。

神秘の世界に足を踏み入れれば、死に至る道を歩くことになる。だが、運に恵まれれば、それは愛に——人間の愛と天上の愛の両方に——続く道にもなり、その道を歩むことで自己に命が与えられる。

EXERCISES　エクササイズ

あなたの人生において、破壊者が、いつ、どこで、どうやって、どの程度現れているかを考えてみよう。

❶破壊者が現れるのは多いほうだろうか？　それとも少ないほうだろうか？　昔と今とだったら、どちらが現れる機会が多いだろう？　今後は今よりも表面に出てくる機会が増えるだろうか？　次の中で現れる頻度が高いのはいつだろう？　職場にいる時、自宅にいる時、友人と一緒にいる時、夢や幻想の中。

❷友人、身内、同僚といった人々の中で、破壊者のアーキタイプに影響を受けていると思われる人は誰だろう？

❸破壊者の現れについて、あなたが望むものと違っているところはあるだろうか？

❹それぞれのアーキタイプは異なったやり方で現れるので、じっくりと時間をかけて、あなたの人生で現れている破壊者や、現れる可能性がある破壊者を、文字や映像で（たとえば、絵を描く、コラージュをつくる、特別な服装やポーズで映っているあなたの写真を使う）描いてみよう。どんなふうに見えるだろう？　どんなふうにふるまっているだろうか？　最もくつろいでいるように見えるのは、どのような状況の時だろう？

DAYDREAMS　空想の世界

初めに、心を静かに落ち着かせてから、大きく深呼吸をしてみよう。早送りされた映画の名場面を眺めているつもりで、人生のさまざまな出来事を一つずつ思い起こしてほしい。子供時代に始まって、成人期、中年期、壮年期から死に至るまでの主要な出来事を、目や耳や心で感じ取ってみよう。この空想の世界では、まだ起こっていない出来事を〝思い出す〟行為も受け入れてもらいたい。死の場面に到達したら、時間をかけて、自分に特別の喜びを与えてくれたすべてのものに別れを告げてほしい――人や場所や大好きだった活動はもちろん、暖かな日差しの感触、朝のシャワーの爽快感、薔薇の香りといったごくあたりまえの日常の風景に至るまで。次に、自分の遺体が埋葬や火葬される場面をじっくりと眺めてみよう。その後はしばらく時間を置き、どんなものでもいいので、自分の哲学や理論体系と矛盾しない復活の形を体験してみよう。

第12章 求愛者

The Lover

HMIの得点
（求愛者）
点
12アーキタイプ中、上から
番目

愛がなければ、魂《ソウル》が人生と深く関わることはない。子供にとっての最初の課題とは、人や物と――最初は親や親代わりの人間と、その後は、お気に入りの毛布やおもちゃと――親密な関係を築くことだ。成長とともに愛着の対象が増えて、家や部屋やおもちゃ、友達、きょうだい、親戚、特別なゲームや活動といった、さまざまな人や物が織り込まれた世界が広がっていく。

絆を感じることができずにいると、自閉《オーティズム》やナルシシズムといった症状はもちろん、自分自身や愛する人々、仕事や倫理観や価値観に夢中になることができないという、もっと〝普通の〟日常的な問題が生じてしまう。

愛着や絆はエロスの庇護のもとで誕生する。そうした愛着は、心の奥深くに刻み込まれた、原初的で、官能的で、肉体的なものだ。母と子の初めての結びつきには授乳という最も基本的な行為が含まれるが、これには、子供の心身の飢えを満たすと同時に不安を和らげるという効果がある。成長してからは、恋人同士の性的な親密さによって、極端な肉体志向、無防備な状態への憧れ、信頼感、欲望――親密になりたい、性の喜びを自由に表現したい、相手を知り自分を知ってもらいたいという欲求――がかなりの部分まで満たされる。

私たちがエロスを知るのは、特定の風景、自分の仕事や活動、大義、宗教、生活信条に情熱を掻き立てられるような親しみをおぼえる瞬間だ。結びつきがあまりにも強いせいで、それを失うことを想像しただけでも耐え難いほどの痛みを感じるような瞬間に、エロスの息づかいを感じることができる。エロスを知らなければ、この世

アーキタイプ——求愛者

目指すもの	至福、一体感《ワンネス》、調和
恐れるもの	愛の喪失、断絶
ドラゴン／問題への対処	愛を与える
課題	自分の至福に従う、 好きなことに献身的に取り組む
ギフト（特別な才）	献身、情熱、陶酔

に生まれ落ちても人生を享受することはできない。魂が地上に降りてくる機会が訪れないからだ。エロスがあるからこそ——情熱や愛着や欲望はもちろん、肉欲があるからこそ——私たちの人生に華やぎがもたらされる。

エロスに影響されている状態で選択されたものは、私たちの本能の声が選んだものだ。私たちの体は一人の人間に惹きつけられ、その人以外の人間からは逃れようとする。ある特定の活動やアイデアを思いつくと、肉体が目覚めて活力が張り、すぐにも動きだそうと身構える。それ以外のことに関しては、肉体が重みを増して生気がなくなり、動きが鈍くなる。心と体が対立すると、肉体を奮い立たせて心が求めるものを実行に移そうとするせいで、苦闘の人生を歩むことになるかもしれない。心と体がうまく噛み合っていれば、肉体の合図を読み取って容易に決断を下すことが可能になり、そこから先は流れに乗って楽に生きていけるようになる。

エロスのルール

子供の頃はエロスとは無縁の日々を過ごし、理性との結びつきをコントロールする必要もない。黙って人から与えられる情熱を受け取るだけだ。私たちが最初に体験する愛情関係は、幸福なものであろうと悲劇的なものであろうと、親を相手にしたものになるからだ。ほとんどの子供たちは、たまたまその人物の子供だったというだけの理由で、誰よりもおぞましい親にさえ献身的に尽くさなくてはならない。親からぶつけられる感情は、選別されることも評価されることもないまま内面化される。そんな暮らしを続けていると、何年も心理療法を受けて自立心を養わなければならないような状態に追い込まれてしまうおそれがある。おまけに、親代わりの人物に加えて親までもが、情熱を抑えてコントロールしておくようにと教え込む。矛盾するようだが、情熱的な絆によって親を喜ばせたいと思うからこそ、情熱を抑えるすべを身に付けることになる。

大人になると選択や献身をくりかえすようになる。どれもが予想の範囲を越えない大人の選択であり、結婚するとしたら相手は誰がいいか、自分はどのような仕事に就くのか、心の慰めや趣味はどんなものになるのか、どこでどうやって生きていくのか、政治や哲学や宗教についてはどこに属するのか、といったことが決定されていく。もちろん、人生を左右するこうした〝選択〟は心や自我《エゴ》だけを基準にして行なうことも可能であり、そういう場合は、堅実で現実的な道が選ばれる。ただし、たいていの場合はエロスを抑圧することが求められる。

エロスは、自我ではなく魂に関わるものだ。私たちの文化は、主に、この本で紹介する幼子、孤児、戦士、援助者、探求者のアーキタイプのレベルで機能しており、そこにはエロスを厳しく禁じる風潮があるからだ。だが、運が良ければ、エロスを介して何らかの選択を行なうこともできる。自分では選択をしたという感覚はないかもしれない。何かにとらわれたように感じるだけだ――恋に落ちた時がそれにあたるが、〝自分にふさわしくない〟相手を好きになった場合や、何らかの犠牲を強いられる場合は特にその傾向が強くなる。一生の仕事も選ぶ際もそうかもしれない。世の中には、充分な収入が得られない分野（たとえば、聖職者や教師といった職業）にも、物質的な成功を収める見込みが少ない分野（たとえば、アートの世界）にも、この仕事に就いてみなさいという〝呼びかけ《コール》〟を感じ取る人々がいる。時には、堅実な自我に従ったら選ばないはずだという理由で、魂の呼びかけに応えることもある。

左手の道

神話学者として知られるジョーゼフ・キャンベルは、人生には二本の主要な道があると語っている。「右手の道」――本書では自我《エゴ》の進路として表現されている道――は、堅実で現実的な道だ。ただし、キャンベルは、右手の道を進んで成功への梯子を昇ることができても、その梯子が「思っていたのとはちがう壁」にかけられていたことに気づく場合もあると警告する。

「左手の道」――本書では魂《ソウル》の進路とされている道――には、右手の道よりも危険が多い。キャンベルの有名な言葉にあるように、それは私たちの「至福《ブリス》」につながる道であり、歓喜と恍惚へ続く道である。周囲の理解が得られるとは限らないし、道の突き当たりにどんな壁がそびえているのかもわからないが、選んでみるだけの価値はある。旅そのものが、私たちに与えられる報酬だからだ。

エロスに分別が足りないことは周知の事実だ。古代の人々は、自分にまったくふさわしくないものを見つめている最中にキューピッドの矢に射貫かれることを、天の呪いとして恐れていた。自我が選びそうもない相手、ひょっとすると、美しい容姿にも教養にも富にも恵まれていないような相手に恋をしてしまった時は、往々にしてエロスの威力を痛感するものだ。相手に魅了されて良識の声に逆らい続けているうちに、自分が思っていたほどコントロールされていないことがわかってくる。

人を気高い存在にする偉大な愛が、不適切な関係から生まれるものであったり、現実的でなかったり、不条理だったりするのは珍しいことではない。たとえば、騎士が貴婦人に忠誠を誓うという宮廷内での恋愛は、エロスと婚姻はまったく別のものであるという前提によって、そのほとんどが不義の愛だった。騎士道精神に基づく愛には、貴婦人に魅了された騎士が愛が成就しないと生気を失って死んでしまうほどの情熱がこめられている。このような愛のパワーは――相手を求める気持ちが強すぎるせいで――純粋な愛情とは言い難いものではあるが、単なる肉欲とも言い切れない。騎士たちは、自分が相手のために どれほどの苦難に耐えることができるか、相手が自分を憐れんでその腕で抱きしめてくれる日をいつまで待つことができるかを示すことで、貴婦人への愛を〝証明する〟からだ。肉欲とは肉体だけに関わる事柄だ。エロスとは、魂と肉体が調和した時に生まれる情熱なのだ。

さらに言えば、神話や伝説に登場する偉大な愛の物語は、そのほとんどが、まわりから認めてもらえないというただそれだけの理由で悲劇的な結末を迎えている(ロミオとジュリエット、トリスタンとイゾルデ、ランスロットとグィネヴィアの物語を思い出してほしい)。フランスの文学者ドニ・ド・ルージュモン(一九〇六~八五年)は、古典的名作『愛について』(平凡社)で、偉大な愛の物語は必ず死の場面で幕を閉じると書いている。ルージュモンは、ロマンティックな愛の物語は、神の死と復活を讃える古代の自然崇拝が現代の西洋人の意識に受け継がれたものだと主張する。

エリザベス朝の人々がオーガズムを〝昇天〟ととらえていたのもこの結びつきを証明するものであるが、これは、オーガズムを含む性の情熱にコントロールの放棄、つまり、一時的な自我からの解放――自我にとっては欲求を満たすと同時に脅威にもなり得る状態――が関わっていることが原因だろう。他人や仕事に自分を捧げれば選択の幅が狭められることになり、選択肢の消滅や喪失といった事態も避けられない。自分が完全にエロスを掻きたてられる対象に魅入られてしまったことに気づいた時に、私たちは自我の支配から自由になる――それどころか、大勢の男たちと少なくはない女たちが、自制心をなくしてパニックに追いやられてしまうのだ。

ここでは、自我を無視しないのが正しい対処方法だ。自我による完全な支配から自由になった時にパニックに陥るのは、自我が弱すぎて情熱を収容する力が備わっていないせいだ。シャーリー・ルースマンは、これを、心《プシケ》が充分に構築されていない状態とみなしている。恋人たちが離ればなれになってしまうのは、片方か両方が、それぞれの自己《セルフ》を失わずに強力な結びつきを受け入れるのに必要な自我を構築していないことが原因だというのだ(1)。激しい情熱を収容するには強烈なアイデンティティが必要だ。恋人たちは、具体的で日常的な自我という土台の上に結びつきを構築して、互いの情熱を維持していく必要がある。だからこそ、同じ時間を共有し、さまざまなレベルで互いを知り、情熱だけでなく友情に基づく絆をつくらなくてはならない。そうすれば、堅固な自己が構築されて、情熱の炎を燃やし続ける関係ができあがるはずだ。

愛情は魂にとっての糧であり、自我を生むのは魂である。愛がなければ、いずれは、自我の器《うつわ》が干からびてぼろぼろと崩れ出すだろう。だが、心の奥深くの感情と常に連絡を取り合っていれば、ホームレスのそばを通りかかった時にはごく自然に心の痛みを感じるはずだ。夜のテレビニュースで飢えた子供たちの姿を見れば、胸がしめつけられるような気分になる。同僚が不当な扱いを受けているのを見れば、その人の身を案じるようになるだろう。それに、もっと愛されたい、もっと親密で誠実な関係を築きたいと願う心の声を無視することもできないはずだ。

そうした場面で行動を起こさずにいると、エロスが深い無力感をもたらすのだが、それは死の体験を連想させるものだ。自分にもできることがある、やってみたいことがあるという場合は、心の中にいる戦士や援助者がエロスを応援して、救いの手を差し伸べてくれるかもしれない。こういう場面では、エロスが死ではなく生命力を運んでくる。ド・ルージュモンの主張には反するが、すべての愛の物語が死という幕切れを迎えるわけではない。悲劇では確かにそうだが、偉大な喜劇における愛の物語は結婚の場面で幕を閉じる。『空騒ぎ』（ウィリアム・シェイクスピア作）のベアトリスとベネディック、『高慢と偏見』（ジェーン・オースティン作）のエリザベスとダーシーは、ロミオとジュリエットに負けないほどの魅力を持った恋人たちだ。結婚とは、情熱を伴う堅実性と社会的信用、手招きするエロス、家族や社会の要望を融合させる能力を示すものだ。生殖のサイクルには、愛と死だけでなく復活も関わっている。私たちは、愛の力によって輝きを増し、有益な人生を送るために行動するようになる。だが、そうするためには、自分の過去や、それまでの行動様式や考え方に別れを告げ、心を開いて復活を受け入れなくてはならないことがある。

典型的な愛の物語では、恋に落ちた二人が何らかの障害に直面して結婚を阻まれてしまう。古典的なドラマでは、自分たちが血縁関係にあると知った上で近親相姦というタブーを破りそうになったり、二人の家族がいがみ合っていたりする場合もある。もう少し現代的なドラマでは、相手のことを誤解したり、同性愛、人種や宗教のちがいといったことが原因で、恋人たちが社会の偏見の犠牲になるという筋書きが考えられる。恋人たちとその周囲の人々が、自分たちのコミュニティの中で二人の愛を成就させる方法を見つけることができなければ、その物語は悲劇と呼ばれるようになる。恋人たちだけでなくコミュニティ全体を結びつけるような結婚で幕を閉じれば、その物語は喜劇となる。

突き詰めれば、エロスとは、私たちに覚醒を促して地球の苦しみを実感させてくれるものなのだ。エロスを否定したせいで根元的な相互の結びつきを否定する文化がもたらされ、私たちは、荒廃する熱帯雨林と、種の存続を守った上で活気に満ちた人生を享受しようとする人間の能力との間に関連性を見いだすことができなくなっている。現代では、エロスという課題が人類の生存を左右する文字通りの鍵であり、私たちの社会を仕事中毒《ワーカホリック》、大量消費、薬物やアルコールへの依存、霊《スピリット》と魂の両方を否定する風潮をから救ってくれるものなのだ。

愛情の種類と段階

母性愛、性愛、最高レベルに到達した慈悲の心は、いずれも一つの愛情の形である。ただし、神の愛《アガペー》は、恋人や友人や子供よりも先に自分自身と愛情にあふれた結びつきを築くという点で、エロスとは異なるものだ。この内なる結合のおかげで、愛する人々だけでなく、人類や宇宙を愛する力を育むことができる。

性愛や恋愛、仕事への愛、正義への愛、人類への愛、神への愛——形はさまざまでも、愛の訪れが「結びつきを断たれた暮らしを変えなさい」という魂の呼びかけであることに変わりはない。それは、冷笑主義《シニシズム》と縁を切って信じる力を取り戻すように求めてくる。そのプロセスでは、自分が薄っぺらで、愛のない、冷え冷えとした暮らしを送ってきたことに気づいて、魂の健康を気遣ってしまうこともある。魂を失ってしまうのが恐くて、それまでの暮らしを続けることはできなくなるはずだ。しかも、その事実に気づいた瞬間は、それまでの人間味のない暮らしを恥じる思いや罪の意識に苛まれることだろう。実際に罪を犯した人間は、罪の軽重に関わらず、自分が生気のない日々を過ごしてきたことを嘆き悲しむかもしれない。改宗をする人や、新しい人間関係や仕事に踏み込んでいく人は、まさに再生を果たした気分を味わうかもしれない。

愛は、慈悲や寛容、恩寵となって表れることもある。ほとんどの宗教的伝統においては、この許しは神から与えられる。一方、心理学的には、許しは自分自身から与えられるものではなくてはならない。矛盾するようだが、私たちに人生や胸の奥の感情を取り戻すように呼びかけるのが愛であるならば、それまでの無味乾燥な愛のない暮らしに裁断を下すのも愛なのだ。自分を許して、生き生きとした新しい暮らしを送れるようにしてくれるのも愛である。愛する人がその人のイメージを裏切るようなことをしたり、もともとの能力不足から私たちの要求を満たすことができなかったとしても、思いやりのこもった愛情があればその人を受け入れることができる。

さらに言えば、愛は常に、「何かに献身的に尽くし、自分の選択に自信を持ちなさい」と呼びかけてくる。恋人との関係では、いずれは、常に〝恋をしている〟とはいえなくなる日がやってくるかもしれない。そういう場合は、いつかは出会った頃の感情が蘇ると信じることが必要だ。それ以外の行動に出れば、愛する人を傷つけてしまうだろう。人類に対する愛についても同じことが言える。折に触れて他人の利益につながるような活動をしてみれば、自分の愛情とビジョンに刺激が与えられる。それ以外の日は、黙々となすべきことをこなしながら信じ続けることが必要だ。

愛に従って生きるためには、すべての愛は――俗なものであろうと、霊的《スピリチュアル》なものであろうと――贈り物だという事実を受け入れなくてはならない。贈り物を受け取らない場合もあるだろうが――自我の支配が強すぎるせいで――だからといって、自分の力で誕生させたりその場にとどめておくことができるわけではない。贈り物を受け取ろうと決めたら、忠実でいることだけを考えて、愛が訪れた時に受け取ることができるように心を開いていればいい。時が経てば、愛がやってきてから去っていくまでのリズムをつかめるようになる。それぞれの関係に独自のリズムがあるはずだ。リズムをつかむまでは、愛の炎が消えてしまったような気がして狼狽したり、感情を剥き出しにしたり、愛を〝無理やり〟取り戻そうとするかもしれない。以前よりも情熱的で親密な関係をもたらしてくれるような急展開を待たずに、すべては終わったとあきらめてしまうこともあるだろう。

愛に捕らわれてしまうと、自分の欲望や願望だけに目を向けているわけにはいかなくなる。自分が何をしたいかだけでなく、大切に思っている人や物事の――子供や恋人や仕事の――利益を考えた上で選択を行なうようになるはずだ。ここでは、入り組んだ道を歩くことになるかもしれない。初めはごく限られた人間や物にだけ愛着を持つもので、たいていの人間は、それがないと生きていけないと思いつめるようになる。旅のこの時点では、好きだという気持ちに従い、愛がもたらす無防備な状態を充分に感じることが重要だ。ただし、自我が充分に発達していない場合は、何の力にもなってくれない愛に溺れてしまう危険がある。

ここでは四つのプロセスが助けになる。一つ目は、愛着をもっているものや執着すら感じているもののほとんどが最終的には破壊者に奪われてしまうという成り行きだ。痛みを感じるが、生き延びることはできるだろう。二つ目のプロセスは、人間や物事を徐々に自分の愛情の輪の中に受け入れておいてから、乏しい愛ではなく豊富な愛を味わうという方法だ。愛情を示せば、それだけ多くの愛が返ってくる。霊的源泉《スピリチュアル・ソース》から愛を受け入れることもあるだろう。三つ目は、多くの求愛者に戦士の資質が欠けている点に着目したものだ。彼らは他人に対して境界線を設定できないので、最終的には、他人に利用されたり嗜癖《しへき》の機会を与えてしまうのだ。内なる戦士を成長させれば、全員の幸福のために〝愛の鞭〟を実践できる。四つ目は、実際に自分を愛するすべを身につけるというプロセスだ。愛に飢えた状態ではなくなるので、嗜癖や執着とは関係なく自由に愛することができるようになる。自分自身を失わずにいれば、常に愛情を受け取っていられるだろう。

エロスの悪用と矯正――その情熱と影《シャドウ》の姿

古代の宗教には、世界全体を神々の偉大な愛の産物とみなす教えが数多く存在し、二人の神が（シヴァとシャクティのように）一緒に踊る姿が絵画や彫刻に残されている例もある。聖なる世界でも俗世でも、愛は一つのものとみなされていた。つまり、エロス（性愛）とアガペー（神の愛）とシャクティ（性的能力）とグレイス（恩寵）はまったく同じ現実の一面を表していたのだ。後に、宗教が家父長的な性格を強めて女性を神聖視しなくなると、愛の官能的な側面が罪深く退廃的なものとみなされるようになる。

実質的には、すべての宗教がそれぞれのやり方で「神は愛である」と教えているのだが、神々の女性的な面が表象化されていない宗教では（少なくとも主要な宗派においては）、神をエロスと切り離そうとする動きが活発になった。それでもなお、現代の家父長的な宗教のほとんどに、エロスと女性性を讃える神秘主義思想が潜んでいる。

エドワード・ホフマンは著書『カバラー心理学』（村本詔司訳、人文書院）の中で、カバラーと呼ばれるユダヤ教の神秘主義思想は、父なる神だけでなく、天上のカップルにも熱烈な崇拝を捧げていると述べている。ホフマンによれば、カバラーの思想が芽生えてから、父なる神は天上の母であるシェヒナー（英知）と両輪を成す存在とされてきた。「両者が合一したとき（その様子はあからさまな性的表現で描かれている）にのみ、真の調和が宇宙を支配する」というのだ。産業時代の始まりによって、このような崇拝の痕跡を示すものは祈りや儀式の場から姿を消してしまったが、それは、見る者を魅了する大切な光景として人々の心にとどまった。『バーヒール』を始めとするカバラーの教本では、「性行為が行なわれるときにはいつも、この世界にシェヒナーが近寄ってくる」ことが示唆されており、信者たちは結婚の契約の中で、性交を定期的な瞑想とみなし安息日には必ず行なうように奨励されたということだ。

カトリックの神学者であるマシュー・フォックス（一九四〇年～）も、教会がエロスを否定してきた過去を嘆くと同時に、性衝動や女性や肉体を崇める――つまり、アガペーと同様にエロスを崇める――反伝統的なクリエイション・スピリチュアリティを提唱している。フォックスが注意を促しているのが、旧約聖書の『雅歌』に見られる官能美だ。『雅歌』は、人類に対する神の愛の比喩として解釈されることが多く、性の結合が官能と陶酔を感じさせる甘美な表現で綴られている。フォックスは、教会は性交を秘跡の一つとするべきだと訴えた上で、官能性を否定する行為が致命的な弊害をもたらしてきたという理由で教会を激しく非難している(2)。

近代の宗教や文化はエロスに対して説明のつかない敵対心を示してきたように思えるが、実際は何が起こっていたのだろう？　詩人のオードリー・ロード（一九三四～九二年）は、エロティシズムが貶められたからこそポルノグラフィーの人気が高まったのだと主張している。エロスは禁じられた時点で地下に潜り、そのせいで影《シャドウ》の姿でしか目にすることができなくなった。つまり、生命の源であり、生命を活気づけるはずのエロスが、下劣で有害なものにされてしまったのだ。影の姿が君臨する無意識の世界に追いやられてしまったエロスは、今では、神学的にはアガペーの敵役をあてがわれ、キリスト教文化においては、肉体に共鳴した罰として、地獄を支配する悪魔のイメージに投影されるようになった。

皮肉なことに、エロスを見下す者は往々にしてエロスに魅入られるものだ。キリスト教原理主義の説教者たちがセックス・スキャンダルと決別できる日は来るのだろうか。抑圧された教会の神父たちは大勢の女性たちを魔女と呼び、「その欲望が尽きることはない」という理由で悪魔に近い存在として恐れ、彼女たちを拷問の末に殺害した。自分の性衝動を忌み嫌う人々にとっては肉欲に支配されることが大いなる災いとなるのだが、肉体の解放感は得られても心に栄養が行き渡らないという理由でセックスにむなしさを感じてしまう。同じような運命をたどるのが、レイプ犯、児童性的虐待者、セクシュアル・ハラスメントの加害者であり、彼らの欲望は、生命力そのものに対する畏怖の念というよりは力と支配を求める衝動の産物と言える。

スターホークは著書『真実か挑戦か（*Truth or Dare*）』の中で、エロスを恐れて嘲笑する社会で男性の社会化が最悪の形で表れた例を挙げている。スターホークが取り上げているのは、ベトナムで戦った兵士たちのスローガンであり、彼らは、機関銃を撫でてから自分の股間を撫でるという動作と共にこう唱えたという。「こいつは俺のライフルだ／こいつは俺の股間の銃／一つは敵にぶっぱなす／一つはお楽しみでぶっぱなす」。レイプ犯の精神構造は、社会化されたあげくに「自分は機械、女性は戦利品、ペニスは武器」という視点を持った男性たちのあいだでも見られることがある。

スターホークは、男性と女性の生殖器が男性神と女神の象徴とされていた時代にはこんなことは想像もできなかっただろうと指摘してから、自分の幼い娘にいたずらをするような男性は魂や生命の源であるエロスのパワーとの結びつきを断たれているのだと嘆いてみせる。スターホークに言わせれば、そういう男性は「自分の中にある滋養の泉に一度も接したことがない人間だ。自身の価値観は破壊されてしまっている。彼のペニスを讃えて、『その高まりによって砂漠は緑に変わり、原野では麦が芽吹くだろう』と歌う者はいないだろう。彼は寸断された世界で暮らしている……（中略）……（しかも）自分自身が、定期的な修理以外のものは求めない使い捨ての武器になってしまったために、物や物体や所有物としての価値しか持っていないのだ[3]」

このような非人間化は、自分の肉体が「汚れている」「不浄である」と教え込まれてきたせいで、月経を誇らしく思えない、性衝動に心からの喜びを見いだせない、出産に奇跡を感じることができない、といった問題を抱える女性たちを待ち受ける運命でもある。処女を失ったら商品価値がなくなってしまうと恐れる女性や、男性から愛されるためには〝やらせて〟あげなくてはならないと感じている女性も同様だ。本人の性的な魅力が〝原因〟であるかどうかは別にして、男性に劣等感を抱いている女性たちにも同じことが言える。

エロスの否定

エロスの否定は、病気、暴力、嫉妬心、自己や他人の物体化の原因となり、最終的には生命力やエネルギーの喪失を招いてしまう。人類は進化の過程のどこかで、性衝動をコントロールするために、自分を抑制して衝動そのものを軽視しなければならない時期を過ごしたのではないだろうか。それは、人々が直接的で二元的な考え方をしていた時期でもある。愛の階段を昇ってエロスからアガペーへ向かうためには、アガペーのためにエロスをあきらめねばならず、だからこそ、信仰生活では純潔に重きが置かれてきた。高度な成長を遂げた一握りの人々には、エロスへの敬意を失わないまま、性的なエネルギーを霊的な目的に昇華させることが可能だったが、普通の人々には、エロスを葬ってアガペーを受け取る力を身につけるやり方のほうが一般的だったのだ。

だが、後者の道は現代人にとっては危険きわまりないものだ。影のエロティシズムの投影は、女性蔑視（男性たちは自分の肉欲を女性に投影させてきた）、肌の黒い人々の迫害（南部の黒人男性がリンチを受けていたことや、「レイプ犯」という言葉から有色人種の男性を連想する風潮があることを思い出してほしい）、ゲイやレズビアンの弾圧、さらには、自分の肉体からの疎外感をもたらしてきたからだ。

人の心理状態にまつわる知識が深まるにつれて、アガペーを手に入れるためには、エロスを封じ込めるのではなく、エロスが持っているギフトを受け入れ、自分の道徳観や倫理観を守りながら心を込めて情熱的に人を愛するすべを身につけることが必要だという認識が広がっている。さらに、愛と愛の意味についての偉大な理論家であるイレーネ・クレアモント・デ・カスティリェーホの力を借りれば、次のような理解に至ることができる。アガペーは、自分自身との闘いではなく、内なる結婚と全体性《ホールネス》を通じて得られるものであり、そのためには自分自

身を完全に受け入れることが必要なのだ。(4)

エロスの贈り物

エロスが授けてくれる贈り物とは性愛だけではない。自分が暮らす土地、自分の家、主要な社会的機関、友人、地球そのものは、それ自体が貴重な贈り物ではあるが、エロスの力を借りることで相互の結びつきを情熱的なものにできる。エロスは、社会的地位や組織での権威から得られるものとは別の、その人自身のパワーの源泉でもある。それは他人に行使するパワーではなく、自分の内側から湧いてくるものだ。〝カリスマ〟と呼ばれる場合もあるが、その呼び名も本質をとらえたものではない。それは、人生に魂を注ぎ込んでいる人間のパワーであり、核となる自分の姿に忠実に生きることを恐れない人間のパワーでもある。なぜなら、エロスは魂から直接もたらされるものだからだ。

私たちはエロスを讃え、エロスを讃えたり、自分や他人や地球を愛して讃えたりすることによって、魂に照準を合わせて物事を意識するようになる。自分の肉体や性衝動、自然に内在する霊《スピリット》に敬意を払う姿勢を習慣化させることによって、エロスを讃えるのだ。宇宙に存在する聖なるものは、断片となって上空を漂っているだけではなく、自分が踏みしめている大地や自分自身の中にも存在すると気づけば、本物の美で私たちを手招きするものに尽くすことによって、自分の旅に全力で打ち込めるようになる。他の誰かが美しさや価値を見いだすかどうかが問題なのではない。肝心なのは私たち自身がどう感じるかなのだ。私たちはそうやって自分という人間を発見する――自分を捧げてもいいと思えるほどの愛情を覚えるものによって。

愛から生まれるもの

愛とは喜びや快感を伴うものであり、命をもたらすものでもある。肉体的レベルで言えば、性的な情熱は受胎と赤ん坊の誕生につながりやすい。だが、性交から生まれるのは子供だけではない。エロスが創造のプロセスに介在する場合もあるからだ。二人で一つの仕事に取り組む同僚たちは、官能的なエネルギーの高まりを意識するものだ。実際に自分たちのプロジェクトに命を吹き込む段階になると、二人がそれを恋愛や性的な魅力と混同してしまうことがある。だが、燃え上がった炎はプロジェクトが完了すれば消えてしまう。混同したまま官能的な魅力を振りまくと、二人の関係が複雑で満たされるはずのないものに変貌してしまったことに気づいて、プロジェクトが頓挫してしまうおそれもある。

エロスのエネルギーは、権力を持った者と、それよりも若くてどちらかといえば社会的地位の低い者との関係においても発生することがある——たとえば、親と子、教師と生徒、心理療法士《セラピスト》とクライアント、牧師と教区民といった関係に見られるものだ。こうした場面での官能的なエネルギーは、人々を混乱させ、感情の赴くままにふるまいたいという欲望を掻き立てる。だがそれを実行に移すと、立場が弱いほうの人間が甚大な損害をこうむることになってしまう。家族の中では近親相姦のタブーによって同様のことは起こらず、教師や心理療法士や聖職者に対しては、性的関係は職業倫理にもとるものと定められている。職場では、セクシュアル・ハラスメント対策を講じてこのような行為を防ごうとしている。

損害が生じる理由としては、一つには、立場の弱い側の人間が性的関係を強要され、断った場合の報復を恐れて仕方なく相手のいいなりになっている可能性が考えられる。弱いほうの当事者が喜んでそうしたとしても、こうした衝動に身を任せると、師弟関係で消費されるはずのエネルギーが浪費されるせいで、たいていは不都合が生じるものだ。こうした官能的な結びつきから生まれるものは、指導を受けるほうの人間が、新たな自己の感覚

（復活）を得るという結果でなければならない。性衝動に身を任せると、この成長の過程を妨げたり台無しにしたりすることになる。

子供の信頼を裏切って性的関係を迫る大人は、子供の心の成長と発展に壊滅的な打撃を与えてしまう。子供たちが成長と成熟を遂げるためには、この人を信頼しても大丈夫だという安心感と、天真爛漫な幼子のままでいられる環境が必要なのだ。親がその信頼を踏みにじるような悪質で残酷な仕打ちをすると、多くの子供は、完全には立ち直ることができないような根源的なやり方で成長を妨げられることになる。現代では、近親相姦を体験した子供たちの予後は、昔よりもはるかに希望が持てるものになったという事実があるにしてもだ。

被害をますます複雑なものにしているのが、自分に過失があったにちがいないという子供たちの思い込みだ。それほど多くはないものの、自分の師《メンター》に罪を着せたくないという深層心理が働いてしまう傾向も認められている。さらには、責任を内面化するうちに、自分には能力が不足しているという根強い感覚や、自分には根本的に〝ダメな〟ところがあるにちがいない、そうでなければあんなふうに扱われなかったはずだという信念が心に根を下ろしてしまうのだ。

エロスを介しての変容

数々の賞を受賞した『リタと大学教授』（一九八三年製作）という映画では、人生に失望したアルコール依存症の大学教授フランクと、若い美容師のリタという女性の建設的な師弟関係が描かれている。リタは、家族や級友たちの態度や、向上心を持ったことがないという自分の過去をものともせずに、教養のある女性へと成長を遂げていく。

退屈な学者たちの世界に辟易していたフランクは、リタに恋をしてしまう。学問以外の分野では無節操きわまりないフランクにも、自分の愛情をリタを学業での成功に導くという方向に向けることはできた――だが、それは二重の意味での難行だった。フランクは、リタが目指していた優雅さと知性を備えた控えめな女性よりも、無教養だからこその率直さとエネルギーにあふれたリタのほうが好きだったからだ。

この映画は、ピグマリオン効果というよりは、エロスを介した変容についての物語になっているが、それは、官能的なエネルギーを注いでいるフランクが、自分が望む女性にではなく、本人が望む女性にリタを変身させようとするからだ。二人の関係は、内に秘めている官能的なエネルギーの激しさという点において援助する者とされる者との関係とは異なるもので、最終的には両方の当事者が変容を体験する。

新たなリタの誕生は（本人はスーザンと名乗るようになる）、フランクの愛と自制心、恋愛で脇道に逸れたくないというリタの決意が結びついたからこそ起こったことだ。リタは、出産をするのは自分であり、フランクは助産婦にすぎないことを理解していた。おまけに、目標を断念したくないという意志を持っていた。それどころか、リタとして生き続けることもあきらめていなかった。リタは以前よりも多くの選択肢を手に入れた。リタにもなれるし、スーザンにもなれるのだ。

フランクの変容には、死と愛の両方が関わっている。不摂生な生活が——その最たるものが過度の飲酒だ——破壊者を目覚めさせたせいで、フランクはイングランドからオーストラリアへ転任させられる。だが、そんなフランクが、くたびれた冷笑主義《シニシズム》に別れを告げて、オーストラリアを新たなチャンスと始まりを与えてくれる〝新世界〟とみなすようになるのは、リタと過ごした時間のおかげだった。リタの変容を手伝いながら〝奇跡〟を起こす作業に加わったせいで、冷笑的《シニカル》な人間として生きるのが難しくなっていたのだ。

ジェイムズ・ヒルマンは著書『分析という神話（*The Myth of Analysis*）』の中で、心理療法そのものが大いなる奇跡なのではないかと述べている。奇跡を可能にするのがエロスの存在なのだが、精神分析医や心理療法士には、分析や診療を受けている人を意図的に癒したり変えたりすることはできない。心理療法士の仕事とは、クライアントに愛情を注いでその場にいてあげることであって、特定の結果を求めることではないからだ。もちろん、クライアントのほうはほぼまちがいなく変わりたいという欲求を持っていて、痛みを経験した結果としてそのような心境に至っている。だが、その変容は心理療法士が無理強いしてはならないものだ。クライアント自身が望んだ結果でなければならない。無理やりクライアントを愛することはできないだろうが、デ・カスティリェーホも言っているように、心理療法士がクライアントのそばで共感の気持ちを示していれば、通常は愛が「恩寵」となって降り注ぎ、その愛で相手を癒すことができるのだ。

自分を愛する

愛情を込めて自分自身を受け入れる力を養えば、その力に応じて、自分自身を変容させることも可能になる。つまり、自分を許す行為を単なる習慣として身につけてしまおうということだ。と同時に、これは他人を許す行為にもつながるものだ。私たちが絶対に許せないと言って非難する他人の一面とは、私たち自身の影の部分が投影されたものであるからだ。

集合的無意識を理解するには、どんな人間にも思考して行動する能力が備わっているという事実を踏まえておく必要がある――しかも、その行動は、最もレベルの高い霊的到達から、最低最悪の低俗行為や残虐行為にまで及ぶのだ。人格が養われれば好ましくない行動を抑えることはできるが、それでも衝動そのものが消えるわけではない。自分や他人を傷つけた人間の気持ちを汲み取って許すという行為は、人類という生き物が抱える影《シャドウ》だけでなく、私たち自身の心に潜む影の部分を肯定する手段でもある。『美女と野獣』の物語にもあるように、自分や他人の中に潜む獣性（影）を愛する力が、野獣を王子や王女に変容させることもある。ここには二つの重要な階層がある。

だからといって、野蛮な行為に黙って耐えろと言うわけではない。適切な自我の力が備わっていれば、人を傷つけるような行為は全力で阻止しようとするはずだ。魂のレベルでは、あらゆるものに応じるすべを身につけることが課題となる――つまり、善良で純粋に見える部分や、美しさや楽しさが備わった部分や、私たちが賛成できる部分だけではなく、相互に結びついた現実全体を心の奥深くで感じ取らなくてはならない。結果的に、野獣に対して激しい恐怖を感じることもあれば、強い愛を感じることもあるだろう。いずれの場合も、正真正銘の深い感情が変容したものなのだ。

ジーン・ヒューストンの言葉を借りれば、偉大な愛の物語で語られてきたのは、一人ひとりの人間が「私たちの魂に愛される者」を探し求める物語なのかもしれない。この言葉は、探求者が外界に求めてやまないもの、求愛者が初めは愛する者の中に、最終的には自分の中に見いだすものを指している。

ヒューストンは著書『魂に愛される者（*Beloved of the Soul*）』の中で、魂に愛される者を求める気持ちが、霊や魂の成長の過程で大きな力を発揮すると書いている。ヒューストンはさらに、「私たちが愛する者を求めるように、愛される者のほうでも私たちを求めている」と述べている。ヒューストンが「聖なる心理学」と呼ぶものの本質、もしくは、心の超個的《トランス・パーソナル》な要素を育む助けとなるように考案された心理学の本質とは、愛される者として私たちを招き寄せるもの――恋人、師《メンター》、心理療法士、信仰に関わる人物、アーキタイプなどが考えられる――との同一化に基づいている。

私たちには、自分の魂の奥底にある英知がポジティブな形で投影されているものを崇める傾向がある。それどころか、本書で紹介するそれぞれのアーキタイプが意識に表れると、自分の中にその姿を認める前に、そのアーキタイプの特徴を表現している人物に惹きつけられる可能性がある。その人物とは、恋人や友人や教師や同僚かもしれない――誰であってもおかしくないのだ。だが、私たち一人ひとりを根本から支えているのは自己《セルフ》というアーキタイプであり、個性化のプロセスの完了（少なくとも当面の間の）を知らせ、自我と魂を統合する全体性《ホールネス》の感覚をもたらしてくれるものだ。それが、内なる男性神や女神として体験されることも珍しくない。

求愛者のレベル

影	嫉妬、妬み、愛情を注ぐ物や人間関係への病的執着、セックス依存症、ドンファン症候群、乱交、セックスやポルノへの執着や（その反動としての）厳格主義
覚醒を促す声《コール》	心酔、誘惑、憧れ、（人間、アイデア、大義、仕事に対する）突然のときめき
レベル１	至福や愛するものに従う
レベル２	愛する物や人との絆を結び、献身的に尽くす
レベル３	徹底的な自己受容によって自己《セルフ》の誕生を促し、個人を超個的《トランス・パーソナル》なものと、個々の人間を集団と結びつける

この現象を理解している偉大な霊的指導者《スピリチュアル・リーダー》は、自身に向けられる崇拝の気持ちは信者たちの内面が投影されたものだという認識を持っている。偉大な師と呼ばれる人々は、自分の教えを具象化して、内なる男性神や女神を目覚めさせたら私たちの人生に何が起こるかというビジョンを吹き込むことができる。

レックス・ヒクソンは著著『カミング・ホーム――文化横断的〈悟り〉論』（高瀬千図監訳、コスモスライブラリー）でユダヤ教の神秘主義運動であるハシディズムに触れ、メシアを待ち続ける状態から、メシアはすでに現れて私たちの中に存在するという認識に至るまでの経過について述べている。ヒクソンが取り上げたのは、エイジークという信心深い男にまつわる有名な物語だ。貧しいエイジークが助けを求めて祈りを捧げると、遠くの町に架かっている橋まで行けば財宝が見つかるだろうと教えられる。エイジークは橋まで行ってみるが、財宝は見つからない。それどころか、橋の警備に当たっていた男たちに捕らえられてしまうのだ。エイジークがお告げの話をすると、警備隊の隊長が自分も遠くの町で財宝を見つける夢を見たという話をするのだが、夢の中にでてきたその場所がエイジークの家であることが判明する。解放されたエイジークが我が家に戻ってみると、ストーブの下に黄金があるのが見つかった。旅は「我々を我々の元々の家、我々の本来の性質のかけがえのない神の火花へと向け直す」。ヒクソンの説明によれば、財宝は常に「我が家に」あるということだ(5)。

私たちを何よりも強い力で満たしてくれる愛は、自分の魂《ソウル》が宇宙に存在するあらゆる圧倒的神秘《ヌミノース》や神性とひとつになっていると悟った瞬間に訪れる。意識を魂と一体化させるには、聖なる存在を見つけなくてはならない。この驚異の感覚を体験した人や、自分の中に貴重な財宝が眠っていることに気づいた人が、そろいもそろって神の言葉を日常的に使うようになるとは限らない。それどころか、すべての人間に——超越的現実という感覚を持ち合わせていない人間にも——うぬぼれとはまったくちがう、自分に対する畏敬の気持ちが芽生える時がやってくる。英雄の旅《ヒーローズ・ジャーニー》においては、これこそが財宝を見つけるということなのだ。

妊娠している女性がまだ見ぬわが子に愛のメッセージを伝えるように、私たちも、自分が生み出そうとしている自己という大切な宝に愛のメッセージを伝える必要がある。この出産を意識的に支えようとしていれば、言うまでもなく周囲で支えてくれる人の数も増え、自分の魂と一体化することや、その一体化によって自己を生み出すことも容易になる。

場合によっては、ヌトザケ・シャンゲの『死ぬことを考えた黒い女たちのために』（藤本和子訳、朝日新聞社）に登場する若い女性のように、大きな痛みや葛藤を体験しなければならないかもしれない。その女性は、親としてこれ以上の苦しみはないだろうと思うような痛みに苦しめられる——我が子を愛する男性に殺されたのだ。だが、惨痛と苦悶の末に、彼女は再生を果たす。その時の様子を彼女はこう語っている。「あたしはあたしの中に神を見つけ／そして　あたしはあたしを愛した／あたしはあたしを激しく愛した(6)」

心の奥深くで物事をとらえ、生きることにまつわる痛みを抱えたまま、人生への献身の気持ちと愛情を忘れずにいれば、パーカー・パルマーの言葉にあるように、人間の暮らしにつきものの矛盾やパラドクスや苦しみを乗り越えられるようになる。さらには、尽きることのない葛藤や痛みを余すところなく受け止めるという一種の受容を体験することによって、「破壊の力を創造のエネルギーに(7)」に変容させることが可能になる。このプロセスを経て、本物の自己が誕生する。

EXERCISES　エクササイズ

あなたの人生において、求愛者が、いつ、どこで、どうやって、どの程度現れているかを考えてみよう。

❶求愛者が現れるのは多いほうだろうか？　それとも少ないほうだろうか？　昔と今とだったら、どちらが現れる機会が多いだろう？　今後は今よりも表面に出てくる機会が増えるだろうか？　次の中で現れる頻度が高いのはいつだろう？　職場にいる時、自宅にいる時、友人と一緒にいる時、夢や幻想の中。

❷友人、身内、同僚といった人々の中で、求愛者のアーキタイプに影響を受けていると思われる人は誰だろう？

❸求愛者の現れについて、あなたが望むものと違っているところはあるだろうか？

❹それぞれのアーキタイプは異なったやり方で現れるので、じっくりと時間をかけて、あなたの人生で現れている求愛者や、現れる可能性がある求愛者を、文字や映像で（たとえば、絵を描く、コラージュをつくる、特別な服装やポーズで映っているあなたの写真を使う）描いてみよう。どんなふうに見えるだろう？　どんなふうにふるまっているだろうか？　最もくつろいでいるように見えるのは、どのような状況の時だろう？

DAYDREAMS　空想の世界

心を落ち着けて深呼吸をしてから瞑想状態に入り、自分の心臓に意識を集中させて、その中心で小さな金色の光が明るく輝いている場面を想像してみよう。金色に輝く光がゆっくりと大きくなっていく様子を思い浮かべてほしい。心臓と同じぐらいの大きさになったかと思うと、肺の大きさまで広がり、胸全体を覆い、最後には全身が覆われるほどの大きさになっていく。そこから先は、自分の部屋から、コミュニティ、国、世界へと光が広がり、最後には太陽系全体が光に覆われていく様子を想像してみよう。

＊

次に、もっと鮮やかな、色とりどりの光の糸を思い浮かべ、あなたから伸びた糸が、あなたが愛するもの、慈しんでいるもの、強く心を揺さぶられるものに結びついている様子を想像してみよう。その糸は、星や夜空や特定の風景、特定の動物やさまざまな動物、場所や物につながっているかもしれない。もちろん、過去や現在で関わりを持った人々につながっている糸もあるだろう。自分を起点にして愛の糸が張り巡らされていることが実感できるまで、じっくりと時間をかけてそれぞれの糸をたぐってみよう。

＊

準備が整ったら、愛の糸から金色の光へ意識を戻し、太陽系から世界へ、世界から国へ、国からコミュニティへ、コミュニティから自分の部屋へと、光の範囲が狭まっていく様子を想像してみよう。最後には、その光があなたの全身を照らすほどの大きさになり、胸全体、肺、心臓を照らす大きさに縮小していく。

第13章 創造者

The Creator

HMIの得点（創造者）　　点
12アーキタイプ中、上から　　番目

本物の自己《トゥルー・セルフ》を見つけるか、生み出すことができると、その段階で創造者も活動を開始する。自分が宇宙の創造の源とつながっていることに気づけば、自分も創造物の一部だという自覚が生まれてくる。

ジェイムズ・ヒルマンは、元型心理学の本質を「魂作り」と呼んでいる。私たちは自分自身の魂《ソウル》を創る際に、世界の魂の創造にも寄与している。したがって、自分の人生を創りあげる時には、宇宙の創造という共同作業に参加していることになる。

創造性

私たちは、自我《エゴ》ではなく、魂で自分の人生を創りあげる。たとえば、私たちの魂は、より深遠な英知を授かって成長を遂げるために、自分から病気を始めとするさまざまな喪失や苦しみを選ぶことがある。そうした選択は、健全で効率的な活動を守ろうとする自我が忌み嫌うものであり、実際にそのような事態に陥ると、自我は犠牲者の気分を味わわされる（自我が安全や社会的地位を最優先すると、魂が被害者の気分を味わうのと同じことだ）。

近代の思想家のほとんどは、環境が人を創りあげていく道程に重きを置いている。その一方で、現代のニューエイジ運動の指導者の中には、人は魂の奥底で自分の身に降りかかることを選んでいるのだと主張する人々が

アーキタイプ——創造者

目指すもの	人生、作品、 さまざまな種類の新たな現実の創造
恐れるもの	まやかし、失敗作、想像力の欠如
ドラゴン／問題への対処	自己《セルフ》の一部、人が創りあげたものの一部として受け入れる。自発的に、別の現実を創りあげようとする
課題	自己創造、自己受容
ギフト（特別な才）	創造性、アイデンティティ、使命感

大勢いる。自らの運命の書き手となり、最も悲劇的な場面や困難な場面まで自分で決定しているというのだ。たとえば、シャーリー・ルースマンとヒュー・プレイサーは、一人ひとりの潜在能力を生かせば自分の人生を——肉体の健康も含めて——創造することは可能であり、そのためには「無意識を意識に変える」ことが必要だと語っている。これを本書で用いている言葉に置き換えれば、「自我《エゴ》と魂《ソウル》の協調関係を育んで両者が対立しないようにうまく機能させる」という意味になる[1]。

　自分の魂と触れ合い、それによって宇宙の秩序と触れ合うことができれば、それだけ創造と変容を促す自分の力と接する機会が増えるだろう。ヒュー・プレイサーは著書『ゲームの本（*A Book of Games*）』の中で、実際には創造や変容や癒しのパワーが自分に備わってるという信念すら必要ないと述べている。想像しているだけで——自分にそのパワーがあるかのようにふるまっているだけで——癒しのパワーが手に入るというのだ[2]。そのためには、自分自身と、宇宙の大いなる創造の源泉との間に境界線を引かないことが肝心だ。内なる創造者の存在を主張するそもそもの目的は、自分が宇宙の大いなる源泉から切り離されていないと認識するためなのだ。私たちはその源泉の一部であり、だからこそ、自分の人生の創造者として——神や、他の人々と共同で――活動することができる。創造者の一員になるために自分の能力を主張すれば、大きな力を授けてくれる、途方もない達成が可能になる。

そのためには、自分が望む未来を意識して心に思い描く必要がある。たとえば、バーバラ・シェールは著書『書き出すことから始めよう』（桜田直美訳、ディスカヴァー・トゥエンティワン）の中で、可能性を感じる領域を広げ、理想とする人生にかぎりなく接近できるような将来のビジョンを持つことの重要性に触れている。そのビジョンは、現実だと勘ちがいしそうなほど具体的なものでなくてはならない。さらには、そのビジョンを、魂の本来の性質と調和させ、外界の規則にもある程度までは見合うように努力することも必要だ。さもないと、せっかくのビジョンも現実逃避の夢物語で終わってしまう。バレエを習ったことのない四十歳の女性が、プロのバレリーナになりたいと願うようなものだ。

希望と現実性を兼ね備えた未来を思い描くことができれば、のびのびとした気持ちで今の人生を謳歌し、自分の夢を叶えていくことができる。ビジョンが最も威力を発揮するのは、合意の上でそれを共有しようとする人間が現れた時だ。何らかのグループが、あなたの（あるいは、グループの）望みを支持して、そのビジョンを意識的に持ち続けてくれれば、より影響力の大きな結果が得られるだろう。だが、何よりも重要なのは、あなたのビジョンが、深いレベルでのあなたという人間や、あなたの人生のあるべき姿に合致していることなのだ。

条件付け《コンディショニング》と影の創造者

意識の統合が進み、自分に正直になれたとしても、ほとんどの人々は、条件付け《コンディショニング》や社会的制約や自然の法則に縛られたままだ。旅に出て、強力な自我を育み、自分の魂と結びつくという体験をしないうちは、意識的に創造を行なっていることにはならない。私たちは創られた人生を体験し、自分でも、今の現実はひょっとしたら自分の環境と条件付けの産物なのかもしれないと感じている。これは、影の創造者が、私たちが創っているものにはまったく関与せずに創造を行なっているせいなのだ。

無力感に苛まれるのは、必ずしも影の創造者の仕業だとは限らない。自分の身に降りかかっていることをコントロールできなくても仕方がない場合もあるからだ——たとえば、社会が抑圧的であったり差別的であったりする場合や、家庭が機能不全に陥っている場合などが考えられる。それに、法を犯して投獄されるという体験を創ったとしても、その人間が現行の刑務所制度を創ったことになるわけではない。私たちの人生の大半は、個人ではなく集団によって創られている。

人生の土台のほとんどが与えられたもので成り立っているとしても、その人が意識的に生きていれば、独自の方法で自分の人生を組み立てていく道は残されている。十九世紀の人々は、人生があらかじめ定義されているように思える状態を、「条件付け《コンディショニング》」というよりは「前もって決められている使命《プレデスティネーション》」という言葉で話題にすることが多かった。だが、言葉がちがっても言わんとすることは変わらない——つまり、創造するものと創造されたもののバランスが表現されているのだ。

自己改善の先にあるもの

自分の人生の絶対的な創造者であるかどうかは別にして、自分が実際に持っているパワーをどの程度まで発揮するかは私たち自身の問題だ。そのパワーが、社会環境や経済環境、その人の霊的・精神的成長に応じて異なるものであることはまちがいない。

創造性とは充実した人生を送るための素地となるものだ。人は皆、ごく限られた選択肢しかない場合でも、利用できる道を選びながら人生を創りあげていく。こうした選択の中には、私たちの裁量で気兼ねなく選んだものもあれば、向こうから求めてきたように思えるものもあり、それぞれが選ばれるまでの過程が私たちの中で脈々と命をつないでいる。それでもなお、私たちが自らの生き方によって人生を創りあげていることに変わりはない。自分の人生に意義や美を見つけ出す際に助けとなるのが想像力だ。だからこそ、ヒルマンも「……死んでいたり、生きていたりするのは、われわれの魂の状態に応じてのことなのだ[3]」と述べている。現代人の暮らしに顕著である孤立や倦怠は、外界の何らかの現実がもたらす必然の結果ではなく、想像の世界で魂を遊ばせる力が充分に発達していないことの表れなのだ。

自分の周囲の世界を芸術的な手法で解釈するのが想像力の役割だ。映像や文学の天才たちは、人生の最も恐ろしい局面にも美や意義を見いだすことが可能であることを――彼らの作品という見本を通して――示すという貢献をしてくれた。ギリシャの悲劇詩人ソポクレス（紀元前四九六頃～四〇六年頃）が、近親相姦と父親殺しを扱った劇曲でそれを見事に成し遂げている。

時には、さまざまに形を変える隠喩《メタファー》の力を借りることで、自分や他人の人生にも美や意義が存在すると理解できる場合もある。元型心理学の専門家であれば、一つの経験を――それが病的なものであったとしても――特徴づける神話やアーキタイプ、男性神や女神を特定するという手法をとるかもしれない。誰よりも頼りになる友人であれば、私たちが達成したことだけでなく、必死の努力にも（努力が実らなかった場合でも）何らかの意義や価値を見いだすという形で自信を持たせてくれるものだ。私たちの中にいるアーティストは、埋もれている〝真実〟や、表面に表れていない自己を見抜いて、それを明示する役割を担っている。そうした根源的な真実には、必ずといっていいほど、深い意義と、美しさと、人の心を揺さぶるものが備わっている。

人生を創造するには、自分の体験に心からの敬意を払い、否定するのではなく、価値のある貴重なものとして受け止めることが必要だ。つまり、自分の人生を自分にふさわしいものとして受け入れ、自分の体や心を自分にふさわしいものとして受け入れるということであり、病理や悪習でさえ例外ではない（ただし、その場合は、病気を克服したり悪習に対処するプロセスによって自分に必要な教訓を学ぶことになるかもしれない）。これは、肉体の美であろうと、心や性格の美しさであろうと、自分なりの美の形を認識できるようになる状態を意味している。

私たちの文化は、自分が感じるとおりに物事を感じたり、自分が考えるとおりに物事を考えたりすることが難しく、本当だったら感じたり考えたり〝するはずの〟ことは気にかけなくなっているという皮肉な状況にある。戦士や探求者が活躍する文化では、何らかの基準に従って生きることを前提にした自己改善計画が巷にあふれているような状況だ。ほとんどの人が、何かを実行したり考えたりするたびに自己判定を行なう習慣を身につけてしまっている。「これは良いことだろうか?」「これは悪いことなのか?」「男らしいと言えるだろうか?」「女らしい印象を与えるだろうか?」「みんなからどう思われるだろう?」心のままにふるまっているだけで、あらゆる規則や規範を破っているような気分になり、解放感と、罰せられるかもしれないというかすかな恐怖の両方が呼び起こされることもあるだろう。創造者が活性化し始めると、歓喜と、全身の感覚を奪われてしまうほどの恐怖との間を行ったり来たりすることも珍しくない。

幼子に人生を支配されている時は、家族との暮らしに始まり、学校、職場、コミュニティを含めた世間での生活に至るまで、あるがままの世の中に適応する方法を学ぶことが求められた。あらかじめ定められた役割を引き受けて、ほとんどの部分をその役割によって定義された生活を送っていた。

魂の復活によって、私たちはまったく別の道を歩み始め、今いる場所で嘘偽りのない本物の人生を生きてみたいと考えるようになる。ただし、そのプロセスは必ず何らかの痛みを伴うものだ。卵の中で長い時間を過ごしていた真の自己《トゥルー・セルフ》は、外に出て光を浴びることを許されると、目の前に広がる大きな世界に怯えてしまうことがある——それどころか、私たち自身が脅威となることも考えられる。自我との交流のために使われていた場所によちよち歩きの生き物が現れて、「自分にだって理性がある」と宣言したら、世界のほうが方向感覚を失ってうろたえてしまうかもしれない。初めのうちは自分の欲求を主張するほどの潔さを持ち合わせていない人が多いのだから、なおさらだ。

自分が暮らしている世界の共同製作者になるためには、本物の勇気が求められる。この場合の勇気とは、完全武装で難局を切り抜けるのを常とする戦士のそれとは別種のものだ。ここでの勇気とは、無防備に自分をさらし、心を開き、武装を解除して、自分自身でいることから生まれるものだ——しかも、幼子としてではなく、自分という人間と、自分の行ないを充分に意識した状態でいなくてはならない。

英雄が、自分に忠実に生きる人生と、愛される存在としてコミュニティ受け入れられる人生の両方を実現させるのは珍しいことではないが、それは、世の中を自分に適合させるために勇気と想像力を誇示してささやかな創造活動を行なった結果なのだ。思想家のヘンリー・デイヴィッド・ソロー（一八一七〜六二年）は著書『市民の反抗』（文遊社）の中で、選挙に行って投票するだけではなく、あらゆる場面で意思表示を行なうことが私たちの責任だと語っている。これは、自分自身の人生を生きるという方法で、自分が暮らしたいと思う世の中に賛成票を投じるという意味だ。世界はこうやって形作られていく。つまり、日々の暮らしの中で私たち一人ひとりが下す決定が——大きなものも、ささやかなものも——統合されたものが、世界を創りあげているということだ。

心の声に耳を傾ける

こうした選択の中には、意識的に行なうものもあれば、無意識のうちに行なっているものもあり、選んだというよりは見いだしたという感覚が強いものもある。想像力を膨らませながら耳を澄まして次にすべきことを探り出すのは、生きるためのスキルの中でも最も重要なものの一つだ。この作業を祈りや瞑想の中で行なう人もいれば、散歩や、庭いじりの最中に行なう人もいる。何らかの創造活動を通して——おそらくは、日記をつけたり、絵を描いたり、陶芸を楽しんでいる最中に——自分の考えや感情を発見する人々も大勢いる。

「自分には創造性がない」「自分の直観が理解している内容を聞き取ることができない」——そう思っている人は、

それぞれのプロセスに耳を傾ける方法を身につけていないだけだ。それどころか、ごく早い段階で、想像の世界の情報を無視する方法を修得してしまった可能性もある。すべての人間が、絵を描いたり、文章を書いたり、彫刻を作るわけではないが、夢を見たり、空想に耽ったり、いたずら書きをした経験は誰にでもあるはずだ。夢や空想の中で物語をこしらえたり、いたずら書きの最中にイメージを思いついたりするのは、想像力の基本的な活動の成果なのだ。

想像力をコントロールしようとするのをやめて、自然に湧き出てくるものに――言葉、イメージ、象徴の奔流に――働きかけてもらうようにしておくと、心の奥に眠っていた英知を見つけることができる。同様に、自分の心に正直になれば、自分が創造したいと思っているものと、実際に自分が創造しているものが食いちがっていることに気づく機会が増えるはずだ。

たとえば、毎日の意識の世界では、ある特定の女性と親しくなって一緒に時間を過ごしたいと思っているとする。ところが、実際にはそういう時間を捻出しようとせず、彼女を怒らせるようなことをしてしまう。この場合、無意識的に彼女との友情を望んでいない可能性がある。少なくとも、現状に不満を持っていて、二人の関係が破綻するような状況を創っているところなのかもしれない。友情を終わらせて見直しを行なうか、改めて話し合いをしたいと望んでいるからだ。

自我は、苦労を感じさせずに延々と続いていきそうに見える創造の流れを、自らの判断と権限で停止させることがある。戦士の影響下にある時には特にその傾向が強く、何かと難癖をつけたがり、「得意である」という条件がなければ創造活動そのものにもいい顔をしない。ところが、想像力は魂から派生したものなので、優れたものだと判断する時の基準を二つしか持っていない。つまり、私たちが創ったものが「本物」で「美しい」かどうかが決め手になるのだ。ただし、魂にとっては、正真正銘の本物であれば美しさも備わっていることになる。人生の創造活動において私たちが創るものが正真正銘の魂から生まれたものであるのなら、その作品も必然的に美しいものになるはずだ。

創造の段階

始めは無意識のうちに創造活動を行なっているもので、「自分の身に降りかかっていることは自分の手で創っている」という自覚はない。見習いの魔法使いのように混沌と困難を創り出してしまうと、たいていはそれを環境のせいにする。誰かが「我々は自分の人生の創造者だ」と言っているのを耳にすれば、自分が非難されているように感じてしまう。この段階にいる人は、ただ単に、自我と魂の良識のちがいを理解していないだけなのだ。そのせいで、自分の作品に対する責任を引き受けたら、釈明の義務を負わされるにちがいないと恐れている。

次のレベルに到達すると、自我と一緒に意識的に〝自分の人生をコントロール〟するようになり、「正しいことをしよう」「自分が望むとおりの結果をもたらそう」と必死の努力をする。進路を阻まれて苦闘せざるを得ない場合もあるが、それでも懸命に前に進もうとする。疲れを感じることがあっても実際に成功作を創りあげ、そのおかげで、自分の努力に対して本物の自尊心を抱くことができるようになる。

ところが、破壊者や求愛者との出会いを体験すると謙虚な姿勢を強く意識するようになり、宇宙をコントロールするのは不可能だという認識を持つ。それどころか、意識的に何かをコントロールする機会すら減っていく。自分の運命は自分の意志でコントロールできるという幻想を捨ててしまうと、自分の想像力や、魂が自分の人生を創りあげていく独特の手法を受け入れるようになっていく。魂が物質的な成功に関心を示さないことは周知の事実であり、より深いレベルでの私たちの成長と発展を求めている。る痛みや喪失や苦しみは確かに自分で選んだものだったという実感が得られるかもしれない。それでもなお、あ

れほど過酷な状況にならなくてもよかったはずだ、決断を下す時に自分の意識がもっと発言してくれればよかっ

創造者のレベル

影	悲観的な環境や、限定的な機会の創造。強迫観念に囚われた創造活動、ワーカホリック
覚醒を促す声《コール》	白昼夢、幻想、イメージ、霊感のひらめき
レベル１	ビジョン、イメージ、予感、霊感を心を開いて受け入れる
レベル２	自分の本心が何を望み、何を行動に移し、何を創造したがっているかに目を向けてみる
レベル３	実際に自分のイメージどおりのものを創ってみる——夢を実現する機会を自分に与える

たのに、と考える可能性がある。

自我か魂だけに頼った創造活動は、どちらも満足のいくものにはならない。まずは、自我の創造活動に戦士のスタイルが反映されている点に注目してほしい。これは、熟練の腕と、葛藤や苦闘に満ちた過酷な労働が求められるということだ。自分の奥深くにある魂の現実に人生を創造する許可を与えてみると、今度は、創造のプロセスに対する自我の批判や助言を意識的に抑えつけるようになる。初めての時は特にその傾向が強い。しかも、自我の英知を抑圧する過程で、人並みの暮らしを送る、他人の反応に注意するといった、人として当たり前の関心事に相応の注意を払わなくなる場合もある。

どちらか一方だけに頼った創造活動を試した後で気づくのは、自我と魂の両方の英知に敬意を払って耳を傾けるのが最も効率がいいということだ。これこそが、イエス・キリストの「それならば、皇帝のものは皇帝に、神のものは神に返しなさい」(『ルカによる福音書』二十章二十五節)という言葉の真意なのではないだろうか。最高レベルに到達すると、自我の意識と魂との〝聖なる結婚〟を体験し、自我と魂の両方を満足させる人生の創造が可能になる。それによって、霊的な深みがもたらされ、人生や仕事や愛での成功を手に入れることが可能になるのだ。

私たちに必要なのは、心の奥底にある魂の現実に背かないようにしながら人生を形作り、その現実が表に浮かび上がって王国に活気をもたらす財宝となるのを見守ることだ。と同時に、自我に財宝の見張りを任せ、破壊や冒瀆、名誉毀損や不正使用といった行為から守ってもらわなくてはならない。

熟練を極めた最高レベルに——シャーリー・ルースマンの言葉を借りれば、「自分の身に降りかかることを意識して選ぶことができる人々と対等のレベル」に——到達するには、非常に特殊なレベルを意識する必要が生じてくる。つまり、自我と魂との障壁をほとんど、もしくは、一つ残らず取り払って、双方が一緒になることでもたらされるものを積極的に選ばなくてはならないのだ。これは、歴史上の今の時点では、めったに目にすることのない光景だ。ほとんどの人間は、限られたパワーを最大限に発揮ながら、意識の力で人生が進もうとしている方向に影響を及ぼすというレベルにとどまっている。

創造と意識

世界を共同で創りあげていくプロセスは、ある意味では、人類だけでなく、植物や動物、木々や星々や銀河系とも分かち合えるものだ。生きとし生けるものは、ただ存在しているだけで宇宙の進化のプロセスを助けることになるからだ。私たちは常に世界の創造活動に参加している。つまり、重要なのは意識してそれを行なうことなのだ。

ジェームズ・ラヴロックの著書『ガイアの時代——地球生命圏の進化』(星川淳訳、工作舎)は、地球が命を持った自己制御システムであるという先進的な仮定で科学の世界に衝撃を与えた作品だ。(4) ただし、ラヴロックも、「地球にも意識がある」とまでは言っていない。そう、確かに地球は生きている。ラヴロックの言うように、気温を始めとする諸条件を調節して自身の生存を確かなものとしているが、それはつまり、私たちと同じように世界の共同製作に熱心に取り組んでいるということだ。だが、だからといって意識があることにはならない。

世界には、「母なる大地には意識がある」とためらいもなく言い切る文化が数多く存在するが——ネイティブ・アメリカンの文化もその一つだ——、西洋の文化には、「意識を持っているのは人間だけだ」という考え方が根づいている。ジーン・ヒューストンは、両者の考え方を統合させて、人類は母なる大地の感覚器官、つまり、母なる大地の意識をもった臓器だという見方をしている。

地球や星々や銀河系に意識があると信じるかどうかは文化によって異なるが、人間は意識を持っていて、意識があるからこそ、固有の方法でものを創り出す能力が備わっているという点では意見が一致している。最も基本的な方法は、〝命名〟によって創造を行なう、つまり、言葉の力で思考の方向性を決めるやり方だ。

自分の体験を——音や言葉やイメージを使って——どう整理するかによって、私たちの世界に意味が与えられる。心理学者は以前から、人の成長がたびたび鈍化するのは自分が目にしたものによって人生に対する元型的な見方が形成されることが原因であると理解していた。たとえば、子供の頃に虐待を受けていた人間は、他人はいつ虐待者になるかわからない存在であり、自分は常に犠牲者であるという見方をするものだ。そういう人々は、自分で設定した基本パターンに適合しないものには気づかないかもしれない。さらに言えば、本人がこの筋書きを永続化させるような行動をとるせいで、彼らは何度も何度も虐待の被害者という立場に置かれることになってしまうのだ。

交流分析の専門家はこれを脚本《スクリプト》と呼び、人々が制約のある筋書きから解放されるための手助けをしようとしている。流派のちがいはあっても、心理療法士《セラピスト》たちは人々の能力を高めてさまざまな観点から世界を眺めることができるように務めている。

命名の威力は絶大だ。これは私が大学教授だった時の体験なのだが、三人の女子学生にある重要なレポートを書き直すように指導したことがある。三人のうちの一人は即座に犠牲者となり、自分を憐れみながら、私はいつもこういう目に遭うのだと不満を漏らした。もう一人はすぐに戦士のモードに切り替わり、障害を乗り越えるための作戦を練り始めた。三人目の(幼子の)学生は、自分の書き方に問題があったことにはまったく気づいていないようで、私を喜ばせるためだけにレポートを書き直した。三人とも自分の元型的な物語に操られているように見えた。

この体験は私を困惑させると同時に、アーキタイプの研究に取り組むための大きな原動力となった。それは、私が、人生に対する認識はその人の身に降りかかったことの結果だと言い切れるほど単純なものではないと気づいたからだ。自分の身に降りかかったことにどう対処したかがその人の人生観に帰結するのであり、だからこそ、どんな行動をとるのかが重要になってくる。皮肉なことに、事実を受け入れようとしなかった女性と、戦闘態勢を整えた女子のほうが、自分を犠牲者とみなした女性よりも良い結果を残したのだ。

意識の力を借りれば他人に自分の物語を書いてもらっている状況から脱し、少なくとも部分的には、自分で自分の物語を執筆できるようになる。通過儀礼によって憧れや痛みや愛を知るからこそ、想像力を駆使して、自分が果たすべき務めについてのビジョンを創り出すことができる。自我の力も強くなっていれば、スキルを活用してそれぞれのアーキタイプがより高いレベルに移行するようにコントロールして、私たちのビジョンが実現するように促すことができる。自我の助けがあれば、そのビジョンを充実させて、自分が生活している特定の時間や場所で自分の潜在能力を形にする具体的な方法を思い描くことが可能になる。魂が充分に成長していない場合は、ビジョンそのものが存在しないはずだ。自我の発達が遅れていれば、ビジョンが現実化されることはない――偶然が重なって奇跡が起こりでもしない限りは。

創造者の覚醒

創造者のアーキタイプが活性化すると、運命という感覚や、自分の人生のビジョンを育んでそれに沿った生き方をしなくてはならないという義務感を意識するようになる。ビジョンを実現できないと魂を失ってしまう、と怯える人もいるかもしれない。確かに、生きるか死ぬかの瀬戸際に立たされているような気分を味わうにちがいない――ただし、命を脅かされているのは肉体ではなく魂のほうなのだ。

創造者は、まやかしの役割から脱却して自分のアイデンティティを主張できるように、私たちの背中を押してくれるアーキタイプだ。創造者が活性化している最中は、絵を描かずにはいられないアーティストや、言葉を綴らずにはいられない詩人のように、人生を創造しなくてはという思いに駆り立てられる。偉大なアーティストや詩人が金銭や権力や社会的地位に背を向けて創造活動に取り組むように、創造者が活性化すると、少なくとも、名もない人間として貧しく孤独な人生を送ることになっても本来の自分の姿を見失わずに生きていこうという覚悟ができる。もちろん、本物の自分として生きる道を選んだ人間が必ずそのような代償を払うとは限らない――それどころか、世の中に名前を知られ、裕福になり、友人や愛する人々に囲まれて暮らしている人は大勢いる。いずれにしても、どのような犠牲を払っても自分の生き方を貫くという覚悟こそが、自分に忠実に生きるための唯一の道なのだ。

「自分の細胞にはなすべきことが符号化されている」「自分が地球に生まれてきたそもその理由があるはずだ」といった感覚が生まれてくるのも、創造者のアーキタイプならではの特徴だ。その理由とは、特別な使命なのかもしれない。あるいは、社会やあなたの愛情対象となる人々に尽くすこと、なんらかの方法で癒されること、重大な教訓を学ぶことなのかもしれない。と同時に、それはあなた自身の進化に関わることでもある。

私たちはそれぞれに、自分が生を受けた時代の難問を解決して、今よりも人間味にあふれた美しい世界を創るためのパズルのピースを持っている。何かを実行した時に、親しみだけでなく心の底から「ここに真実と正義がある」と思えるものがあれば、そこから自分の役割を知ることができる。愛情を感じるものや、充足感を得られるものでもいい。周囲で起こるものはもちろん、自分の中で崩壊が起こった時に何にしがみつくかによっても明らかになるはずだ。

美しいものを創るのが大好きな人々がそれを実行に移せば、私たちは美しい世界で暮らすようになる。全員が清潔さと、秩序と、整理整頓を愛するようになれば、私たちは清潔で整然とした世界で暮らすようになるはずだ。全員が病気を治したいと願って治療を受けるようになれば、私たちは今よりも健全な社会で暮らすようになるだろう。世界の飢餓を気にかける人々が、独創的なアイデアを分かち合って問題解決のために立ち上がれば、飢えに苦しむ人間はいなくなるはずだ。

私たちの一人ひとりの中で符号化されている魂の英知は決して誤ったものではなく、私たちが求めてやまないものこそが自分がなすべきことだとわかれば、力を合わせて今よりも良い世界を創ることができるだろう。だが、だからといってあなたの意識が答えを知っているとは限らない。地図を与えてもらえる人がほとんどいないことは確実なのだ。刻々と変わりゆく自分のプロセスをどの程度まで信頼するかによっても変わってくるが、公正で本物だと思えることを行動に移していれば、徐々に自分が目指す姿に近づいていけるだろう。

男性神と女神と創造のプロセス

世界の伝統的な宗教には、創造者としての男性神と女神のイメージがあふれている。創造者として最初に偶像化されたのは古代の女神たちであり、宇宙を産み落とした存在と見なされていた。洋の東西を問わず、最古の宗教芸術は女性の出産のパワーを讃えたものと決まっている——子供だけではなく、工芸作品や文学や発明品、宇宙までをも産み落とすことができると考えられていたのだ。こうした古代の文明で女性性が崇められたのは、出産のパワーはもちろん、母乳をつくって赤ん坊に乳をやり、月経期間には出血しても命を落とさずにいるという能力も原因だった。

女神の息子や恋人も神聖な存在として讃えられたために、生殖力を持った聖なるカップルというイメージが加わることになった。官能的な性の交わりによって命を生み出すカップルのイメージは、恍惚感や喜びや楽しみという、人生と創造活動の本質を際だたせるものだ。言い換えれば、創造とは最高のセックスを彷彿とさせるものでもある――喜びと愛にあふれ、双方が快楽を得ることができるからだ。生命の本質を理解する根底にそのようなイメージがある文化を思い描き、そこで暮らす自分の姿を想像してみてほしい。

時の流れとともに、宇宙の創造は、母体からの誕生という自然の法則に則った肉体のプロセスでも、聖なるカップルの至福に満ちた結合の成果でもなく、精神的なプロセスとみなされるようになった。つまり、旧約聖書に登場する父なる神ヤハウェが「光あれ」という言葉の魔力で世界を創りあげたという考え方だ。これは、言語と知識の力で創造を行なう神の言葉《ロゴス》の威力である。同様に、智の女神アテナは成長した姿でゼウスの頭から飛び出してきたと想像されていた。

私たち一人ひとりの中に神がいるというのなら、それはどのような神なのだろう？　内なる神が出産のようなプロセスを介して創造を行なうのなら、その作業は愛と喜びから始まるにちがいない。ただし、受胎が完了すれば、神は支配権を手放してそのまま子供の誕生を待つことになる。この仮説では、強烈な体験や感覚は期待できても、創造のプロセスをコントロールできる場面はほとんどない。内なる神が、イエス・キリストやディオニュソスのように十字架に架けられたり手足を引き裂かれたりしてしまうと、復活と解放の瞬間を迎えて新たな現実が完成するまでは、苦しみに支配された創造活動を余儀なくされる。内なる神が王や聖職者であり、命令によって強引な創造が行なわれる場合は、統制は行き届いていても情熱に欠ける作業となるだろう。

私たちの中に男性神や女神がいるというのなら、その姿を思い浮かべ、外界であなた自身の聖なる自己に匹敵するものを見つけてみるといい。さらには、アーティストや、彼らの創造プロセスに関する解釈から何かを学ぶことによって、人生の創造や出産というプロセスをより明確なものにすることができるだろう。

芸術形式としての人生

ジェイムズ・ジョイスは著書『若い芸術家の肖像』（丸谷才一訳、新潮社）の中で、芸術家を神と想定した。この神は、自分の作品の上にいて、完全にコントロールされた、関心のなさそうな客観的な態度で「爪でも切っている」そうだ。これとは逆に、アリス・ウォーカーは、『カラーパープル』の登場人物であるセリーとシャグについて、二人が目の前に現れて自分たちの物語を書いてほしいと頼んできたと語っている。ウォーカーの文章からは、二人の物語にふさわしい小説を生み出そうと奮闘した真摯な想いが伝わってくる。

人生の創造においては、芸術に関する古典的な取り組みとロマンチックな取り組みの両方に目を向ける必要がある。前者からは印象に残る表現力と統制力を、後者からはひらめきや情熱を学ぶことができるからだ。創造に関しては、感度の高い想像力を働かせて、芸術の女神ミューズとの出会いを体験する。ミューズがいなければ、創造性が芽生えることはない。どれほど知的で創造性にあふれている（あるいは、過去にそうだった）人間にも、価値のあるものを何一つ創り出すことができない不毛の時期がある。

それとは逆に、ミューズの訪れでひらめきを得たとしても、作業が杜撰で未熟な場合もある。表現力と統制力、古典的な伝統で強く打ち出されてきた客観的な距離感は、創造の仕上げには欠かせないものだ。偉大な芸術作品は、ほぼまちがいなく、懸命の努力とミューズの訪れとの融合《マリッジ》によって誕生している。理想としては、感度の高い想像力を働かせながらプロジェクトに取りかかり、格式を統制することに焦点を当て、創造的表現力を駆使しながら仕上げをする、という形が望ましい。

人生についても同じことが言える。懸命に働いて生きるための技術を身につけようとするのが自我である。懸命の努力や愛情や喪失によって魂という神秘の世界に入っていくと、心を開いて、恩寵やミューズやひらめきを受け入れることができる。ひらめきとスキルを融和させれば、偉大な芸術作品にも劣らないレベルの人生を送ることができるのだ。

芸術家と神秘主義者は、どちらも、童心のまま物事を考える方法を身につけている——つまり、仏教徒が〝初心〟と呼ぶものを持ち続けているのだ。そのおかげで、創造力を阻んでしまうような先入観の制限や排除が可能になる。子供というのは、ごく自然にのびのびと創造性を発揮できる存在だ。私たち大人にそれができないのは、ただ単に創造力を阻まれてしまっているせいだ。過去や未来のことで頭がいっぱいで、心を開いて今という時間を楽しむことができずにいる。必要なのは、子供の頃にはあたりまえだったものを取り戻すことだけなのだ。

世の中には、自分の人生をのびのびと——子供が何かをこしらえるように——創りあげ、天衣無縫で開放的な姿勢のおかげで際だった存在感を発揮する人々がいる。新しいことを体験するたびに創造性と新鮮さを感じることができたら、日々の暮らしはどれほど活気に満ちたものになるだろう。それでもなお、偉大な作品を創りあげるためには成熟とスキルと英知が必要だ。

一方では、創造のプロセスを制御と自然発生の結合とみなす人々もいる。自分が目指す方向についてのおおよその見当だけをつけておいて、細かい部分が無意識の創造活動として表面に浮かび上がってくるのを待ち、より意識的な部分の隙間を埋めていくというやり方だ。彫刻家が自分の作品について語る時に、木や石の中に閉じ込められていた姿を解き放っただけだと表現するのは珍しいことではない。心理学者や心理療法士《セラピスト》、教師や牧師の中にも、自分たちの仕事を、埋もれていた自己や個人の潜在能力を発見し、その能力が今後の介入に役立つ鍵となるかどうかを一目で見抜くことだと考える人々がいる。

眠っている能力を見つけて命名を行なうのは、解放という創造活動の第一段階にあたる。「これが自分だ」と思える姿を——自信のなさそうな態度や堂々とした態度の下から、身についてしまった習慣や社会的な条件付けの下から、外見やペルソナの向こうから——発掘し始めた時に、ようやく、自分の行動が、個人や集団や世界の魂を萎縮させるのではなく拡大させるための助けになっていると確信できるようになる。それから、二番目の段階として、生活や仕事の場でより大きな幸福に効果的な方法で貢献できるような、スタイルと品性を兼ね備えたスキルを身につけていく。

創造的な人々の中には、科学的なプロセスに着目する人々もいる。彼らにとっては、この、三番目の経験的段階が（すべての創造活動の一部であるべきものだが）もっとも重要なのだ。彼らにはビジョンがあり、そのビジョンに基づいて行動したら何が起こるかという実験を行なうようになる。次に、実験から得られたデータを分析し、その結果に応じて自分のビジョンに修正を加えていく。こうやって経験的なフィードバックをくりかえす作業は、科学者や発明家や数学者の人生にだけでなく、個人の人生にとっても重要なものだ。自分の行動が引き起こす結果が予想と大きく異なるようなことがあれば、自分の仮説を見直してビジョンを作り直したいと考える可能性があるからだ。

美しい人生を創造したいと望むのなら、自我のスキルを無視するわけにはいかないが、自我の傲慢で軽薄な一面とは縁を切らなくてはならない。創造のプロセスは、それ自体が一つの発見の方式になり得るものだ。こうしたプロセスでは、自我の問題が——永遠や不死を追い求める懸命の努力でさえ——顧みられることはないが、それは、自己が宇宙と結びついて生きているせいだ。私たちが創るものは自分と分かちがたく結びついている。私たちの創造活動は「これが自分だ」という意思表明であり、自分という人間や、自分の考えや知識を発見する手段なのだ。私たちを活動に駆り立てるのは、身のまわりのものや創造という行為そのものに対する喜びや愛情だ。

そこまでくれば、人生の創造が、物を創るというよりはプロセスそのものを楽しむ行為に従事するものとなる。最終状態まで——より大きな幸福に貢献できるようなすばらしい人生を築きあげるところまで——漕ぎ着けなくても、大いなる喜びを実感することができるだろう。プロセスそのものが喜びをもたらしてくれるのだから。

自我と魂のダンス

至宝と呼ばれる類の芸術作品は、魂の真実から創造した人生がどのような様相になるかを教えてくれるものであるが、誕生までには、魂と自我の調和というプロセスを踏んでいる。その調和があまりにも見事なせいで、私たちは、自分が一糸乱れぬ動きを見せる二人組のダンサーになったような、あるいは、一人のダンサーの体内で統合されて芸術的な美を備えたパフォーマンスに昇華されていく二種類のエネルギーになったような気分を味わうことになる。創造に打ち込んでいる最中は、仕事に取り組んでいる気分になったり、必死の努力や過酷な労働に耐えているように感じたりするとは限らない。〝ダンスをしているように〟思えることもある。

魂だけを頼りに創造を行なうのは危険な行為だ。魂が肉体の求めに鈍感なことは周知の事実で、体が壊れるまで創造や仕事やダンスに没頭させられることになるからだ。生命体の健康を気遣うためには、自我を活性化させなくてはならない。映画『アマデウス』（一九八四年製作）を観た人であれば、死の床に就いたモーツァルトの姿を真に迫った悲痛な場面として記憶にとどめているはずだ。モーツァルトは病をおしてあの偉大な《レクイエム》を完成させ、それから死んでいく。あの映画で描かれていたモーツァルトは、魂を頼りにして比類のない名曲の数々を創り出した。だが、自我の英知が不足していたせいで健康や資産を管理する方法を身につけることができず、自我の力がなかったために、作曲を続けなければ深刻な病を治すことができないという状況下でのプレッシャーをはねのけることができなかった。そうやって若くして命を落とし、長く充実した人生や、これから創り上げるはずだった音楽の世界を奪われてしまったのだ。

同様に、現代では、創りたいもの、実行したいこと、買いたいものについて素晴らしいアイデアが巷にあふれているせいで、多くの人々が燃え尽きたり、人生の複雑さに圧倒されたりしている。新たな活動を考え出して挑戦してみるよりも、良識を働かせて経費を切りつめ、活動の機会を減らすことが必要だ。

芸術作品としての人生の創造は肉体と精神と心を慈しむ力に左右されるものだが、その関係の深さを知ってもらうには、創造活動をダンスに例えるのが一番だろう。健康で力強い肉体がなければ、ダンサーはうまく踊ることはできない。自分が踊っているのではなく誰かに踊らされているような気分をダンサーが味わっている時、その踊りはまちがいなく最高の域に達している。ダンスや音楽［魂］がその場を支配しても、鍛えられて高度な技能を身につけた肉体［自我］は、ステップを踏みまちがえず、疲れも知らずに踊り続けることができる。自我と魂がうまく統合されていれば、創造活動は、人生や芸術作品を創りたいという魂の要求が優先されて肉体が無視される苦しみとしてではなく、詩人のウィリアム・バトラー・イェイツ（一八六五～一九三九年）が謳ったような、有機体の「開花」として体験できるのだ[5]。

そのような熟練の喜びが体験できれば、帰還の準備は整ったことになる。旅を終え、財宝を持ち帰って王国の改革に力を尽くさなければならない。そのためには、自分の人生の統治者は自分以外にはいないと理解しておく必要がある。

EXERCISES　エクササイズ

あなたの人生において、創造者が、いつ、どこで、どうやって、どの程度現れているかを考えてみよう。

❶創造者が現れるのは多いほうだろうか？　それとも少ないほうだろうか？　昔と今とだったら、どちらが現れる機会が多いだろう？　今後は今よりも表面に出てくる機会が増えるだろうか？　次の中で現れる頻度が高

いのはいつだろう？　職場にいる時、自宅にいる時、友人と一緒にいる時、夢や幻想の中。

❷友人、身内、同僚といった人々の中で、創造者のアーキタイプに影響を受けていると思われる人は誰だろう？

❸創造者の現れについて、あなたが望むものと違っているところはあるだろうか？

❹それぞれのアーキタイプは異なったやり方で現れるので、じっくりと時間をかけて、あなたの人生で現れている創造者や、現れる可能性がある創造者を、文字や映像で（たとえば、絵を描く、コラージュをつくる、特別な服装やポーズで映っているあなたの写真を使う）描いてみよう。どんなふうに見えるだろう？　どんなふうにふるまっているだろうか？　最もくつろいでいるように見えるのは、どのような状況の時だろう？

DAYDREAMS　空想の世界

一日単位でも週単位でも時間単位でもかまわないので、未来のどこかで、心から好きだと思えることを実行している理想的な時間を想像してみよう。その時の舞台背景や、そばにいる仲間や、具体的な活動内容を思い描いてほしい。あなたはどんなふうに見えるだろう？　どんな服を着て、どんな気分でいるのだろう？　できる限り詳細に思い描き、知覚的な情報（視覚、触覚、味覚、嗅覚、聴覚で感じ取ったこと）も忘れないこと。

＊

魔法の杖を使って自分や他人のために世の中を変えられる力を手に入れた、という想像をしてみてほしい。自分が変えたいと思うものを思い浮かべたら、夢の世界にとどまったまま、魔法の効き目を見届けられるようなドラマを展開させてみよう。時間をかけて魔法の結果を吟味して、成功例を楽しみ、失敗例を嘆いてみよう。

第四部

The Return——Becoming Free

帰還——自由を手にするために

第14章 統治者

The Ruler

HMIの得点
（統治者）
点
12アーキタイプ中、上から
番目

物語やおとぎ話や伝説の中には、主人公が――数々の試練や冒険を切り抜けてきた庶民と想定されている人物が――長い間行方知れずになっていた王の息子や娘だったことが判明する、という結末のものが数多く存在する。なんらかのいきさつで親元から引き離されて庶民の手で育てられるというのは、古い物語の英雄たちの生い立ちとしてはおなじみのパターンだ。もちろん、その土地の最下層の人々との暮らしでは、謙虚な心や共感の気持ちが養われ、庶民が直面する難題についての知識も蓄えられる。偉大な指導者になるためには欠かすことのできない体験といえるだろう。

英雄の旅《ヒーローズ・ジャーニー》は、往々にして、指導者になるための準備期間とみなされる。例を挙げてみよう。漁夫王《フィッシャー・キング》の伝説で見てきたように、王国が荒廃した土地として描かれるのは、王が傷を負っているか、癒えない病に苦しんでいることが原因とされている。若き英雄が探索の旅に出かけ、ドラゴンを倒し、見つけた財宝を持ち帰って滅びかけていた文化に新たな息吹を吹き込む。英雄の帰還によって王国に変容がもたらされ、若き英雄が新しい統治者になると再びかつての活力が蘇る。このパターンを忘れて、指導者になるための準備期間をスキルを磨くことだけに費やしていると、その分だけ、王国の統率力に翳りが見えるようになるだろう。真に偉大な指導者になるためには、その前に旅に出なくてはならない。

現代を生きる私たちが統治者になるためには、自分の人生に――内界の現実だけではなく、その現実をどのよ

アーキタイプ――統治者

目指すもの	調和のとれた豊かな王国（人生）
恐れるもの	無秩序、制御不能
ドラゴン／問題への対処	建設的な利用方法を見つける
課題	自分の人生に全面的に責任を持つ、心の奥の自己を世の中で表現していく方法を見つける
ギフト（特別な才）	統治力、責任感、言語能力

うな方法で外界に反映させるかについても――全面的に責任を負うことが求められる。これは、個人の暮らしが家族やコミュニティや社会に及ぼす影響についてもいえることだ。安穏とした暮らしを送っていると成長が止まってしまう可能性が高くなり、そうなると自分の王国が不毛の土地に見えてくる。それは、私たちの中で芽生え始めた新たな命を――新たな英雄を――新たな旅に送り出す時機が来たという合図なのだ。

　統治者は全体性《ホールネス》と自己《セルフ》の達成のシンボルであり、その点は、成長の途上で試行錯誤をくりかえす段階にいる時はもちろん、自分の人生を内面と外面の両方から変容させるだけの威力をもった自己表現が可能になってからも変わらない。統治者は、子供と老人の英知を統一させて活動的な緊張状態を保ち続けるアーキタイプであるからこそ完全なのだ。その緊張状態が緩んで不均衡が生じると、新たな旅に出かけ、王国の変革を可能にしてくれる新たな財宝を勝ち取らなくてはならない。

　統治者のアーキタイプには、子供と老人だけでなく、男性と女性という対極の組み合わせも包含されている。両性具有の君主は、錬金術における変容のプロセスが完了したことを象徴する存在だ。すでに見てきたように、卑金属（課題）から金（霊《スピリット》）のエッセンスを抽出するためのさまざまな化学的措置は、英雄の旅に置き換えれば、自我《エゴ》に支配された合意に基づく現実から、変容を可能にする霊《スピリチュアル》的な領域に入っていくまでの段階に匹敵する。最終段階は――王族や金や太陽に象徴される段階は――物質的現実における真実を明らかにすることで魂《ソウル》の真実を表現するという、成功者にふさわしい能力を表している。

統治者は、内面の調和と平和を手に入れることによって調和の取れた平和な王国を築きあげる。錬金術の特徴とされる信念体系は――内界と外界が互いを映し出す信念体系は――聖杯伝説にも象徴化されており、王と王国との関係はその最たる例と言えるだろう。

王族の責務と特権

統治者が活性化し始めると、私たちは統合された完全な存在になり、自分の人生に対して責任を持つ準備を整える。王国には自分の姿が映し出されているという事実から目を逸らさずにいれば、周囲を見まわすだけで自分の姿を眺めることができる。たとえば、荒れ果てた王国は、その人の内界に広がる不毛の土地を表している。王国が常に攻撃や侵略の危機にさらされているのは、戦士が境界線を守っていないことの証であるから、統治者は軍隊を招集しなくてはならない。王国に刺々しい空気が流れている場合は、援助者が充分なレベルで機能していないものとみなして援助者の育成に力を注がなくてはならない。逆に言えば、王国の繁栄は、内界の全体性《ホールネス》が達成されている時期を示している。

統治者が土地と結婚するという伝統は、統治者と外界の生命との官能的な結合を象徴的に誇示するものだ。統治者が物質的な繁栄のアーキタイプであることを考えれば、魂が人生の物質的側面と結合するという見方もできる。したがって、統治者は、目の前に存在するありのままの世界を生きていくための準備を整えなくてはならない。統治者の務めとは、秩序と平和、繁栄と豊穣を促進させることだ。つまり、健全な経済活動、国民から遵守される優れた法律、個々のアイデンティティの成長が促されるような環境、人的資源と物的資源の有効な活用を実現させなくてはならないのだ。

統治者は、こうした物質的側面の管理能力によって頂点に君臨するアーキタイプとされているが、それは、通常の物質世界の現実に対峙してもひるむことはないという統治者の性格が原因だ。統治者のアーキタイプが活発になると、私たちは物質的な世界でも緊張せずに自分自身の管理に取り組むことができる。職場や家庭、金銭や所有物といった物質的な領域でも、楽しみながら自分という人間を表現できるだろう。そうするうちに、こうすれば自分の要求が満たされるという確かな自信が生まれてくる。

責任感

現実主義者の統治者には、のんびりと幻想に浸っているような暇はない。それどころか、権力政治の仕組みを理解して、最低でもある程度の権力を振るわなくてはならないのだ。敵の脅威や邪悪な現実に対して幻想を抱くことはあり得ない。立派な統治者は内界と外界、王（女王）と国家が互いの写し鏡であることも理解しているものなので、自分に対しても幻想は抱いていない。統治者には、自分自身の影の自己を知り、影の自己を責任を持って引き受けることが求められる。

そうなれば、私たち一人ひとりが自分の人生に全面的な責任を負うことになる。だからといって、日頃の行ないがその人の身にふりかかることを左右すると言っているわけではない。ただ単に、私たちは自分の人生の君主であり、どのような状況に直面しても自らの責任でその場にふさわしい行動を取らなくてはならないということだ。

国家というものがそうであるように、私たちの王国には貧しいものも豊かなものもある。天然資源に恵まれている国もあれば、資源が乏しい国もある。平和という恩恵に浴している国もあれば、敵意剝き出しの侵略者に四方を囲まれている国もあるだろう。いずれにしても、君主である以上はその両肩にすべての責任がのしかかってくる。場合によっては、独断的で感情に左右されない恐ろしい暴君や、傷を負った漁夫王《フィッシャー・キング》になってしまった自分の姿はもちろん、自分の心が再生や癒しを求めているせいで王国が荒れ地となってしまった事実を、責任を持って受け止めなくてはならないこともある。いずれの場合も、王国や自分自身の心《プシケ》を締め付けていた手を緩め、新しい声が聞こえてくるような環境をつくらなくてはならない。

権力と英知

統治者は、善行のためであろうと悪行のためであろうと、私たちに自分のパワーを主張するように求めてくる。多くの人々は、他のアーキタイプよりも強い力を持ったアーキタイプを――特に、統治者と魔術師を――恐れるものだ。善行のために発揮される力がそのまま悪事に転用されることもあり得るからだ。「自分の現実は自分で創る」という考えを受け入れるようになると、「私たちには、自分を行動に駆り立てる意識と同程度のものしか創造できない」こともわかってくる。

私たちが何らかの完成の域に到達しなければ、必然的に私たちの王国も不完全なものになってしまう。ただし、自分に備わっている英知と洞察に従って行動することを拒んだ者に残されているのは、自分のパワーを手放して他人に自分の運命をゆだねるという道だけだ。変容のプロセスにまつわる元型的な知識の大半が、人々が学べるようにさまざまな方法で――聖杯伝説、タロットカード、錬金術や占星術といった思想体系、主立った宗教の神秘主義的な教えという形で――象徴化されていた時代には、ごく限れた人々だけが英雄の道を歩き、結果として自分の人生の統治者になることを期待されていた。

実を言えば、そうした配慮がなされたのは、神秘の旅に出かける準備が整っていない人々になすべきことを理解させないためでもあった。たとえば、錬金術の教本は、故意に、口頭で秘伝を教え込まれた者だけが理解できるような文章で書かれていた。

　当時は、旅に出て自分の人生の統治者になることができるのはごく限られた人間だけだと考えられていた。だからこそ、中世の人々は王権神授というものを信じていた。王や女王は、奥義を伝授されているおかげで、神の声を聴いたり神の言葉を伝えることができると考えられていた。他の者は黙って従わなくてはならなかったのだ。

　当然ながら、そのような方法で神の英知とつながることができない統治者や、神との接触よりもうぬぼれや傲慢な態度のほうが目につく統治者は、たびたび権力を濫用する君主になってきた。だが、古代の統治者は偉大な神秘の教えの援助者でもあったのだから、彼らに倣った統治を行なえば、私たちも自我の要求や気まぐれに応じて安易に決定を下したりはしないはずだ。必ず魂の意見に耳を傾けるようになるだろう。心の奥にある深遠な知識が反映されるような生き方を選べばそれまでとはちがう人生を送るようになり、それまでとはちがう人生を送っていれば、周囲の王国に影響を与えるような波及効果が生まれてくる。

　統治者に人生を支配されていると、自らの王国に君臨する自分自身の姿を目にしたり、自分の人生を望み通りの姿に変えていくための活動の機会に恵まれるようになる。その規模の大きさと壮大さが、創造者のアーキタイプとは異なる点だ。創造者に人生を支配されると、日々の暮らしの中で新たな力や強い衝動を表現してみようとする——普通は、自分の行動がまわりの人々や自分の未来にどのような影響を及ぼすかということは深くは考えない（ただし、折に触れてパニックを起こすことはある）。日常のごく当たり前の関心事や責務を一時的に手放さなければならないように感じてしまう。

　統治者は、人生を創るというよりは、今の暮らしを維持して統治することに力を注ぐ。立派な君主や政治的指導者というのは、集団の幸福に共鳴し、個人の欲求や願望と他人の要求とのバランスを取ることができる存在だ。自分に必要なものを決める際には、社会全体の利益を考えることも忘れない。二流の暴君、扇動政治家、日和見主義者になりたいというのなら話は別だが、勢力範囲という大きな感覚で物事をとらえるようになれば、望み通りの人生を創りながら、家族や友人や同僚たちの暮らしはもちろん、社会全体をより良い方向へ導くことができるだろう。

これが、自分が送ってきた人生や、自分が築き上げてきた王国についての本格的な総決算を意味する場合もある。つまり、成功だけでなく失敗についても責任を負うということだ。と同時に、王国をどうしたいかというビジョンの創造に時間をかけて、そのビジョンを実現させるための具体的な手段をじっくりと考えるということでもある（賢明な統治者であれば、この務めでは必ず魔術師の協力を仰ぐ。ビジョンにかけては魔術師の右に出る者はいないからだ）。立派な統治者が計画も立てずに統治を行なうはずがない。さらには、それが他人との――つまり、別の王国の統治者として認められ、自分とは異なる予想や願望を持っている人物との――連携を意味することもある。

もう一つ覚えておいてほしいのは、統治者に人生を支配されている時はシンクロニシティを信じたほうがいいということだ。王国には私たちの姿が映し出されるのだから、わざわざ自分から変化を起こす必要はない。ビジョンを持ってそれに基づく行動を取っていれば、たいていの場合は、残りのピースが自然に所定の位置に収まっていくはずだ。

技能の習得と限界

心の中にポジティブな統治者が現れるのは、その人が世の中で役立つ何らかの技能を習得したことの表れだ。ほとんどの場合は、仕事、有形資産、金銭、日常生活の細々とした事柄といった物質的側面での習得を意味している。だからといって、その人が裕福になったとは限らない。金銭面で自分なりに満足できるレベルに到達したということだ。贅沢で派手な暮らしを選ぶか、品のいい（あるいは、質素と言ってもいいような）シンプルな暮らしを選ぶかは、本人の選択に任されている。いずれにしても、選択することが重要なのだ。

統治者は、繁栄を生むような様式を見つけて、自分という人間を心ゆくまで表現できる環境作りを助けてくれるアーキタイプだ。これが莫大な富を意味する場合もあるが、ほとんど何も持っていない状態でも王族の志を持てる能力を意味する場合も少なくない。ガンジー（一九一七～八四年）のような偉大な人物を思い浮かべてみれば、高貴な存在感や影響力や人を導き鼓舞する能力が、所有する物や銀行預金の残高とは何の関わりもないことが理解できるだろう。

統治者のアーキタイプは、権力そのものや、その人の権力の限界を正視するように迫ってくることが多い。君主であっても絶対的な権力を握っているわけではない――王国の財源や軍事力、政府や軍隊や民衆からの支持、統治者自身の能力によって、権力が及ぶ範囲が限られてくるからだ。統治者に人生を支配されて、自分の内面の現実や外界からの支援の程度が王国に反映されていることに気づくと、自分自身の限界と向き合わざるを得なくなる。

財源が乏しい、壕の警備が万全ではない、敵に城を侵略されている、宮廷には喜びが感じられない、会計は杜撰で地下室は足の踏み場もない、周囲の者への敬意が欠けている――そのような事態に陥ると、私たちは自分と正面から向き合うことを余儀なくされる。統治者のアーキタイプの力を借りれば、責任転嫁をして無為に時間を過ごすのは自分の尊厳を損なう行為だと理解できる。自分の能力不足や機能不全や盲点を否定するのではなく、そうした問題を直視して対応策を練るほうが威厳を感じさせる態度だとわかるはずだ。

統治者は自分の義務と王族に求められるものを理解しているので、抵抗するような真似はしない。心理学的な言い方をすれば、ギフトだけでなく自分の限界も受け入れ、さらには、死という運命を背負った人間の限界も受け入れるだろう。統治者のアーキタイプが比較的高いレベルで活性化している場合は、望みが叶わなかったことを嘆いてエネルギーを無駄に費やしたりはしないはずだ。精一杯の威厳を保ちながら、自分が手にしているものを使って関わりのある人々のために最善を尽くすだろう。

私たちの中にいる統治者は、意志の力ですべての問題を解決できるわけではないと認識している。時には、目の前に立ちふさがっている試練が自分のスキルの水準を超えているせいで、黙って敗北を受け入れなければならないこともあるだろう。ただし、偉大な統治者は、周囲の状況に打ちのめされている間もほとんど泣き言は漏らさない。そうする代わりに、「何か手を打てなかったのだろうか?」と自問して教訓を学び、次の機会に役立てようとする。

統治者が活性化するのは、「自分の人生は自分の責任で選ぶ」という主張を行なう時機や、これまで選んできた人生をそのままの形で発展させる時機が巡ってきたという合図なのだ。これは、好きな仕事と分相応の暮らしを両立させる、理想のライフスタイルと自分の能力のバランスを取る、自分が望む服装や行動と文化的に価値があると讃えられているものとの釣り合いを取る(その際には、他者に及ぼす影響についても何らかの責任を負う)、より大きな社会の幸福のためにどんな種類の貢献をするかを決める、といった行動にふさわしい時機でもある。

有能な統治者は、自分の好みや希望や夢を自分が置かれた状況と摺り合わせながら、現実的でいられるような選択を行なう。その上、善意の人でもある。不測の事態やネガティブな結果から身を守るために自分の行動が周囲にもたらす影響を考慮するだけでなく——これはとても重要なことではあるが——、自分の幸福と他人の幸福とのバランスを取るための努力も怠らないからだ。より高いレベルに到達した統治者は、自分の幸福と他人の幸福との間には矛盾が生じる必然性も潜在性もないという理解に至っている。ある人間が誰かを犠牲にして勝利をつかんだとしても、犠牲になった人間が敵になったり用済みの資源として廃棄されたりすれば、王国の損失を招いたという意味で両方が負けたことになるからだ。高い理想や、欲しいもので膨れあがった自分のイメージにしがみついたまま、現実の世界に歩み寄ることを拒んでいると、その人の才能が無駄になっているという理由で私たち全員が損害を被ってしまう(同様に、自分の人生の核となる部分を損ねてしまうと、自分のギフトを他人に分け与えられないという理由で、私たち全員が損害を被ってしまう)。そうなれば、王族の務めを果たす人間が一人もいなくなってしまうのは確実だ。だからこそ、統治者の神話では、傷を負った王（女王）を癒すという物語が主流を占めている。

影の統治者

自分や他人をコントロールしたいという欲望を抑えきれなくなって、プロセスそのものへの信頼を失ったように感じるのは、影の統治者に捕らわれている時だ。何かを支配したいと望むのは、私たちを深いレベルで満たしてくれるような王国を明示するよりも、支配力そのものや、権力、社会的地位、自己強化を求めていることが原因だ。影の統治者に捕らわれると、必然的に、純粋で人情味にあふれた健全な衝動から切り離されてしまうはずだ。それどころか、内面の現実がはっきりと認知できなくなったり、自分の魂《ソウル》の現実に取り憑かれて、他人の要求や、自分が暮らしている時代や場所が求めるものに歩み寄らなくなったりすることも考えられる。

影の統治者は恐ろしい暴君であり、何かが足りないという飢餓感に突き動かされながら、「まだ充分ではない」「他人の利益は自分の損失だ」と信じている。他人に自分のやり方を押しつけることも得意で、それがうまくいかないと癇癪を起こす。自分の計画を阻止されると、誰かを罰しようとする。「その者の首を刎ねよ！」と叫ぶ王や女王は、まさに影の統治者といえる。

邪悪な暴君の行動には、影の統治者に備わるすべての特徴が表れている。身勝手で、狭量で、悪意に満ちている――おまけに、想像力や知性に欠け、怠惰でわがままだったり、スパルタ式の厳格さや不寛容さを持ち合わせているという特徴もある。人生を優雅に楽しむ気持ちと仕事をやり遂げるための自制心とのバランスが取れなくなると、どんな人の言動にも似たような特徴が顔をのぞかせるものだ。自分の欲求と他人の欲求、自分の魂の要求と現実世界での責任とのバランスを見失った時も同じことが起こる。

影の統治者が、『スター・ウォーズ』に登場するダース・ベイダーのような、〝暗黒面《ダークサイド》に足を踏み入れた〟人物であることも考えられる。これが由々しき事態であるのは言うまでもない。自分の魂を見つけるために旅を始めたのに、旅の途中で起こった衝撃的な出来事によって心に深い傷を負い、自分のパワーや潜在能力の代わりに邪悪な力を身につけてしまうのだ。

充分に成長して世の中で自分のパワーを発揮するだけの力を蓄えた人の人生には、まずまちがいなく、誘惑の瞬間が訪れる——つまり、自分のパワーを自我の強化や、個人の快楽のためだけに使いたくなってしまうのだ。イエス・キリストや仏陀が体験した誘惑の場面には、英雄の旅では避けることのできない瞬間が描かれていると言えるだろう。

善行であろうと悪行であろうと、「自分にはこれだけのことを成し遂げるパワーが備わっている」という主張をすれば、概してそのような誘惑に直面するものだ。そこでまちがった選択をすると、むなしさを感じはじめ、不毛で活気のない人生を送っているように思えてくる。地獄に堕ちたような気分を味わうことすらあるだろう。自分のパワーを私欲のために悪用する人間や、自分のパワーを出し惜しみする人間は、すでに影の統治者に捕らわれてしまっている。いずれの場合も、自分の行ないを悔い改める必要がある。破壊者を呼び覚ますことができれば、こうした有害なアプローチや習慣や進路を排除することができる。求愛者であれば、有害な経験を変容の力を持った教訓に変えて、その後の行動に導き、正しい方向へ歩いていけるように助けてくれるだろう。

また、影の統治者が姿を現すのは、私たちが主張するパワーが多すぎるからではなく、少なすぎることが原因なのだと覚えておくことも重要だ。私たちは往々にして、内なるパワーを活用する代わりに、他人を支配するためのパワーを行使しているものだ。戦士が本当に重要なもののために（ただ単に勝つためではなく）闘うすべを身につけ、援助者が本質的なもののためだけに（ただ単に〝善良〟でいるためではなく）犠牲を払うすべを身につけることを求められるように、統治者は、名声や富を手に入れるだけでなく、豊かな王国を築いて私たち全員に幸福をもたらすためにパワーを使う方法を学ばなくてはならない。

狭量な（さらには、子供や従業員に威張りちらす）独裁者となったり、誇示的消費や、充実した人生の代わりに誇示的なライフスタイルに甘んじたりしていると、内側からの変革を求められる。その第一歩が影の統治者に取り憑かれることなのかもしれない。影の統治者はまちがいなくあなたや他人を傷つけるはずであり、（運に恵まれれば）そうやって注意を惹きつけられるおかげで、自分の人生や自分のパワーを主張する必要があると認識できるのだ。

トム・ロビンズの『カウガール・ブルース』（上岡伸雄訳、集英社）に登場するボナンザ・ジェリービーンは、天国と地獄という概念には（死後の世界についてどのような真実が含まれているにせよ）この世での体験が正確に反映されていると語っている。私たちが体験することには、自分という人間と、日々の選択が反映されているというのだ。「わたしが考えるに、天国と地獄はこの地上にともに存在している。天国はあなたの希望の中に生きているし、地獄はあなたの恐怖の中に生きている」[1]。影の統治者に捕らわれてしまうと、冷笑的になったり恐れを抱いたりするせいで自分のパワーを使って極上の夢や抱負を明示することができなくなり、結果的に程度の低い喜びに甘んずるようになる。もっと悪い場合は、消費行動に走る、社会的地位や権力を手に入れるといった行為で妥協してしまう。だが、方向転換をするのに遅すぎるということはない。私たちの中に地獄があるというのなら、天国についても同じことが言えるからだ。

調和の取れた王国を目指して

統治者は、うまくいけばとても環境意識が高い存在になる。王国のすべての資源を――人的資源や物的資源を――有効活用する方法を探し出すからだ。何一つ無駄にされることがないのだから、この能力が王国の繁栄と強さを支えていると言ってもいいだろう。私が好きな児童書に『ジェローム』という作品がある。自分のことを王子だと思い込んでいる一匹の蛙が、町の人々から、自分たちを脅して家を焼き払うドラゴンを退治してほしいと頼まれる。蛙がドラゴンと話をするところまで漕ぎ着けると、ドラゴンは自分は炎を吐き出すように生まれついているのだと説明する。蛙は、農家の代わりに町のゴミを燃やすようにドラゴンを説得して、王子にふさわしい(ことによると、王にもふさわしい)資質が備わっていることを証明する。全員が納得する結果が得られたからだ。

私たち一人ひとりの中にいる統治者は、常に、自分が支配している人々の潜在能力に目を配り、人々が自分に備わったギフトを効果的に活用できるような方法を模索している。統治者は秩序にも関心を持っている。王国が充分な生産性を発揮するためには、ある程度の調和を保ち、争いが起こった場合は力で抑えつけるのではなく生産的な解決方法を見つけなければならないからだ。そのためには、人々が、自分のギフトと他人のギフトはちがうものであることを認識して、お互いの力を正しく評価できるような手助けが必要だ。統治者は環境意識も高く、生産性を最高レベルまで高めるためには資源の無駄遣いは禁物だと理解している。最も嘆かわしいのが、人の命の無駄遣いだということも。

ただし、最初のレベルにとどまっている(自我のアーキタイプに人生を支配されている)統治者は、そこまで賢明ではない。ここでは、旅に出ることを意識する前は自分が自分の人生の統治者だったことを覚えておく必要がある。他の人々がすべてのパワーを掌握していたというのは、単なる思い込みにすぎないのだ。

二番目の、より成熟した自我のレベルに到達すると、自分の人生や他人の人生に対する責任を強く意識するようになるかもしれないが、責任感を主張する際には、王国の利益のために自分の一部を犠牲にするという方法が取られる。《学生王子》というオペレッタは、若い王子が農民の娘と恋に落ちる物語なのだが、王子は、即位が決まれば娘に別れを告げて自分の身分にふさわしい相手と結婚しなくてはならないことを承知している。王として果たすべき責務があるからだ。王子は、本当の自分に――王族の一員である自分に――従って行動しなくては

統治者のレベル

影	支配的、厳格、専制的、人を操る行動。恐ろしい暴君
覚醒を促す声《コール》	人生における資源、調和、支援、秩序の不足
レベル1	自分の人生の現状に責任を持つ。外界での欠乏となって表れている内面の傷や無力感を癒す方法を模索する。自分の人生や家族の人生を第一に考える
レベル2	現実の世界で自分の夢を明示するスキルを養い、そのための環境づくりを行なう。自分が属しているグループやコミュニティの幸福に関心を持つ
レベル3	資源《リソース》——外部のものも内部のものも——の徹底活用。社会や地球全体の幸福に関心を持つ

ならない。

象徴的なレベルで言えば、ここでは、王族としての責任を引き受けると情熱の多くをあきらめなくてはならないことが示唆されている。統治者は実際に、表面的な至福と、王族としての本当の自己に従って生きるというより大きな至福とを区別するすべを心得ている。そのためには、喜びとともに責務も受け入れなくてはならない。さらに言えば、どれほど魅力的なチャンスが巡ってきても、本来の自分にふさわしくないと思ったものは自分から進んで手放さなくてはならない。王族のパワーを主張するには、ある程度の自由をあきらめて、魂が必要だと訴えてくるものに忠実に生きることが肝心なのだ。

ウィリアム・シェイクスピアの『リア王』は教訓物語の要素を併せ持った作品であり、充分な活力があるうちに責務から逃れようとする統治者や、自己欺瞞に満ちたわがままな老人になり果てた統治者の身に降りかかる出来事が描かれている。統治者の人生は富と特権に恵まれたものだが、自分自身の人生を統治するという務めにも忠実に尽くさなくてはならない。この責務は自分から放棄できるとは限らないものであり、明晰な心と、ありのままの現実に自発的に立ち向かう意欲が求められる。

二番目のレベルにいる時は、援助者と戦士のアーキタイプを併せ持っているので、人生が過酷なものに思え、務めを果たすためにもがき苦しんだり犠牲を払っているような気分を味わうかもしれない。だからこそ、弱い人間、身勝手な人間、下劣な人間を非難したり排除する可能性が高くなる。彼らの適性やギフトを見つけるよりも、程度の差はあっても、彼らから逃れたり、彼らを排除することに関心を持つようになってしまうのだ。おまけに、王国との間にシンクロニシティが頻発する関係を築けないせいで、世の中を良くしようとする試みには大きな苦労がつきまとうことになる。

三番目のレベル――旅と魂の通過儀礼《イニシエーション》を体験するレベル――に到達すると、再び、パワーや責任感といった感覚は失われる。これは、〝自分の至福を追い求める〟ために責任を負っていた場所を立ち去ったり、愛や苦しみ、あるいはその両方によって通過儀礼を体験して一時的に自分をコントロールできなくなったりすることが原因だ。この時点では、世の中で自分のパワーを主張する感覚よりも、ただ単に物事を丸く収めることに興味を抱くようになっているかもしれない。逆説的ではあるが、そうやって自分の非力さを実感するからこそ、自分の傷を癒して魂を再生させるというプロセスを介して、健全なやり方で自分のパワーを主張する準備が整うのだ。宇宙の強大なパワーを前にした時の無力感は、特に大きな原動力となる。

このレベルでは王として君臨したいという意欲は失われる。これには、過ちを犯すという人間の性《さが》を受け入れた、自分以外の人間も統治者だということに気づいた、といった理由が考えられるが、決定的な要因は、一人で生きるのをやめたことにあるということだ。彼らは、一人で生きる代わりに宇宙の力と連携しながら生きようと努めている。これを、神の意志に従おうとする生き方とみなす人は大勢いる。それ以外の人々にとっては、心の奥底に潜む内なる英知に忠誠を誓うという意味になる。呼び名が何であろうと、この内なる力に自分をゆだねることによって、自分の体験が苦しみから喜びへと変容する。実際には、受け取る力と与える力があまりにも強大なせいで、物事が不思議なほどうまくいっているように思えることもあるほどだ。これには、宇宙や世界、コミュニティや家族や職場などの利益を自分のものとしてとらえる感覚が強くなったせいで、本人の願望から自己中心的なところや利己的なところがなくなり、充分に実現可能なものになったという単純な理由があるのかもしれない。

うまくいけば、より大きな王国の幸福は、人々がそれぞれのパワーを主張することによって他人と競争する必要を感じなくなった時にもたらされると気づくはずだ。人々はシンクロニシティが良い結果がもたらしてくれると信じるようになり、内面の調和を表に出して王国のひとつ一つの資源を有効に活用する方法を見つければ、苦労しながら一人ですべてをこなす必要はなくなると悟るだろう。

統治者と宮廷と継続的な再生

統治者は常に、頑なに昔のやり方にこだわり、そのせいで王国に損害を与えてしまうという危険につきまとわれている。邪悪な暴君にならないためには、一つには、旅に出かけて再生を果たすというプロセスを生涯を通じてくりかえす方法が挙げられる。それに加えて、統治者を他のアーキタイプで補完しながらバランスを取っていくことも大切だ。ここで登場するのが、宮廷劇でおなじみの、魔術師、賢者、道化（あるいは阿呆）といった面々だ。彼らは、古代の原始的な部族の中で族長と拮抗する働きを見せていた人物――つまり、シャーマンや老賢者やトリックスター――と、似たような役割を担っている。私たちも、夢の中や、日々の暮らしの中でその姿を目にしているはずだ。自分の人生の統治者になるのはそれ自体が大いなる勝利ではあるが、そこで旅が終わるわけではない。生活や仕事の場で生き生きとした印象的な毎日を送るためには、私たちの中にいる魔術師や賢者や道化を呼び出して活動させなくてはならないのだ。

EXERCISES　エクササイズ

あなたの人生において、統治者が、いつ、どこで、どうやって、どの程度現れているかを考えてみよう。

❶統治者が現れるのは多いほうだろうか？　それとも少ないほうだろうか？　昔と今とだったら、どちらが現れる機会が多いだろう？　今後は今よりも表面に出てくる機会が増えるだろうか？　次の中で現れる頻度が高いのはいつだろう？　職場にいる時、自宅にいる時、友人と一緒にいる時、夢や幻想の中。
❷友人、身内、同僚といった人々の中で、統治者のアーキタイプに影響を受けていると思われる人は誰だろう？
❸統治者の現れについて、あなたが望むものと違っているところはあるだろうか？
❹それぞれのアーキタイプは異なったやり方で現れるので、じっくりと時間をかけて、あなたの人生で現れている統治者や、現れる可能性がある統治者を、文字や映像で（たとえば、絵を描く、コラージュをつくる、特別な服装やポーズで映っているあなたの写真を使う）描いてみよう。どんなふうに見えるだろう？　どんなふうにふるまっているだろうか？　最もくつろいでいるように見えるのは、どのような状況の時だろう？

DAYDREAMS　空想の世界

自分が王国の（あなたの人生の）王や女王になった姿を想像してみよう。あなたが全権を握っているので、文字通り、自由自在に物事を変えることができる。当然ながら、政治的措置も考慮しなくてはならない。あなたの〝家臣〟が納得できるような賢明な命令を下す必要があるので、命令の内容を考えるところから始めてみよう。

まずは、あなたの領域――自宅、私生活、あなたに管轄権がある仕事の範囲――を対象にしてみることだ。次は、自分が法律の草稿や演説原稿を書いている場面を想像してみてほしい。あなたはそれを使って、自分の〝家臣〟に新しい政策を説明したり、近隣諸国の統治者から協力を取り付けたりしなくてはならない。

第15章

魔術師

The Magician

HMIの得点
（魔術師）

点

12アーキタイプ中、上から

番目

統治者のパワーは、平和で豊かな王国を築いてそれを維持していくためのものだ。一方、魔術師のパワーとは、意識を変えることで現実を変容させるためのものだ。良い統治者は、自分の人生の現状が魂《ソウル》の現状を反映し、魂に影響を及ぼすことを知っているからこそ、責任を持って王国との共生関係を続けているのだが、通常は自分自身を癒す力は持っていない。傷ついた統治者を癒す魔術師の存在がなければ、王国の変革は不可能だ。

マーリンとアーサー王の関係に見られるように、宮廷に仕える魔術師は統治者の助言者として活躍する例が少なくないが、王国に冷遇されている魔術師の場合は単独で活動することもある。社会で魔術師の役割を主張する人々は、シャーマン、魔女、魔法使い、治療師《ヒーラー》、占い師、祭司、巫女《みこ》といった呼び名で知られてきた。現代社会では、医師、心理学者、組織・人材開発コンサルタントがそれにあたり、投資の世界には〝マーケットの魔術師〟という呼び名まであるようだ。[1]

スターホークは、魔女術《ウィッカ》の伝統――土着的で、女神や女性を讃える魔術的な自然崇拝――を取り上げた際に、魔術を「意識を意志のままに変える技能」と定義している。[2] スターホークは、魔術は（「ビラ、訴訟、ストライキ」と同じような）「実務的な」ものにも、「意識を深め、心霊能力の発達を促し、直観力を高めるための古代の技法が網羅された」奥義を極めたものにもなり得ると説明している。いずれにせよ、魔術には現実を変えるだけの影響力がある――必死の努力が求められるような状況では、その変化が予想よりも早く訪れることもある。

アーキタイプ——魔術師	
目指すもの	期待以下の現実を期待以上の現実に変容させる
恐れるもの	邪悪な魔術（マイナス方向への変容）
ドラゴン／問題への対処	変容させる、癒す
課題	自己《セルフ》と宇宙との連携
ギフト（特別な才）	自分だけのパワー

現代の世の中では、魔術という概念を奥義ととらえる人が多いようだ。だが、ここで思い出してほしいのは、イエス・キリストやモーゼや仏陀が——実際には、偉大な宗教のすべての創始者が——定期的に奇跡を起こしていたことだ。彼らと同じ道を歩めば、私たちにも奇跡を起こせるかもしれない。そのような伝統の心髄は、「求めなさい。そうすれば、与えられる。探しなさい。そうすれば、見つかる。門をたたきなさい。そうすれば、開かれる」（『マタイによる福音書』七章七節）という教えにある。自分が望むもの、自分に必要なものは、自分から求めなくてはならない。

内なる魔術師

アーキタイプとしての魔術師は、どのような人生においても、ごくありふれた日常的な方法で姿を現わすものだ。イレーネ・クレアモント・デ・カスティリェーホは著書『女性を知るということ（*Knowing Woman*）』で、干魃《かんばつ》になると雨乞い師を呼ぶというインドの風習を取り上げている。雨乞い師は雨を降らせるような行動を取るわけではない。村へやってきて寝泊まりするだけだ——そうするうちに、雨が降ってくる。雨乞い師は雨を呼び寄せるわけではない。雨を受け入れるのだ。いや、あるがままを受け入れて肯定するという内面の空気が、雨が降るのに必要な環境を創り出すと言ったほうが正確だろう(3)。

アリス・ウォーカーの『カラーパープル』に登場するシャグにも似たようなことが言える。シャグは出会う人を一人残らず変えてしまうのだが、それは、シャグが自分のパワーを主張する女性であるという、ただそれだけのことがきっかけになっている。その程度のささやかな決意がさざなみとなって世の中に広がっていく。シャグは相手を変えようなどとは考えない。ピグマリオン計画に乗り出すわけではない。自分に忠実であり続けるだけで、自然に変化が起こるのだ。

毎日のように魔術の原理を応用しておきながら、本人には魔法を使っている自覚がないというのは珍しいことではない。興奮しすぎた子供をなだめるには、自分の内面を静めるのが一番だと知っている親は、まさに雨乞い師や治療師《ヒーラー》と同じことをしているのだ。病的な興奮状態がそうであるように、安らぎに満ちた心も他人に伝染する。誰にでも、安らぎと思いやりの空気を全身から漂わせ、時には、その人のそばにいるだけで気持ちが明るくなるような知り合いがいるのではないだろうか。それとは逆に、内界に混沌と絶望があふれ、その状態を周囲にまで伝染させてしまう知り合いもいるはずだ。そういう意味では、私たちはみな魔術師だと言える。

自分のギフトを主張する人々は、周囲の人々のために全員が幸福になる解決策を考えようとする傾向がある。もちろん、この傾向が最も顕著に見られるのは、世の中への貢献によって名前を知られるようになった人々だ。自分の個人的なパワーと使命を主張すると、結果的に、最も基本的な魔術を使うことになる。つまり、自分が変化と成長を遂げる過程で周囲の世界まで豊かにしてしまう魔術のことだ。民主的な社会では、これを実現するのは有名な〝偉人たち〟だけではない。私たち全員の務めなのだ。

内界と外界との共生関係を意識的に探っていけば、他にもさまざまな方法で世の中に影響を及ぼすことができる。内界がきちんと整理されていれば、外界に秩序をもたらす作業も容易になる（それとは逆に、冷蔵庫やクローゼットや机の中を片づければ心の中も整理できる）。同様に、平和な世界を望むのなら、自分自身が安らかな気持ちになるところから始めなくてはならない（それとは逆に、平和的な行動を心がけているうちにますます心が穏やかになっていく場合もある）。愛を求めるのなら、自分が愛情深い人間になるところから始めよう（それとは逆に、愛を受け取ることでより愛情深い人間になる場合もある）。

このように、内界と外界が互いを映し出す鏡となるのは、単純な因果関係によるものではない。カール・ユングが「意味のある偶然の一致」と呼んだシンクロニシティによって起こるのだ。そこが磁場であるかのように、内面の現実と一致するような経験が引き寄せられてくる。

魔術師にとっての聖なるものとは、空の高みから（自我《エゴ》の視点に立った時のように）私たちを裁くような存在ではなく、一人ひとりの人間や、自然、社会、地球、宇宙に内在するものだ。だからこそ、私たちの中にいる魔術師は、全体と結びついている感覚と、私たちの内面には自分の外側にあるものまで内包されているという理解を授けてくれるのだ。もう少し魔術の奥義を感じさせる言い方をすれば、大宇宙と小宇宙が互いを映し出しているということだ。人は皆、どこかの段階でつながっており、おそらくはそれがユングが集合的無意識と呼んだものなのだろう。魔術師の役割は、その段階を意識するすべを学ぶことなのだ。

サージ・キングによれば、ハワイの伝統文化では、シャーマンは自らを大きな巣を張りめぐらす蜘蛛とみなすそうだ。シャーマンは「宇宙のあらゆる場所に向かって糸を紡いでいく……（中略）……その姿は、糸にからめとられずに巣の上を動き回る蜘蛛を思わせる。ただし、蜘蛛とちがって、シャーマンは、彼の天からの恵み《マナ》の強さに応じ、糸を震わせて宇宙に存在するものに意図的に影響を及ぼす力を持っている」[4]。この震えには癒しの効果がある。私たち一人ひとりがより健全で生き生きとした存在になれば、その一挙手一投足がさざなみのように周囲に広がっていくはずだ。自分の殻に閉じこもって生気を失っていけば、その生き方も波及効果をもたらしてしまうだろう。

このような相互の結びつきを信じていれば、旅の途中で大きな手応えを実感できる。たとえば、流れに乗っているような気分を味わったり、望んでいるものが簡単に——海が二つに割れて道ができたように思えるほど簡単に——手に入ったりするのは、自分が魂の目的と統合されている合図であることが多い。それとは逆に、まちがった方向へ向かっていると、障害物が現れて行く手を塞がれてしまうこともある。(5)

それだけではない。魔術師の活動が活発になると、次々とシンクロニシティを感じさせる出来事に気づくようになる——たとえば、何かを知りたいと思っているとその内容をテーマにした本が膝の上に落ちてくる、会いたいと思っていた人に道でばったり出会うといった、意味のある偶然の一致が起こるのだ。

もう一つの世界へ

シャーマンがつかさどる儀式には別世界への旅が欠かせないものであり、これは、日常的な脳波であるベータ波の意識を脱して、アルファ波やシータ波といった別の脳波の意識や、幻想や、眠りの世界に入っていくことを意味している。こうした変性意識状態を体験するための手法には、ドラミング、瞑想、催眠、トランス状態でのダンス、深呼吸といったものがある。(6)

魔術師は変性意識の中に入っていって、その世界の現実を探索する。探索の舞台となるのは、白日夢や夢の世界、誘導空想における想像上の現実、瞑想によって得られた英知や予兆、トランス状態で体験した〝もう一つの世界〟といった場所だ。こうした変性意識状態は誰もが体験できるものだが、ほとんどの人はあまり意識せずに過ごす暮らしを選んでいる。

意識を研ぎ澄ました状態でこうした別次元の現実に入っていくのも、内なる魔術師を目覚めさせる一つの方法だ。自分の意志で、その現実の地理、物理的な法則と心理的な法則、そこで暮らす人間や動物たちの知識を習得できる。多くの人々はこれを〝明晰な〟夢の中で体験する。つまり、幻想の世界に入っていって夢の中の人物と意識的に交流を図ったり、意識的なトランス状態に陥って、覚醒した状態のまま想像力を活発に働かせたりするのだ。自分の人生に洞察を与えてくれるような誘導空想を体験した人々は、魔術師の営みの重要な部分を理解している。習慣的に瞑想を行ない、より深い英知に心を開いて超個的なものと結びつくことでその後の人生の質が大幅に改善されることを学んだ人々にも同じことが言える。毎日のように祈りを捧げ、神との対話は可能だと実感している信心深い人々も同様だ。

定期的な瞑想、祈禱、誘導空想といった体験は、自分が魔術師だとは考えたこともないような人々の心を開き、自分に理解できるとは思っていなかったことを――それどころか、左脳を使った通常のベータ波の意識ではとうてい理解できないことを――理解する手助けをしてくれる。現代風の言い方をすれば、そうした世界を目指して旅をしたり、そうした世界と通じ合ったりすることによって、人は潜在意識の情報や、左脳の知識や、ユングが「集合的無意識」と呼んだものの中へ放り込まれる。多くの人にとっては、自分という存在を超えて霊的な現実と結びつくことができる体験でもある。

想像力が活発に働いている――おそらくは、誘導空想の――世界では、ドラゴンに立ち向かって退治するという体験をするかもしれない。その体験が自信となって、通常の意識の世界で大きな試練を乗り越えることもあるだろう。幻想の世界での体験を利用して、内面の世界で同じ体験をしないように備えたり、幻想の世界での概念を現実世界で生かそうとしているうちに、ドラゴンとも、殺したり殺されたりする関係を超えた、もっと効果的な方法で関わっていく方法が見つかるはずだ(7)。

意識の中で魔術師が大きな場所を占めるようになると、未来の出来事を予示するような出来事を体験することがある――夢の中や、幻想の中や、直観がひらめいた瞬間に。中には、潜在意識では知っていたのに意識には表れていなかった現実に、予想もしなかった劇的な方法で気づく人もいるだろう。ある女性が、車でハイウェイを走っている最中に、いきなり「ハイウェイを降りろ」という声が聞こえた時の体験を話してくれた。言われた通りにするとその数秒後に大きな交通事故が起こったので、内なる声に耳を傾けていなかったら確実にその事故に巻き込まれていたはずだというのだ。納得のいく説明はつかないものの、その出来事は彼女に計り知れないほどの影響を及ぼした。アインシュタインが言ったように時間が相対的なものであり、私たち全員が結びついているのなら、過去や未来の現実を直観で理解することができても驚くにはあたらない。

世の中には、直観的な能力（もしくは、超自然的な能力）と洞察力の両方を鍛え、〝先のことを言い当てる〟という神秘的な技巧によって名前を知られる人々がいる。このような人は、霊能者《サイキック》として有名になったり、霊的《スピリチュアル》な人間とみなされる場合もあるが、鋭い勘を発揮してビジネスの世界で成功を収めるという幸運に恵まれる場合もある。私たちに必要なのは、心の声に耳を澄ましてどの声を信用すればいいのか見極めることだ。未来の出来事が実証してくれそうな思考やイメージや感情を捕らえたら、それを見失わずにいることが大切だ。

命名者としての魔術師

魔術師には命名のパワーも備わっている。自分自身や自分の物語に客観的で正確な名前をつけることができなければ、他人から見た自分のイメージや、突拍子もないことを言い出す頭の中の声に翻弄されてしまうだろう。私たちが最初に命名のパワーを主張するのは、創造者が活性化し、自分自身の声で自分の物語を語り始める時だ。ただし、これは進行中のプロセスにすぎない。他人の声を内面化して、頭の中から聞こえてくる（誰もが聞いたことがある）毒舌にいちいち耳を貸していると、彼らの（偶然による）邪悪な魔術によって〝無名の〟存在にされてしまう。

魔術師には物語で部族の歴史を語るという伝統があり、そのような物語の力を借りることで、コミュニティは

——そして、その一員である人々も——本来のあるべき姿を知ることができる。私たちの中にいる魔術師は、個人と集団の両方の人生を正直に描いた上で、本物の品格を与えてくれる物語を見つける手助けをしてくれる。そうした物語には癒しの力が備わっており、さらには、自分という人間にまつわる知識を次の世代に伝え、先人たちの過ちや功績を踏まえた人生を築いていってもらえるような力も持っている。

魂の視点に立った命名は、私たちに自信を与えてくれる。物事にどのような名前をつけるかによって、人生における経験が確定するからだ。愚かな真似をした子供を「ばか」と呼ぶのは、人を貶めるネガティブな行為だ。こうしたほうが良かったと思うことを教えてあげれば、その子に力を与えてあげられる。幻覚を見ている相手を「頭がおかしい」と呼ぶのは、その人を叩きのめす行為だ。自我の力を育めば頭の中のイメージを封印することは可能だと教えてあげれば、力を与える行為と自己破壊的な行為を区別する方法を学び、魔術師としての潜在能力を主張できるようになるだろう。

相手の人間性や可能性を貶めるような方法で命名を行なっていると、そのつもりがなくても、名前をつけるたびに少しずつ邪悪な妖術を使うことになってしまう。その人の可能性や自尊心、未来に希望を抱く能力を損なうようなやり方で名前をつけているからだ。最高レベルに到達した魔術師は、人に力を与え、選択肢が限られていて気力を奪われるような状況を新たなチャンスに変容させるために、命名のパワーを行使できるようになる。

ただし、邪悪な魔法使いにならないために、心にもないことを言ったり、道徳を守るといったさまざまな責任を回避するのは筋ちがいだ。たとえば、過ちを犯した時でも、自分や他人の非難の声をこんなふうに言い換えてしまう可能性がある。「人は誰でも過ちを犯すものだ。自分の過ちから学んでいるのだから、私は常に成長と変化を遂げているのだ」。場合によっては、「まちがったことはしていない」と自分に言い聞かせて、自分がその行動をとることになった理由や、自分が学ぼうとしていたことから目を逸らそうとするかもしれない。

シャーリー・ルースマンが、実に明快にこの仕組みを説明してくれている。ルースマンが『エネルギーと個人の力（*Energy and Personal Power*）』で取り上げている女性は、深刻な問題を抱えている男性と暮らし続け、心の中ではそんな自分を責めていた。ルースマンは、その関係を続けることで何を得たのかと彼女に尋ねる。彼女はじっくりと考えてから、自分たちの関係の不愉快な面を直視したからこそ、もっと積極的に世の中に出ていこう、学校に戻り、物事に関わっていこうと自分を奮い立たせることができたという結論を導き出す。逆説的ではあるが、埋もれていた自分の意欲に敬意を払って、自分を叩きのめすことをやめない限りは、不毛な関係を清算して、自分にとって大きな価値がある行動に乗り出していこうと思えるような健全な生き方を見つけることはできないということだ。

人生を変容させるためには効果的な方法がいくつかあるが、その一つが、自分の体験に対する命名の仕方を変えてみるというやり方だ。現代の社会には、衝動的に自分を責めてしまう風潮が深々と根を下ろしている。自分のことを「病んでいる」「無能」「不器用」と形容したり、過去や未来の失敗についてくよくよと思い悩むのをやめれば、それだけで、自分に全面的な信頼を寄せて、今まで選んできたものやこれから選ぶものはどれひとつとっても自分の成長と発展に欠かせないものだと理解できるようになる。そうすることで、人生に対する尊厳と冒険心を取り戻し、希望の欠片もないと思ってしまうような状況でさえ成長の機会に変容させることができるのだ。「自分の現実は自分で選ぶ」——さらには、「正当で信頼に値する理由があるからそうするのだ」——という信念に基づいて行動していれば、自然とパワーが漲ってくる。信じるからこそ自分の経験を新しい名前で呼ぶようになり、どのようなものであろうとも、そこからギフトを受け取ることができるからだ。(8)

現在では、自分自身や他人との対話で、ネガティブな言葉の代わりにポジティブな言葉を使おうと提案するアファメーションの本が数多く出版されている。どの本にも共通して書かれているのは、口にする言葉が自分の無意識を方向づけるという点と、無意識が行動に——本人に自覚があるものにもそうでないものにも——影響を及ぼすという点だ。自分自身と対話を行なう〝別世界〟へ入っていけば、その世界を変えることで外の世界での生活も変えることができる。是非とも試してみたいと考える読者には、現在時制とポジティブな言葉だけを使ってみる方法をお勧めする。たとえば、「これ以上ばかにならないように努力しています」と言いたくなったら、「私は聡明な人間です」と言ってみるといい。この分野の専門家によると、潜在意識というのは物事を額面通りに受け取ってしまうらしい。自分は努力をしている最中なのだと主張すると、無意識は延々とその作業に取り組み続けるだけなので、いつまでたっても目標を達成する日はやってこない。しかも、無意識は「ならないように」という言葉には耳を貸さず、「ばか」という言葉は絶対に聞き逃さないのだ。

ただし、何よりも大切なのは、こうしたアファメーションを利用して現実の問題を否定する方向へ走らないようにすることだ。アファメーションは精神《マインド》レベルに働きかけ、精神が物的世界に対処することによって機能する。感情レベルにも働きかけられるようにしないと、活動の機会が失われて、怪物のような影《シャドウ》を成長させるきっかけをつくってしまうおそれがある。だからこそ、何かを感じたり表現したりすることで、さまざまな感情が自由に全身を駆けめぐるようにしておかなくてはならない。意志の力では自分のネガティブな側面を取り除くことができない場合もあるはずだ——時には、魔術で変容させてもらうことも必要なのだ。

ポジティブ思考《シンキング》をいいように解釈して、自分や他人に損害を与えた責任を回避するようなことがあってはならない。実際に誰かを傷つけたのなら、自分自身や神に許しを請うべきであり、そうするのがふさわしいと思うのなら、傷つけた相手にも謝罪するべきだ。誠実な態度で許しを請うことができたら、次は、何らかの方法で罪を償わなくてはならない。アファメーションにも変容の力はあるかもしれないが、許しの心にはそれ以上の力があり、現実の否定という危険を軽減してくれるものなのだ。

悪魔払い《エクソシズム》と変容

古代のシャーマンたちは、人々の心に棲み着いた〝悪魔《デーモン》〟やネガティブな存在を定期的に追い払っていた。現代では最新の心理学が、私たちの心のネガティブな面は、すべてではないにせよ、そのほとんどが抑圧から生じたものだと教えてくれる。肝心なのは、ネガティブな感情を取り除くことではなく、安全な形で表に出して変容させることだ。

ネガティブな感情を表に出してみるだけでも、こうした変容が起こることがある。たとえば、泣きじゃくったり枕を叩いたりしながら心が落ち着くのを待っていると、必然的に突破口が開けて心がそれまでとはちがう感情の領域へ向かうものだ。涙が怒りへ、怒りが笑いへ変わり、笑いが神秘的な体験に様変わりすることもあるかもしれない。

ある時、前述の方法で怒りを吐き出していた一人の女性が、いきなり笑い出したかと思うと、心に残るような美しい曲を歌い出した。一連のプロセスが終了すると、彼女は言った。一度も聴いたことがない曲だったのに、心の中に自然に湧き出てきた。まるで星々と一緒に歌っているような気分だった、と。痛みと怒りを完全に吐き出したせいで痛みの形状が変わり、神秘的な受容と喜びがもたらされたのだ(9)。

自分の感情を充分に受け止める方法を身につければ、積極的な浄化を行なわなくても、感情的なエネルギーを変質させることが可能になる。さざなみのように寄せてくる感情の波に身を任せていると、最後には苦しみを通り抜けて喜びの境地にたどり着く。これは人間関係にも言えることで、怒りや痛みを吐き出しているうちにそれとは逆の感情が芽生え、以前よりも親近感や愛情が深まるということが起こり得る。

世の中には他人のエネルギーまで変質させてしまう人がいる。他人のネガティブなエネルギーを吸収して、愛情にあふれた癒しのエネルギーとして送り返すのだ。仏教徒が行なう瞑想の中には、「世の中の痛みを吸い込み、愛を吐き出すように」と教えているものがある。これは、自分の痛みにしがみついたり、痛みを味わいながら生きるのではなく、思いやりの気持ちを通じて変容をもたらし、まったく新しい形となったものを送り返そうという考え方だ。これを、その場の流れに身を任せるようにしながらごく自然にやってのける人々がいる。そういう人々は、ごく自然に他人の痛みを自分のものとして受け入れて、相手と一緒になってその痛みを体験する。終わった時には両方の気分が改善されているのだ。

痛みを体の中に閉じ込めておくと、流れが滞って生き生きとした暮らしが制限され、最後には体調を崩してしまう。そこには、それまで敬意を払っていなかった英知も一緒になって閉じ込められているはずだ。埋もれていた英知を解き放ったら――具体的な活動、メッセージ、浄化作用、ダンスといった物理的な解放を通じて――それを何らかの方法で表現する必要がある。だが、肉体や魂を救うには、自分の内なる知識に基づいて行動する以外に方法はない。私たちの体が閉塞状態にあるのは、ほとんどの場合、日々の暮らしの中で自分の変遷を明らかにしようとしないことが原因だ。自分の知識や願望に従った直接的な行動は、私たちが利用できる最も効果的な癒しの行為なのだ。

治療師《ヒーラー》としての魔術師

どうやっても自分自身を癒すことができないと感じてしまうと、人生の統治者としての責任を主張したり、自分の王国に内面の現実が反映されていることを確認したりする行為が大きな苦痛をもたらしかねない。だから苦しむ。外界での問題が内面の状態を反映したものであるとはわかっていても、治療師の助けがなければ、その状況を改善する力は得られない。したがって、大半の人には、外界で治療師を見つけてから最終的に内なる治療師を目覚めさせることが必要になってくる。

癒しは、パワーとエネルギーの源泉となる四つの領域――肉体《ボディ》、心《ハート》、理性《マインド》、霊《スピリット》――のいずれかで始まる可能性があるのだが、現代の治療師のほとんどはそのうちの一つの領域だけで務めを果たしている。だが、私たちが世の中に対して魔法のような力を発揮できるのは、この四つの領域が連携している時なのだ[10]。ネイティブ・アメリカンの偉大なシャーマンであるサン・ベア（一九二九～九二年）は、栄養価の高い食事と運動で肉体を鍛えることが大切だと強調している。さらには、心を開いて自分の感情に敬意を払うことで感性を、現実的なものの見方と厳密な思考によって理性を、霊的源泉《スピリチュアル・ソース》と結びつくことによって精神を鍛える必要があるという。そうした霊的な源泉と結びつくためには、自分自身の霊的修養の道を見つけなければならない。

タロットカードに描かれた古典的イメージの魔術師は、空と大地からエネルギーを導く存在だ。空は――霊感、夢見、ビジョンは――日常生活という現実の中にある土臭い大地に支えられていて、どちらも同じように大切なものなのだ。魔術師はそうやって、現実を変容させる力を手に入れている。

実際、ほとんどの人々は傷ついた統治者だけを癒しているわけではない。私たちはさまざまな場所で源泉《ソース》を――肉体、心、理性、霊のそれぞれの癒しの専門家を――探し求めている。その道のどこかで内なる魔術師が目覚めると、自分自身の癒しに対してそれまで以上の責任を負うために、健康的な食生活や運動の基本を学ぶようになる。さらには、それまで以上に明晰で、開放的で、親密な人間関係を築くための方法や、思考の正確さと厳密さを高め、自身の霊的源泉に忠実であり続けるための方法を学ぶことになる。

師《メンター》、導師《グル》、神々の力を借りる

癒しのプロセスでは、他人の力を〝借りる〟ことや、呼び覚ますことも可能であり、カトリック教会では聖人の祝福やパワーを求めて祈りが捧げられる。私たちにも、自分の導師《グル》や師、時代と共に進化を遂げている影響力を持った霊的な存在、男性神や女神の力によって癒しのプロセスを促進する能力が備わっている。そのような状況では、個人のパワーではなく、より大きな影響力を持った存在との関わりが癒しを可能にする。そうした関係は、「主イエス・キリストの御名において」という言葉で終わるやキリスト教徒の祈りや、神の恩寵、イエス・キリストやマリア、聖人、導師《グル》、師のパワーを呼び覚まそうとする行為に内在するものだ。

土着信仰の中には、シャーマンが動物の姿をした守護霊《スピリット・ガイド》に導かれるという伝統が数多く存在する。変容や癒しに必要なパワーを得るためには、魂を象徴する動物を見つける作業が欠かせないそうだ。シャーマンは定期的に聖なる動物の踊りを披露することによって――踊るというよりは、その動物の霊に自分の体を使わせることによって――自分たちの元にとどまりたいと思ってもらえるような理由を（肉体を使って自己表現をする機会を）提供するのだ(11)。

自分の力の源泉と尊敬に基づく関係を続けていくのは、内なる魔術師に生き生きと活動してもらためにはとても重要なことだ。もちろん、その源泉の正体が自分にも他人にも危害を及ぼさないポジティブなエネルギーだと確信しておく必要があることは言うまでもない。

自分のための癒しのサークルや仲間やグループを――つまり、自分と特別なつながりを持っている人々を――見つけておくことも必要だ。これは、私たち一人ひとりを、特別な人間や物体や動物、その人だけの霊的修養の道とつなげてくれる結びつきのネットワークを構築する作業の一環なのだ。

いくら努力を重ねても、実際には何の結びつきもない人間や物や組織と（常にそこにある宇宙の一体感《ワンネス》を超えてまで）本物の結びつきを築くことはできないし、本物の結びつきを断ち切ることもできない。玉葱の皮を剝くようなものだと考えてみてはどうだろう。最終的には、宇宙全体とのより深い結びつきを体験できるかもしれないが、無理やりそうする必要はない。始めは、ほんの一枚か二枚ほどの皮を剝いて、私たちにパワーを与えてくれる（さらには幸せな気分にしてくれる）ような――人や場所、時間、物、仕事、霊的修養の道との――特別な結びつきを認識するだけで充分だ。

有能な魔術師になるには、霊的にも、感情的にも、肉体的にも、人生という広大な蜘蛛の巣とつながっていることが大切だ。逆説的ではあるが、本物のパワーは、自分が地球や他の人々に頼ったり、自分の霊的源泉に依存しているという事実を認識したところから生まれてくる。だからこそ、伝統を受け継ぐシャーマンたちは、地球、東西南北の方位、誰よりも愛する人々（自分の師を含めて）、そして、そのすべてが授けてくれる霊的なパワーと意識的に結びついて感謝を捧げるという行為によって儀式を始める。

祈りが簡単な魔術の役割を果たすこともある。多くの魔術師たちは、必要なものを――健康、寛容、変容、資源を――手に入れたいと願い、その願いに対する答えを受け取るだけだ。イエスであろうとノーであろうと、その答えは、自分のものよりも大きなパワーの英知から導き出されたものなのだ。

儀式による変容

魔術師は、儀式を利用して意識を変えたり現実を変質させたりすることがある。式典《セレモニー》を催して部族を一つにまとめ、人々と霊《スピリット》との結びつきを強めるのは魔術師の務めとされてきた。儀式は癒しや変容の場として利用されることもある。望ましい変容の形を思い描き、集まった者たちの意識を、過去の現実から解放されて自分たちが望む新たな現実を迎え入れる作業に集中させる手段とされてきたのだ。

スターホークの言葉を借りれば、儀式の助けによって心《マインド》のパワーに意識を集中させれば「意識を意志のままに変える」ことが可能になる。儀式的な活動は、華美と簡素のいずれかに傾くものだが、それがかかわりの対象の変化を表現していることに変わりはない。効果的に執り行なえば、高校や大学の卒業式は人生の節目となる出来事になり、卒業生は学生から大人へと意識の転換をはかることができる。結婚式も、新郎新婦が個々の人間のペアとしてではなく一つのユニットとして認識される機会になるだろう。葬式は、故人を悼んで別れを告げる場を提供し、適当な期間を置いた後で、再び人生という課題に取り組んでいけるように力を貸してくれるものだ。

現代文化には、明確に定義された集団的儀式がほとんど存在しなくなっているが、独自の儀式を生み出したいと考える人々の追い風となりそうな風潮もある。数十年前から、少なからぬ人々が、自分たちの儀式に新しい名前をつけ、新たなアイデンティティを持たせるようになったのだ。中には、歳を取ったら（通常は五十歳から六十歳までの間）〝しわくちゃ記念式典〟を主催して、分別のある世代への仲間入りを祝おうとする女性たちもいる。こうした儀式は、重要な変遷期を迎えたことを周囲に知らしめて、老齢の女性に好意的なイメージを持とうとしない年齢差別の文化に堂々と立ち向かおうとするものだ。

宗教的な組織においても、単なる伝統の継承としての儀式ではなく、参加者の最新のニーズに応えるためにもっとおおらかで平等主義的な礼拝や儀式を行なう傾向が強まっている。カリスマ経営者と讃えられる人々は、効果的なミーティングを行なうためには、儀式的な要素で社員を結束させて共通のビジョンや目標を抱かせることが必要だという認識を持っている。

儀式が癒しの場として利用されることもある。例を挙げてみよう。ある女性の心理療法士《セラピスト》は、視覚化という技法を織り交ぜながら、クライアントに自身が抱える問題をさらけ出してもらっている。クライアントに魔法の杖を渡して、「あなたの問題が魔法のように消えてしまうところを想像してほしい」と告げるそうだ。他にも、簡単な悪魔払いの儀式を行なって、人間関係や悪習や精神的な問題を断ち切ろうとする療法士たちがいる。こうした儀式めいた療法を取り入れたからといって、クライアントの問題が〝魔法のように〟消え失せるわけではないが、準備を整えて効果的に行なえば、クライアントが肉体と知性と心を連携させて心理的愛着パターンから解放される可能性が高くなる。結果的に抵抗感が薄れ、楽観的で安らかな気分になった状態で、治療に役立つ作業をやり遂げることができるのだ。

現在では、西洋医学の医師たちの間でも、心《マインド》のパワーによって肉体の健康が左右されるという認識が広く受け入れられるようになっている。さまざまな癌治療の現場では、癌細胞が殺される場面や自分の体から出ていく場面を患者に思い描いてもらう、視覚化の作業も取り入れられている。自分が望む結果に意識を集中させる儀式も——集団のエネルギーを利用している場合は特に——こうした偽薬《プラシーボ》効果を生み出す可能性がある。これが誘因として適切に働くと、癒しの儀式によって奇跡がもたらされるのだ。

儀式には、グループ内の人々に親しみや結びつきを実感させる力がある。同じ儀式が長期間に渡ってくりかえされれば、歴史との結びつきを感じるようになるだろう。時代の要請に応じて変化を遂げるような儀式であれば、人々が今という時間を生きた上で、より自発的かつ創造的な方法で絆を深めるのに役立つはずだ。儀式が、個人や集団を宇宙のエネルギー［神の意志／流れ／力］と連携させるために利用されることもある。大勢の人間が一つの目標、変遷、癒しを支持して一体化すると、彼らの集団的エネルギーに変容の力が備わる可能性がある。儀式はそうやって人々の団結を促し、グループ全体で個人や集団の目標や変容を支えていく手助けしている。

魔術師がその人の本質のより深い部分と結びつき、それによって宇宙と連絡を取り合えるようにしておくためには、個人的な儀式が必要な場合もある。儀式での祈りや、瞑想や、センタリング瞑想の力を借りれば、意識を統一し、心の中の雑音に耳を貸さずに作業をこなすことができる。こうしたセンタリング・プラクティスの詳細については個人や流派によるちがいがあるのだが、目的は、自分の意識を、無意識、肉体と感情、より深遠な精神力との魂の結びつきや忠実性と連携させることにある。意識が、時間やなすべき仕事や宇宙のポジティブな力と連携していれば、通常は、そこでなすべき仕事が進み出すはずだ。進まない場合は、進路を変えて別の道を行けという合図だと考えていいだろう。

魔術師の旅の段階

魔術師は何らかの傷を負った状態で旅を始める。多くの場合、その傷は実際の病を意味している。自己《セルフ》を癒さなければ、他人を癒す方法を身につけることはできない。現代社会では、病気が――肉体の病、心や感情の病、何らかの依存症が――きっかけとなって、魔術師が霊的現実と向き合うことも珍しくない。

すべての魔術師が治療師《ヒーラー》だというわけではない。だが、それが何らかの感情や、何とかしてかなえたい望みであろうと、心の声やビジョンや予言めいた声であろうと、魔術師は自分の直感に耳を傾けるようになる。映画『フィールド・オブ・ドリームス』では、主人公の男性が「それをつくれば、彼がやってくる」という声を聞く。主人公が野球場をつくると、すでに亡くなっている偉大な野球選手たちが次々と集まってくる――そして、最も重要なのは、主人公の（亡くなってから何年も経つ）父親が、親子の関係を修復するような形で姿を現す点なのだ。

「これが正しい」という直観を信じて――まわりから、頭がおかしくなったのではないかと思われることは承知の上で――何かを始めると、内なる魔術師が目を覚ます。多くの魔術師たちは、幼い頃に心霊的《サイキック》な体験や神秘的な体験をしたが、まわりの人々がそうした現実を分かち合ってくれないことに困惑して、体験そのものを封印したり、口をつぐんでいようと考えたりするようになったと語っている。こうした場合は、過去の体験や予兆の力を人生の表舞台に呼び戻すために、心的外傷を伴う疾患や何らかの抑鬱状態に耐えなくてはならない可能性が高くなる。

私たちが、長期間にわたって内なる魔術師を避けたり否定したりするのは珍しいことではない。中には、魔術師があまりにも大きな存在に思えて、大舞台に立つのは嫌だと考える人もいるかもしれない。奇跡を恐れたり否定したりする文化的な偏見に立ち向かうことに不安を覚える人もいるだろうし、魔術師になるには孤独な道を歩まなくてはならないという思い込みから、孤立を恐れる人もいるだろう。さらには、自分には希望を感じさせる直観と自滅的で常識はずれの思考を区別する能力がないという、もっともな不安を抱く人もいるかもしれない。多くの場合は、謙虚な魔術師、周りから受け入れられている魔術師、他人と力を合わせて働く魔術師、正しい方向と誤った方向を見分けるすべを心得ている魔術師と会ったり、話を聞いたりすることで、ネガティブな気持ちが消えていくものだ。自分から指導者を探す、役に立ちそうな本を読んでみるといった方法も考えられる。

こうした待機期間が、駆け出しの魔術師が旅に必要な力と知恵を蓄えるための孵卵期間の役目を果たすこともある。魔術師になるには、大きな自我の力が必要なので、魔術師は自我のポジティブな面とネガティブな面の両方に傾きやすくなる。魔術を使うためには――自分に対しても他人に対しても――自我の力が必要だ。だが、修練の段階では、何らかの傲慢さやうぬぼれの餌食になってしまう可能性もつきまとう。それを身をもって体験したのが、アーシュラ・K・ル＝グウィンの『ゲド戦記――影との戦い』（清水真砂子訳、岩波書店）に登場するゲドだろう。魔法使いの弟子であるゲドは、自分の力をひけらかすために黄泉《よみ》の国から死者を呼び戻そうとするが、その最中に恐ろしい悪魔を呼び出してしまう。その時から、この邪悪な存在を地上から追い出すことがゲドの責務となる。ようやく悪魔を捕まえたゲドは、それが自分の影《シャドウ》であることを知るのだった。

悪魔が自分の影であることを認めると、影はゲドの人格に統合され、それによってポジティブなエネルギーの源泉となる。ル＝グウィンは次のように説明する。ゲドは「勝ちも負けもしなかった。自分の死の影に自分の名を付し、己を全《まった》きものとしたのである。すべてをひっくるめて、自分自身の本当の姿を知る者は自分以外のどんな力にも利用されたり支配されたりすることはない。ゲドはそのような人間になったのだった。今後ゲドは、生を全うするためにのみ己の生を生き、破滅や苦しみ、憎しみや暗黒なるものに、もはやその生を差し出すことはないだろう(12)」

内なる魔術師を安全に目覚めさせるためには、旅の主導権を握っておく必要がある。自我《エゴ》が成長していても、実際に管理を行なっているわけではない。自我に求められるのは頑丈な器《うつわ》を提供することであり、主導権に関しては、自己《セルフ》が――魂《ソウル》や霊《スピリット》としっかりと結びついた上で――責任を持つべきなのだ。

魔術師のパワーは強大なものになり得るので、そのパワーをうっかりと（あるいは、意識的に）悪用してしま

魔術師のレベル

影	邪悪な魔法使いや意地の悪い魔女。ネガティブな出来事に同調し、ネガティブなものを自分に引き寄せ、ポジティブな出来事をネガティブな出来事に変える
覚醒を促す声《コール》	体や心の疾患。超感覚的な体験、シンクロニシティの体験
レベル1	癒しを体験したり、超感覚的な体験やシンクロニシティから目を背けない道を選ぶ
レベル2	ビジョンに従って行動し、そのビジョンを現実のものにすることによって自分の霊感に根拠を与える。夢を実現する
レベル3	すべてのものが互いに結びついているという知識を意識的に利用する。心理的、感情的、霊的な現実を変えることによって、物理的な現実を変えるという技術に磨きをかける

わないように、影《シャドウ》を統合しておくことが大切だ。言うまでもなく、影は、心の中で抑圧されていた部分から成り立っているものであり、だからこそ怪物のような姿で私たちに取り憑いてしまう。自分の影を統合すれば、心の完全性が高まるとともに、日々の暮らしを支配している無意識の力を弱めることもできる。影の存在を認め、自分自身に自分や他人を裏切ろうとする傾向があることを認識すると、魔術師の自我は大きな打撃を受けることになるが、結果的に謙虚な気持ちが強くなってより大きな愛を受け入れられる。そう考えると、魔術師の癒しの行為は、個人の権力の拡大や、それ以外の自我《エゴ》の関心事というよりは、純粋で混じりけのない慈しみの気持ちと愛情に突き動かされたものと言えるだろう。

魔術師が向き合わなくてはならない最強の影とは、自分自身の死という現実だ。その現実にじっくりと向かい合うと、結果的に奇跡のような自由が訪れて、明日のことを思い煩うことなく、今という瞬間に反応しながら生きていく能力を身につけることができる。それどころか、うまくいけば死は魔術師の盟友となり、大きな決定を下す際には助言者になってくれるだろう。そうなれば、富や名声、さらなるパワーや俗世の快楽を手に入れてみたらどうかという誘惑に「ノー」と答えられるようになるはずだ。もちろん、「魔術師は富や名声や権力とは無縁の存在だ」「魔術師には人生を楽しむことができない」などと言っているわけではない。ここで言っているのは、せっかくのパワーを安売りしてはならないということだ。「人生には奇跡のような一面がある」という共通の認識を持った仲間を見つけ、互いに助け合いながら、地に足がついた謙虚で愛情豊かな生活を送ることができれば、魔術師の成長はさらに容易になる。このサイクルに気づくと、魔術師の旅から孤独や試練の色合いが薄れていく。癒されるか癒すかのいずれかだったパターンが一方通行のものではなくなるせいで、魔術師が自分に力を与えてくれる仲間や同胞たちを癒し、相手からも癒されるという関係ができあがり、それによって成長のスピードも一気に加速する。誰よりも力のある魔術師は、人生という巨大な蜘蛛の巣に自分の居場所があることを知っている上に、これだけ大きなパワーを持っている魔術師も結局のところは他者と依存し合う存在であるという理解に至っているものだ。仲間や、心の奥底の英知、霊的源泉の導きに喜んで従うようになれば、仰々しい態度を取ることもなく、悪用を避けるようなやり方で自分のパワーを主張できるようになるだろう。

影の魔術師

ネガティブな態度を取り続ける魔術師は、癒しではなく損害を与えるためにパワーを使う邪悪な魔法使いだ。実を言えば、自分や他人の変容を可能にする内面の力を否定した経験がある者は、誰もが心に邪悪な魔法使いを抱えていると言ってもいい。

影の魔術師は些細なことで私たちに取り憑いてしまう。良いことをしたいという最高の目的を持っているのに、気づいてみると、刺々しくて有害な態度を取っていることはないだろうか。命名という有益な方法を取る代わりに〝名前をつけない〟ことに夢中になって、人々を実際よりもネガティブな気分にさせてしまうこともある。善意のエネルギーが自分に向かってくると、それを吸収してネガティブなエネルギーに変容させてしまう人もいるだろう（誰かから贈り物をもらうと、何か裏があるのではないかと勘ぐったり、自分は贈り物をしようと思っていなかったという理由ですまなそうにふるまってみせるのだ）。

幻想の世界では、悪いことが自分や他人の身に降りかかる場面を思い描く。他人の身に悪いことが起こるとほくそ笑み、せっかくめぐってきたチャンスを、自己破壊的な行為で恐ろしい出来事に変えてしまう。

健全な魔術師は、カリスマ性を生かしながら、自分の子供や生徒やクライアントに手を差し伸べるすべをわきまえている。だが、邪悪な魔法使いや意地悪な魔女には、他人を操りたいという願望があるだけだ。極端な例になると、他人を変容させて成長を促すためではなく、自分のパワーを増大させるためにカリスマ性を利用する者もいるほどだ。

名前をつけるという魔術師のパワーは、まちがった名前をつける際にも威力を発揮する。教育の現場では、進むべき道がわからなくなった生徒が「私はどういう人間なんでしょう？」と質問してくることがある。そんな時に、「きみはA［あるいはB／C／D］だ」としか答えずにいるのは、ついうっかりと邪悪な魔法を使ってしまい、生徒が他人よりも優れているか劣っているかという観点で自分を省みるように仕向けてしまう行為だ。医療の現場では、治療を求めてやってきた患者を「3号室の腎臓」と認識するような行為は、その患者の人間性を奪い、回復のチャンスを減らすことになる。心理療法を求めてやってきたクライアントに、その人の人格を一言で定義できるとでも言いたげな口調で「あなたは統合失調症ですね」と答えるのは、相手を深く傷つけるようなやり方でまちがった命名を行なっている例と言えるだろう。

マーケティングや広告の世界では、強い象徴性を持ったイメージや暗示で消費者を操って、必要のない物や、（アルコール類や煙草や甘い菓子のように）実際には有害かもしれない商品を購入させるという手法があたりまえになっている。私たちは広告を通じて不安や心配事を押しつけられ（「自分はふけ症だろうか?」「息が臭くないだろうか?」）、「だいじょうぶ」と言われたい一心で中毒患者のように買い物をする。今の時代では、旅の途上にいる人を広告を使って愚かな消費主義に走らせるのが、邪悪な魔法の最大の力だと言ってもいいほどだ。

自分に備わっている変容のパワーを充分に主張せずにいると、その分だけ影《シャドウ》の姿をしたエネルギーに取り憑かれやすくなり、そのエネルギーを無意識のうちに無益な目的のために使ってしまうだろう。パワーの存在は否定できない。しかも、当たり障りのない目的のために使うようなものではない。程度の差こそあれ、人を癒すか傷つけるかのどちらかなのだ。

自分には人を傷つける力が備わっている――その事実に怯えて、「魔法の力が備わっていることを認めたくない」「そんな力を呼び覚ますのは恐ろしい」と考える人々は大勢いるが、魔術師は少ないよりも多いほうがいいというのが一般的な回答だ。魔術師は（帰還に関連するすべてのアーキタイプがそうであるように）、私たちを圧倒的神秘《ヌミノース》と――特に、救済や贖いや許しをもたらす聖なるパワーと――結びつけてくれる存在だ。魔術師に備わっている最強のパワーは、自分や他人を許すという行為を通じて発揮されるものではないだろうか。ネガティブな状況を新たな可能性に変容させ、さらなる成長と親密さをもたらしてくれるからだ。

自分のパワーを善行と悪行のどちらのために使うかは、その人の英知と誠意がどの程度のレベルに達しているかに――つまり、目の前の問題や心に抱えている問題の真実を見極めて対処する能力の程度に――かかっている。自分が追い求める変容にそれだけの価値があるとしたら、変容にふさわしい時機はいつなのだろう。それを見極める能力を充分に養うためには、賢者の英知と公平無私な資質を育む必要がある。

あなたの人生において、魔術師が、いつ、どこで、どうやって、どの程度現れているかを考えてみよう。

❶魔術師が現れるのは多いほうだろうか？　それとも少ないほうだろうか？　昔と今とだったら、どちらが現れる機会が多いだろう？　今後は今よりも表面に出てくる機会が増えるだろうか？　次の中で現れる頻度が高いのはいつだろう？　職場にいる時、自宅にいる時、友人と一緒にいる時、夢や幻想の中。

❷友人、身内、同僚といった人々の中で、魔術師のアーキタイプに影響を受けていると思われる人は誰だろう？

❸魔術師の現れについて、あなたが望むものと違っているところはあるだろうか？

❹それぞれのアーキタイプは異なったやり方で現れるので、じっくりと時間をかけて、あなたの人生で現れている魔術師や、現れる可能性がある魔術師を、文字や映像で（たとえば、絵を描く、コラージュをつくる、特別な服装やポーズで映っているあなたの写真を使う）描いてみよう。どんなふうに見えるだろう？　どんなふうにふるまっているだろうか？　最もくつろいでいるように見えるのは、どのような状況の時だろう？

DAYDREAMS　空想の世界

問題があってうまくつきあえないと感じている人物を思い浮かべてほしい。空想の中で、実際よりも高潔で、深遠で、賢い自分の自己と接触してみよう。次に、実際よりも高潔で、深遠で、賢いその人物の自己と話をする場面を想像してみてほしい。そのレベルにとどまったまま問題解決に取り組んでみよう。通常の意識のレベルに戻ったら、次にその人物と会った時に、自分たちの関係に変化が起こっているかどうか観察してみよう。

＊

心の中で交わされている会話に耳を傾けてみてほしい。自分や他人、何らかの出来事を批判する声を耳にしたら、喋るのをやめさせて、その発言をポジティブなものに変えてみよう。たとえば、自分が「私には自分の好みのタイプを惹きつける魅力がない。背が低いし、太っているし、性格も明るくないんだもの」と言っているのに気づいたら、次のように言い直してみよう。「自分には魅力的な心と体があるし、自分と同じような魅力を持った人々を惹きつける力がある」。言い直した言葉から漂ってくるポジティブな空気を心ゆくまで味わってみよう。そんな言葉で気分が良くなるはずがないと感じる場合は、あれこれと手を加えて、いい気分が味わえる表現を見つけてみることだ。たとえば、自分を魅力的だと言い切る自信がないのなら、「健康に良いものを控えめに食べて、ためになる本を熟読しているのだから、自分と同じように健康と知性を大切にしている人を惹きつける魅力があるはずだ」と言ってみてはどうだろう。考え方を変えるだけで日々の暮らしに大きな変化が訪れることに注目してほしい。

第16章 賢者

The Sage

HMIの得点（賢者）

点

12アーキタイプ中、上から

番目

統治者と魔術師は、現実をコントロールしてネガティブな状況をポジティブな状況に変えたいと願うアーキタイプだ。賢者の場合は、何かをコントロールしたいとか、世界を変えたいという願望はほとんど（あるいは、まったく）持ちあわせていない。ただ単に、理解したいと考えるだけなのだ。賢者の道は、真実を見つける旅だ――自分自身や、世界や、宇宙についての真実を。最高レベルに到達した賢者は、知識を増やすだけではなく、賢明な存在になることを目指している。まさに、「あなたたちは真理を知り、真理はあなたたちを自由にする」（『ヨハネによる福音書』八章三二節）という聖書の言葉を思い出させてくれるアーキタイプなのだ。

日常的な事柄に関して、「この件についての真実とは何なのか？」という疑問を抱くことが賢者にとっては不可欠だ。その意味では、すべての賢者は目に見えない真実を探ろうとする探偵と言ってもいい。医師や心理学者といった、あらゆる分野における本物の治療師《ヒーラー》たちは、自分の内界や外界に存在する賢者の助言を仰いで患者の状態にふさわしい診断や治療を行なう必要がある。コンサルタントや企業の経営者も、組織内の問題を究明する場面や、組織にとっての好機や体力を見極めるために奮闘する場面では、賢者としてふるまうものだ。学者たちは、さらなる知識の探求に人生を捧げるという意味では古典的な賢者といえるだろう。

人生で最も自由で開放的な気分を味わえるのは、日々の暮らしに光明が投げかけられて混乱が消散し、自分がすべきことがはっきりと見えてくる〝真実の瞬間〟ではないだろうか。たとえば、〝どん底〟まで落ちたアルコ

アーキタイプ——賢者

目指すもの	真実、理解
恐れるもの	欺瞞、幻想
ドラゴン／問題への対処	研究する、理解する、超越する
課題	知識や英知の獲得と悟りへの到達
ギフト（特別な才）	懐疑主義、英知、無頓着

ール依存症の女性が、立ち直るためには誰かの助けが必要だと悟る瞬間や、自分のことにかまけてばかりいた男性が、それが愛情や親密さを体験できない理由だったことに気づく瞬間だ。

こうした深い洞察は、往々にして、自分の利己的な部分や、それによって私たちの人生や自由がどんなふうに制限されているかをあぶり出すものだ。賢者の助けを借りれば、自我《エゴ》の関心事から解放され、心を開いて人生にまつわるより深い真実を受け入れられるようになる。そうした本質的な真実には、品格や謙虚な心を授けてくれる力がある。

探偵としての賢者

神秘的な物語で描かれているように、賢者にとっての課題とは、自分や他人という存在であろうと、宇宙そのものの存在であろうと、この世の存在物の根源的な謎を解く手掛かりを見つけて解明することにある。ただし、その人の意識や自我があまりにも合理主義的で字義的であるとわずかな手掛かりしか理解できないものなので、私たちの中にいる賢者や巫女は、真実を予言する力を持ちながら誰からも信頼や理解を得ることができなかったカッサンドラのように、賢い男女につきもののジレンマに陥ってしまうだろう。ほとんどの賢者は、（スフィンクスや、ナスルディンのようなイスラムの神秘主義者《スーフィー》、答えがあるとは思えない公案を掲げて修練に励む禅の指導者たちがそうであったように）謎かけのような形で真理を語り、（イエス・キリストやほとんどの霊的指導者がそうであったように）たとえ話で物事を語る。さもなければ、（アーティストや詩人や幻視者のように）象徴的なイメージを用いることもある。

真実を伝えるにはさまざまな方法があり、賢者はそれぞれの方式に適切に対処するすべを心得ている。だからこそ、学校に通うようになると、自然科学、社会科学、芸術や人文科学、哲学や宗教といった分野には、それぞれの分野にふさわしい理解の仕方と調査方法があることを学ぶのだ。うまくいけば、自分自身の心の働きを理解する方法や、自分という存在のさまざまな側面を活用する方法を学んで、臨機応変な学習方法を身につけることもできるだろう。

すべての賢者は、それぞれの課題にふさわしい方法論を選択することが重要だという認識を持っている。神について学ぶ際に定量的手法を用いる者はいない。人口統計のパターンは、祈りや内省では理解できない。科学者は、私たちの内界と外界に存在する物理的な現実を教えてくれるのであって、人間の心の真実を探る力を持っているわけではない。

賢者は、調査の形式によって導かれる結果が決まってしまう例が非常に多いこともわきまえている。つまり、私たちが見つける答えは質問の内容や調査方法に左右されやすいものなのだ。主観を捨てるのはそう簡単なことではない。否定したり、排除しようとすると、ますます主観にとらわれてしまう場合もある。「物事のありのままの姿を見るなんてことは、めったに起こらないのだ」と気づくのは、たいていは、賢者が人生を支配し始めた時期と一致する。私たちは、ある程度までは、自分の投影に捕らわれているものだ。実を言えば、心理療法の大きな功績は、私たちがそのような投影を突破して何らかの純粋な体験ができるところへ到達する確率を高めたことにあったのだ。

霊的修養の道を模索する人々は、冷静に物事を思案する姿勢を身につけ、自我《エゴ》を超えて真実を体験するために、たゆまぬ努力を続けている。学問や霊的探索に打ち込んでいる時も、人生や仕事の場で次の行動を決める時も、私たちの中にいる賢者は、限られた個人の真実を超えたところにある客観的真実を手に入れたいと望んでいる。

霊的探索に取り組んでいるときには、絶対的な真実を身をもって体験したいという願いはたびたび踏みにじられるものだ。カバラ教やシッダ・ヨガやイスラム教のスーフィズムといった霊的修養で実践されているさまざまな修練では、人々にゆっくり先に進むように勧めている。それどころか、こうした修練の場では、永遠の真実を体験したという高揚感に不意をつかれ心が壊れてしまわないような配慮がなされている。

瞑想においては、私たちの中にいる賢者が、思考や感情や欲望を超越したところで私たちの活動を黙って見守るという役目を果たしてくれている。瞑想と同じ効果を持った修練は、感情に左右されない客観的な部分を強化して、最も差し迫った欲求や問題を抱えている時でさえ情に流されずに物事を静観していられる力を育んでくれるものだ。と同時に、自分という人間と自分の思考や感情は別のものだと認識できるようにして、私たちが不安や欲望の奴隷という立場から脱却できるように導いてくれるものでもある。時には、この内なる観察者のおかげで、つかの間だけでも一切の思考や感情から解き放たれ、人間の心や感情を超えたより原初的な現実の世界に沈んでいけることもある。

そうした修練の力を借りれば、「人間とは主観的な生き物だ」という事実を認識して受け入れてから、より深遠な現実と――自分の内界や外界の現実であろうと、宇宙の現実であろうと――触れ合うことができる。初めに自分が抱いている偏見を熟知しておかなければ、自分という人間を超えた真実にはたどり着けない。ここにも、旅に出なければ、不可能とは言わないまでも、本当の意味での賢者への道が険しいものになってしまう理由がある。旅に出るからこそ、自分のアイデンティティを見つけて「これが自分だ」という認識を持つことができるからだ。

旅のこの段階に差しかかる頃には、自分の主観的な真実を見つけて世の中で表現するという成果が得られているはずだ。ここから先は、賢者が自分自身を超越した真実と結びつかなくてはならない。

先日出演したラジオ番組でのことだが、英雄には旅に出て自分の真実を見つける責務があるという説明をしていると、電話をかけてきた男性が〝自分の真実〟なんて見つけたくないと言い出した。見つけたいのは〝真理〟だというのだ。私たちの中にいる賢者もまったく同じことを求めている。若くて世間知らずの賢者は、いつだって真理が簡単に見つかるものと思い込んでいる。社会に認められている教師や聖なる伝統を見つけると、相手が語ることを鵜呑みにしてしまうのだ。こうした感情的な姿勢は、バンパーステッカーでお馴染みの、「神がそうおっしゃったのだ。私はその言葉を信じよう。この話はこれでおしまい」という標語を彷彿とさせる。

だが、賢者の旅が進むにつれて真実を見つける作業は複雑化するものだ。そうするうちに、自分が主観的な生き物であるという認識がきっかけとなり、謙虚な気持ちを抱くようになっていく。私たちは大いなる現実を構成する小さなピースにすぎない。つまり、全体を理解したいという望みを持ったとしても、一人ですべてを見渡すことが不可能である以上、真の意味でその野望を達成することはできないということだ。

旅の段階

ウィリアム・ペリーが著書『大学生の知性と倫理の発達形態（*Forms of Intellectual and Ethical Development in the College Years*）』で提唱した大学生の認知発達についての九段階のモデルは、そのまま賢者の成長にあてはまる。第一段階と第二段階は、ペリーが「二元性」に分類する段階に相当する。私たちは「真理」を見つけたいと望み、それが可能であると信じている。正しい答えとまちがった答えで成り立っている二元的な宇宙を想定し、真実は権力者のもとに存在すると信じているせいで、真実を把握していない権力者や、真実を民衆と分かち合おうとしない権力者を糾弾する。

そのまま真実の探索を続けていれば、いずれは信頼を裏切られる日がやってくる。その道の大家の間でも意見の食いちがいがあると気づき始めるからだ。それを教えてくれるのは学校やマスメディアや夫婦喧嘩をくりかえす両親かもしれないが、遅かれ早かれ、ほとんどの人がこのメッセージを受け取るはずだ。メッセージを受け取ると、権力者に対して、真実を見極めるための正しいプロセスを教えてほしいと望むようになる。そうすれば、誰の真実が正しいのかを自分で選別できるはずだと考えるからだ。

間を置かずに幻滅の気持ちが広がり始める。幻滅どころか、これは恩寵を失うという賢者なりの転落と言えるだろう。私たちは、「専門家の間でも意見が一致しないのだから、絶対的な真実などというものは存在するはずがない」と気づき始める。ペリーが提示する第三段階と第四段階（「多様性」に分類される段階）では、どの真実もその人にとっては正しいものだと結論づけるかもしれないし、ただ単に、権力者から自分が求める答えを引き出す方法を突き止めようとするかもしれない。

不安があまりにも強い場合は、何らかの〝新しい真実〟を見つけ、再び信頼を裏切られる日が来るまで独断的にしがみつく可能性も考えられる。たとえば、真実の多様性に直面して信仰心を失った若者が、政治哲学に目覚めたあげく、宗教に傾倒していた時と変わらない独断性を見せるといったことだ。だが、遅かれ早かれ、いずれはその信頼も粉々に打ち砕かれるはずだ。

そのまま成長を続けていれば、どこかの時点で自分の考え方が根底から覆されるような体験をして、「絶対的なものなど存在しない」と心の底から納得できる日が来るだろう。ほとんどの人が「真理はどこかに存在する」という信念を捨てられないことを考えれば、そこに至るまでの道のりの険しさは容易に想像がつく。究極の真実の探索を本気でやめることができれば、「知識とは文脈に左右される相対的なものである」という認識を受け入れられるようになる。ペリーによる第五段階では、正しい答えはおろか正しいプロセスすら存在しないのだが、私たちは少しずつ、他のものよりも優れているものの存在に気づき始める。しかも、「真理」ではなく中味そのものを参照することでどういう点が優れているのかを評価する方法がある。

この時点では、「自分とはちがう文化的背景を持った人が、自分とはちがう視点から世の中を眺めるのは当然のことだ」という理解に至っているはずだ。たとえば、文学作品を評価する際には、〝偉大な文学〟という〝不変の基準〟に頼るのではなく、著者の意図、作品のジャンル、文化的背景や目的といったものを汲み取って評価するようになっているだろう。あるいは、霊的真実を提示してくれる宗教がたくさん存在することに気づき、その中から多少なりとも真実と思えるものを選ぶ手段を考え出しているかもしれない。

ペリーが第六、第七、第八、第九段階と定義する最終段階では、相対主義を前提にしたかかわりという課題に取り組むことになる。第六段階では、何かと真剣にかかわっていれば、相対主義という状況の中に自分の居場所が見つかるという理解に至る。この段階に到達すると、学問や仕事の進路を選ぶ際にはその分野が〝最高〟だという信念を持つ必要はなくなり、仲間を選ぶ際にも〝宇宙一の〟完璧さを求めなくなる。霊的修養の道を選ぶ時でさえ、自分の霊的修養の道が〝正しく〟てそれ以外のものは〝まちがっている〟という信念はいらなくなるのだ。相対主義を前提としたかかわりとは、他人にふさわしいかどうかを気にせずに、自分にふさわしいという理由で行なわれる選択であり、だからこそ、人とはちがう貢献をしながら他の人々を支えることも可能になる。

第七段階では、実際に何かとかかわってみる。第八段階では、その行為が意味するものを実感し始めるようになる。つまり、自分が選んだ道を進み、自分が選んだ友人と共に歩み、自分が選んだ霊的修養の道を探っていく生き方がどういうものなのかわかってくるということだ。もちろん、この段階で再検討を行なったり、一時的に他の選択肢を試してもかまわない。最終的には以前よりも地に足がついたかかわりが可能になるのだが（第九段階）、それだけにとどまらず、かかわりという行為そのもののおかげで、相対主義という状況の中で自分を表現できるようになったと気づくようになる。[1]

賢者のレベル

影	隔絶。無感覚。“象牙の塔”“超越感”、批判的、裁断的、もったいぶったふるまいや態度
覚醒を促す声《コール》	混乱。疑念。真実を見つけたいという強い欲求
レベル１	真理と客観性の探究
レベル２	懐疑主義、真実の多様性と複雑性の認識、真実に対する相対的な視点。人間の条件の一つとしての主観性の受容
レベル３	究極の真実、もしくは複数の真実の体験。英知

最終段階

個人的には第九段階の後に最終段階が訪れると考えているのだが、ペリーが言及していないのは、それが大学での学習期間を終えた後の段階だという理由もあるのだろう。しかも、それは絶対的なものの探索に戻る段階でもある――ただし、今度の探索は、霊性《スピリチュアリティ》や神秘といった前提で行なわれるものだ。ユングが念を押していたように、これは青年期ではなく中年期以降の課題である。ここでは再び真実のレベルが問題になってくる。限られた体験の外側にあるものを知識として蓄えることの難しさを探求者が痛感しているせいで、今度の探索は、「真理」を求める無邪気な旅とはちがい、「永遠の真実」を探し求めるものになる。偉大な賢者やさまざまな伝統を伝える導師から、最高のものを学び取ろうとする段階だ。

たとえば、イスラムの神秘主義者《スーフィー》の霊的修養の道は、ほぼまちがいなく、人々を「究極の真実が〝遥か彼方にあるもの〟や〝複雑なもの〟とは限らない」という理解に導く行為に基づいている。どうやら、人々の思い込みは、自分の先入観に気づいていないことが原因らしい。

スーフィーが教えてくれるのは、知識の相対性を理解するのは、合理的な知性にとっては何よりも重要な課題だということだ。だが、ここではもう一歩先へ進まなくてはならない。そのような理解に至るためには、自分の思考と感情の両方と距離を置くか、中立的な立場で観察を行なうことが求められるのだ。このような無執着の姿勢によって、私たちが自分の先入観や（それがどれほど深遠なものであろうと）、自分の感情とは（それがどれほど美しいものであろうと）別の存在であることがわかるようによ うになる。無執着でいると宇宙に対して特別なあり方を求める必要がないので、究極の真実の体験が可能になる。ただし、ここで話題にされている〝真実〟は、評価や体系化を行なうものではなく、体験するだけのものであることも留意しておかなくてはならない。

イドリース・シャーは著書『スーフィー』（国書刊行会）の中で、知性とは「代案として私たちの意識を操っている一連のアイデアにすぎない」と説明している。したがって、知性はいつまでたっても充分なレベルには到達しないのだが、これは感情についても言えることだ――感情はなんらかの結果や態度と無関係ではいられないからだ。スーフィーの伝統には、知性や感情の先にもう一つの段階が存在するという考え方があり、シャーはこれを「真の知性……（中略）……すべての人間の中に存在する、理解のための器官[2]」と呼んでいる。この「真の知性」の力によって、宇宙での〝一体感《ワンネス》〟を垣間見ることができるような神秘体験や超越体験が起こるのだ――つまり、すべての霊的修養の道が教えている一体感とは、私たちを森羅万象と結びつける愛のことでもある。

だが、賢者が教えてくれるのは、思考や合理性を拒絶してしまったら、一体感という神秘的な感覚や、より気高い愛の力は手に入らないということだ。それどころか、初めは理性と感情の両方を可能な限りのレベルまで――知性を活かした合理性と感情を活かした共感の気持ちの両方で、真実の相対性を理解できるようになるまで――育んで、解放することも内側にとどめておくこともできるようにしておく必要がある。その状態で、新たな現実を迎え入れるのだ。矛盾するようだが、そのためには、「確実に知っていると言い切れるものは何もない」という理解に到達しておかなくてはならない。私たちが文脈上の相対主義という領域の中で自分の主観に縛られているからこそ、知識を吸収し続ける作業から解放されて、真実を贈り物として自分の人生に迎え入れることができるからだ。

賢者はどこかの時点で知識の探求をやめて英知を得るのだが、当然ながらそれが賢者の道が目指すものだ。賢者はさらに、自由を手にするためには、自分から進んで幻想や執着と縁を切らなくてはならないと教えてくれる。それと同時に、自分の意志を真実そのものと連携させる方法を模索するべきだというのだ。賢者は目の前の真実に抵抗するような真似はせず、そこにどのような可能性が秘められているのかを深く理解しようと努力する。

これは、ジョン・ハイダーの著書『タオのリーダー学』（春秋社）でも明らかにされている英知であり、努力や行動はもちろん変容にさえ重きを置かず、一つの状況にまつわる真実を理解してその真実を人生に調和させる生き方をよしとするものだ。さらに、精神と感情の健康についての最新の研究では、見せかけの姿から解放されて、ある特定の瞬間の真実――希望や不安、自分の脆さや自分が負っている傷――に正直に生きることを強調した考え方が紹介されている。仮面をつけたり、自分を実際よりも良く見せたりすることに腐心していては、いつまでたっても賢明な人間にはなれないだろう。

賢者が目指しているのは、究極の真実というよりは、それを吸収する能力の獲得だ。言葉を失うほどの見事な夕陽を目にしても、カメラの性能が良くなければその美しさを写真に残すことはできない。それと同じように、理性と感情を育んで魂《ソウル》を開いていかなければ、たとえ手の届くところにあったとしても、究極の現実を理解することはできないだろう。実際のところ、ソクラテスが「汝自身を知れ」という格言を残した理由はそこにあったのだ。真実を濾過するフィルターのことを理解しておかなければ、何の検証もされていない主観的ビジョンでその真実をどの程度まで歪めているのかを知る手掛かりは得られないはずだ。

私たちが互いを必要とするのは、宇宙を理解しようとしても、自分一人では主観的認識だけで終わってしまうからだ。戦士のアーキタイプが活性化し始めている場合は、討論や反論が可能になり、異なる真実を巡って戦争まで勃発しかねない状態になる。だが、賢者に人生を支配されると相手の意見に耳を傾けなくてはならないという認識が生まれ、そこで初めて、力を合わせて何らかの相対的な真実を組み立てることができるのだ。

その段階を超えれば、自分の五感を使って手に入れた真実とは別の真実こそがギフトだとわかるはずだ。そのような真実が手に入るように仕向けることはできない。自分の理性や感情や魂という道具を磨き上げて、奇跡が起こるのを待つしかないからだ。偉大な賢者は、奇跡が起こらなければ、究極の現実を——それどころか、新しいアイデアでさえ——体験することはできないと知っている。

影の賢者

賢者の影の姿《シャドウ》に捕られわれてしまうと、無執着どころか、現実から切り離されてしまう。身のまわりで起こっていることはもちろん、自分の内部で起こっていることでさえ遙か彼方の出来事のように思えてしまうのだ。起こっていることを記憶にとどめることはできるのに、何の感情も湧いてこない。全身が麻痺してしまったような状態だ。

強迫観念に駆られて無執着を目指すと、人や計画やアイデアと真剣に向き合うことができなくなる。「おかげで自由が手に入るじゃないか」と自分をごまかしたとしても、実際に自由を味わっているわけではない。自分を捧げるのが恐ろしくて、人や物事に本気で愛着を持てないだけなのだ。

それだけではない。影の賢者は、完璧さや真実や正義に執着するあまり、ごくあたりまえの人間の感情や脆さを許そうとしないものだ。そういう賢者は、禁欲的な習慣に走りがちで、完璧ではないという証拠を見つけるたびに自分や他人をあざ笑う。何に対しても「これで充分だ」と感じることはない。

また、相対的な真実に圧倒されて身動きが取れなくなってしまう影の賢者もいる。そのような影の賢者の口癖は、「何が真実なのかわからないのに、どうやって行動しろというんだ?」というものだ。こうした人間は、恋人が自分にふさわしい相手かどうかわからないという理由で、相手に献身的に尽くすことができない。自分にふさわしいかどうかわからないという理由で、仕事に没頭することができない。自分には確かなものを見つける能力がない、人の人生には何かしらの欠陥があるという意識が高まるせいで、冷笑主義《シニシズム》に走りがちだ。

影の賢者が活性化し始めると、脅迫観念にとらわれて、すべてのものを合理的プロセスで解明しようと試みることも珍しくない。そのやり方がうまくいかないと身動きがとれなくなる。人生を左右するような重要な決断は系統だった合理的方法では決定できないものなので、試行錯誤をくりかえすうちに影の賢者に捕まってしまうと、より正確な答えを探し求めて堂々巡りに陥ってしまうのだ。

影の賢者には、現実を認知する手段を制限することによって、世の中が実際よりも神秘的な場所に見えないように操作する傾向がある。例を挙げてみよう。学問の世界では、影の賢者に支配されている人々が、科学的方法以外のアプローチで現実を認知しようとする考え方に怒りを覚えるようになる。おまけに、こうした人々には、科学的で合理的な発見だと信じているものが自分の主観的偏向に染まっていることを受け入れられないという特徴がある。霊的世界や感情を重視した精神療法の現場では、影の賢者が反知性的主義者になり、脳の働きを停止させて感情的な神秘体験を得ようとすることも珍しくない。

影の賢者は、相手に警戒されないようなやり方で人々の知識をコントロールしたがるものだ。通常は、自分の学習法と合致するものを認め、その上で、自分よりも劣っているものだけを受け入れるという方法をとる。その時点で、彼らの知識は、自分が他人よりも優位に立っていることを示す(巧妙なやり方もあれば露骨なやり方もあるが)道具になってしまっている。

彼らの最大の関心は、英知そのものの獲得ではなく他人からの評価なのだ。彼らが発見した相対的な真実はどのようなものも絶対的な真実とみなされるようになり、そうなると、その真実を野蛮人の攻撃から守ることで頭がいっぱいになってしまう。結果的に派閥意識が生まれ、自分と競おうとする他人の真実から身を守るだけでなく、そうした真実を主張する相手を、「幼稚」「無能」「危険」な存在として切り捨てるようになる。真実の探求どころか、自分の特権的地位の確保が最終目的になってしまうのだ。

このような影の賢者の奴隷になってしまうと、冷淡で空虚な気分になり、他人に弱みを見せまいとしたり、他人を恐れたりするようになる。さらには、警戒心を募らせて、「自分は誤解されている。理由はよくわからないが、自分のことを独断的で伝統に縛られた人間だと考える人々がいるようだ」と感じることも珍しくない。そのような相手に対しては自分のほうが優れていると感じることが多く、なぜ相手のほうはそう思っていないのかわからずにいる。一定の水準を保つために大きな犠牲を払っているという思いから、自分を哀れむことさえあるかもしれない。本人は、真実という聖なる炎の前に立ちはだかって、火を踏み消そうとする人々を寄せ付けまいとする番人になった気分を味わっている。

執着からの解放

賢者が目指す最高位の達成とは、執着や幻想からの解放だ。特定の何かに執着したり嗜癖《しへき》したりしていると、その程度に応じて判断力に歪みが生じるものだが、それは、物事を明断なまなざしで見つめる独立性が失われていることが原因だ。幸せになりたいという思いで誰かを必要としている時は、必要性というレンズを通して相手を見つめている。注意が向くのは、相手が自分に献身的に尽くしてくれているかどうかの一点のみ――つまり、それ以外の部分を完全に見過ごしている可能性があるわけだ。しかも、そこまで執着していれば、相手が去った時には大きな痛みを感じることになるだろう。

これは、仕事やアイデア、行事や習慣、自分が執着している自己像《セルフ・イメージ》にもあてはまる。そうしたものが奪われるような事件が起こると、私たちは激しい絶望感と痛みに襲われる。賢者が歩む仏教の道では、執着と欲望があらゆる痛みと苦しみをもたらすことが明確に示されている。私たちが苦しむのは、「自分が存在するためにはこれが必要だ」「自分が本物になるためにはあれがなくてはならない」と信じ込んでいるからだ。思っていたような効果がないと、壊滅的な打撃を受けてしまう。

最高レベルの賢者に到達するためには、無執着の姿勢を身につけること――つまり、ケン・キーズが著書『高次の意識に至る道（*Handbook to Higher Consciousness*）』で述べているように、嗜癖や執着を「好み《プレファレンス》」という次元に高めるすべを身につけることが必要だ。何も欲しがってはいけないと言っているわけではない。欲しいと思うものを、欲求の対象ではなく、単なる好みの対象として認識するということだ。いずれは、絶対に結婚したいと思う相手や、絶対に手に入れたいと思う仕事と巡り会う日がやってくる。健康になりたい、相応の財産や社会的な地位を手に入れたい、と望む日もくるだろう。

だが、何かが起こって、恋人が去ったり、仕事を失ったり、重い病気にかかったり、貧しくなったりしたとしても、それで人生が終わってしまうわけではない――一番好きなものが手に入らなくても、それはそれで仕方がないと思えるはずだ。ジェラルド・メイは著書『嗜癖と恩寵（*Addiction and Grace*）』の中で、独力では嗜癖や強迫観念や執着から完全に解放されることはないと述べている。つまり、「自分は自由ではない」「幸せになるためには何かを手に入れなければならないと考えている」という事実を認めた時こそ、〝恩寵〟を受け入れて自分を癒してもらう機会が得られるというのだ。ケン・キーズは、自分の執着が苦しみの原因であることに気づくまでは自由になれないのだから、癒しには「自分を客観視する」ことが重要だと強調している。

「他人に認めてもらいたい」「何かを達成したい」と願うのはもちろん、何らかの成果を望むだけでも、その思いが強い分だけ自由から遠ざかり、日々の暮らしの中では苦しみを味わうはずだ。本当の自由と喜びを確実に手に入れるには、人生の主導権を自分のパワーよりも超越的で賢明なパワーに引き渡すのが唯一の道だ。これは、さまざまな宗教的伝統の中で生きている人々にとっては、神の手に主導権を譲り渡すことを指している。十二ステップ・プログラムでは、「高次のパワーに主導権を引き渡す」と表現されている。もう少し世俗的で心理学的な文脈では、その人のより深いところにある英知を信頼するという言い方になるだろうか。

だからといって、もう何も欲しがるなと言っているわけではない。それどころか、執着心を持ったことがない――仕事や特定の人間に愛着を持ったり、価値観やアイデアに夢中になったり、失望や喪失を存分に味わったりした経験がない――人にとっては、賢者の無執着を選ぶのは破壊的行為といえる。愛着と献身という求愛者の課題を学ぶ前に無執着を身につけようとしても、感覚が麻痺して絶望感に苛まれるだけだろう。

だが、実際に何かに夢中になった経験があれば、執着心を持たずに愛情と献身を捧げるすべを身につけて、自由を手に入れることができるのだ。つまり、相手に嗜癖したり相手から同意を得たりしなくても人を愛せるようになるので、望んでいない相手を無理やり自分の元に引き留めておく必要はなくなるということだ。仕事に関しては、成果にとらわれることなく目の前の作業に集中できるようになるだろう。明日になればより深遠な真実に出会って、昨日までの真実が未熟だったり時代遅れだったりしたことを認めざるを得なくなるのはわかっているのだから、表現の手段を見つけて、互いのビジョンや理解を分かち合えるようになるはずだ。

最終的には、苦しみへの執着心を〝捨てる〟方法さえも身につけることができるだろう。苦しみは、「心を開きなさい」「信頼の心を持ちなさい」「自由になりなさい」と私たちを諭してくれるものだ。ところが、ほとんどの人間や社会には、苦しみには美徳が備わっているという発想が根付いている――つまり、苦しむのは崇高な行為である、自分には満足しすぎないのが一番だ、何かを成し遂げるためには苦しまなくてはならない、喜びを得るためには痛みを感じなくてはならない、といった思い込みのことだ。

人生に闘いを挑むのをやめて、そのプロセスを信頼するすべを身につければ、そこから先はもう苦しむ必要はない。それどころか、シャーリー・ルースマンの言葉を借りれば、「愛し、愛されることを可能にして、創造的な人生を送ることができるようになり」、それによって、自分にふさわしくない人生に無理やり適応するのをやめれば、心から幸せを実感できる人生を歩み、自由と喜びをあたりまえのこととして体験できるようになるだろう(3)。

このような積極的な解放によって喜びと安らぎを知ったところで、ようやく道化の英知を受け入れる準備が整ったことになる。

EXERCISES　エクササイズ

あなたの人生において、賢者が、いつ、どこで、どうやって、どの程度現れているかを考えてみよう。

❶賢者が現れるのは多いほうだろうか？　それとも少ないほうだろうか？　昔と今とだったら、どちらが現れる機会が多いだろう？　今後は今よりも表面に出てくる機会が増えるだろうか？　次の中で現れる頻度が高いのはいつだろう？　職場にいる時、自宅にいる時、友人と一緒にいる時、夢や幻想の中。

❷友人、身内、同僚といった人々の中で、賢者のアーキタイプに影響を受けていると思われる人は誰だろう？

❸賢者の現れについて、あなたが望むものと違っているところはあるだろうか？

❹それぞれのアーキタイプは異なったやり方で現れるので、じっくりと時間をかけて、あなたの人生で現れている賢者や、現れる可能性がある賢者を、文字や映像で（たとえば、絵を描く、コラージュをつくる、特別な服装やポーズで映っているあなたの写真を使う）描いてみよう。どんなふうに見えるだろう？　どんなふうにふるまっ

ているだろうか？　最もくつろいでいるように見えるのは、どのような状況の時だろう？

DAYDREAMS　空想の世界

あなたをとても賢い人間だと思ってくれている年下の人物と一緒にいる場面を想像してみよう。その人物と接している時の様子や、その人物があなたを尊敬している理由を自由に思い描いてみてほしい。空想の世界で一緒の時間を過ごしながら、相手が人生について知りたがっていることを言葉や態度で教えてあげよう。ここでは、年上の賢い案内人の役割を演じるのがどんな気分かという点に注目してもらいたい。

第17章 道化

The Fool

HMIの得点（道化）

点

12アーキタイプ中、上から

番目

賢明な王や女王であれば、国の統治にあたっては、宮廷道化師や阿呆に人生の喜びを表現させて宮廷に集う人々をもてなすことを忘れないはずだ。だが、宮廷道化師の役目はそれだけではない。道化は、他の人間だったら絞首刑に処せられそうなことを口にしても咎められず、統治者が傲慢な態度を取りそうになった時には、その増長しきった自我《エゴ》に風穴をあけてみせる。また、一般的には、禁じられていた洞察や行動や感情を流出させることで王国に均衡をもたらす存在とされている。

ウィリアム・ウィルフォードは著書『道化と笏杖《しゃくじょう》』（高山宏訳、晶文社）の中で、王と道化は一組のペアを形成しているので、道化が王を冗談の種にしても衝撃を受ける者はいないと述べている。ウィルフォードは、王の役割は秩序の創設であるが、そうなれば必然的に多くの権力が排除されるはずだと書いている。阿呆としての道化は、排除された力やエネルギーとの「制度化された繋がりを保証してくれる」存在であり、そうすることによって、「全体性《ホールネス》の原理を体現し、王国と王国が排除したものの分離以前の原初的な状態を適当な形で回復してみせる」存在なのだ。(1)

統治者が、魂《ソウル》が整然とした表現を行なうための準備をする自我《エゴ》の象徴だとすれば、道化は、自我を完全に超越した全体性《ホールネス》の理念を暗示して、力の排除に頼らない心理学的な全体性を訴えかけてくる。それ自体が、自我の創造の先を行くと同時に、自我の座を奪ってしまう存在なのだ。だからこそ、旅の始まりと終わりには道化との出

アーキタイプ――道化	
目指すもの	享楽、喜び、活力
恐れるもの	意気消沈
ドラゴン／問題への対処	一緒に遊ぶかいたずらを仕掛ける
課題	プロセスに対する信頼。旅そのものを楽しむこと
ギフト（特別な才）	喜び、自由、解放

会いが待っている。

内なる道化

内なる道化は決して遠い存在ではない。それどころか、あの幼子に先立つアーキタイプなのだ。道化は、遊び方や、肉体を使って官能的な気分を味わう方法を身につけたインナー・チャイルドの一面を表している。それは、生命力と活力という基本的な感覚の根底にあり、原初的で、純真で、自発的な、遊び心に満ちた創造性として表現されている。

道化は、道徳観念に縛られない無政府主義的で不遜なエネルギーでもあり、カテゴリーや境界線を次々と破壊する。幼子の善良さと従順さ、孤児の脆さは、子供の要素のほんの一部にすぎない。道化が受け持っているのは、たとえ禁止事項が含まれていたとしても、「これに挑戦したい」「あれもやってみたい」と思う子供らしい欲望と、親にどのような嘘をつけば叱られずにすむのかを瞬時に察知する摩訶不思議な能力だ。世間には、その手の行為は不正や悪事とはみなされない風潮がある。当事者が子供であれば「いたずら」と呼ばれ、大人であれば「無責任な行為」と呼ばれるだけだ。私たちが、規則を破ったことがない従順すぎる子供のことを（大人のことも）、面倒に巻き込まれてばかりいる子供と同じように心配するのは、それなりの理由があってのことなのだ。

ヒンドゥー教の神の化身とされるクリシュナについては、子供時代の逸話が数多く残されている。クリシュナは母親を騙していたずらばかりしていたが、時には母親に情けをかけることもあったという。ある時、母親はクリシュナを縛っておこうと考えた。ところが、どんなに長い縄を用意しておいても、縛ろうとするたびに長さが足りないことに気づかされる。母親の苛立ちが最高潮に達したことを見て取ると、クリシュナはおとなしく母親に縛られたという。イエス・キリストについてはこの類の逸話は残っていないが、十二歳の時に両親のもとを逃げ出したエピソードを思い出す人もいるかもしれない。両親が神殿に探しに行くと、イエス・キリストが学者たちに自分の英知を披露していたというものだ。

道化に人生を支配された人々は、生来の好奇心を発揮しながら世の中の探索に出かけ、創造の喜びを味わうためだけにものを創り、明日を憂うことも、因襲や従来の道徳観念や周囲の視線をほとんど（あるいは、まったく）気にすることもなく、その日その日を楽しんで生きようとする。本書で紹介する十二種類のアーキタイプの中で、〝今を生きる〟方法を知っているのは道化だけなのだ。

道化が活性化していると、私たちは好奇心のおもむくままに人生の探索と実験を望むようになる。その時の私たちは、何よりも自由になることを望んでいるために、責任を負うようなことには――少なくとも、他人に対する責任には――ほとんど（あるいは、まったく）興味を失っている状態だ。これは、義務や責任や期限からの解放であり、場合によっては、面白くないことを要求されそうな人間関係や、（時間の経過とともに手入れの必要が生じるような）所有物からの解放を意味することもある。

その時期を迎えた人は、幸福のあまり頭のねじが緩んだとしか思えないような行動を取るものだ。型破りな髪型や服装を試してみたり、周囲から社会不適応者の烙印を押されたような人間と親交を深めたり、常軌を逸した行動に出たりする。人によっては、ティーンエージャーふうの奇抜な服装をしたアーキタイプを連想するかもしれないが、中年の危機を迎えてからも姿を現す可能性があり、成人後の人生でも継続的に役割を果たし続ける若者特有の一面であることは言うまでもない。トランプのジョーカーのように、神出鬼没の存在なのだ。

大人の責任を果たしている期間には、主として娯楽の時間に姿を現すだけだ。だとしても、道化に自由な表現を許してあげれば、仕事やプライベートの場にも新鮮な刺激がもたらされるはずだ。歳をとると、道化のほうから、達成、目標、〝影響力を持つ〟といった観点に立った人生は放棄してもかまわないという許可がおりるので、一日一日を、その日のために生きる暮らしを満喫できるようになる。人生のどの段階にいる時にも、道化は無限の独創性とサービス精神で私たちを退屈から救ってくれる存在だ。その瞬間の人生の現実を楽しむのに忙しくて、秩序や意義を求めて嘆き悲しんでいる暇がないので、私たちを目の前の絶望から救ってくれることもある。道化が活性化し始めると、トラブルに巻き込まれる可能性は高くなるかもしれないが、活力が漲《みなぎ》って爽快な気分になる。道化がごくたまにしか活躍しない人生を送っていると、堅苦しい人間になったり、抑圧、緊張、食欲減退、疲労、退屈、抑鬱、好奇心の欠如といった症状が表れるおそれがある。

道化は、これほど辛い目に遭ったことはないと思うような瞬間に、いきなり姿を現すことがある。愛する人を亡くした時、大好きだった恋人や仕事を失った時、自分を信じられなくなった時に、自分が笑っていることに気づいてハッとする瞬間はないだろうか。これは、「今は最悪の時期かもしれないけど、やっぱり生きているのは素敵なことだよ」と念を押してくる道化の仕業なのだ。

道化が下す決定は――友人や仕事や恋人や、自分の信条を選ぶ時はもちろん、霊的修養の方法を選ぶ際にも――ほぼまちがいなく、「喜び」という原則だけに従ったものだ。良い気分が味わえるものは「良いもの」とされる。気分が悪くなるものは「悪いもの」だ。道化は人生に魅力を感じている。官能的な喜びやアイデアや体験はもちろん、霊的な至福にも興味津々だ。時には、新たな体験や冒険を求める飢餓感が旅立ちのきっかけとなることもある。

道化と現代社会

現代社会の不条理や、明確な顔や形を持たない官僚政治に——つまり、誰一人として個人的な責任を取ろうとしない組織や、どんなにばかばかしくても従うように強要される規則や、信じられないほどの高さまで積み上げられて作業の効率を損なっている資料の山に——対処するのに、道化ほど役に立つアーキタイプは存在しない。トリックスターとしての道化は、規則を破ることに快感を覚え、影《シャドウ》の姿になっている時をのぞけば善意にあふれて愛想が良い。たとえば、セックス・シンボルと呼ばれた女優のメイ・ウエスト（一八九三〜一九八〇年）のユーモアは当時の男女の性的役割を侵害するスキャンダラスなものだったが、それがあまりにも斬新だったからこそ、彼女は大衆から受け入れられて富と名声という報酬まで与えられたのだ。道化の流儀は、往々にして、愛嬌を感じさせるやり方で社会規範を侵害して必要以上の敵意を煽らないようにするものだ。歌手や女優として活躍するベット・ミドラー（一九四五年〜）のユーモアには、いたずらっ子の顔を持つトリックスターならではの艶っぽい性的魅力が包含されていて、現代の女性版トリックスターの見本ともいうべき姿を提示してくれている。

道化が用いる無政府主義的《アナーキスティック》な戦略は、どんな場面でも自由や喜びを求める気持ちを忘れなかったエマ・ゴールドマン（一八六九〜一九四〇年）の革命的な思想によく表れている。ゴールドマンが言ったとされる「ダンスができないのなら、革命に参加するつもりはないわ」というスローガンは、一七七三年のボストン茶会事件から一九五〇年代のビート族や一九六〇年代のヒッピー運動に至るまでのアメリカの無政府主義的な活動に、道化のエネルギーが息づいていたことを物語っているからだ。

コミックの世界の道化と英雄

道化は往々にして、賢いやり方を知らなかったおかげで勝利を収めるものだ。ウィリアム・ウィルフォードは、英雄の前身が道化であるのは珍しいことではないと述べている。グリム童話の『黄金の鳥』に代表されるおとぎ話には、二人か三人の兄弟が因襲的で〝賢明な〟方法を用いたせいで探索に失敗し、歳の離れた弟がお姫様の愛を勝ち取るという内容のものが数多く存在する。弟は未熟で経験を積んでいなかったが、だからこそ、心を開いて想像力に富んだ新しいアイデアを受け入れ、結果的にお姫様の愛を勝ち取ることができたのだ(2)。

道化のおかげで私たちの人生に回復力がもたらされ、立ち上がってもう一度挑戦する力が与えられる。コミックの登場人物はまさに道化そのものだ。大砲の弾になって相手に命中したり、ブルドーザーで相手をぺちゃんこにしたりと、すべては追いかけっこを楽しむための余興にすぎない。しかも、深刻な怪我を負う者は一人もいないのだ。

自分の中に道化がいないと、人生そのものを楽しむ力が生まれてこない。道化は、喜びや体験の瞬間をとことんまで味わい尽くし、そこに劇的な要素がありさえすれば、人生におけるネガティブな局面でさえ楽しむすべを心得ている。つまり、地平線の向こうに明るい兆しが見えない時でも希望を持とうとする人の心の一面なのだ。そんなものはいらないと言う人間がいるのだろうか?

どうやら大勢いるらしい。というのも、今の社会では人々が生真面目な暮らしを強要されており、そのせいで、人生を痛ましいものととらえたり、（もっと悪いことに）皮肉な視線で眺めているように思えるからだ。イーニッド・ウェルズフォードは著書『道化』（内藤健二訳、晶文社）の中で次のように結論づけている。「ロマンチックな喜劇は真理の前触れであるから真剣な文学であり、愚者はヒューマニストより賢明であり、おどけた振舞いは人間性を神格化することほど軽薄ではない[3]」

ゲームプレーヤーとしての道化

神々しいものであろうと人間くさいものであろうと、道化は私たちを子供の自発性と結びつけてくれる存在だ。特にトリックスターを装っている時の道化は、規則破りの常習犯であり、ゲームプレーヤーでもある。しかも、ほぼまちがいなく詐欺師の素質を備えている。阿呆を装っている場合は高度な創造性を持ち合わせ、退屈しないように常に新しいことを考えている。

ウィネベーゴ族の神話に登場するトリックスターの英雄ワクジュンカガは、目をつむって踊ってくれればおまえたちのために歌を歌ってやろうとカモたちに持ちかける。それから、踊り始めたカモたちの首を絞めて次々と袋に放り込んでいくのだが、最後の数羽は異変に気づいて飛んでいってしまう。トリックスターの行動はカモたちに死をもたらすものであるのに、邪悪なものとはみなされない。彼はただ、次々と湧いてくる知恵を使ってできるだけ多くのカモを捕まえ、豪勢な食事を楽しもうと思っているだけなのだ。

道化は、最大の危機だと思えるような場面でも知恵比べを楽しんでいる。おそらくは、悪ふざけやペテン、狡猾に立ち回って思い通りに物事を運ぶことに喜びを感じるというトリックスターの性格の副産物なのだろうが、道化は騙すのがむずかしい相手でもある。他人の欺瞞を見抜く力があるので幼子のように何度も騙されることはないのだが、一方で、〝ゲーム〟好きな性格を逆手に取られて相手の術策にはまってしまうこともある。道化はたびたび幼子やまぬけの役割を演じて、自分を騙そうとする相手を出し抜こうとする。たとえば、ビリヤードやトランプの勝負で初心者のふりをして大きな賭けに勝つといったことだ。

一番低いレベルにいる時の道化は、満足感を得たいとか、楽しみたいとかいう理由だけでゲームをする。子供たちはゲームをするのが大好きで、退屈するのが大嫌いだ。自分のまわりに良い影響を与えるゲームがなければ、悪い影響を与えるゲームに手を出してしまうだろう。たとえば、〝大騒ぎ〟で親や教師の気を惹いて相手を思い通りに操ってしまうという、摩訶不思議な力を見せつけるといったことだ。

子供であればほとんどの時間は騒いでいるのが当然であり、そうやって過ごす時間が創造性の発達につながっていく。その点では、母なる大地には何の落ち度もない。私たちは、幼い子供を学校の椅子に座らせて退屈なドリルをくりかえさせておきながら、今時の子供はどうして創造性に乏しいのだろうと首をかしげている。そんなことをしているから、大企業が大金を投じて管理職に遊び方を教え、創造的な発想ができるように導いてあげなくてはならないのだ。

ほとんどの大人は多くの時間をゲームに費やしているが、トランプやテニスやジェスチャーゲームだけに興じているわけではない。大人のゲームと言えば政治ゲーム——つまり、職場や家庭やコミュニティや政治的組織を舞台としたゲームである。しかも、大人になっても、事態が停滞すれば〝大騒ぎ〟で〝ドラマ〟や危機的状況を創り出して忙しそうに走りまわる。エリック・バーンの『人生ゲーム入門』(河出書房新社)に代表される本では、交流分析によって大人のゲームの目録作りが行なわれ、私たちがゲームに興じている限りは本物の存在になることはなく、親密な関係も築けないことが強調されている。そうしたゲームが危険なのは、ゲームをするからではなく、自分の中のトリックスターに騙されている人々が、ゲームをしていることにすら気づいていないからだ。通常、これは抑圧された道化が影《シャドウ》の姿でその人に取り憑いているという意味になる。交流分析が優れているのは、対象者に自分が演じているゲームへの注意を促すことでゲームそのものを意識させて、ゲームを続けたいかどうかを自分で選ぶことができるようにする点だ。

自分が興じているゲームを自覚できるようになれば、ただ単に、楽しい時間を過ごしたり、有利な立場を手に入れたり、復讐したりするためだけでなく、もっと高尚な目的のためにゲームを利用できるかもしれない。

通過儀礼《イニシエーション》を題材としたカルロス・カスタネダの小説に偉大なシャーマンとして登場するドン・ファンは、カスタネダを文字通りの罠にかけて、世界を通常とは異なる視点から眺められるようにしてしまう。偉大な教師というものは、生徒を騙して学習意欲を掻き立てる方法を心得ているものだ。規則に縛られた官僚的構造の中でくりひろげられるゲームであろうと、善意の目的を達成するために行なわれるものは道化のエネルギーを良い方向へ導いてくれるはずだ。

道化は自分の姿を自由に変えるので、世の中をさまざまな角度から眺めることができる。だからこそ、伝統的な認識方法が取り入れられている世界を出たり入ったりしながら現実を見つめることが可能になる。トリックスターの力を借りれば、従来とはちがう方法で問題に取り組み、今までとはまったく異なる世界観を楽しむことができる。これが、社会が大きな変革の時を迎えるたびに道化のアーキタイプが活発に動き出す理由なのだ。流れのまっただ中で方向転換を行なう能力は、生命の維持に欠かせないものである同時に、社会に計り知れないほどの利益をもたらしてくれるだろう。

影の道化

道化のエネルギーを受け入れずにいると、そのエネルギーは地下に潜り、相手を弱体化させるネガティブな力となって、個人の心《プシケ》の領域に影響を及ぼし始める。道化が自我の助けを借りていない場合は、その程度に応じて、活発で茶目っ気のある創造的な行動よりも、策を巡らせた、狡猾で自滅的な行動を取るようになる。

影の道化は、抑制や自制心とは無縁の官能の中で――つまり、怠惰、無責任、暴飲暴食、好色、酩酊といった状態の時に――姿を現す可能性がある。影のトリックスターは、コミュニティの重要人物になりそうな人間が――事業の経営者、聖職者、議会議員たちが――組織の資金横領、アルコールや薬物依存、不倫といった行為を暴か

道化のレベル

影	わがまま、ものぐさ、大食漢、無責任
覚醒を促す声《コール》	退屈、倦怠、もっと人生を楽しみたいという欲望
レベル1	道化（人生はゲームであり、楽しむために存在する）
レベル2	トリックスター（回転の速い頭は、他人を騙し、困難を切り抜け、障害物を避ける方法を見つけ、咎められることなく真実を語るためにある）
レベル3	賢い道化、もしくは、阿呆（人生とは今という瞬間を存分に味わうこと。生きることそのものを祝い、一日一日、瞬間瞬間を着実に生きていくこと）

れた時に姿を見せる。ごく普通の暮らしと、強欲、肉欲、大食といった強迫的で自己破壊的にしか見えない行為が表面に噴き出す瞬間が、ほぼ完全に分離されている例も珍しくない。

道化の古典的なイメージは――純真な人間と狂人という二つのイメージは――初期の影《シャドウ》の姿を表している。影の道化は、私たちを〝愚か〟で〝自覚のない〟状態にとどめておこうとする。その手に捕らえられると、自分という人間を行動に反映させることができなくなってしまう。そうなると行動パターンがますます狭められ、それを認識することすらできない。ただの愚か者になってしまうのだ。

自我に亀裂が入って無意識が混乱とともに意識の中になだれ込んでくると、狂気の中に影の道化が現れることもある。道化は私たちをだまして、継続的な心理的空間からおびき出してしまうので、私たちは、混沌を極めた心《プシケ》の素材にどっぷりと浸かっている状態だ。自我を再構築するか、その下に埋没していくのか、どちらかの選択が迫られる。

トリックスターには変身の力も備わっているので、さまざまな姿で登場する。まさに神出鬼没の存在だ。この現象が最も明確になるのは、人々の自我がトリックスターを排除して幼子や孤児と強く結びついている時だ。彼らはトリックスターのせいでありとあらゆる類のトラブルに巻き込まれるのだが、トリックスターの存在には気づかない。トリックスターの変装があまりにも巧みなので、誰もそのアイデンティティを疑わない場合もある。傍から見れば、幼子が人生にくりかえし現れる困難を自分の手で招き寄せている様子がはっきりと見て取れる場合もある。だが、当の本人は完全に惑わされていて、自分は環境や他の人々の犠牲になっていると思い込んでいる。

キリスト教文化には食欲や肉体の快楽を悪魔と同一視する傾向があり、だからこそ、厳しく抑圧するように奨励されてきた。女性に関しては、トリックスターの資質は特に忌むべきものとされていた。たとえば、エデンの園でイブを誘惑して神の言葉に背かせた蛇にはトリックスターの資質が備わっているのだが（悪魔は影のトリックスターの姿をしている）、それはイブにも言えることなのだ。人類の楽園からの転落は、イブがトリックスターのような好奇心を抱いたことが原因だったと考えられている。

もちろん、神が定めた規則であろうと規則を破らずにいられないのがトリックスターの性《さが》なのだから、恩寵からの〝幸運な転落〟は内なるトリックスターの責任だと考えるのが適切だ。何人かの（たとえばユングのような）理論家が、トリックスターを救済者と関連づけているのも、おそらくはそのせいだろう。「救済」の定義には（伝統的な宗教団体がそうしているように）宗教的なものも、（本書のように）心理学的なものもあるが、いずれにしても、規則に背かなければ自分の旅を始めることはできず、旅を始めなければ救済を見つけることもできないからだ。

成長を遂げたトリックスターであれば自分の望みを叶える方法を知りたいという願いに力を貸してくれるが、影のトリックスターは、生き抜くためには何が必要かという問いかけに対して嘘をつく。「気持ちがかき乱されるから、アルコールや薬物で神経を麻痺させなければやってけないよ」と囁きかけてくるのだ。「親密な人間関係はアイデンティティを脅かす」と語りかけてくるせいで、かつてないほどの最高の関係を自分から壊すべきだと信じ込まされてしまう。「成功したいのなら一日中働かなくちゃ。のんびりと自由に過ごすなんてとんでもないよ」という声も聞こえてくる。こうした影の道化は、私たちをおもちゃにして楽しんでいるだけなのだ。

影の道化は、交流分析でいう「脚本《スクリプト》」を創ることもある——つまり、その人の人生を告知して、それに従わなければ死んでしまうと信じ込ませるような筋書きや物語をこしらえるのだ。例を挙げてみよう。影の道化は、この本で紹介するアーキタイプや、エリック・バーンの著書で紹介されているさまざまな「脚本」に登場する役割を特定して、その通りに行動するように呼びかけてくることがある——さもないと生き延びることはできないというのだ。それ以外の役割を試すと、生存を脅かされているような気分を味わうかもしれない。

通常は自己破壊的な行動にとどまるのだが、そのまま、不道徳で非倫理的で、なおかつ（あるいは）違法な問題行動を取ってしまう可能性も充分に考えられる。それが、銀行強盗、雇い主の資産の横領、親友の配偶者との浮気といった行為の動機となって、「生きていくためだ」「自分のことを見下しているようだから仕返しをされても文句は言えないはずだ」「これ以外に自分の欲望を満たす手段はない」と自分に言い聞かせる場合もある。おまけに、トリックスターが「誰にも見つからないよ」とうそぶいてみせるのだ。

影のトリックスターに取り憑かれないようにするには、トリックスターと友達になり、その過程で、霊的・精神的成長だけでなく本能的な俗世の暮らしにも価値を見いだしていくのが一番だ。存在を無視して飢えさせてしまうと、影のトリックスターは〝むきになって〟襲いかかってくる。おいしい食事と、気の置けない仲間と、楽しい時間を提供して少しだけ太らせてから、野獣を優しい性格に変えてしまうのが得策だ。

賢い道化

道化は、人生で直面する問題を否定したり無視したりすることによって楽しい気分で旅を始めるものだ。一日中遊んでいたいので、苦労を伴うものを――勉強や思考や仕事や、献身的な人間関係を――避けようとする。目的を持たず、人との結びつきも求めずに、放浪し続ける。

ピエロやトリックスターが賢い道化に変移するのは、道化が愛によって通過儀礼《イニシエーション》を体験する時だ。道化には、死や喪失にはそれほど怯えずに献身的な行為を恐れる傾向がある。エロスとの出会いによって、他人との結びつきや、人間関係、仕事、アイデア、価値観、神に献身的に尽くすという生き方を学んだ道化は、世の中で超越的自己を表現できるようになる。最高レベルに到達した道化は、あらゆる人生の喜びを体験した聖なる賢愚者となり、ほとんど裏表のない存在になる。世の中には悪いものもまちがっているものも存在しないのだから、もう、ありのままの人間らしいものを隠したり否定したりする必要はない。このレベルの道化は、道化以外の何者でもなくなるのだ。

旅を始めた時の道化は、活発で、自発的で、完全に自分自身で、今という瞬間を生きている幼い子供特有の未分化の資質を明示しているが、旅を終える時には、多くの霊的伝説でおなじみの「聖なる愚者」の姿になる。ウィリアム・ウィルフォードは、「キリスト教会の愚かな聖人《フールセイント》」だった宗教詩人のヤコポーネ・ダ・トディ（一二三〇～一三〇六年）について、次のように書いている。「ヤコポーネは法曹界を捨てて宗教生活に帰依した人物だが、ある時、腰布の他一切身に纏わず、背中に驢馬《ろば》の鞍を置いて四つん這いで村祭りに姿を現したことがあった。馬勒《ばろく》を付け、口にははみをかんでの登場であった。別の折りには体には何やら鳥もち状のものを塗り、それで着色した羽の中を転がり、その格好でさる結婚式の宴にとび込んで行った」（『道化と笏杖』）

禅宗は、聖なる愚者に至る道だ。鈴木俊隆《しゅんりゅう》は著書『禅マインド　ビギナーズマインド』（松永太郎訳、サンガ）

で、自分の家である自我を燃やして、完全に今という瞬間を生きるようにと提唱している。「なにかをするときには、焚き火が燃え上がるように自分を完全に燃焼しつくして、痕跡〈トレース〉をとどめないようにします[4]」。自我を焼き尽くせば、他人に迎合するような行動をやめることができる上に、その人の生来の英知が――超越的なものと一つになった英知が――表面に現れて白日の下にさらされるのだ。したがって、と鈴木は助言する。「意図的な、かっこうのいいやり方で、自分を適応させるのではなく、ありのままの自分を表わすことが、もっとも大事なことです」

そうなると、禅の修行ではその瞬間を生きることが目的となる。自分自身や宇宙と完全に一つになって、洗練や狡猾さや計画性とは無縁になる。気取りを捨ててありのままの自分になり、自分自身のプロセスと宇宙のプロセスを全面的に信頼することを目指すようになる。それ自体が、喜びを手にするための手段なのだ。

だからこそ、悟りに至るプロセスではユーモアが重要な役割を果たしている。レックス・ヒクソンは著書『カミング・ホーム――文化横断的〈悟り〉論』で、悟りの体験について語った禅者の言葉を紹介している。「真夜中に私は不意に目が覚めた。初めのうちは心がぼんやりとしていたが、突然、あの引用句がぱっと私の意識をよぎった。『心は、山、川、そして広大な大地、太陽と月と星に他ならないことを私ははっきりと実感した』……（中略）……たちどころに、押し寄せる波のように、とてつもない歓喜、文字どおり大嵐のような喜びが沸き上がってきて、私は呵々大笑した。ワッハッハッハッハッハ！　ここには理屈などない、なんの理屈もないのだ！ワッハッハ！　虚空が二つに裂け、それから巨大な口を開けて騒々しく笑い出した。ワッハッハ！[5]」

このような啓示が訪れるのは、自我の境界線が見えなくなって、自分と宇宙との境目がほとんどなくなる時なのだ。

タントラの導師《グル》にも、ラーマクリシュナ（一八三六～八六年）という聖なる賢愚者が存在した。ヒクソンの説明によると、ラーマクリシュナは自分自身を宇宙の聖母である女神カーリーの子供以外の何者でもないと考えていたという。

「何も知らず、また何も定まっていない子供の頃、彼は〈彼女〉が彼を通して話し行動するとおりに自発的に話し行動することがよくあった。彼は自分自身のことをグル、あるいは導師をみなすことすらしなかった。信心深い学者たちが彼を神の化身《アヴァタラ》あるいは特別な申し子であると宣言した時も、ラーマクリシュナは、自意識のないまま神の臨在の至福に酔いつつ、彼らに囲まれて坐り、半裸でスパイスをかみながら、『私がそうであるとあなた方が言うのなら、あなた方が正しいに違いありませんが、私はそのことについて何も知らないのです』と繰り返した」(『カミング・ホーム』)

人生の終わりを迎える頃のラーマクリシュナは、周囲を見まわしても聖母の姿だけしか目に入らないようになっていた。自分自身の命も含め、すべての生命が女神だったからだ。このような状態は、ラーマクリシュナに恍惚感をもたらすものであると同時に、思慮分別や二元論を超越した状態でもあり、自我の境界線を(ほぼ)完全に超越したものだ。境界線が跡形もなく消え失せてしまうと、すべては一つになり、すべてが聖なるものとなる。

このような聖なる愚者や賢愚者の姿は、旅の終わりに見つける英知を体現したものであり、私たちはそこで初めて宇宙が仕掛けた大がかりないたずらに気づかされる。つまり、探索の旅で自分の外界に探し求め、通過儀礼《イニシエーション》を通じて自分の内界に探し求めてきた大いなる宝は、珍しいものでも遙か彼方にあるものでもなかったということだ。それどころか、この世に存在するすべてのものが宝だったのだ。道化は、私たちの自我の創造を手伝った後で、改めて、自我から解放されるように手を貸してくれる。そのおかげで、私たちは森羅万象と一つになり、その一体感《ワンネス》の中に大いなる喜びを見いだすことができる。

こうやって人生を宇宙から俯瞰する視点は、安全、礼儀、合意に基づく現実といった自我《エゴ》の関心事とはあまりにもかけ離れているので、狂気と区別がつかなくなることも珍しくない。事実、道化は昔から正気を失った人間を装ってきた。リリー・トムリン(一九三九年〜)が演じた『知的生命体のしるしを探して(*The Search for*

Signs of Intelligent Life in the Universe)』（ジェーン・ワグナー脚本）という一人芝居には、トルーディーというホームレスの女性が、「ほら、ソクラテスが言ってたちょっとした狂気ってやつよ。習慣と因襲のくびきからの魂の聖なる解放ってわけ」と、自らの体験を語る場面がある。トルーディーは現代版の賢愚者であり、正気を失くしたおかげで宇宙を迎え入れることができたという。

トルーディーは、「現実」とは「集団的直感」に他ならず、その事実が「それと触れ合っている人々の間でストレスが発生する主要原因」なのだと説明する。トルーディーは現実を手放そうと決心した。自分の一世一代のいたずらをふりかえりながら、トルーディーはこう続けるのだ。「まともだったらこんなことはできなかっただろうね。みんなから狂ってるって思われるのが恐かったはずだもの。こんなに楽しいのならもっと早くやればよかったたって考えるたびに、毒づかないように我慢してるのさ(6)」

下劣な喜劇では、品位を貶めるためにユーモアを利用する。品性を感じさせる良質な喜劇は、人生の最も困難な瞬間に共感に満ちた喜びや賞賛から生まれるくすくす笑いを誘い、過ちを犯す人間の性《さが》という共通の絆を楽しませることで、私たちを道化の視線に立たせてくれる。普段は〝別の世界の人間〟だと思っている——ホームレスのような——相手とも、絆を感じることができるのだ。道化のおかげで、私たちは人生や今という瞬間を楽しむことを知り、相手を評価することも相手に幻想も抱くこともなく、共に過ごす時間を満喫できるようになる。トルーディーが明示している悟りの形は——お金や地位や住む場所はもちろん、正気すら必要としないホームレスの暮らしを讃えることができる能力は——私たちが完璧な自由を取り戻し、無垢な時代へ帰ることを可能にしてくれるものなのだ。

そうやって円が完成した時には、次のサイクルを体験する準備が整っている——ただし、今度の旅は前回とはちがうレベルから始まるものだ。人生そのものを楽しむすべが身についているのだから、〝社会での居場所〟を守るという慣例に拒絶や遵守の姿勢を示して無垢な自分を守る必要もない。信頼しても大丈夫だとわかっているのは、人生には悪いことなど起こらないと確信しているからではなく、人には大きな回復力が備わっていることを身をもって学んだおかげなのだ。私たちは肉体だけの存在ではない。私たちの魂と霊性《スピリット》は、自分の身に降りかかることを乗り越えるだけでなく、人生のドラマを楽しむ方法を見つけるはずだ——もちろん、賢い幼子は、日々の暮らしでどのような局面を迎えることになろうと、人生そのものが贈り物であり、その贈り物を受け取って存分に楽しむことが私たちの務めなのだと知っている。アニー・ディラードが著書『ティンカー・クリークのほとりで』（金坂留美子ほか訳、めるくまーる社）で書いているように、「死にゆく者の最期の祈りとは、『どうかお願い』ではなく、客が戸口で主人に感謝を述べるときの『ありがとう』[7]」なのだ。人生のすべてに感謝と賞賛を捧げるというこの根源的な感覚こそが道化の英知を包含するものであり、それ自体が、心開いて喜びを受け入れるという行為につながっていく。

EXERCISES　エクササイズ

あなたの人生において、道化が、いつ、どこで、どうやって、どの程度現れているかを考えてみよう。

❶道化が現れるのは多いほうだろうか？　それとも少ないほうだろうか？　昔と今とだったら、どちらが現れる機会が多いだろう？　今後は今よりも表面に出てくる機会が増えるだろうか？　次の中で現れる頻度が高いのはいつだろう？　職場にいる時、自宅にいる時、友人と一緒にいる時、夢や幻想の中。

❷友人、身内、同僚といった人々の中で、道化のアーキタイプに影響を受けていると思われる人は誰だろう？

❸道化の現れについて、あなたが望むものと違っているところはあるだろうか？

❹それぞれのアーキタイプは異なったやり方で現れるので、じっくりと時間をかけて、あなたの人生で現れている道化や、現れる可能性がある道化を、文字や映像で（たとえば、絵を描く、コラージュをつくる、特別な服装やポーズで映っているあなたの写真を使う）描いてみよう。どんなふうに見えるだろう？　どんなふうにふるまっているだろうか？　最もくつろいでいるように見えるのは、どのような状況の時だろう？

DAYDREAMS　空想の世界

心を静めて、これまでの人生で体験した愉快な出来事や、楽しかった出来事を思い出してみよう。楽しかった瞬間や、思い出し笑いをしてしまうような場面をひとつ一つたどってほしい。それぞれの出来事を面白おかしく語っている自分の姿を想像してみよう。自分が声を出して笑っていることに気づくまで続けること。

第五部

Honoring Diversity
——Transforming Your World

多様性を讃える力

第18章　二元性から全体性へ

自分の人生が、英雄の旅《ヒーローズ・ジャーニー》における十二種類の元型的段階とどのように結びついているのかを理解すると、日々の体験に品格と意義がもたらされる。とはいっても、自分の個性を尊重することも忘れてはならない。私たちは集団や個人として螺旋を描きながら十二の段階を通過していくのだが、その方法や順番は人によってさまざまだ。第五部では、私たちの旅がライフステージ、ジェンダー、文化、その人の個性にどのような影響を受けるか（必ずしも決定づけられるわけではない）を探っていきたいと思う。

ここでは、幼年期から老年期に至るまでの一生も一つの旅であるという考えに基づき、幼年期からの旅をチャート化して、今現在の「自分という人間」を理解する助けとしてもらう。それぞれのライフステージが、私たちの人生に姿を現すアーキタイプに影響を与えている。一般的に、年代順に分類される主要なライフステージでは、互いに対立し合って分離を求めているように見える二つのアーキタイプが呼び起こされる。(1) 初めは、次のライフステージへ移行するための戦略として、一方だけのアーキタイプを活用してもう一方を排除してしまう可能性があるが、この方法が充足感や達成感をもたらすとは限らない。無事に移行しても、何かをやり残したような気分につきまとわれる。両方のアーキタイプを活用するすべを身につければ、全体性《ホールネス》をより強く実感して、通常は日々の暮らしにも好ましい影響が及ぶものだ。一方が他方を打ち負かしたり抑圧したりするアプローチではなく、相手を尊重し合うダンスで一方が他方をリードするという姿勢が望ましい。この二つのアーキタイプは当初は対立するものとして二元的に体験されるが、うまくいけば陰と陽の関係——つまり、一つの事象の相反する側面としての関係——に匹敵する関係が築かれる可能性がある。そのような形で二つのアーキタイプを体験できれば、人生の問題は解決される。ところが、両者の関係が分裂からパートナーシップに変わっても、ほとんどの人は、最初にどちらか一方のアーキタイプを利用するという習慣から抜け出せないままだ。

すでに巻末のＨＭＩ（英雄神話指標）に回答している場合は、ここで紹介する分析演習を行なってみるといいだろう。そうすれば、少なくとも現時点の自分の人生で、六組のペアのどちらのアーキタイプが主導権を握っているかわかるはずだ。最終的にはペアを統合するのが理想だが、そこに至るまでに、どちらかを優先的に活性化させておくことも重要だ——そうやって、片方を犠牲にしてもう片方を成長させるのだ。そうすればそのアーキタイプを高いレベルに到達させることが可能になり、後になって、それと見合うようにもう片方を成長させればペアの統合が容易になる。統合を焦る必要はない。時が来れば自然に統合するからだ。

ＨＭＩの得点だけでは、ペアの相対的なバランスが両者の未分化状態を意味しているのか、統合を意味しているのかはわからない。自分で考えてみてほしい。両方のアーキタイプを苦労せずに上手に使いこなせているだろうか？　もしそうであれば、統合は果たされている。両方のアーキタイプがそろって得点が低く、なおかつ（あるいは）、両方ともうまく使いこなせていないようであれば、人生のこの領域においては未分化の状態にある。ただし、若い読者の場合は、自分が体験していないライフステージに関連するペアが充分な成長を遂げていなくてもまったく問題はない。

六つの主要なライフステージ——幼年期、青年期、成人期、中年移行期、円熟期、老年期——について考える前に、アーキタイプは特定の年代に属するものではないことを覚えておいてほしい。アーキタイプは確かに私たちの成長と発達に寄与するものではあるが、心的存在として単独の活動も行なっている。時期を選ばず、さまざまな形で姿を現す可能性がある。アーキタイプは偉大な芸術や文学や音楽の礎であり、人生の重大な移行期を切り抜ける際はもちろん、私たちの人生にさまざまな貢献をしてくれている。

私たちはそれぞれのライフステージで自分の成長に必要な特定の課題の習得を迫られ、その課題に関連するアーキタイプのエネルギーを呼び起こす。もちろん、アーキタイプからは必要に応じて教訓を学ぶことができる。だが、特定の時期や段階で求められる課題を学んでいなかったり、学ぼうとしないでいると、心理的な不安に苛まれるはずだ。たとえば、今という瞬間を楽しむことができる道化の能力は、自分を奮い立たせてくれるような目標がなくても、人生のどの時期でも習得が可能なものだ。だが、年をとると世の中で責任を果たしていた時期ほど目標志向にはなれないものなので、老年期までにこの能力を発達させておかないと不幸な余生を送ることになってしまうだろう。

同じように、どの時点でも援助者になることは可能なのだが、実際に他の誰か（子供、従業員、年老いた親）に対する責任を負う時期までに体験しておかないと、その責務にどう対処すればいいのかわからず、途方に暮れるはずだ。そして、私たちを頼りにしていた人々に、「見捨てられた」「期待を裏切られた」「ちゃんと面倒を見てもらっていない」と感じさせてしまうだろう。

だからといって手遅れというわけでもない。現代の世の中には、幼年期の問題を解決しないまま成人期に入ってしまう人々が大勢いて、中にはそのまま老年期を迎えてしまう人もいる。理想としては、青年期までに比較的高いレベルの幼子と孤児に移行しておくべきなのだが、実際にそれができている人はほとんどいない。幼年期の心的外傷《トラウマ》が大きすぎて自分の問題に対処できなかったのであれば、誰かに助けてもらう機会にも恵まれなかったはずだ。

未解決の問題を認識するという行為には、それ自体に、私たちの人生に影響を及ぼすような力が備わっている。認識するだけで、心を開いてアーキタイプのエネルギーを受け入れることが可能になり、そのエネルギーが私たちに代わって問題解決のプロセスを完了してくれるのだ。さらには、自分にどのような支援が必要なのかを知る助けにもなるだろう。孤児のアーキタイプにまつわる問題を抱えている人は、幼少期の心的外傷を癒すことに主眼を置いた心理療法や、「アルコール依存症の親を持つアダルトチルドレン」のための自助グループやワークショップへの参加が望ましい。不幸な幼年期を送った人であれば、親がアルコールや薬物に依存していたかどうかに関係なく、このような集まりから得るものがあるはずだ。同様に、戦士にまつわる問題を抱えている人は、たとえば自己主張の訓練といったものが役に立つかもしれない。

誰よりも活動的で社会でも存分に力を発揮している大人たちは、少なくともペアの片方を充分に成長させ、もう片方もある程度までは機能させることに成功しているため、それぞれのライフステージを比較的うまく通過する方法も見つけている。だが、ペアを完全に統合させている大人は、どちらかと言えば珍しい存在だ。それどころか、それぞれのステージの統合を象徴する圧倒的神秘《ヌミノース》――神の子、男性神や女神、約束の地といったイメージ――は、この統合が、死の運命を背負った人間よりも神の性質に近いことを示唆している。たった一つのカテゴリーでも、二つのアーキタイプを完全に統合するのは大きな達成だ。すべてのカテゴリーで統合を果たすようなことがあれば、その人は悟りの境地に達した存在になったと言ってもいいだろう。ただし、それぞれのペアに関連する美徳からは、ペアの統合がもっと人間味にあふれた日常的なものであることがうかがえる。片方のアーキタイプが主導権を握り続けている場合でも、両方がうまく機能すればそのライフステージを無事に乗り切ることができるだろう。

人生の課題を基準としたアーキタイプのペア

安全《セキュリティ》

幼子　幼子は、エデンの園で暮らす――あるいは暮らそうとしている――転落前の人間だ。幼子が持っているギフトは、人を信頼すること、楽観主義、物事をあるがままに信じる心だ。最も低いレベルの幼子は、現実を否定することによってその信念を守り通す。最高レベルに到達した幼子は、超越によって信念を守る。

孤児　孤児は幼子と同じ願望――安全な世界で暮らしたいという願望――を抱いているが、裏切られ、見捨てられ、自分は被害者だと感じている。最も低いレベルにとどまっている孤児は、常に犠牲者であり皮肉屋である。最高レベルに到達した孤児は、人の脆さと相互依存性を思い出させてくれる存在だ。

アイデンティティ

探求者　探求者は内界の現実と外界の現実を探求し、自律のために自分から安全やコミュニティや親密な人間関係を放棄する。探求者は自分と他人を差別化することによって自分という人間を知る。最悪の場合、探求者は単なるアウトサイダーにすぎない。最高レベルに到達した探求者は、自分ならではのアイデンティティと天職を発見する。

求愛者　求愛者は、愛情を注ぐ対象を見つけることによって自分という人間を知る。低いレベルにとどまっている求愛者は、ごく限られた人々や活動や物だけを愛する可能性がある。高いレベルに到達した求愛者は、対象を拡大して人生のあらゆる多様性を楽しみ尊重する。

責任感

戦士　戦士は悪者を倒し犠牲者を救う。戦士は勇敢で自制心に富み、自分に高い基準を課している。最も低いレベルの戦士は他人の迷惑を顧みない。最高レベルに到達した戦士は、世の中をより良い場所にするために適切な自己主張を行なう。

援助者　援助者は、犠牲を払ってでも他者の面倒を見る。みんながより良い世界で暮らせるように譲歩するのだ。最悪の場合、援助者の自己犠牲は相手を操って手足の自由を奪ってしまう。最高レベルに到達した援助者の恵与は、純粋で思いやりに満ちたものであり、他人を助ける大きな力となる。

真正性《オーセンティシティ》（本物であること）

破壊者　破壊者が活性化し始めると、その先には悲劇と喪失という結果が待っている。うまくいけば、この最初の喪失がきっかけとなって、新しいアイデアを受け入れたり、他者への共感と思いやりを持ったり、自身のアイデンティティと強さに対する認識を深めたりすることができる。最悪の場合は、人格が破壊され、私たちの前には残骸のみが残される。

創造者　創造者が活性化し始めるのは、その人がより適正な自我《エゴ》の発見や創造というプロセスを体験していることの表れだ。うまくいけば、変容の力を持った新しいアイデンティティを手にして、一層の充足感が得られる印象深い人生に導かれる。最悪の場合はただの実験で終わってしまい、撤退するか、振り出しに戻って一からやり直すことになる。

パワー

魔術師　魔術師は新しい現実を創造し、古い現実を変容させ、変化を促す触媒となり、「命名」を行なうことによって現実を創造する。最悪の場合、魔術師の働きは〝邪悪な魔術〟になってしまう。最善の場合は、人々にパワーを与える力があることに気づき、双方が勝者となる解決法を探すようになる。

統治者　私たちの中にいる統治者は、私たちが内界と外界の両方の暮らしの責任を負っていることを理解している。つまり、「責任は私が取る」という生き方だ。最悪の場合、統治者は暴君になる。最善の場合は、すべてを包含した命令で内界の全体性《ホールネス》と外界のコミュニティを創り出す。

自由

賢者　賢者は、全体像の（世界や宇宙の視点からの）理解や、超然とした態度によって自由を見つける。最も低いレベルの賢者は、平凡な俗世の喜びにほとんど関心を持たない場合がある。最高レベルに到達した賢者は、超然とした態度に、愛と英知と人生の喜びを融合させることができる。

道化　道化は因習にとらわれず、瞬間瞬間を楽しむ能力によって自由を見いだす。道化は人々の心を浮き立たせ、巧妙で、革新的な、遊び心のある方法で障害物を――頭の中のものも物理的なものも――回避する。最も低いレベルの道化は、無責任な存在だ。最高レベルに到達した道化は、今という瞬間を存分に生きるからこそ、喜びに満ちた人生を送ることができる。

アーキタイプのタイムライン

このタイムライン（年表）には、それぞれのライフステージで活発に活動したアーキタイプを記入してほしい。幼年期を支配していたのが孤児だった場合は、「孤児」を丸で囲む。幼年期に幼子がまったく（あるいは、ほとんど）現れなかった場合は、「幼子」を線で消す。それぞれのライフステージに想定されているペア以外のアーキタイプが活動していた場合は、その名前を空欄に書き込んでほしい（子供の時に親兄弟の面倒を見る役目を担っていた場合は「援助者」を書き加えてもかまわない。自分を守るために常に闘うことを強いられていた場合は「戦士」を追加してみてはどうだろう）。現在のライフステージまで記入を続ける（次の例は中年移行期にいる人物のサンプルだ）。支配的だったアーキタイプを線でつなぐと年表ができあがる。

例

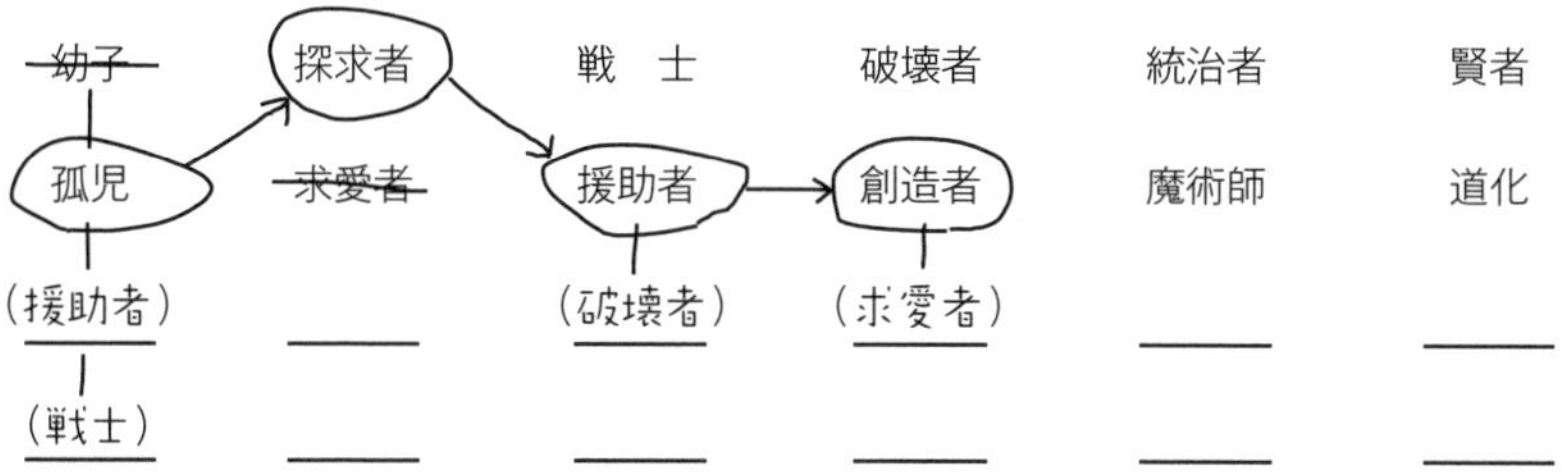

幼年期	思春期／青年期	成人期	中年期	円熟期	老年期
幼子	探求者	戦　士	破壊者	統治者	賢者
孤児	求愛者	援助者	創造者	魔術師	道化
＿＿＿	＿＿＿	＿＿＿	＿＿＿	＿＿＿	＿＿＿
＿＿＿	＿＿＿	＿＿＿	＿＿＿	＿＿＿	＿＿＿

アーキタイプ・ペアの得点

ＨＭＩの結果をもとに、それぞれのペアの得点を加算してみよう。

幼子	＿＿＿	＋	孤児	＿＿＿	＝ ＿＿＿	安全
探求者	＿＿＿	＋	求愛者	＿＿＿	＝ ＿＿＿	アイデンティティ
戦士	＿＿＿	＋	援助者	＿＿＿	＝ ＿＿＿	責任感
創造者	＿＿＿	＋	破壊者	＿＿＿	＝ ＿＿＿	真正性
魔術師	＿＿＿	＋	統治者	＿＿＿	＝ ＿＿＿	パワー
賢者	＿＿＿	＋	道化	＿＿＿	＝ ＿＿＿	自由

指示に従い、次の質問について考えてみよう。

❶合計が44点以上になった項目、または最高得点の項目を丸で囲んでみよう。このペア（もしくは複数のペア）に関連する問題は現在のあなたの人生において重要だろうか？（たとえば、合計点が最も高かったのが統治者／魔術師のペアだった場合は、世の中でパワーを主張することが今の自分にとっての重要課題なのかどうか考えてみてほしい）
❷各ペアの中で、ほとんどの場面で主導権を握っているアーキタイプ（通常は得点が高いほうのアーキタイプ）を丸で囲んでみよう。もう片方のアーキタイプとも接触できているだろうか？
❸得点が拮抗しているペアに注目してほしい。それぞれのアーキタイプは相手とは無関係に（おそらくは別々の目的で）活動しているのだろうか？　それとも統合された形で活動しているのだろうか？（たとえば、戦士と援助者が同じ得点だった場合は、両方の資質を交替で表に出している可能性がある。つまり、闘争と自己犠牲をくりかえしているはずだ。両者が統合されていれば、内界と外界の両方の子供を守って養育することができる元型的な親の鑑を体現している可能性がある）

幼年期

幼年期の重要課題は安全《セキュリティ》であり、依存から相互依存へと成長を遂げることが私たちの課題となる。その途上で力を貸してくれるのが幼子と孤児のアーキタイプだ。状況を正しく評価して、信頼すべき時と信頼してはいけない時を見極められるようであれば、この二つのアーキタイプのエネルギーがうまく融合していることになる。幼子の力が強いと、楽観主義に傾いて他人を盲目的に信頼し、まわりに潜んでいる危険に気づかないおそれがある。孤児の力が強いと、危険や脅威に敏感になって悲観主義に陥りやすく、信じても大丈夫だという状況でも不信感を拭いきれずにいる。

インナー・チャイルドが幼子である人は、朗らかで、潜在的な危険を見過ごしやすい。また、ネガティブで自己憐憫に陥りやすい人々や、過酷な状況に希望を見いだそうとしない人々に苛立ちを覚えるかもしれない。「辛いことが起こっても、物事には何らかの意味がある――だからこそ、すぐにすべてが明らかになるはずだ」と考える。

インナー・チャイルドが孤児である場合は、人生の問題を大げさにとらえやすい傾向がある。無力感や被害者意識にたびたび苦しめられる。誰かが手を差し伸べてくれるのを待っているが、実際に助けてもらっても、「もっと力になってほしい」と感じてしまう。自分がしてほしいと思うことを実行に移して他人を助ける人もいるが、苦しみの奔流を堰き止めるのは不可能だという思いにとらわれてしまう。戦士と援助者がそろって成長を遂げている場合は、そうした胸の思いを誰にも――場合によっては、自分にも――打ち明けられないおそれがある。自分と本音で向き合ってみれば、「自分は常に人生の被害者であり、欲しいものが手に入る見込みはほとんどない」と感じていることがわかるはずだ。考えるだけ無駄だという思いから、何が欲しいのかと自分に問いかけることすらあきらめているかもしれない。陽気な幼子タイプのことを夢見がちな存在とみなしているが、自分よりも幸せそうだという自分勝手な思い込みのせいで、ねたましさと苛立ちの両方を感じている可能性がある。

融合

この二元性の融合は、神の子という神話的なイメージで表現される。神の子は、完璧な清らかさを体現する存在でありながら、世の中をありのままにとらえて理解する力も持っており、他人や、他人の苦しみへの共感と理解に満ちている。神の子は多くの神話体系に登場するが、アメリカの文化ではクリスマスの祝祭で強烈な存在感を発揮する。

幼子イエスのイメージには、幼子と孤児の両方の側面が統合されている。赤ん坊のイエスは、罪のない清らかな存在という意味では無垢な幼子そのものだ。一方、婚外子として馬屋で生まれ、犠牲者となる宿命を負っている（「わが神、わが神、なぜわたしをお見捨てになったのですか」（『マタイによる福音書』二七章四六節）という意味では、孤児だとも言える。

自分や周囲の人々が痛みや苦しみを抱えていることを察知して、それでいてなお、希望と信念の力で互いに与え合おうとする意欲を呼び起こせるのであれば、内なる幼子と孤児は統合されている。統合によって知覚も明晰になる。英雄の旅において幼子と孤児の統合が明らかになるのは、英雄が過度の陽気さや悲観主義の影響を受けずに物事を理解することが可能になった時だ。おかげで、信頼すべき相手と信頼すべきではない相手を正確に見抜き、それによって慎重な判断力が備わっていることが証明できるのだ。このペアの統合から生まれる美徳とは、洞察力である。

子供は疑うことを知らないので、親が「知らない人からキャンディをもらってはダメだよ」と教えなければならない。しかも子供は、具体的で二元的な考え方をする上に、人間を二種類に分類する傾向が強い。英雄か悪者。

良い母親か悪い母親。優しい妖精か悪い魔女。味方か敵。この調子で思春期を迎えてしまうと、女性は処女と娼婦（現代風に言い直すと、好きな相手としか関係を持たない女性と〝誰とでも寝る〟女性）の二種類しかいないことになるし、男性は（女性を食い物にしたり誘惑する）悪い男と（女性を救って良き夫となる）善良な男の二種類しかいないことになる。師《メンター》や権力を持った人々は、非の打ち所がないほど善良で賢明な人間かその正反対の人物のいずれかだ。

　幼子と孤児のそれぞれの二元性の融合が果たされるのは、善と悪を区別できるようになるのはもちろん、二元性そのものが崩れ始めて、人間は善と悪とを併せ持った存在であるという認識を全面的に受け入れた時だ。そこで初めて、「人間は思っていたよりも複雑な存在なのだ」と実感する。肝心なのは、誰を信頼すべきかということよりも、いつ、どのような状況でなら相手を信頼できるかということだ。あなたの父親は、困った時に資金援助をしてくれるという意味では頼りになっても、精神的な支えにはなってくれないかもしれない。自分については、無駄遣いをしないという面では信用できても、家にチョコレートがあっても手を出さないという面では信頼できないかもしれない。さらに言えば、二つのアーキタイプの強い方に従ったとしても、二つが統合されるまではシーソーで上下するような調子で両者の間を行き来することになるだろう。幼子に傾いて他人を無条件に信じていれば、当然ながら期待を裏切られて失望を味わう日がやってくる。そうなると孤児に傾いて、

　次の空欄に現在のＨＭＩの得点を記入してみよう。さらに、このライフステージで活発に活動していた［活動している／活動しそうだと思われる］ほうのアーキタイプを丸で囲んでほしい。

幼子 ＿＿＿＿　　　**孤児** ＿＿＿＿

失意の日々を送ることになる。ところが、誰かが救いの手を差し伸べてくれると、たちまちその相手に心酔して――結局は、失望を味わわされるのだ。そうやって同じことがくりかえされる。人と接して何かを体験すれば喜びだけでなく痛みももたらされるという認識に立って人生に立ち向かっていけば、幼子と孤児の統合が促され、両者の間で右往左往する必要はなくなるはずだ。

この統合を体験するまでは、私たちのインナー・チャイルドは落ち着かないまま日々を過ごすことになるだろう。部分的な否定をしながら生きるか、常に失望を味わい続けるかのいずれかだ。神の子は、人生の多様性を受け入れているからこそ、満ち足りた安らぎの表情を浮かべている。私たちは、心の中に子供を住まわせたまま一生を過ごす。だが、幼子と孤児が統合すれば、その子供は神の子の境地に達して、人生の難題や苦しみから目を背けることも、それによって失望を味わうこともなくなるだろう。外界に困難な現実があることを認めてそれと向き合った時も、心の中には安心感がしっかりと根を下ろしている。その時が来れば、私たちのインナー・チャイルドは、脆さの源泉ではなく、平和と安らぎの源泉になることができるのだ。

青年期

思春期から二十代前半にかけては、探求者と求愛者が前面に出てきて私たちがアイデンティティを見つける手助けをしてくれるのだが、それぞれのやり方にはちがいがある。探求者が最も関心を持つのは自律と主体性であり、コミュニティや親密な関係に引き込まれるのを恐れる傾向がある。他者との関係によって自分のアイデンティティが犠牲になるのを恐れるからだ。それに対して、求愛者は愛するものを見つけることでアイデンティティを見いだしていく。この二元性を融合させれば、アイデンティティの境界線を保った状態で人を愛し献身を捧げられるようになる。

探求者が生涯を通じて牽引役を務めるようであれば、私たちは自分と他人を差別化することでアイデンティティを見つけようとする。求愛者の力が強ければ、愛情の対象となるものによって自分という人間を知ろうとする。思春期から青年期にかけては、この二つのアーキタイプが活発になるのが一般的だ。探求者は、両親のもとを離れて自分一人で世の中の探索を始めるための力を貸してくれる。この年頃の若者は「こうしなさい」「こう考えなさい」と指図されるのはまっぴらだと思っている。さまざまな選択肢を探り、一つのやり方に縛られるのを嫌う。親の目には異様にしか見えない服装や髪型を取り入れて、その時点でのアイデンティティを探ってみる。古い世代がショックを受ける様子を面白がっている節もある。基本的には友人たちと同じようにふるまっている時でさえ、自分では個性を発揮しているつもりになっている。

この年代は、ロマンスや恋愛やセックスに対する関心も高い。さらに、成人期を迎えるまでに、さまざまなものへの――学校での専攻科目、仕事、キャリア、結婚相手への――献身を求められるようになる。ところが、こうした求愛者のエネルギーの活性化は、往々にして、探索の旅で設定されている目標とは一致しないものだ。結婚や何らかの責任を伴う関係を築いてから、相手に縛られているような気がするという理由で、宙ぶらりんな状況に置かれてしまうことも珍しくない。仕事やキャリアに自分を捧げている場合もこれと同様の両面価値に悩まされるかもしれないが、これは、自分という人間

次の空欄に現在のＨＭＩの得点を記入してみよう。さらに、このライフステージで活発に活動していた［活動している／活動しそうだと思われる］ほうのアーキタイプを丸で囲んでほしい。

探求者 ＿＿＿＿　　求愛者 ＿＿＿＿

を見つける旅を続けていることが原因だ。束縛され、進む道が限られているように感じてしまう。

それとは逆に、探求者の力が強い場合は、パートナーや仕事に献身的に尽くすという生き方に抗って別の道を探し続けるかもしれない。色々な仕事を体験したいという理由で職場を転々とすることもあるだろう。大勢の人間と付き合う人もいれば、誰とも付き合わない人もいるだろう。後者の場合、確かに自由は味わえるだろうが、心のどこかに根無し草になったような淋しさを抱えているかもしれない。

初めにどちらかの道を選び、しばらくしてからもう片方の生き方に切り替える場合もある。たとえば、特定の配偶者やキャリアを選んで安定した暮らしを送っていた人が、探求者の出現によってすべてを捨ててしまうことがある。そうかと思えば、ずっと放浪の旅を続けてきた人が、いきなり何かと深く関わりたいという欲望に突き動かされて腰を落ち着けるという例もあるだろう。最悪なのは、そのどちらも経験しなかった人々だ。彼らは、結婚や就職はするかもしれないが、愛情に駆られたせいではなく、周りの期待に応えてその道を選ぶ。因習を打ち破るようなことをした経験はあっても、自分のアイデンティティを本気で探したことがない。人生の後半に入ったところで探求者と求愛者が出現すると、偽りの生活を捨てて、本物の愛情を捧げられるものを見つけようとする。そこで初めて思春期の若者のような気分を味わって、新しいことを試してみたり、他人の意見を省みずに不慣れな行動に出たりする。具体的には、スポーツカーを買ったり、若い相手と関係を持ったり、導師《グル》に傾倒して風変わりな霊的修養を採り入れる、といったことだ。

融合

英雄の旅《ヒーローズ・ジャーニー》では、探求者もしくは求愛者の二元性は、自分の至福に従えという呼びかけ《コール》に内在していることがわかる。つまり、探索の旅に出かけるのは、愛を探し愛に奉仕するためなのだ。さらに、英雄が発見する財宝に融合の象徴を見て取ることもできる。そのような財宝は——たとえば、荒れ地をさまよって発見したと伝えられる聖杯や聖なる魚は——真のアイデンティティの獲得と超越的な愛との結びつきを象徴しているからだ。英雄は本当の家族、つまり本当の自分に戻ってくつろぐことができる場所を見つけようとして探索の旅に出かけることがある。初めは、自分がまちがった家族とまちがった場所で暮らしているような違和感を覚える。つまり、その環境に順応して愛を得るか、自分の心に忠実に生きるかの選択を迫られるのだ。旅が成功裏に終われば、本当の自分と愛情の両方が手に入る家庭を見つけたり、築いたりすることができる。したがって、このアーキタイプのペアに関連する美徳は「アイデンティティ」——つまり、他人や、仕事や、場や、信念体系に献身的に尽くすことによって明らかになる自律の感覚である。

この二元性の融合は、真の家族を意味するより大きなアーキタイプである、約束の地のイメージに象徴されている。『出エジプト記』によれば、モーゼとイスラエルの民がエジプトから脱出しなければならなかった理由は二つある。第一に、彼らはエジプトでは奴隷として扱われていたので自由の身になることを切望していた。これは探求者の動機と言える。拘束による抑圧的な体制から逃れたかったのだ。第二に、彼らは自分の愛する神に仕えて自分に忠実に生きたいと望んでいた。これは求愛者の動機である。

約束の地を日常生活に置き換えると、自由を——真の自己《トゥルー・セルフ》を表現して、決められた役割や期待に制約されることがないという意味での自由を——手に入れて、なおかつ、愛し愛され暮らしを営むことができる場所になるだろうか。内なる探求者と求愛者が衝突していると、いつまでたっても約束の地にはたどり着けない。自由はむなしく、愛情は束縛としか感じられないはずだ。だからこそ、イスラエルの民は砂漠で四十年も過ごさなければならなかったのだ。第一に、彼らが真の自由を手に入れるためには、奴隷だった頃の習慣から抜け出すための時間が必要だった。第二に、他の神々への信仰に戻ろうとするのをやめなければならなかった。自分たちが選んだ道に心からの献身を捧げる方法を学ばなくてはならなかったのだ。自由と献身を両立させるすべを身につけた時に、彼らは約束の地に足を踏み入れた——これは、私たち一人ひとりにも言えることだ。自分に忠実に生きる暮らしと、愛情の対象となるものに献身的に尽くす暮らしを両立させなければ、いつまでたっても約束の地は見つからない。愛する人々と一つの場所に落ち着こうと決心したり、居場所が変わっても同じ心の状態を保ったりすることができるのであれば、それが、約束の地が見つかった証なのだ。

成人期

成人してから中年移行期を迎えるまでの期間は、人生の難題や責任に果敢に立ち向かい、世の中に影響を及ぼすすべを身につけなくてはならない試練の時だ。実行にあたっては、戦士と援助者からそれぞれの流儀を学ぶことができる。どちらのアーキタイプも、責任感があり、努力を怠らず、王国の防衛を気にかけている。つまり、内界と外界の子供の安全を特に気にかけているということだ。戦士は自己主張と闘いによって、援助者は慈しみと自己犠牲によって務めを果たす。

この二つのアーキタイプが揃えば、責任感という美徳を学ぶことができる。だが、一生の間には、どちらかがもう片方をリードする時期があるものだ。戦士が先頭に立っていれば、競争や自己主張や達成を通じて務めを果たそうとするだろう。援助者が主導権を握っている場合は、他人に与え、慈しみ、力を与えるというやり方を好むだろう。戦士の力が強すぎると、他人を犠牲にして〝成功を勝ち取る〟おそれがある。援助者の力が強すぎれば、自分を犠牲にして他人を助けようとするかもしれない。だからこそ、自分に対するものであろうと他人に対するものであろうと、責任感という美徳には慎重なバランスが求められるのだ。

保守的な傾向が強い社会では、人生のこの時点で主導権を握るアーキタイプは、男女の性別役割に大きな影響を受けている。援助者が育児をする母親の役割で、戦士が家族を守る父親の役割になっている例も珍しくない。最近では、ほとんどの人々が両方の役割を果たすように求められるようになった。男性も女性も、仕事の現場では戦士に、家庭や友人といる時には援助者になるように求められる機会が増えている。

この二つのアーキタイプは、他人への責任を負うことによって成長を遂げる。現実に、優れた親や教師や療法士や企業経営者たちは、そろって戦士と援助者の要素を統合させているものだ。彼らには、個人の成長を育みながら境界を設定していく能力がある。戦士と援助者のどちらか一方に傾いてしまうと、責任を負っている相手が充分な力を発揮できないのはもちろん、自分自身の成長にも偏りを感じてしまうだろう。援助者に偏りすぎると、愛や共感をたっぷりと味わうことはできても、自分や愛する相手をうまく守れないことがある。敵の侵略を許してしまうのだ。かといって、戦士に注目しすぎて援助者の力を損ねてしまうと、自分の境界線を守った上で大きな成果を上げることはできても、人生の人間らしい側面は犠牲にされるだろう。タフになりすぎて他人を傷つけてしまうからだ。自分自身を育む方法も知らないので、目標達成の過程では自分にも酷い仕打ちをする。具体的には、猛烈に働いて体を酷使したあげくに心臓を悪くする、競争や闘いや目標の達成にかまけているせいで、相手を育むような親密な関係を築く余裕はないものと判断されて大切な人を失ってしまう、といったことだ。

融合

英雄の旅《ヒーローズ・ジャーニー》でこのジレンマが解決されるのは、英雄が自分の利得のためで

次の空欄に現在のＨＭＩの得点を記入してみよう。さらに、このライフステージで活発に活動していた［活動している／活動しそうだと思われる］ほうのアーキタイプを丸で囲んでほしい。

戦士 ＿＿＿＿　　　**援助者** ＿＿＿＿

はなく、囚《とら》われの乙女を始めとする犠牲者を救うためにドラゴンを倒す時だ。実際に、自らの犠牲を顧みずに他人のために闘おうとする意思こそが、アメリカ文化で英雄的精神《ヒロイズム》と呼ばれるものなのだ。

この二つのアーキタイプの融合は、パワーと同時に寛大さと慈しみの側面が強調された父なる神や、命を産んで育む力とその命に死をもたらす力を併せ持った母なる女神といった元型的なイメージに見られるものだ。このような女神は、援助者でありながら絶大なパワーを持った存在だ。すべての生命の源であると同時に、すべての死と破壊の源でもある。一人ひとりの人生でこの二つの元型的なエネルギーが融合されれば、私たちは理想的な親に――わが子にとっても、自分のインナー・チャイルドにとっても、面倒を見ている相手にとっても――なれるだろう。幼い時は、親を信頼して自分の身を託す。その後は親の役割を内面化して、親ならこうするだろうと思う方法で、自分を慈しんで守っていく。最終的には、親を超越した元型的なエネルギーを利用できるようになり、その力を借りれば、それまでのスキルをはるかに凌ぐ方法で自分や他人を守って慈しむ方法を学ぶことが可能になる。

中年移行期

中年移行期には、破壊者と創造者のアーキタイプの力を借りる。この二つのアーキタイプが揃えば、半生をかけて作り上げてきたアイデンティティ（自我のアイデンティティ）に別れを告げて、自己という、もっと深遠で純粋な感覚を受け入れることができる。そのプロセスでは、「これが自分だ」と思っていたものの大半を手放して人生を再創造しなければならないことに気づかされる。この変革もしくは再生は、真正性《オーセンティシティ》（本物であること）という美徳に結びつくものであり、探求者と求愛者によって見いだされた暫定的なアイデンティティよりも深いレベルにある真の自己《トゥルー・セルフ》を発見して表現するように求めてくる。探求者と求愛者が定義するアイデンティティとは、私たちがどのような物や人にかかわっているのかを教えてくれるものだ。創造者と破壊者の力を借りれば、そのかかわりが日常生活でどのように表現されているのかを知り、それによって、文化的に定められたものとはちがう自分なりのかかわりを行なうという形でアイデンティティを発揮する機会が手に入る。

たとえば、人生の早い段階で自分のアイデンティティに気づいた人が、教師という職業に使命を見いだし、自分にふさわしいパートナーと出会って心からの愛を捧げ、結婚して身を落ち着けたとしよう。その人は、中年期に入ってから、コンサルタントやトレーナーや独自の教材開発といった、従来の枠組みにとらわれない形で教師の使命を果たそうと考えるかもしれない。配偶者や家族との関係についても、こうあるべきという思い込みよりも現実の自分に（言うまでもなく、その人と関わりのある人々にも）合わせる形で、少々の（あるいは大幅な）変化を加えてみるかもしれない。

突如として、もう何をやっても無駄なのだと気づくことも考えられる。そういう時には新しい使命を見つける必要があるのかもしれない。配偶者と別れるか、関係を根底から変えるための話し合いを行なうべきなのかもしれない。習慣とライフスタイルを大々的に変える時が来ているのかもしれない。

破壊者の力が強い場合は、自分の成長に役立ちそうにないものを手放すのは比較的簡単でも、自分を創造しなおして新たなアイデンティティの感覚を見いだすのは難しいかもしれない。目の前に広がった虚空を目にして気力を

次の空欄に現在のＨＭＩの得点を記入してみよう。さらに、このライフステージで活発に活動していた［活動している／活動しそうだと思われる］ほうのアーキタイプを丸で囲んでほしい。

破壊者 ＿＿＿＿　　創造者 ＿＿＿＿

失ってしまうおそれもある。創造者の力が強い場合は、新たなアイデンティティになりそうなものをせっせと紡いでいくのは得意かもしれないが、何を手放せばいいのかを見極める能力がないので、山のような可能性を持てあましてしまうおそれがある。

例を挙げてみよう。破壊者の力が強い時に中年の危機が訪れると、仕事を辞めたり、離婚したり、財産を手放したり、今までの人生を支えてきた信念体系を捨てたりして、気づいた時にはほとんど何も残っていなかったという事態が起こり得る（自分にまったく合っていないまやかしの人生を送ってきたというのなら、適切な対応だと言えるかもしれない）。創造者の力が強い時に同じことが起こったら、その人は何も手放そうとしないはずだ。不安が解消されるという理由で物を増やし続けるだけだろう。そうするうちに、思想家のバックミンスター・フラー（一八九五〜一九八三年）が「華美な複雑さ」と表現した問題を抱えることになってしまうのだ（捨てなければならないものに依然として強い魅力を感じているのなら、しばらくの間は効果が期待できる。何も手放さないままに新しい選択肢を探ることになるが、そうなれば人生はとても複雑なものになるだろう）。

融合

内なる破壊者と創造者が満足のゆく共存関係を築くことができれば、〝洗練された簡潔さ〟を可能にする力を授かるだろう。つまり、「必要なものはすべて揃っているので、これ以上のものは求めない」という人生を創造する力のことだ。もう自分には合わないと思うものを手放して、必要なものを加えていく――むやみに増やすのではなく、その時の自分に本当に合ったものだけを加えるのだ。これは、人間や仕事や社会的機関との関係を定義しなおして、現時点での新しいライフステージを充実させることでもある。

この統合は、死と再生のプロセスを体現する豊穣の神々――イエス・キリスト、オシリス、イナンナ、ディオニソス、コレー――の神話や、再生を象徴するさまざまなアーキタイプで表現されている。破壊者の力が強すぎると、死と喪失がもたらされるだけで復活の機会がない。創造者の力が強すぎると、選択肢ばかりが多くなって不必要なものを捨てるすべがない。生まれるばかりで死が訪れないからだ。

私たちは、生を崇めて死を敬わない文化の中で生きている。世の中には死を否定する風潮がはびこっている。だが、死がなければ、新しい命の成長は抑制されてしまうだろう。たとえてみれば、赤ん坊が次々と生まれてくるのに面倒を見るためのお金や人手がない家庭のようなもので、どの子も栄養不足と準備不足の状態で社会に出て行かなくてはならない。さもなければ、仕事や友人や信念体系と縁を切ることができないせいでその先に進むことができない人間といったところだろうか。いずれの場合も、死を否定する行為が、生きる屍のような存在を生み出してしまうのだ。

豊穣信仰の英知とは、生と死の両方の重要性を理解して、両方の要素に敬意を払うところにある。そうすれば、生と死のエネルギーのバランスを取りながら、役立たなくなったものを手放して新たな成長の余地を作ることによって、再生を果たすことができるだろう。

英雄の旅では、破壊者と創造者は冥界への旅の途上で姿を現す存在だ。英雄は冥界で死に遭遇し、それから生命があふれる地上へ戻っていく。真正性という美徳は私たちに死という運命と向き合うように求めてくるが、これは、自分もいずれは死ぬという事実を正しく認識しない限り「これが自分だ」という生き方に強く惹きつけられることはないからだ。ほとんどの人にとっては、ありのままの自分でいよう、本当に必要なものだけを――社会や宗教団体や家族や友人が持っているべきだと勧めるものではなく――持つようにしよう、という決心に至るのは、人生の半分が終わってしまったことに気づいて目が覚めるような感覚を味わった時なのだ。その時には、もうそれほど多くの時間は残されていない。

円熟期

中年移行期が終わったあとで活躍するアーキタイプは、私たちがパワーを獲得し、その力を世の中で表現するのを助けてくれる存在だ。統治者は、王国の実権を握り、方向性を定め、秩序を保つという形で力を貸してくれる存在であり、その手法には、国のあらゆる資源（内的資源、人的資源、金銭や物といった物的資源）を最大限に活用するための配慮がなされている。魔術師のパワーとは、ビジョンや創造性、全体の幸福を念頭に置いた上で、既存の現実を変えたりこれまで存在しなかったものを創り出そうとしたりする意志が一体となったものだ。

魔術師と統治者が教えてくれる美徳とは変容の力であり、世の中の癒しや進化を助ける能力である。統治者の力が強いと、秩序をもたらすことはできても、革新性は犠牲にされるかもしれない。魔術師の力が強い場合は、調和やバランスを無視して新しいものを探し求める可能性がある。統治者の力が強すぎれば流れが淀み、魔術師の力が強すぎれば混沌がもたらされる。だが、両者が手を結べば、王国の再生が促されるのだ。

円熟期は自分のパワーを主張する時期だ。ところが、それをしない人が大勢いる。魔術師や統治者になるどころか、人生を見限って店じまいの準備を始めてしまうのだ。多くの人は、時間稼ぎをしているうちに引退の時を迎え、やがては死に至る。それまでの暮らしを変えようとしない人もいるが、以前とはちがって干からびながら死に向かっていく日々を過ごさなくてはならない。

だが、中年期の変身《メタモルフォース》をうまく活用すれば――人生や他者のコントロールに重きを置いた統治者か、変容に重きを置いた魔術師とともに歩み始めることによって――新しい人生を創造するパワーを主張できるようになるはずだ。統治者と魔術師は、そろってシンクロニシティを理解し、外界に内的世界が反映されることを――つまり、自分が自分という人間を引き寄せていることを――理解するすべを身につけている。

統治者の力が強い場合は、この現象を主として責任感という観点からとらえ、王国の情勢については自分が責任を負っているという認識に至るだろう。王国が不毛の土地であれば、自らが実権を握るという形で対処し始めるはずだ。アメリカ第三十三代大統領のハリー・トルーマン（一八八四～一九七二年）がそうだったように、すべての統治者には「責任は私が取る」という覚悟があるものだ。ところが、魔術師のエネルギーが勝っていると、内界と外界の合わせ鏡の関係は変容を遂げるための道具として利用される。魔術師は、あからさまなパワーや責任感といったものには、癒しと変容に対するほどの関心は抱いていないからだ。

統治者の力が勝っていると、「自分の人生については全面的に自分に責任がある」という自覚は強すぎる程でも、自分を癒したり自分の世界を変革する能力は充分ではないはずだ。必要性は感じていても、そのために行動を起こすことはできない。魔術師の力が強すぎると、自分や他人を癒して変容させることはできても、自分の行動に対する責任感に欠け、そのせいで（見習い魔術師のように）周囲を大混乱に陥れるおそれがある。

融合

統治者も魔術師も、健全で平和で豊かな王国を築くアーキタイプであり、力を合わせれば地球を癒すという作業を促すことができる。この二つの資質の統合が最善の形で体現された存在が、世界の贖い主だ。具体的には、パワーの絶頂期に奇蹟を行ない、歴史的には「神」とも「贖い主」とも見なされてきたイエス・キリストを思い浮かべてほしい。仏教で言えば菩薩がそれに

次の空欄に現在のＨＭＩの得点を記入してみよう。さらに、このライフステージで活発に活動していた［活動している／活動しそうだと思われる］ほうのアーキタイプを丸で囲んでほしい。

統治者 ＿＿＿＿　　　魔術師 ＿＿＿＿

あたるだろうか。悟りを開いて仏になることを許されながら、道半ばにいる者たちを助けるために自らの意志でこの世に戻ってきた存在だ。ユダヤ教の〝戒律〟を重んじる教えにも注目してほしい。私たち一人ひとりが、世の中の罪の贖いを助けるような行動を取らなくてはならないという考え方だ。

当然ながら、帰還を果たした英雄は「贖い主」となる。英雄が旅を終えて故郷に戻ると、王国に大きな変化がもたらされる。自分のパワーを正しく主張して自分が暮らす世界に影響を及ぼし、一貫して自分という人間の核の部分から遠ざからないように心がけ、そうした生き方が、自分を取り巻く世界にも波及効果をもたらしているという自覚を持つ——そうすれば、誰もが贖い主になれるのだ。

老年期

最後のライフステージである老年期を迎えると、賢者と道化の助けによって、「世界を支配したい」「世界を変えたい」という欲求から解放されて真の自由を手に入れることができる。〝年寄り〟という言葉からはいくつかの相反する姿が浮かんでくるものだが、そうした典型的な老人のイメージは、この二つのアーキタイプから派生しているものが多い。老人は年老いた賢人として描かれる一方で、呆けてしまった、子供に戻ってしまったと思われて、存在を忘れられたり、適当に扱われたりすることも珍しくない。実際にも、老年期の人生には賢者と道化の両方のアーキタイプが必要になる。いや、老年期を迎える前であっても、仕事や子育ての（あるいはその両方の）の現場で、自分の努力を達成という観点から評価する暮らしから〝引退〟すれば、いつでも必要になるはずだ。私たちは自分のギフトを発揮して、世の中に貢献し、家庭やコミュニティや職場で（あるいは、職場だけで）リーダーの役目を引き受けてきた。そこにいきなり、自由になる方法を学ぶ時がやってきたのだ。それは死を徐々に受け入れるという前提における自由であり、私たちは、人の命の終わりと、夢や幻想やチャンスといったもっと直接的なものの喪失という両方の観点に立つことを求められる。

　賢者の力が強い時には、生きる意味を教えてくれるような人生の全体像をつかむことが何よりも重要になるが、超然とした態度のせいで、今という観点に立った日常生活との結びつきが絶たれてしまうおそれがある。道化の力が強ければ、今という瞬間そのものを楽しむのは得意でも、どことなく浮かれた気分になって〝重大な問題〟と向き合う務めを怠ってしまうかもしれない。特に、自分の過去を振り返って人生の意義を見いだすという課題はおろそかにされがちだ。賢者と道化が力を合わせれば、前述の背景で人生をとらえて過去の人生を肯定できるようになり、楽観主義と信念をもって、死とその先にある世界への移行期間に向き合えるようになるだろう。

　老年期を迎えると、遠い昔の出来事はまだしも、昨日起こったばかりのことがなかなか思い出せなくなる。私たちが取り組むのは、自分の生涯をふるいにかけて人生の意義を選り分けるという難しい作業だ。その頃には体力が落ち、おそらくは健康も損なわれているだろう。友人にも鬼籍に入る者が出始める。そうやって、さまざまなものへの愛着を――友人や特定の場所や健康への愛着はもちろん、人生そのものに対する愛着さえも――手放すように促されるのだ。このような場面では、心を開いて賢者の英知を受け入れることが必要になってくる。

　さらに、老年期には、他人の面倒を見る、何かを達成する、世の中を変えて影響力を持つといった行為に意義を見いだしたいという欲求を乗り越えな

　次の空欄に現在のＨＭＩの得点を記入してみよう。さらに、このライフステージで活発に活動していた［活動している／活動しそうだと思われる］ほうのアーキタイプを丸で囲んでほしい。

賢者 ＿＿＿＿　　　**道化** ＿＿＿＿

くてはならない。私たちが学ばなくてはならないのは、人生そのものを愛し、一日一日を慈しむというシンプルな生き方だ。老年期とは、奇抜なことやばかげたことはもちろん、本人がそうしたければ少々子供じみた態度をとっても目をつぶってもらえる時期でもある。実際に、物覚えが悪くなったり、以前ほど機転が利かなくなったりするせいで、頭が悪くなったように感じることがあるし、体のあちこちにガタがきて自由がきかなくなったことに当惑して、自分の肉体に振り回されているように感じる時もある。これが道化からの課題なのだ——つまり、人生そのものを愛し、あるがままの自分を愛するすべを学ばなくてはならない。

融合

道化の力が強すぎると、ばかげたふるまいにうつつを抜かして、大きな問題や、内面の安らぎを追求して死を迎えるという準備が軽視されるおそれがある。賢者の力が強すぎると、面白みに欠ける頑固な人間になりかねない。賢者と道化を融合させて協力関係を結んでもらえば、賢愚者《ワイズ・フール》が誕生する。ここで、英知と喜びの両方を手に入れるたびに我を忘れて恍惚に浸っていたクリシュナや仏陀の物語を思い浮かべるのは見当ちがいではないだろう。悟りの境地は本来は英雄の旅の範疇にはおさまらないもので、実際には英雄的精神《ヒロイズム》の先に悟りがある。英雄神話は、英雄が帰還して王国を変革するところで幕を閉じる。悟りへの到達は、私たちを英雄的精神から超越へと誘うもので、そこでは真の自由が待っている。

螺旋の軌跡を描く英雄の旅《ヒーローズ・ジャーニー》では、旅を終えると無垢な幼子の状態に戻ると言っても差し支えないだろう。そこから次の旅が始まるのだが、今度の旅は前回よりも高いレベルから出発する。宇宙の環は途切れることなく続いていく。

螺旋を描く成長過程

老年期と幼年期のアーキタイプの類似性に気づけば、誰でも螺旋状の成長という概念に注意が向くはずだ。だが、この類似性にはもう一つの重要な事実が明示されている。本書で紹介する成長過程は予測可能なものではあるが、だからといって、アーキタイプは人生の特定の時期にしか現れないと言っているわけではない。たとえば、私たちが恋に落ちると、そこには必ず求愛者の存在がある。幼子のアーキタイプは、のびのびとした遊び好きな一面といい、場合によってはいかにも子供らしい〝悪たれ小僧〟のふるまいといい、確かに道化のアーキタイプを彷彿とさせる。だが、一般的には人生の後半に差しかかると、道化はただのピエロとはちがう賢愚者《ワイズ・フール》に——王を楽しませるだけでなく、王に進言を行なう資格を持った宮廷道化師に——なる。

本書で取り上げる問題は特定のライフステージで表面化する傾向が強いが、私たちがうまく対処できるようになるまでは何度でも表に現れてくる。問題が解決した時には、私たちは人生を支えてくれるさまざまな能力や予兆の力を手にしている。たとえば、幼子と孤児は幼年期に関連するアーキタイプではあるが、信頼と警戒のバランスをとれるようになるまで活動を続けるはずだ。だからこそ、中年期に入っても孤児のようにふるまい、時には犠牲者にすらなってしまう人々がいる。無垢な心を失ってしまったせいで、幼子と孤児のアーキタイプをうまく融合させることができないのだ。そうした人々が、援助者や戦士の自制心と責任感も身につけず、自分自身への献身（探求者）や他人への献身（求愛者）についても学んでいないとしたら、人生はさぞかし困難なものになるだろう。前半のライフステージの課題を首尾よくやり遂げておかないと、中年移行期に自分の思い通りに対処できない場合がある。中年移行期の喪失体験は、孤児の活性化の感覚を強めるだけで、変容をもたらす通過儀礼《イニシエーション》へ私たちを導くことはない。理想としては、孤児の活性化を強く意識するようになったおかげで、自分で解決できるという幻想を捨てて本気で誰かに助けを求める、という展開が望ましい。孤児本来の性質からいうと、そうすることによって幼子（信頼）との統合が可能となるからだ。

未解決だった核心的問題が解決されると、人は、目にもとまらぬ早さで行動を起こして教訓を学び、自分が通過してきたライフステージに関連するアーキタイプのギフトを手に入れる。これはもちろん、すでにいくつかの課題をこなしているからこそ可能なのだ。

要するに、優先課題が未解決のままでもさまざまな人生の課題を経験していくことはあり得るわけだ。むしろ、ほとんどの人がそうしている。ライフステージの順序通りにそれぞれの課題を完全にこなしていくことができるのは、ごく健全な人間だけだからだ。健全どころか、発達レベルがきわめて高い証と言えるかもしれない。だとしても、未解決の問題が山積していけば、初期の問題に対処しないまま先に進むのは難しくなる。

それぞれのアーキタイプは段階を踏んで成長していくものだが、それぞれの重要性に差があるわけではない。魔術師や賢者のようなアーキタイプは高いレベルから成長させることができそうに思えるだろうが、いざとなると、まだ自分を表現するすべを見つけていないレベルの低いアーキタイプから横槍が入るはずだ。何よりも大切なのは、今のこの瞬間に私たちの人生で活性化しているアーキタイプに充分な敬意を払うことだ。孤児の気分を味わっているのなら、見捨てられて無力感に苛まれている時の心の痛みをじっくりと味わい、他人に助けを求め、差し伸べられた手を受け入れる必要がある。そうすれば、ギフトを授かって前に進むことができるだろう。

人生の特定の時期には、二つのアーキタイプのどちらかを〝特別扱い〟してほぼ独占的に成長を促すことも大切ではあるが、一方を成長させずに放っておくと、結果として人生のバランスが崩れてしまう。たとえば、援助者だけを極端に成長させてしまうと、境界線を設定するという戦士の能力を育むのに手間取って、他人の世話をほぼ完全にやめざるを得なくなるかもしれない。そうした場面で一方のアーキタイプを排除するのは健全なことだ。だが、生涯を通じて戦士だけを（もしくは援助者だけを）成長させていると、徐々に病理化へ向かっていくおそれがあり、少なくとも現代の社会では明らかな機能不全に陥るはずだ。他のペアについても同じことが言える。

ただし、本書で紹介している理論に照らして自分を裁いてはならない。人の人生にはその人なりの個性があるものだ。特定のライフステージで起きていることが本書の説明と異なっていても、その理論に無理やり自分を合わせることはない。あなたの人生で起きていることを尊重し、それが授けてくれるギフトを手に入れてほしい。

それを念頭に置いた上で認識しておきたいのは、英雄の旅がそれぞれのライフステージで二元性から統合へと向かう際には、一般的には、命題《テーゼ》、反対命題《アンチテーゼ》、総合《ジンテーゼ》のプロセスを経るということである。自己に関わる高次のアーキタイプ——統治者、魔術師、賢者、道化——への到達は、それ以前の段階での二元性がうまく融合できるかどうかにかかっている。先に進むためには、それぞれのペアの適切な統合が必要なのだ。

援助者と戦士の総合《ジンテーゼ》を成功させなければ、偉大な統治者になって、王国の境界線を防衛しながら中にいるすべての者に恵みと力を与えることはできない。創造者と破壊者の総合《ジンテーゼ》がうまくいくからこそ、変革者や指導者にもなり得るような魔術師への道が開かれる。

同様に、幼子と孤児の総合《ジンテーゼ》がうまくいけば、道化が賢愚者になるための準備が整えられる。賢愚者になれば、無垢な心を保ったまま幻想に惑わされることもなく、ありのままの人生に喜びを見いだすようになるだろう。さらに言えば、探求者と求愛者の総合《ジンテーゼ》によって、最高次の賢者——自分という人間に敬意を払い、敬意を払うことによって、自分以外のすべての人間を受け入れられるような存在——の誕生が可能になる。

この章の主旨を次のページで図式化した。六つのペアと、自我と魂と自己の発達、英雄の旅の三段階（準備、旅、帰還）との関連性を示したもので、二重の統合が視覚的に理解できるように星形六角形を用いている。

準備、旅、帰還

ライフステージと、アーキタイプのペアと、各ペアが融合されたアーキタイプを、「自我、魂、自己」もしくは「（英雄の旅における）準備、旅、帰還」というカテゴリーで統合するには、星形六角形を用いてパターンを明確にするのが最善の方法だ。

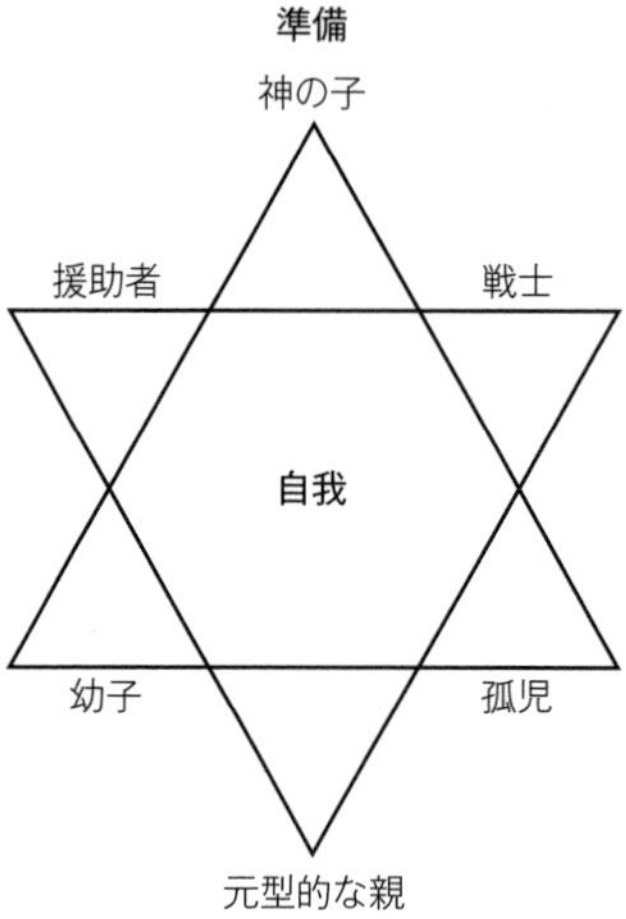

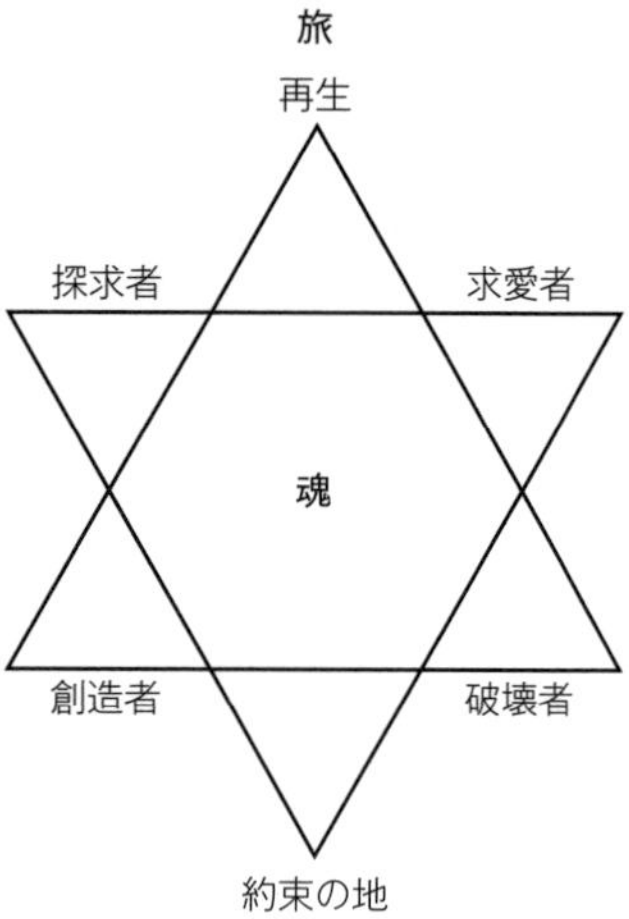

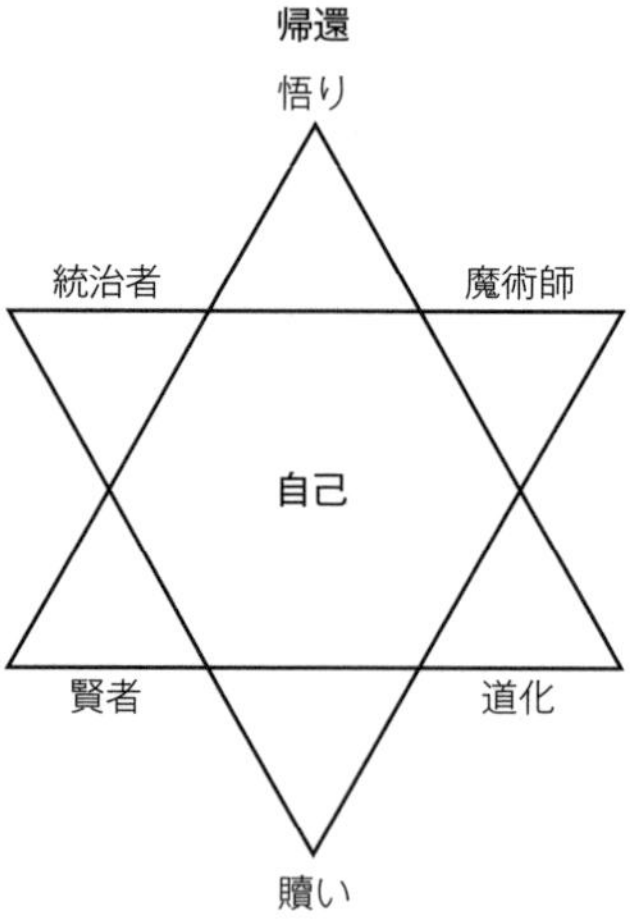

旅の準備段階のプロセスには、「幼子と孤児の融合がもたらす神の子」「戦士と援助者の融合がもたらす元型的な親（母なる神、もしくは、父なる神）」という弁証的な成長のプロセスが含まれている。ここでの心理学的な領域は内面化された家族だ。私たちが自分自身の良い親になることができれば、通常は内なる子供も癒される。旅のプロセスには、「探求者と求愛者の融合による約束の地」と「創造者と破壊者の融合による再生」の弁証法的プロセスが含まれる。ここでも、後者の成長のための課題をうまく完了させることによって、前者の課題を完了することができる。復活や変革を果たさなければ、約束の地にたどり着いて真の我が家を見つけることはできないからだ。最後の、帰還の弁証法的プロセスには、「統治者と魔術師の融合による贖い」と「賢者と道化の融合による悟り」が含まれている。ここでも、王国を変革したいという欲求から解放されて、結果への執着を持たずに自由に変革を実行できた時に、真の贖い主としての力を発揮できる。つまりは、自由を手に入れることも、世界を癒す助けになるということだ。

自分自身を見つけて世界を変革するには、このようなプロセスの他にも必要なことがある。全体性《ホールネス》を充分に実感するためには、社会的・文化的な性を意味するジェンダー、文化的遺産、一人ひとりの個性にも向き合わなければならない。この主題を論拠として、次章を展開していこうと思う。

統合完了のアーキタイプ

あなたの人生には、統合を完了したアーキタイプが現れているだろうか？　現れているとすれば、どのような形を取っているだろう？

□ 神の子（自分の中に、愚直さや拒絶や幻想とは無縁の賢い幼子を抱えている）

□ 元型的な親（内界と外界の子供を守って養育することができる）

□ 約束の地（自分という人間を支えてくれるコミュニティの中で、自分に忠実に生きることができる）

□ 再生（変身を体験し、古いアイデンティティを捨てた上で、新しいアイデンティティを受容、もしくは、創造した経験を持つ）

□ 贖い（自分自身と自分の王国を変革する責任を負っている）

□ 悟り（今という瞬間を自由と喜びを味わいながら過ごし、何ものにも執着しない）

第19章　ジェンダーと人の成長

ジェンダーのアイデンティティは、私たちが無垢な存在である時期に確立する。三歳になる頃には、誰もが男や女であることの意味を知り、通常はそれぞれの伝統的な性別役割のメッセージに従って行動するようになる。家父長制においては、男性も女性も階層と支配の制度の枠内でジェンダーのアイデンティティ（男性の方が優れており、女性はあきらめるか男性以上に努力しなくてはならない）を実感するせいで、男女共に根元的な傷を負ってしまう。これが孤児の活性化を招く大きな原因となってしまうのだ（ただし男の子は——直接的にせよ間接的にせよ——「自分たちの方が優れている」と教えられるため、初めのうちは傷を負ったとは思わないかもしれない）。その一方、〝女らしさ〟と〝男らしさ〟が世の中にもたらすギフトという意味では、文化に由来しないジェンダーの差異も重要な役割を占めている。

ジェンダーの差異を原因とする傷は、部分的には、男性と女性の旅の形が異なっているせいで生じるものだ。「男らしさ」のイメージに沿わない男性や男の子は「女々《めめ》しい」「女っぽい」と見なされ、そのせいで世間での権力と地位を失ってしまう。ここで軽視してはならないのは、幼い男の子が母親と距離を置くことの難しさであり、当初から子供にあふれんばかりの恵みと力を与えるような関係が築かれていた場合は特にその傾向が強くなる。また、自分の脆い部分を抑制する——無力感や脆さに打ちのめされている時や、他人に思いやりを示す時も、涙を見せたり敏感に反応しないようにする——のも容易なことではない。

父親が身近な存在でない場合は（不在であったり、仕事を始めとする外界での活動に従事している場合は）、間近で目にしたことがない役割をこなす努力も必要だ。結果的に、温かさと愛情深さを（さらには、脆さも）持ち合わせた本物の男性像を手本とする機会に恵まれないまま、男臭いタフガイのイメージを追い求めてしまう可能性もある。家族全体が結託して、父親が理想化された男らしさのイメージそのままの人間であるかのように装っている例もあるが、実際の父親がそのイメージからほど遠いと、これも、息子を大いに混乱させる原因となってしまうだろう。

家父長制社会の中でジェンダーのアイデンティティを確立する女性は、「能力的に劣っていなくても、女に生まれると人生の選択肢が限られてしまう」と考えることで深い傷を負ってしまう可能性がある。どこに目をやっても、権力と権威がある地位に就いているのは男性ばかりで、その地位に就いている女性は先駆者か例外的な存在であることを思い知らされる。家族から教えられることはなくても、その事実を見せつけたりほのめかしたりする文化によって、「男に生まれたほうが得をする」と学ぶのだ。それどころか、女が男と肩を並べようとするのは（自我《エゴ》の力で自分に自信を抱くのは）不自然（あるいは傲慢）だという理由で、「もっと女性らしくしなさい」と諭されてしまう。女性であるおかげで優しさや脆さを表現することは許されるのだが、社会の通俗概念を論破するような強力なメッセージを受け取らない限りは、好戦的な態度や、怒りやパワーを発揮する意志を排除するようになってしまう。

現代を生きる女性の場合は、女らしさを補完するために典型的な男らしさ（たとえば、野心的な一面）を伸ばすよう教えられることもあるだろう。そうしないと、社会での選択肢が限られて、社会的地位とは（ほとんど）無縁の人生（「私はただの専業主婦なんです」）を送ることになると発破をかけられる。こういう考え方はスーパーウーマン症候群を招きかねない。つまり、女性が男女両方の役割を完璧にこなそうとして――たいていは、疲労困憊して燃え尽きてしまうのだ。

だが、多くの男性や女性が本質的には社会的な条件付けの結果として負ってしまう深刻な傷とは、生殖器にまつわるものだ。男の子がペニス（社会的地位と共に男性に自信を持たせてくれるもの）の喪失を恐れ、その喪失の脅威を、母親と結びついていたいという変わらぬ愛と願望に結びつけるのと同じように、女性も、外陰部やヴァギナや子宮のパワーが文化的に評価されていないせいで傷を負ってしまう。

フロイトは、女神信仰の文化で女性の生殖器が持っていたはずの圧倒的神秘《ヌミノース》とパワーにはまったく着目しなかった。当然ながらフロイトは時代の申し子であり、だからこそ、女性の生殖器を欠落という観点から見ようとした。つまり、女性を去勢された男性とみなしたのだ。[1] フロイトにとっての女性性とは、英知とパワーのポジティブな源泉ではなく、何かが欠落しているという偏った視点から論じるものだった。

その結果、女性のパワーは男性との関係を通じて代償的に発揮されなくてはならないという結論が導かれる。このような姿勢によって、女性は心理的に去勢され、家父長制によって傷を負い、女性としてのアイデンティティを実感する機会まで奪われてしまっている。おまけに、女性が貶められたために、男性が気後れせずに自らの女性性を実感できるような機会が奪われ、女性よりも男性を歓迎する風潮のせいで文化的な不均衡も解消されていない。

若い女性が傷を負ってしまうのは、一つには「自律や自己主張は控えなさい」というメッセージを内面化してしまうせいであり、適切なロールモデルが存在しないせいでもある。女性にとっては、そばにいて何かと頼りにできる相手は父親よりも母親である確率が高い。ところが、母親が劣等感や過度な節度を内面化していたり（あるいは、内面化した上で）、母親が他人（特に父親）から軽んじられている場合は、その程度に応じて、母親のようになりたいという思いは薄れていくものだ。かといって、父親のようになるのは現実的に不可能だ。

学校やテレビのニュース番組では、〝偉大な男性〟はもちろん、極悪人や、時には凡庸な男性たちの見解や業績まで聞かされ、一方では、女性の持つパワーを異常、脅威、あるいは破壊的（たとえば魔女のイメージ）なものとして呈示されていたら、若い女性は意欲を削がれるか、「完璧にならなければ成功できない」と思い込んでがんばりすぎてしまうだろう。

男性と女性の旅はそれぞれに異なるジレンマから始まり、異なる心理的および霊的問題を抱えていることが多い。典型的な男性の旅のパターンは——私たちが、古典的な英雄のパターンとして教えられてきたものは——傲慢さや自信過剰のうちに始まり、そのせいで自我を犠牲にすることを求められ、真のアイデンティティという財宝を発見するのに必要な謙虚さを手に入れる、というものだ。女性の旅のパターンは、通常は、謙虚さと服従のうちに始まる。つまり、自尊心や自我が過剰なのではなく不足しているところに問題があるわけだ。充分な自我や充分な自信を持ち合わせていないと、女性が自分自身を表現したり、世の中に貢献することはできないのだ。(2)

女性は人間関係を重視しすぎて、自分自身の価値観を軽視する傾向がある。男性は自分自身や自分の業績を重視しすぎて、自分が他人に依存して助けや支えを必要としているという現実を軽視する傾向がある。だからこそ、女性は自分を過小評価し、男性は人間関係を過小評価する。この差異が、成人期を迎えてからの戦士と援助者の活動開始時期のちがいにも反映されている。

とはいっても、ジェンダーの差異は、男女が抱えている傷だけが原因なのではない。この問題は、それぞれのアーキタイプに典型的な女性版と男性版があるせいで非常に複雑に絡み合っていて、アーキタイプが人生に現れる順番はもちろん、実際の現れ方にもちがいが生じる。男らしさや女らしさは、アーキタイプにも、複雑に絡み合う社会的な条件付けや遺伝子の作用にも影響を受けるものだ。だが、それだけにとどまらず、物事の意味をまとめて物語を構成していく能力のような、潜在的なエネルギー・パターンとも多いに関係がある。

性別役割の条件付け

❶子供の頃に、自分のジェンダーにふさわしい行動についてどのようなメッセージを受け取っただろう？　父親からは？　母親からは？　他の親族からは？　学校、マスメディア、宗教団体、遊び仲間からは？

❷そのメッセージの中で、あなたを助けたり力づけてくれたものはどれだろう？

❸あなたの可能性を狭めてしまったものはどれだろう？

ジェンダーによる旅のパターン

現代の多くの男性と女性は、ジェンダーの典型的パターンに従った生き方はしなくなっている——そもそも、最近ではパターンそのものが流動的だ。だとしても、ジェンダーは人生に対する基本的なスタンスに影響を及ぼすという考え方は誤りではないだろう。心理学者のナンシー・チョドロウは著書『母親業の再生産』（新曜社）で、このスタンスを「結びつきにおける自己」と「分離における自己」に大別し、前者をより女性的なスタンス、後者をより男性的なスタンスと定めている。

成人後のライフステージを歩んでいる最中には、ジェンダーの差異が四つのアーキタイプ——援助者、戦士、探求者、求愛者——に集中する傾向がある。女性は援助者の役割を担い、男性は戦士の役割を担うという、社会的な伝統があるからだ。それが狩猟採集時代の性別分業にさかのぼる意識下の本能的な衝動に由来するものであるのなら、女性が他人の世話によって、男性が闘争によって深い満足感を得る可能性はあるだろう。探求者と求愛者は、それぞれが男性性と女性性のエネルギーに関連している。〝男らしさ〟の典型的なスタンスとは、分離を通じてアイデンティティと真実を見つけるというものだ。同じことを、同一化と結びつきを通じて実現するのが〝女らしさ〟のスタンスだと言えるだろう。性別に関わりなく自分の中にある男性性と女性性を呼び起こすことができるが、男性は〝男らしい〟エネルギーに支配され、女性は〝女らしい〟エネルギーに支配される傾向がある――少なくとも、幼年期から中年期にかけての、両性具有の問題が大きな比重を占める時期にはそうである[3]。

男性の嗜好には戦士と探求者の影響が、女性の嗜好には援助者と求愛者の影響が見て取れる。したがって、仮に――現代社会では可能性の低い〝仮に〟ではあるが――女性が順当に昔ながらの女の人生を歩んでいく場合は、援助者と求愛者のアーキタイプを優先的に活用させるはずであり、男性の場合は戦士と探求者のアーキタイプの力が強くなるだろう。女性は連携と思いやりを象徴するアーキタイプを好み、男性には分離と独立を象徴するアーキタイプを好む傾向があり、文化的な背景によってこの嗜好が（決定づけられることはないにせよ）強まることになった。

つまり、女性の場合は、最初のうちは人間関係にアイデンティティを求めたり、他人の世話に大きな価値を見いだしたりしやすいということだ。だからこそ、キャロル・ギリガンが著書『もうひとつの声』（川島書店）で示したように、女性たちは、境界線を設定する作業や、他人だけでなく自分のことも慈しむという作業に手こずってしまう。成長の初期の段階では、適切な自己主張ができない、自分と他人のニーズの区別がつけられないという理由で、問題を抱えてしまうこともある。挙げ句の果てに、殉教者となったり、怯えながら生きたり、人間関係に依存するようになってしまうのだ（こういう女性が「人間関係依存症」と誤診されることもあるのだが、今の世の中では、自分のアイデンティティを充分に発達させていない女性たちに見られるごく典型的な生き方にすぎない）。

探求者と戦士を成長させて、求愛者と援助者の盟友として迎え入れる日がやってくれば、人間関係に依存せずに自分という人間を認識するようになり、自分のニーズを考慮した上で、互いを思いやる人間関係の輪を広げていくことができるだろう。連携と、相手を思いやる相互関係のネットワークを重視する点は同じでも、その時には、自律を犠牲にせずに自分のニーズを満たすためのポジティブな方法が見つかっているはずだ。

男性の場合はそれとは逆で、最初に探求者と戦士の力を呼び起こすので、当初は自律、強靱な精神、完遂能力に価値が置かれる。問題が発生するのは人間関係の領域である場合が多く、親密さや共感のスキルが不足しているせいで他人を遠ざけてしまう可能性がある。自分が他人を必要としているという認識はないとしても、他人に適切な愛情や関心を示していないという自覚はあり、深い洞察力や愛情を示す能力に欠けているために「いつかは見捨てられる」という潜在的な恐怖を抱えている。その埋め合わせとして人よりも熱心に働く場合もあるが、これは、何かを成し遂げれば人から愛されるのではないかと期待しているからだ。ただし、感情面においては、自分が感じていることや自分が求めていることすらわかっていないという例が頻繁に見受けられる。最悪の場合は、セックスさえもが戦利品となり、異性との関係も自分の力を行使する手段の一つとなってしまう。どれをとっても、心の中の空洞が広がっていくような（旅に出るまでは）行為ばかりだ。

こうしたジェンダーの差異は、同性との関係にも苛立ちや不満をもたらしてしまう。女性が結びつきの世界に閉じ込められたように感じるのに対し、男性はその世界から完全に閉め出されてしまったように感じることもある。男性も女性も、期待するものが相手とちがうという理由で苦労する例が多い。女性の場合は、共生関係に陥って結果的に境界線を失ってしまう可能性がある。男性の場合は、権力と優位な立場を競い合う関係に退行していくおそれがある。

成熟すると、男性は自分の中にいる求愛者と援助者を成長させて探求者と戦士の盟友として迎え入れることが多く、そうなれば、次世代の育成や慈しみや人との親密な関わりに心からの関心を持つようになる。この時点では、子供たちや弟子の指導をしたり、自分の知識を受け継いでパワーを手にしてもらいたいと願うようになっているかもしれない。自分だけではなく、他人にも幸福になってもらえるような活動を望むようになる。他人との交流の場で発揮される特性や美徳をある程度まで発達させると男性と女性は似通ってくるのだが、一般的には、重視するものや価値を置くものについてのちがいは残るものだ。例を挙げてみよう。男性の場合は、他者への関心と共感を重要視するようになっていたとしても、依然として自律の獲得を成長プロセスの望ましい成果とみなしている。女性の場合も同様で、相互依存的コミュニティで責任を持って生きていくには自律の獲得が必須条件だと考えるようになったとしても、相互依存の獲得が成長プロセスの望ましい成果だと考えている。

前述のキャロル・ギリガンは、男性には物事を梯子としてとらえ、最上段に目標を掲げる傾向がある（探求者の上昇志向を思い出してほしい）という論証を行なっている。一方、女性には、人間の結びつきが網や蜘蛛の巣のように広がっていくという観点から物事をとらえる傾向がある。目標は集団としての幸福、もしくは、蜘蛛の巣の中にいるすべての人間の幸福だ（求愛者の結びつきへの関心を思い出してほしい）。男性はどちらかといえば、その網や蜘蛛の巣に絡め取られることを恐れ、親密な関わりを苦手とする。女性は梯子の最上段で孤立するのを嫌がり、自己主張を苦手とする傾向が強い。そう考えると、女性が自らを変容させるためには、自分自身の幸福や進歩を追い求め、孤独を恐れる気持ちと向き合う必要があると言えるだろう。男性の場合は、女性的な結びつきに絡め取られる恐怖を払いのけて、思い切って親密な関係に飛び込んでみるべきだ。要するに、女性にとっての難題は探求者に心を開くことであり、男性にとっては求愛者に心を開くことなのだ(4)。

ジェンダーによる自我と魂と自己

男性と女性の旅は、心《プシケ》の三つの側面――自我と魂《ソウル》と自己《セルフ》――との関わり方によってもちがってくる。男性には伝統的に自我が強すぎて魂を追い払ってしまう傾向があるので、バランスを取って魂を表面化させるためには思い切った措置を執る必要がある。女性の場合はそれとは逆で、魂とは初めから親密な関わりを持っているのに、自我の発達が不足しているせいで効率的に自分を主張していない可能性がある。

女性の方が神秘の世界に入っていきやすいのは抵抗感が少ないせいであり、女性の方が求愛者のアーキタイプに惹かれやすいのは、文化的条件付け（あるいは元々の好み）のためばかりではなく、女性に対する性差別という形で破壊者が大半の仕事を終わらせているからだ。ただし、女性の場合は、真の自己《トゥルー・セルフ》とそのギフトを発揮できるようになる前に、自我のアーキタイプに立ち戻ってその力を強化する必要に迫られることも少なくない。自我を強化しておかないと、本当の魂を見つけたとしても、旅で手に入れた英知を持ち帰って世の中のために役立てることはできないだろう。

対照的に、男性の旅が成功裏に終わるかどうかは、自尊心やうぬぼれ（これももちろん、社会的条件付けの産物にすぎない）を自分から進んで手放そうとする意志の力にかかっている。そして破壊者が自分の務めを果たすまでは、探求者の段階に――特にその上昇志向のエネルギーの中に――ぐずぐずと留まり続ける可能性がある。男性の場合、破壊者の活動は中年期に入ってから始まるのが普通であり、何らかの大きな悲劇（子供の死、心臓発作、大きな挫折など）に見舞われない限り活動が早まることはない。実際に悲劇が起こったとしても、条件付けと社会的プレッシャーのせいで起こったことの意味を掘り下げようとする意欲が消失し、毅然とした態度で難局を乗り切ることだけに集中してしまう場合もある。魂を成長させるための従来のアプローチは、自我の懐柔か解体に重点を置くというものだ。個人的には、こうした姿勢は過剰に支配的な自我を抑制するという、男性に頻繁に見受けられる必要性から生じたものであり、自我の強さが不充分な人間に対しては――性別に関わらず――強力な破壊力を発揮しかねないと考えている。

男性であろうと女性であろうと、旅にはバランス感覚が求められる。自信がありすぎても従順すぎてもうまくいかないはずだ。さらに言えば、ここで取り上げた一般論も絶対的なものではない。女性にもうぬぼれやすい人はいるし、男性の中にも自分のギフトを過小評価しがちな人がいる。文化的条件付けにもかかわらず、戦士や探求者になりやすく生まれついた女性もいれば、援助者や求愛者のほうが性に合っているという男性もいる。要するに、男性にも女性にもなれるような独自の方法で旅を続け、最終的にはポジティブな意味での両性具有者となることが重要なのだ。ここでの両性具有者とは、性別が判然としない中性的な存在ではなく、両方のジェンダーのエネルギーや経験が与えてくれる贈り物を受け取ることができる存在を指している。

現代社会での解決法

性別役割が変わりつつある現代の世の中では、主要な六つのライフステージを通過するジェンダーの成長パターンは非常に複雑であり、人によっても大きく異なっている。性別役割の取り決めも昔ほど厳格ではなく、性別役割の条件付けが人生に及ぼす影響についての意識も高まってきた。結果的に、多くの女性たちが、文化や文化を担っている男性たちから疎外されているという理由で、探求者のアーキタイプを優先的に呼び起こすようになった。さらに、今の時代の文化には、自律と競争を過大評価して、他人への思いやりや人間関係を過小評価する傾向がある。

つまり、女性たちは社会からの強力な後押しによって、それが内側から有機的に現れたアーキタイプであるかどうかは別として、探求者や戦士としてふるまうようになったのだ。「成功したかったら男性のように行動しなさい」と言い聞かされてきたせいで、女性たちは実にさまざまなメッセージを受け取るようになった。言われた通りにすれば「女らしくない」とみなされ、時には「不自然だ」と非難されることもある。このように、キャリアで成功するための処方は、私生活で成功するためのそれとは相容れないものなのだ。多くの女性たちは、こうした問題を解決して自分という人間を見つけるために、キャリア面は戦士に、私生活は援助者か求愛者に（ある

アーキタイプとジェンダー

伝統的な女性の旅

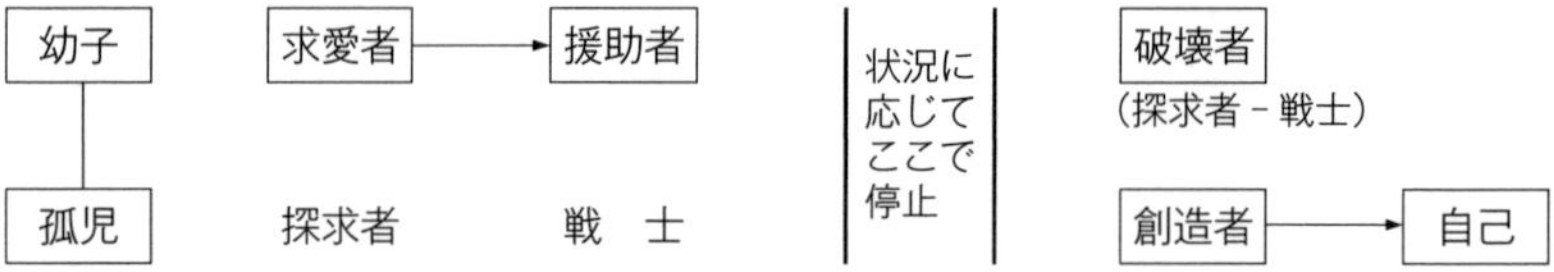

伝統的な男性の旅

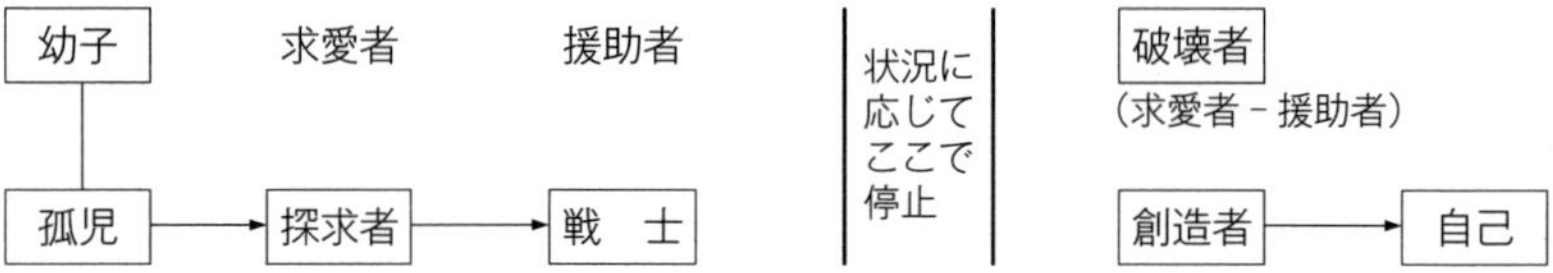

伝統にとらわれない男女に多いパターン

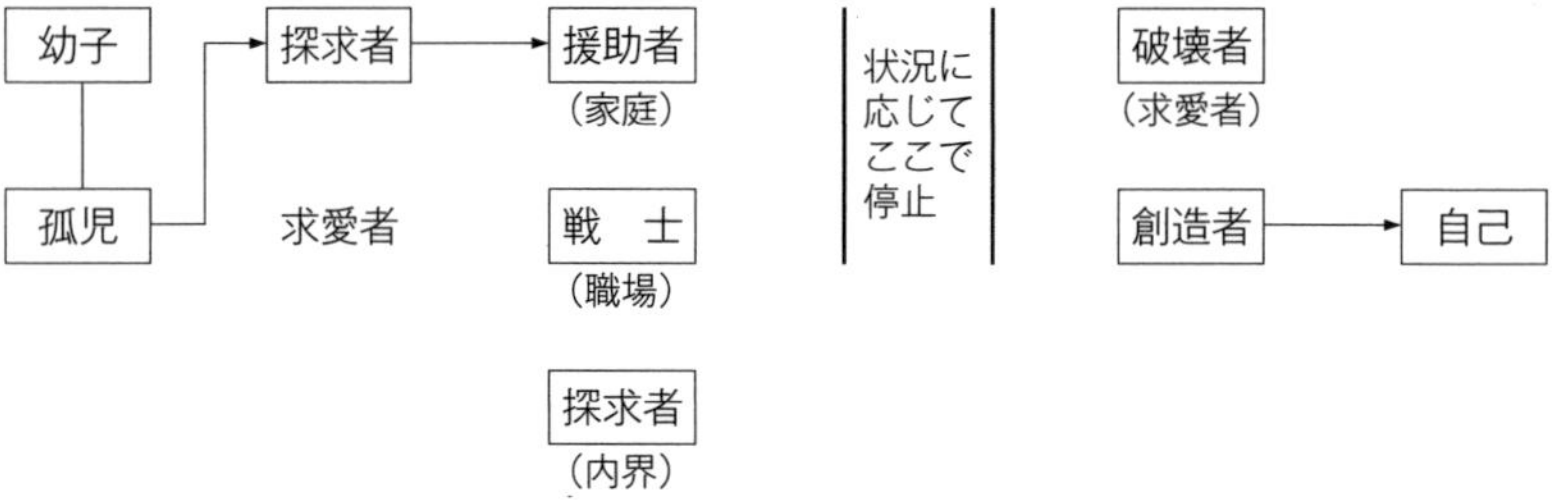

あなたの旅（現時点までの旅の経過をチャート化してみよう）

いはその両方に）、内界は探求者に支配させるという方法を用いている。

また、女性が統治者のパワーを表だって主張することに対しては——援助者や求愛者の介在によってパワーが弱められたり濾過されたりしていない限りは——比較的強い禁制が敷かれている。最高レベルの指導者の地位にはごく少数の女性だけしか迎え入れようとしない〝ガラスの天井〟や、男性に〝脅威〟を与えるとみなされている女性たちに周囲が抱く恐怖心にも、この禁制が反映されている。

男性にとっても状況は複雑だ。男性には、「戦士や探求者や統治者（両性具有ではない男性性のみの統治者）になって他のすべてのアーキタイプを排除しろ」という圧力がかけられる。文化的には、それが男らしさと成功の定義であるからだ。この圧力は心理学的な全体性《ホールネス》にマイナスの効果をもたらし、本人やその周囲の人々は本物の親密な関係を築けなくなってしまう。結果的に、多くの男性が強い閉塞感に悩まされることになる。女性と同じように、仕事の場では戦士、家庭では援助者、内界と自由時間においては探求者というふうに分裂した男性たちもいる。

あなたのジェンダーの成長

❶社会的な性別役割を超えたところで、自分の本質的な女性性と結びつくことにはどのような意味があるのだろう？　本質的な男性性についてはどうだろう？

❷あなた自身の成長の経緯はジェンダーにどのような影響を受けてきただろう？

男性の人生に混乱が生じるのは、女性からの多種多様なメッセージにも原因がある。女性は「繊細さ」や「脆さ」や「親密さ」を求めるのだが、男性がその通りにふるまうと、「男らしさに欠ける」と感じてしまう。それとは逆に、自分が思う男らしさを体現してみせる男性は、女性から追い払われて孤立してしまう。

こうした困難はつきまとうにせよ、従来のパターンに較べれば、現代のパターンの方が心理学的な健全性と全体性《ホールネス》を手に入れる機会に恵まれている——多くのものを共有して深く理解し合うことができるので、異性間の(さらには、同性間の)関係が深みを増して、より充実したものになるからだ。ただし、求められるものも多くなる。これまでの世代は、文化の男性的なエネルギーの大半を男性が担い、女性的なエネルギーを女性が担ってきた。男女ともに、異性がいなければ不完全な存在だったのだ。それ以上のエネルギーを受け入れる能力があった人々は、男女とも多いに苦しめられた。そうでない人々は、「半分にされたような気はするが、人生とはそういうものなのだ」と思っただけだった。(5)

あなたの両性具有性

❶現在のあなたが表現したり経験している両性具有的な行動、特徴、感情、エネルギーはどのようなものだろう?

❷あなたの両性具有性はどの程度のものだろう?

偽りの両性具有者——スーパーウーマンとスーパーマン

現代のマスメディアが創りあげたスーパーウーマンとスーパーマンのイメージは、真の両性具有者が投影されたものではない。すべてを手に入れることは可能だという宣伝文句を鵜呑みにすると、往々にして、本物は何一つ手に入らないという結末を迎えるものだ。SF作家のジョアンナ・ラスが『フィーメール・マン』（サンリオ）でパロディ化したスーパーウーマンのイメージのように、私たちが思い描く「完璧な女性」とは、カーク・ダグラスと完璧な母親と頭の弱いプレイメイトを合体させたような存在だ。[6] この新しい基準を満たそうとすれば、燃え尽きることは目に見えている。ただし、燃え尽きたことがきっかけとなって、女性が統合と全体性《ホールネス》を——さらには、その先にある、自分の女性らしさに忠実でありながら世の中でも成功しようとする、より真正な生き方を——模索し始める例も珍しくない。現代を生きる女性は、因襲的な役割に縛られることを望まず、男性として生きることも望んでいない。

同様に、男性の中にも、戦士に援助者を貼り付けようとする人々が増えている——子供に対しては良き父親になり、パートナーに対しては良き協力者になりたいという願望も一つの原因だろう。職場では一分の隙もない戦士のイメージを守り続け、私生活においては、相手を育んで慈しみ、親密な関係を築こうとする。誰かの世話をしたり物事を深く感じ取ろうとする際には、もっぱら女性たちを手本にする。禁欲的になって何も感じなくなることは望まないが、それでも、女性ではなく男性のままでありたいと考えている。

これを基本パターンとしてさまざまなバリエーションがあるのだが、スーパーウーマンやスーパーマンになろうとする試みは、私たちを疲弊させたり、自分自身との対立を強いるものにすぎない。ジェーン・ワグナーが脚本を書いた『知的生命体のしるしを探して』に登場するリンは、キャリアウーマンで、ベジタリアンのグルメ料理人で、フェミニストで、ニューエイジ思想の探求者で、片時もじっとしていない双子の母親でもあり、当初は自分と夫が「すべてを手に入れることは可能だ」と考えていた。ただし、ニューエイジの申し子に見えた夫との結婚生活が破綻すると、リンは賢明にも、これは個人的な問題ではないという理解に至る。依然としてスーパーウーマンを求めているように見える夫を尻目に、リンはあらゆるものを売り払おうとする——解放されて、自分自身を見つけるためだ。

手元に残したのはたった二つ。それが、フェミニズム雑誌「ミズ」のサイン入り創刊号と、初めて出会った日に夫が着ていた「クジラが我らを救う」と書かれたTシャツだったのだ。そこには深い英知がある。リンは、因襲から解放された自由な両性具有者になるという夢をあきらめてはいないが、「華美な複雑さ」にそれを求めるのをやめて、本質的なものに立ち返ろうとしているのだ。リンは、自分の中に、強い女性(フェミニストとしての理想像)と環境問題に関心の深い男性(「クジラが我らを救う」)が共存していることを知るはずだ。いや、もうすでに知っているのかもしれない。リンにとっての当面の課題は、この内面の現実を表現するのにふさわしい等身大の自分を見つけることだろう。[7]

ジェンダーのアイデンティティを深く感じ取る

因襲的なパターンのせいにせよ、燃え尽き症候群という新しいパターンのせいにせよ、苦しい局面を迎えた時には、女性ならではの視点で自律と達成に意識を集中させる方法を見つけるか、男性ならではの視点で親密な関係と結びつきを体験する方法を見つけることによって新しい一歩を踏み出すことが可能になる。それがうまくいけば、真の両性具有者のレベルに到達する。本物の自己とは、常に、内なる男性と女性との婚姻によって誕生するものだ。

両性具有者になるためには、男性性や女性性が意味するものを性別役割による行動規定から切り離しておかなくてはならない――つまり、内なる男性や女性に出会って、自分が何を求められているのかを知っておくことが必要なのだ。

男性性と女性性の文化的な定義は、そのほとんどが互いを排除しようとするものだ。男性は自身の男らしさを証明するために、女々しい真似はしないというやり方を取り入れる。女性の場合は、男性よりも女性が好みそうなものを追い求めることで、自身の女らしさを証明する。だからこそ、両性具有者になるには、全体性《ホールネス》を妨げないジェンダーのアイデンティティの意味を見つけなくてはならない。

多くの現代人が自分という人間を知るためには、限定された性別役割にとどまらない、より深遠で純粋なレベルに到達して、男性や女性であることの意味を知る必要がある。特に、「援助者は女性の役割で、戦士は男性の役割」という考え方が定着しているのは、ジェンダーのアイデンティティを正しく認識しているというよりも、古くからの（おそらくは狩猟採集社会から綿々と受け継がれてきたであろう）文化的な役割に縛られている人が多いことが原因のようだ。

現代の世の中には、『ヒーローの選択――変貌するアメリカの男らしさ（*A Choice of Heroes: The Changing Face of American Manhood*）』を書いたマーク・ガーゾンのような認識を持った男性たちが存在する。つまり、核兵器の時代を生きる男性は、戦士モードの英雄的精神《ヒロイズム》に自己を同化させるのをやめて、より深くて適切なレベルに男性としてのアイデンティティを見いだす必要があるという考え方だ。男らしさを定義していたはずの資質が実社会で役に立たなくなった以上、そうしなければ、深刻な危機感に脅かされることになってしまう。特に必要なのは、自分を戦士と定義する（そうすれば世界の平和に貢献できるという）考え方や、女性にはできないこと（戦闘や達成）で男性性を証明するという概念を乗り越えることだ。ガーゾンがそうあるべきだと考えているように、女性が取締役会に入ってくれれば、男性は取締役の地位を誇示して自身の男性性を証明するわけにはいかなくなるからだ。

同様に、ジュディス・デュアークは著書『石の円陣――自分回帰への女性の旅（*Circle of Stones: Woman's Journey to Herself*）』の中で、女性たちに向かって、他人の世話と自己犠牲を卒業して生来の女性らしさの感覚を取り戻そうと呼びかけている。デュアークはそれを（アン・ウィルソン・シェフが『女性の現実〈*Women's Reality*〉』で実践したように）一種のプロセスを生きる能力ととらえている。デュアークによれば、伝統的なライフスタイルを守って自らを援助者と定義している女性も、男性と肩を並べて出世コースを走っている女性も、結局は同じ問題を抱えている。それは、女性たちが、自分の感情が求めるものを無視するように学習してしまったことが原因だというのだ。

「女性が、自分の糧にならないことをする生き方はやめようと決心したらどうなるだろう」と、デュアークは問いかける。「ここで求められているのは、私たち一人ひとりが元型的な女性性に根ざした新たな自分の基礎に立ち返り、……（中略）……自分という存在と自分の人生の中でその女性性を意識して、理解して、抱擁してあげることだ(8)」。

女性たちは思い悩む。伝統的に男性のものとされてきた役割を男性のクローンにならずに担うことができるのだろうか？　他人に奉仕しなくても女性としての価値を高めることはできるのだろうか？　援助者という属性からより深い女性性の感覚に移行した女性は、他人に尽くして外界の要求に応えるという行為で女性の人生を定義している限り、自分だけのリズムや英知、自分だけにしか与えられないものがあるという感覚を見つけることはできないと考えるようになる。デュアークによれば、そうしたものを見つけるためには、ペースを落として小休止を取り、自分なりのリズム、社会の一員として生きていくための自分なりのプロセスを見つけるための態勢を整えなくてはならない。

ガーゾンは、男性版の英雄の旅《ヒーローズ・ジャーニー》を説明しながら、男性が自分と他者との関係を競争や優越性という観点から定義している限り純粋なかかわり合いという感覚は生まれない、そのせいでいつまでたっても孤独なのだと示唆している。「新たに生まれる男らしさ」は本質的には女らしさと対立するものではない、というのが彼の結論だ。それは、人としてのあり方の新しい形なのだ。ガーゾンはこのテーマをここで終わらせているが、さらに追求して、より純粋な――家父長制度的なステレオタイプを超えた――男らしさの感覚を模索している（ロバート・ブライのような）研究者もいる。

ジェンダーの問題を扱うのは、玉葱の皮を剝く行為に似ている。何層にも連なる皮を剝いていかなくてはならないからだ。初めに剝くのは外界の文化によって最も明確に定義づけされた層であり、ほとんどの人々が女性性を援助者と、男性性を戦士と同一視している。ところがある時点まで来ると、男性も女性も、こうした役割に支配されて隷属させられているように感じ始める。これは、先に進む準備が整ったという合図なのだ。実際に先に進む時には、ジェンダーのアイデンティティよりも、人間らしさに対する共感の気持ちからそうすることが多いものだ。先に進むと、目の前に見たこともない人生が開けてくる。初めは、異性のものだと思っていた領域を探っていくのはわくわくするような行為だろう。男性は、自分にも人を育んだり細やかな心遣いができるという発見に解放感を覚え、女性の場合は、強靱な精神を手に入れて、自力で物事を成し遂げようとする自分に気づいて、自由な気分を味わうはずだ。

ところが、しばらくすると別の不満が頭をもたげてくる。もっと深いレベルで自分のアイデンティティに何かを見つけたいという飢餓感だ。この時点での男性性は、霊的探索を行なう探求者のエネルギーとして表面化するのが一般的だ。今あるものの評価を行ない、良くなる可能性があるものを懸命に追い求める傾向がある。女性性は、霊的《スピリチュアル》な愛に満ちた求愛者のエネルギーとして現れる。このエネルギーを誘導するのは包容力だ。あるがままの人生を受け入れて讃えようとする傾向があるからだ。

現代を生きる人々の中には、それに飽きたらずに、文化的な性別役割を超えた原初的なレベルにまで降りていって、詩人のロバート・ブライが「野生の男《ワイルド・マン》」「野生の女《ワイルド・ウーマン》」「ありのままの女《ナチュラル・ウーマン》」と謳ったものと結びつこうとする者もいる。求愛者、探求者、援助者、戦士を元型的な川床に例えるとすれば、原初の男性的エネルギーと女性的エネルギーは水そのものにあたるだろう。

このレベルに達するまでには、自分自身の父母や集合的なレベルの父母との結びつきが欠如していることを思い知らされて心の痛みを味わうはずだ。たとえば、適切な性別役割モデルとなる親に育てられなかったせいで孤児の活性の感覚を抱き、さらには、急速な推移の中で適切な性別役割モデルを与えられない社会に対しても見捨てられた気分を味わうかもしれない。

このような傷はなかなか癒えないものではあるが、私たちはもっと奥深い場所に抱えている根源的な傷のせいで、自分の中にある女性性や男性性の源泉から疎外されてしまっている。この源泉と――男性の中にある元型的な男性性や、女性の中にある元型的な女性性と――結びつくと、親から適切な役割モデルを示してもらえなかったことにまつわる痛みが和らぎ、場合によってはそのまま消えていく。さらには、源泉と結びつくことによって、異性のエネルギー――男性の中のアニマ、女性の中のアニムス――に心を開き、両者を還元して中性化するのではなく、両者の力を備えた両性具有者になることができるだろう。

本物の女性性や男性性を実感するためには、自分の第一次性徴と第二次性徴の中に象徴化された神秘的、霊的な意味を探ってみることが重要だ。たとえば、ボディセラピストのアン・ケント・ラッシュの『澄みきった存在になるために（*Getting Clear*）』を始めとする初期のフェミニストたちの著書では、女性たちに自分の体の各部位だけでなく、乳房や生殖器を慈しむ方法を学び直してもらうための瞑想法を提唱している。考古学者のマリヤ・ギンブタス（一九二一～九四年）は、著書『女神の言語（*The Language of the Goddess*）』で、女神に関連するイメージだけでなく、外陰部と出産が持つ神聖なイメージについて洞察に満ちた分析を行なっている。

ユング派分析家のユージーン・モニックは、著書『ファルス――男性性の聖なるイメージ（*Phallos: Sacred Image of the Masculine*）』で、男根を、家父長制度的な権威では決定されない男性的なパワーの神髄を象徴するものととらえている。心理学者のジョン・ローワンは『有角神（*The Horned God*）』でたくましさに頼らない男らしさのモデルを、角を持つ神——女神の配偶者——というアーキタイプに見いだしている。有角神は女性を追い求めるハンターだが、優しさもあり、神ならではの神聖さを備え、性的な存在でもある。有角神は死んで再生する神々の元型であり、その犠牲は常に人間たちの暮らしに役立てられてきた。原始的な性衝動の持ち主であると同時に、神聖で、洞察力があり、官能性と結びついている存在だ。(9)

同様に、女神というアーキタイプに、男性に尽くしたり従属しなくても完璧な女らしさを備えた女性のイメージや、霊的で性的な魅力が女性ならではのやり方で——生殖器と子宮と乳房を聖なる遺物として讃えて、求愛者と統治者を統合するというやり方で——具現化されたイメージを見いだす女性たちもいる。女性性を従属ではなくパワーの源泉とみなすことによって女性は解放され、周囲の男性たちの男性性や自分自身の男性性に心からの敬意を払えるようになる。それどころか、自分の中にいる女神を体験することによって自由になり、別の形で存在する内なる神々を体験することも可能になるのだ。

インドには、クリシュナ神が村に現れて娘たちと踊りを踊ったという神話がある。クリシュナが男性としての存在感と女性性への愛を完璧に表現していたせいで、娘たち全員と踊ったにも関わらず、それぞれの娘が踊りを堪能して惜しみない愛情を注がれたように感じたという。神の訪れを心ゆくまで味わったおかげで、自分だけが相手をしてもらったように感じたのだろう。女性が内なる女神に心からの敬意を払うことができなければ、男性性をここまで愛情と恵みにあふれたものとして体験できる日は来ないはずだ。それまでは、「おまえには足りないものがある」と語りかけてくる裁きの声として男性性を体験することも珍しくない。

男性の場合は、自分の中にある原初の男性性、つまり、支配と従属のパターンとは無縁の男性性に心を開くまでは、内界や外界の女性性を危険な誘惑の罠として体験することになる——「自分のほうが優れている」という幻想が脅かされるという意味では、確かに危険な存在と言えるだろう。彼らにとっての女性性は、常に自由を奪って支配しておかなければならないものだ。女性性に触れる手段を持たないせいで自分たちも不自由な状態に甘んじているために、常に外界の女性を支配して女性的な慈しみを与えてもらえるように仕向けている。魂と心が渇望する慈しみの価値を、理性が認めようとしないのだ。原初の男性的エネルギーの源泉を体験すれば、女性性の慈しみの源泉にも心を開くことが可能になり、女性に依存しなくても女性性を体験できるという理由で、女性を力ずくで支配する必要もなくなるだろう。それどころか、いずれの場合も、内なる女神が自分を慈しんでくれるとわかるからこそ、女性を愛する自由や一人で過ごす自由が手に入るのだ。

『肉体のメタファー（*Body Metaphors*）』の著者であるジェニア・パウリ・ハッドンは、女性は陰で受動的（ヴァギナに示されるように）、男性は陽で能動的（ペニスに示されるように）というステレオタイプな見方は誤りだと指摘する。ハッドンはさらに、生物学的な根拠に基づいて、男性にも女性にも独自の陰陽のエネルギーがあるという持論を展開する。男性の陽のエネルギーは、ペニスに関連した、前に押し進む攻撃的なエネルギーだ。陰のエネルギーは睾丸に関連するもので、一種の安心感のある安定性という美点を備えている。ハッドンは、ヴァギナが陰で受動的であることには同意しつつも、クリトリスと子宮の両方が陽のエネルギーを象徴していることは明らかだと論じている。陽のエネルギーがあることは、出産という活動――赤ん坊を生んだり、プロジェクトや詩を生み出す活動――で証明されているというのだ。すべての人間が男性性の陰陽と女性性の陰陽を抱えている可能性を考えると、複雑さに一層の拍車がかかることになる。(10)

真の両性具有とは

両性具有の能力を育めば、自分という人間を主張する方法に多様性と自由を持たせる余地が生まれてくる。両性具有は、初めのうちは一種の中性的な段階――ユニセックスな服装や髪型に見られるように――と定義されることがあり、思春期の自己表現の形としてはごく健全なものだ。伝統的に男性か女性の役割とされていた仕事をうまくこなせたからといって（たとえば、ひたむきに子供の世話をする親の役割とキャリアを両立できたからといって）真の両性具有者になれるわけではないが、その能力は真の両性具有になるという目標達成には役立つだろう。

　真の両性具有者になるには、層を重ねるように経験を積んでいかなくてはならない。一番外側は文化による定義づけが最も強い層で、援助者と戦士を統合させる（単に貼り合わせるのではなく）ことが求められる。次の層では、探求者と求愛者の統合が行なわれる。一番内側の層では、原初の男性的エネルギーと女性的エネルギーの結合が求められる。したがって、（援助者と戦士を超えた）原初のジェンダーのアイデンティティの確立と両性具有の達成は、魂の通過儀礼《イニシエーション》体験の一環として起きる。つまり、男性としての自分や女性としての自分を知るためには、自分の魂と結びつくことが必要なのだ。その行為が、次世代の面倒を見て保護するという、種のプログラミングに関わる深い本能的な原因で生まれたものであれば、援助者と戦士は深い満足を感じるだろう。戦士は境界線を守り、援助者は部族を育成して発展させる。自我の発達が首尾良く完了すれば、その両方を実践する方法が身についているはずだ。

　魂の通過儀礼を体験しないうちに戦士と援助者を統合しようとすると、重圧に苦しめられ困難を味わうことになるだろう。ほとんどの人はアーキタイプを単に貼り合わせてそれを叶えようとする。通過儀礼を体験して、それを乗り越えた元型的なエネルギーが自己に流れ込むようにすれば、統合はもっと有機的でシンプルで無理のないものになるだろう。ただし、いきなり統合を試みるのは無駄な行為だと言っているわけではない。アーキタイプに関連する行動は、アーキタイプを呼び出す儀式の役割を果たすからだ。戦士のアーキタイプに現れてほしければ、目標を設定して、それを達成する努力をし、勇気を持って逆境や試練に立ち向かっていけばいい。援助者に現れてほしければ、共感と思いやりの気持ちを示してみよう。アーキタイプが全貌を明らかにすれば、そうしたことが以前よりも無理のない形で楽にこなせるようになったと感じるはずだ。

ここで覚えておいてほしいのは、変革のプロセスの完了を教えてくれる統治者は、真の自己《トゥルー・セルフ》を誕生させる男性性と女性性の象徴的な結合から生じるアーキタイプだということだ。この自己は両性具有の君主として描かれ、最善の場合は援助者と戦士の能力が統合されていることの合図となる。実を言えば、自己と関連するアーキタイプはすべてが両性具有の存在だ。魔術師と道化は、性を変えたり、二つのジェンダーを自由に行き来したりする力によって両性具有性を表すことが多い。どちらも非常に性的なアーキタイプであり、魔術師は変容のため、道化は恍惚と歓喜のために、積極的に官能的なエネルギーを利用する。これは内なる男性と女性を活性化させなければならないという意味ではあるが、そのためには、交流電流と同じで、両者にエネルギーが行き交うだけの明確なちがいがなければならない。

賢者はジェンダーのアイデンティティを完全に超越したアーキタイプとみなされることが多く、老年期の男性と女性は第二次性徴が重視されなくなるにつれて見た目のちがいがなくなっていく。賢者の英知には、男性と女性の予兆の力が真の統合を果たして融和したおかげで生まれるという側面がある。ところが、私たちの文化に老化を肯定するイメージがほとんどないために、老年期に入った男女は自由な活動を阻まれてしまっている。男性の場合は世間に名を残すことも可能なので、女性のほうが不利な状況に置かれてしまう――とはいっても、多くの男性にとっても引退後の生活にアイデンティティを見いだすのは容易なことではなく、主要なアイデンティティを仕事に求めていた男性の場合は特にその傾向が強くなるはずだ。女性の存在意義が男性や子供との関係にしか認められないような文化では、その程度に応じて、女性たちが「歳を取ったら文化的には無益な存在だ」というメッセージを受け取ってしまうおそれがある。

世界には――たとえば中国には――老人の英知と経験を敬う文化がある。西洋では、老賢女というイメージのおかげで、老齢の女性の務めを讃えるという文化がかろうじて保たれている。その務めとは、英知と自由を主張して、経験に支えられた女性の英知を表現していくというものだ。これは男性にも言えることで、老年期を迎えると男らしさを演じなくてはならないという義務感から解放され、より深い英知の泉に忠実にふるまうことができるようになる。

真の両性具有とは、「これが自分だ」という真実を糧にして本物の人生を歩んでいる人々に見られる一種の心理的統合だ。つまり、この段階では、自分という独自の存在でありながら、時代や場所を問わないすべての——男女両方の——人類が秘めているありとあらゆる可能性と結びついているということだ。これは大いなる解放だろう。なぜなら、私たちは制約という観点（「私はああいう人間ではなくて、こういう人間である」）からではなく、自分という人間全体を表現するのにふさわしい、複雑で、時には矛盾する一連の可能性という観点から自己を主張するようになっているからだ。ただし、スーパーウーマンやスーパーマンのように、すべての可能性を探ってみるべきだと言っているわけではない。ましてや、伝統的な男性の役割や女性の役割に完璧に応えようとするべきだという意味でもない。この段階で求められるのは、自分にふさわしいことをして、深いレベルでの自分という人間に忠実に生きることだ。そうすれば、自分という人間に一致する男性性や女性性を通じて、自分を表現できるようになるだろう。

セルフ・ポートレート——自画像

あなたの全体性《ホールネス》と両性具有性が反映され、あなたの中にいる男性と女性の両方の姿が浮かびあがるような方法で自画像を描いてみよう（写真、コラージュ、シンボルという形で表現してもかまわない）。

私たちは最終的に、男性性と女性性が二者択一ではなく連続体の一部であることを知り、その連続体の上で自分なりのエネルギーのバランスを取りながらそれぞれの選択をするようになる。これまで何度も言われてきたように、人間の性は実際には二つだけではないのだが、それはこうしたエネルギーの組み合わせが多種多様に存在するからだ。

ジューン・シンガーは、著書『男女両性具有』（藤瀬恭子訳、人文書院）の中でこう述べている。「男女両性具有者は対立しあうもの同士の関係を操作しようとはしない。ただ、この二つのあいだを流れるだけである。急流を乗り切る必要はないのだ。自分が急流になることができるのだ。人はただ、《男性的なるもの》と《女性的なるもの》のあいだを流れ、両者に触れ、あらゆる障害に従うことによってそれを乗り越える以外、何をする必要もない。エネルギーは自然の流れに従ううちに強化され、回復されてゆくであろう[11]」

両性具有の文化では、独立した個人として自分らしく生きたり、自然界のプロセスの中で生きていくことが可能になる。次章では、女性性の出現や、両性具有の文化を今の時代に浸透させていくことの重要性を考察するところから話を進めていこうと思う。

第20章

ジェンダーと多様性と文化の変容

英雄の旅《ヒーローズ・ジャーニー》は、ごく一握りの人々のものと見なされることが多かった。ここまでの考察からもわかるように、英雄的精神《ヒロイズム》は男性特有のもので女性とは無縁だと考えられてきたからだ。それを信じたせいで、私たちは男性の英雄的資質だけに目を向け、女性の英雄的資質からは目を逸らしてきた。女性はあくまでも、救いを待ちわびる囚《とら》われの乙女、旅の報酬、旅の支援者、悪女（意地悪な魔女と同じ）であって、英雄とみなされることはない。おまけに、ヨーロッパやアメリカの文化では英雄は白色人種だという認識がまかりとおっている。肌の黒い男性には、敵役（たとえば、カウボーイに襲いかかるインディアン）ではないとしても、助手の役が振り当てられる（『ローン・レンジャー』〔アメリカで放映された西部劇のテレビドラマ。一九四九～五七年〕のローン・レンジャーとトント、『ハックルベリー・フィン』のハックとジムの組み合わせを思い出してほしい）。さもなければ、自分の身を守ることができずに救出を待つ身となった犠牲者といったところだろうか。

旅に出て、旅で手にしたギフトを発揮するためには、人の多様性がもたらすさまざまな旅の形を尊重しなければならない。さらには、個々の旅が歴史的背景のもとに存在し、ジェンダー、家族を始めとする姻戚関係、国籍や人種による集団の旅や、人類としての共通の旅に影響を受けているという認識を持つことも必要だ。個々の旅の背景や、他者の旅との相互作用のあり方を無視して自分の旅を見つめようとしても、肝心なことはほとんど見逃してしまうだろう。旅の途上では深い孤独に苛まれるかもしれないが、実際には、私たち全員が旅の途上にあるのだ。私たちは自分が生きている世界に影響を及ぼすのと同時に、世界のほうからも影響を受けている。

旅を終えた英雄は、聖遺物を携えて王国に帰還する。聖遺物とは新たな生命をもたらす真実であり、王国の変容を促すものだ。限られた人間だけが旅に出かけてギフトを見つけることを許されるなら（あるいは、限られた人々のギフトだけが文化に受け入れられるなら）、王国は部分的にしか蘇ることはできないだろう。国土の大半が荒れ地のまま残ってしまうのは、特定の人々が手に入れる真実だけでは私たちの求めるものが満たされないせいなのだ。

たとえば、白人男性の英雄は私たちに大きな発展をもたらしてくれるが、私たちが世の中と調和をとりながら生きていけるように力を貸してくれるわけではない。だが、世界には、環境保護にまつわる英知が高いレベルまで到達した伝統文化――ネイティブ・アメリカンの文化は顕著な例だ――も存在する。英雄的なネイティブ・アメリカンの先祖たちは今の文明社会が知っておくべき英知を蓄えていたが、オゾンホールが拡大し続け、酸性雨が穀物や街に降り注いでいるというのに、世界の主要な文明社会は概して彼らの英知を無視したままだ。同様に、女性が本質的に男性よりも暴力性が低いことを示す広範な証拠があるというのに、恒久平和を実現する方法を見いだすことが最優先課題となった今の世界でも、男性たちは女性を交えずに答を模索している。

アーキタイプとジェンダーと文化の変化

ジェンダーのアイデンティティと両性具有は、個人的な問題であると同時に、文化的、政治的な問題でもある。家父長制の社会に生きる私たちは、女性性が貶められるという現実に苦しみ、そのせいで、女性たちは旅に出て自分のギフトで文化に貢献するという務めを果たすことができずにいる。片方の性にだけ依存して、その性の予兆の力をあてにしているのだから、世界の重要課題の多くが未解決のままであるのも不思議はない。

ユングは女性性の再評価が社会を救うと考えており、大勢の作家たちもさまざまな観点から、人類は家父長制から両性具有の文化に移行しつつあるという主張を行なっている。たとえば、リーアン・アイスラーは著書『聖杯と剣――われらの歴史、われらの未来』の中で、古代の女性中心の社会がパートナーシップのモデルに影響を与えているという考えを明確に打ち出した。支配や服従のパターンが必要とされず、戦争や階層構造とも縁がなかったおかげで、女性中心の社会は世界中で繁栄をきわめ、火の発見から農業、言語に至るまで、ほとんどの基本的な発明に寄与したというのだ。

アイスラーはさらに、家父長制の文化は、競争、戦争、性差別、人種差別、階層構造をもたらす支配者の社会モデルをつくったと主張する。アイスラーは家父長制には欠点を埋め合わせるような美点はないと見ているようだが、個人的には、家父長制は自我《エゴ》や個人のアイデンティティという感覚を育み、自己を他者と差別化する能力を高めたのではないかと考えている。

個々の人間の成長がそうであるように、初期の女性中心の社会は、思いやりにあふれ、創意に富み、平和だった。ところが、家父長制の社会集団《バンド》の侵略から身を守ることができず、奴隷にされ、影響力を失っていく。家父長制社会は武力を誇る好戦的な集団で、内部でも外部でも諍いが絶えなかった。権力をめぐって争いをくりかえしていたので、のんびりとした暮らしや、愛情や慈しみを与え合うようなゆとりとは無縁の社会だったのだ。(1) 女性中心の社会には、幼子、援助者、求愛者のアーキタイプの美徳が備わり、家父長制社会では、孤児、戦士、探求者の美徳が体現されていた。

家父長制はギフトを数多くもたらしてくれたが、近年の女性の台頭がなければ、私たちの社会は破滅寸前まで追い込まれていたはずだ（もちろん、本格的に動き出すためには、より高いレベルの戦士を目覚めさせてギフトを手に入れなければならないのだが）。家父長制が戦士の価値を偏重したおかげで世界は核戦争の危機に脅かされるようになったのだが、問題はそれだけではない。その程度のことには誰でも気づいている。忘れてはならないのは、人々が競争心を満足させるために環境汚染を正当化するようになった点なのだ。利益が減少したり、企業経営が立ちゆかなくなれば、環境保護にまつわる懸念は往々にして忘れられてしまう。その根底にあるのは過剰なまでの自我《エゴ》の強調であり、男女を問わないすべての人間が、魂《ソウル》、エロス、生命力から切り離されてしまっている。そのせいで、探求者が真の探索に注ぐはずのエネルギーが強迫的な成果主義に吸い取られてしまい、当然ながら、大規模な形で破壊者を招き寄せてしまうことになる。

それどころか、私たちの文化は、二十世紀の大半に渡って破壊者の活動に翻弄され続けたと言っても過言ではない。この通過儀礼《イニシエーション》は二つの世界大戦によって始まり、その後は、韓国、ベトナム、イラクでの戦争という形で続いていった。破壊者の活動は世界各地に及び、あちこちの国の女性たちや、実質的にはあらゆる場所の貧困層やホームレスの人々がその蛮行の目撃者となった。他にも、伝統的な社会規範や行動様式を浸食していくという形で猛威を振るい、その活動は革命の時代である一九六〇年代にピークを迎えた。薬物汚染とそれに伴う家庭の崩壊もこの通過儀礼の一部であり、国家経済の競争力を低下させている。

私たちは、援助者というアーキタイプの不在にも苦しめられてきた。家父長制社会の歴史の初期の段階では、男性の戦士の活性化に重点が置かれる傾向があっても、女性が援助者の役割を引き受けていたおかげで全体のバランスが保たれていた。現代の女性解放運動には、社会から家族の世話や育児といった役割のほとんどを割り当てられていた女性たちが、自分たちの仕事がいつまでたっても尊敬や報酬とは無縁のままであることに発憤して立ち上がったという一面がある。多くの女性たちがフルタイムの仕事を――もっと大きな見返りが期待できる役割を――求めて、子育てや家族の世話をやめてしまったというのに、男性たちはその穴埋めをしようとしなかった。そのせいで、私たちは危機に直面しているのだ。誰が子供たちの面倒を見るのだろう？　誰が家庭を守るのだろう？　高齢者の世話はどうするのだろう？　誰がコミュニティを形成し、人々が自分の重要性を認識できるように力を貸してくれるのだろう？

今の世の中には探求者がひしめいていて、私たちは、一つの文化からべつの文化へと移行する〝どっちつかずの〟時期を生きている。これはさまざまな理論家が異なる表現で指摘していることであり、最もよく耳にするのは、産業の時代から情報の時代に移行しているという言い回しだ。多くの人々が、希望のこもった口調で、豊穣と平和と愛情と繁栄が約束された新時代《ニュー・エイジ》が始まると語っている。こうした大きな文化の変遷の中で、私たちは足下の地面がぐらつくような感覚にとらわれている。

中には、古くさい時代錯誤の価値観、習慣、伝統に必死にしがみつこうとする人々もいる。たとえば、かつての男女関係や親子関係への回帰（「家族の価値の再構築」と呼ばれるもの）を唱える活動のことだ。そうかと思えば、冷笑的《シニカル》な生き方を選んで、利益のみを追求した〝成功〟を目指す者もいる。

しかし、大半の人は、自分たちが社会と世界を再構築して造り直すという大きな試練に直面していることをある程度は理解している。それでもなお、自分や自分の人生を見直すところから始めて、古い世界が死んで（あるいは、死にかけて）いることや、新しい世界も（まだ創造の余地があるとすれば）住む価値のないものになりかねないことを受け入れなくてはならない。意識的にこの変容に関与すべきなのだ。

そのためには、世界中の人々がそれぞれの旅に出て魂と出会う必要がある。女性解放運動、公民権運動、潜在能力回復運動、ニューエイジ運動、東ヨーロッパや南アフリカやラテンアメリカなどの地域における独立解放闘争は、探索へつながる大規模な動きの一部といえる。こうした動きには探求者のポジティブな一面が表れているが、奮闘や達成や自己改善を偏重して、環境に多大な犠牲を強いたり人的資源を使い果たしたりすることも辞さないという姿勢には、探求者の影の側面が明確に示されている。私たちが探索の旅を続ける間も、盤石だったはずのものが次々と破壊者に浸食されていく。知識が猛烈な勢いで蓄えられ、テクノロジーは凄まじい早さで進歩する。文化的な道徳観は激しい変化に翻弄され続け、それによってもたらされる環境被害が地球上の生命をどのような運命に導くのか、私たちは気づいていない。ベルリンの壁の崩壊は、破壊者が自分の務めを果たしたことを強烈に印象づける文化的なシンボルだ。私たちの目の前にあるのは、かつての慣れ親しんだ世界ではない。古い世界は消滅し、私たちは新たな世界を創造する最初の一歩を踏み出したところなのだ。心を開いて求愛者を受け入れ、本物の愛情と価値を実感できるものを見極め、自分という人間を見つけなければ、荒廃した大地で暮らすことになりかねない。ここでは、過去から現在に至る価値観と伝統の中から大切に取っておくものを選び出す作業が求められている。個人や集団として、何をしたいのか、何を創りたいのか、どんな世界が私たちの胸を高鳴らせてくれるのかを判断しなければならない。

　原子力事故、戦争、環境災害、経済の崩壊による壊滅の脅威が潜在的な動機となって、もうずいぶん前から、あらゆる文化や主要国を戦士や探求者から遠ざけ、援助者や求愛者の姿勢に統合させようとする動きが起こっている。求愛者からの呼びかけは、慈悲の心を知らずに生きてきた人々の間で結びつきの深さを学ぶようにという魂の声でもある。人々の間には壁が存在するが、その壁は取り払うことができる――そう教えてくれるのが、求愛者のアーキタイプなのだ。

　これは、過小評価された上に女性の旅と関連づけられてきたアーキタイプのパワーを文化的に体験する必要があるということだが、そこで立ち止まってはならない。戦士と援助者を統合させ、探求者と求愛者を統合させれば、両性具有の文化という新たな可能性を手に入れることができるからだ。私たち一人ひとりが魂の通過儀礼《イニシエーション》を体験して――愛情、仕事、個人的な達成、魂の結びつきによって得られた達成感とともに――両性具有の可能性を秘めた人生を創造すれば、それが、多様性が正しく評価されるという前提で、平和と調和が実現し得る世界を創る助けにもなる。私たちが自我《エゴ》のレベルで行動している間は、こうした難問を解決することは不可能だ。自分の魂に対して「イエス」と言い、「これが自分だ」という確信に至った時に、物事を地球規模で解決することが可能になる。

　今のところは、創造者の力を借りながら、さまざまな人々が世界はこうあるべきだというビジョンを提案している状態だ。アーティストや芸術家や未来派芸術家が、私たちの文化的生活、想像力、個々の生活の中でこの役割を果たしてくれている。

統治者のアーキタイプはまだ姿を現していないのだが、これは、宇宙的な規模での再生が実現した場所がほとんど存在しないことが原因だ。私たち一人ひとりがそのような再生を可能にする力となるには、理想とする世界のビジョンを創って、そのビジョンを現実化するための行動を起こさなくてはならない。と同時に、今あるものに対する責任を引き受けて、他人を非難するのをやめることも必要だ。このプロセスでは、女性と男性の両方が持っている女性性とそれに関連する価値観やアーキタイプを再確認するという行為が変容をもたらしてくれる。さらには、自分のほうが優れていると思い込む――あるいは、それを必死に証明しようとする――のではなく、それぞれの文化や人種に備わっているギフトに対して評価と確認を行なう行為にも変容の力が備わっている。

政治的な行動を起こせば集団として世界を変革することができるが、そのためには個々の努力も必要となる。大勢の人々が貧困、無教育、偏見、圧政によって無力化されている世界では、自分の至福を追い求めるだけでは不充分だ。世界が抱えるさまざまな問題を適切に解決するには私たち全員のギフトが必要だと考えるのであれば、教育や就職の機会、その先にあるはずの、世界中の人々の生活、自由、幸福の追求の拡充のために政治的な活動に携わって支援を行なうのは理にかなっている。人助けに尽力するのはまちがいなく人の品格を高める行為であり、その行為が、平和で豊かな世界の創造につながっていく。

文化とアーキタイプ

アーキタイプの組み合わせは、さまざまな環境的、社会的、文化的要素に影響される。たとえば、無力な集団や抑圧された集団――すべての女性、少数民族、男女の同性愛者、貧しい人々、身体障害者など――は、それぞれの文化で孤児の悲哀を味わっている。つまり、彼らは幼子よりも孤児のアーキタイプを先頭に立たせやすいということだ。ただし、周囲からの圧力で不当な差別が存在することを否定せざるを得ない場合は、現実を否定し続ける幼子のアーキタイプから旅を始める可能性もある。こうした集団が自分たちの権利を要求し始めると、白人男性が自分のパワーを侵害されたように感じて孤児の気分を味わうようになる。

文化の活動は個人のそれよりも流動的なので、十二種類すべてのアーキタイプが絶え間なくパターンを変えている状態だ。さらに、現代の世界の主要な文化は、その大部分が変革の過渡期にあるとはいえ、家父長制度に縛られている。これは、家父長制的なアーキタイプであるというただそれだけの理由で、戦士が個々の文化で優位に立っていることを意味している。

それぞれの文化が十二のアーキタイプを体現しているとはいえ、世界の主要な文化の多くは、それらを独自のやり方で統合している。中には、他の文化では軽視されているアーキタイプを高いレベルにまで発展させている文化もある。それぞれの文化を観察する行為や、そこで何が起こっているのかを知ろうとする行為には、人々を啓蒙して警鐘を鳴らすという効果が期待できる。たとえば、魂と密接な関わりを持っている文化——ネイティブ・アメリカンをはじめとする先住民（アボリジニなど）の文化や、アフリカ系アメリカ人のスラム街の文化——は、どの文化よりも危機的な状況に陥っている。このような魂の文化の迫害には、世界中の魂が抑圧されているという現代の風潮が反映されている。環境的な要因でこうした文化が孤児を活性化させてしまうと、その程度に応じて、世界から彼らの豊かさや英知が失われる危険がある。

その国の霊的遺産を支配しているアーキタイプを認識すれば、さまざまな国や民族のアイデンティティの一端を理解することができる。キリスト教は西洋文化で優勢を保つ宗教であり、〝世界の購い者〟としての統治者と魔術師の信仰を形成した。ところが、日常生活では、物質や数量に価値を置く統治者の資質が重視されている。これは、魔術師のアーキタイプが神性のみに属するものとみなされていることが原因だ。そのせいで、魔術は

――イエス・キリストの力を借りて行なわれたおかげで「奇跡」と呼ばれるものを別とすれば――場合によっては邪悪なもの、妖術や悪魔崇拝の印とみなされる。(2) したがって、テクノロジーによってもたらされる奇跡を除けば、魔術師のイメージは往々にして人々の不安を掻き立ててしまうのだ。

統治者のアーキタイプは最悪の場合（戦士と手を組んだ場合）、領土拡張を正当化する〝天命論〟に帰着する。最善の場合は、世界全体の幸福に関心を抱くという成果がもたらされる（マーシャル・プランや平和部隊が典型的な例だろう）。アメリカの支配的な文化は、あちこちに同時に存在する探求者の気質によって趣を異にする西洋文化の部分集合であり、集団の団結や他者への配慮よりも個人の自由への関心のほうがはるかに高くなっている。

東洋の文化にも（やはり統治者のアーキタイプが力を持っているものが多い）同様の傾向があり、西洋文化の影響を受けているにもかかわらず、今もなお知性と霊性において仏教に重点を置き、賢者の無執着に憧れを抱いている。もちろん、仏教をあらゆる形態で発展させ、悟りを求めて精進を続ける文化も存在する。こうした文化でも戦士が活躍しているのだが、ここでの戦士は個人でなく集団に仕えている。ある日本人のビジネスマンがたとえたように、「出る杭は打たれる」文化なのだ。西洋文化では個人主義という美徳が育まれ、東洋文化では、集団の団結という美徳が育まれた。

アフリカやネイティブ・アメリカンの文化では、西洋や東洋の文化よりも魔術師や道化のアーキタイプに対する理解がはるかに深く、それぞれの真価が認められている。これは、神話の中でトリックスターやシャーマンの役割が強調されていることからも明らかだ。私たちは道化師のアーキタイプから、喜びと、今という瞬間を生きる能力を学ぶ。魔術師のアーキタイプとの出会いによって、人間と自然界の生命が結びついているという感覚が強くなり、それによって、探求者の文化ではないがしろにされがちな、生態系のバランスに対する配慮が生まれるのだ。

すべての主要な文化、人種、国家は、何らかの方法で、他とは異なる人間の潜在能力を発達させることに精通している。それらが一つになれば、人間らしさがあふれた文化に全体性《ホールネス》がもたらされ、私たちが生きている世界を充分に理解できるような英知を授けてくれるだろう(3)。

現代文化に現れるアーキタイプ

❶ここまでの考察は本書を執筆している最中の世界状況に基づいている。マスメディアの報道や個人的に入手した情報を踏まえた上で考えると、現時点でのコミュニティや国家や世界では、どのアーキタイプの活動が活発になっているだろうか?

❷自分の生き方が歴史の流れに影響を及ぼすことを念頭に置いた上で考えてみてほしい。集団的な活動を繁栄と成功に導くためには、あなたにどのような貢献ができるだろう? あなたは何をしてみたいと思っているのだろう?

独自の文化の伝統を尊重する

私たちの人生の神話は民族や家系が受け継いできた神話の影響を受けているが、それ自体には何の問題もない。自分の存在をそのような伝統だけで定義づけられたくないという思いはあるだろうが(誰でも自分自身のままでありたいと望むものだ)、文化的な伝統の中に存在し、その伝統の長所と短所の両方に責任を持つことが重要だからだ。

どの家系でも、世代から世代へと、正の遺産と負の遺産が受け継がれている。たとえば、虐待が行なわれていた家庭で育った子供は、自分の子供に対しても暴力をふるいやすい傾向がある。アルコール依存症や薬物中毒の親を持つ子供は、健全な両親のもとで育った子供よりも依存症になりやすい。親に優しく大切に育てられた子供は、自分の子供にも正しく接することができる。

自分の家系の最良の伝統を受け継ぎ、人を傷つけるような伝統を次代に伝えないようにするのは、私たち全員に課せられた大きな責任だ。親からは虐待されたが自分の子供を傷つけるような真似はしないというのなら、その人は、英雄としての偉業を達成したことになる――何世代にも渡って続いてきたはずの苦しみの連鎖を断ち切ったからだ。その人は、よりポジティブで新しい伝統を伝えようとしているのだ。そこまで華々しい活躍をしなくても、親よりも少しだけ優しく、賢く、役に立つ人間になろうと努力している人々は大勢いる。全員が成功するわけではないだろうが、行動に移しただけで、世界をより良い場所にするための手助けをしているのだ。

と同時に、私たちは他の伝統の一部であり、その伝統の中での責任も担っている。私たちは、ジェンダーや人種による集団に属し、地域やコミュニティや国家の一員であり、移民の家系であれば祖先が育った国家の一員でもある。自分の家系だけでなく、こうした集団とも関わっているのだ。私たちには、ジェンダー、人種、民族といった集団に伝わる文化的遺産の最良のものを維持し、それほど良くない部分は、少なくとも自分が生きている間に改めるという難題が課せられている。

変化を起こすためには、私たちがそれぞれの旅に出て、今とはちがう人間になることが必要だ。そうすることで自分の人生を変容させるだけでなく、自分が属している集団に貢献して――どんなにささやかな貢献であろうとも――変革を行なうことが可能になる。宗教を例にとって説明してみよう。キリスト教原理主義の遺産を引き継いだ人間が、ほとんどの信条に賛成できないという理由で信者にならなかったとする。「イエス・キリストを自分の救世主として受け入れない限り、仏教徒やヒンドゥー教徒は地獄へ落ちる」という教えを信じることができなかったのだ。結果的に、この人はキリスト教原理主義の集団から追い出されたと考えるようになるかもしれない。

だが、実際には、キリスト教の伝統を受け継いでいるという意味で、この人物がキリスト教原理主義者に劣ることはない。伝統の中にいながらさまざまな教義を信じることも可能なのだ。自分がキリスト教の伝統の中にとどまっているという認識を持つかどうかは別にして、一個人の考え方が変われば、最終的には、集団としての神学のとらえ方にも変化が生じることになる。それに気づけば、自分に生きる喜びを与え続けてくれる教えを尊重し、それを大切に育んでいく自由を手に入れることができる。

ユダヤ教や仏教やヒンドゥー教にも同じことが言える――つまり、どんな教えを受け継いでいても変わりはないということだ。無神論者でも同じことだ。社会主義者、資本主義者、保守主義者、自由主義者にも当てはまる。地域や職場の伝統が、アメリカのものであろうと、ロシアのものであろうと、アフリカ系アメリカ人に伝えられてきたものであろうと変わりはない。異性愛者、両性愛者、同性愛者といったちがいにも、男女のちがいにも当てはまることなのだ。

それぞれの旅から帰還を果たした後で一人ひとりが学んだことを共有すれば、自分の人生を変えるよりもはるかに大きな変容を促すことができる。そうなれば必然的に、同様の真実を見つけた仲間が見つかるはずだ。孤独に苛まれるのは、自分が見つけた真実を型にはめたり隠蔽したりして他人と共有しないからだ。勇気を出して自分という人間になれば――目に映るものを見つめ、わかったことを受け入れ、その知識に基づいて行動するようになれば――まわりから好意を持たれていることに気づくはずだ。そこでようやく、手を取り合って新しい世界の創造に取りかかるための準備が整ったことになる。

あなたの文化的遺産

❶家系、民族、人種、政治、なおかつ（あるいは）宗教的遺産の中で、敬意を払って自分の人生に取り入れ、次の世代に引き継ぎたい思うものは何だろう？

❷変えたいと思うものはあるだろうか？　今までとはちがう形で受け継ぎたいと思うものは何だろう？

絶滅の危機に瀕した価値観や英知

賢明な人間であれば、自分の優位性を主張したり、他人の世界観に腹を立てたりして貴重な時間を無駄するような真似はせずに、その人が受け継いだ伝統やその人自身の旅から何かを学ぶこともできるはずだ。さまざまな文化的伝統に対する理解が不足しているせいで、今のこの瞬間にも、人類の重要な洞察が消滅の危機にさらされている。たとえば、アン・ウィルソン・シェフは著書『女性の現実（*Women's Reality*）』の中で、彼女が言うところの「白人男性社会」は時刻と「時間厳守」をことさらに重視していると述べている。シェフによれば、何らかの集団がこの（これと同様の）価値観に従うことをしぶると、その程度に応じて支配的な文化から罰を受ける機会が増えるということだ。

シェフはさらに、女性は男性に比べてプロセスの所要時間を正しく認識できる傾向があると指摘して、子育てにプロセスそのものへの理解が求められることも理由の一つだと述べている。つまり、仕事を持った母親が午後六時までに家族に食事をさせなければならないという価値観を内面化させている場合は、二歳児にまとわりつかれながら夕食の支度に追われるという体験をしてから、始めにかまってほしいという子供の気持ちに応えてあげれば食事にふさわしい状況が整うことを学ぶのだ。

シェフはネイティブ・アメリカンに言及して、アメリカ人の価値観からはるかに逸脱した姿勢を取り続け、そのせいで白人男性の権力者に虐げられてきた集団だと説明している。アメリカ内務省のインディアン局は、ある部族と協定を結ぶために、会合の日時と、会場に〝時間通りに〟到着することを取り決めた。その部族は約束の日より数日ほど〝遅れて〟到着したのだが、彼らの時間の概念では、完全に〝時間通り〟だった。彼らはその日が来るまで祈りと踊りを続け、機が熟すのを待っていた。そして、会合を開くべき時が来たことをはっきりと感じ取った段階でようやく会場に姿を現した――時刻という意味での時間ではなく、プロセスを深く感じ取るという意味で、時間通りに現れたのだ。

時間だけの問題ではない。現代の大きな脅威とは、多くの社会を支配している文化に、自分たちの優位性を確信しているだけならまだしも、そうした姿勢が及ぼす影響に気づかない傲慢さがあるせいなのだ。そのせいで、他の文化やサブカルチャーによって育まれてきた人間の美徳が（特定の生物種が絶滅の危機に瀕しているのと同じように）死に絶えて、失われようとしている。これは、直接的ではなく間接的にもたらされた現象だ。逸脱に対して重いペナルティを課せられるために（軽んじられたり、「劣っている」「幼稚」「洗練されていない」「成長する必要がある」とみなされたり、支配的な習慣や価値観に同化しなければ生計を立てることさえできない）、自分たちの文化を前面に押し出すことができないからだ。たとえば、アメリカでは、「白人」「男性」「ヨーロッパ的な理想」に従っていれば（当人が「女性」か「黒人」か「ネイティブ・アメリカン」であっても）確実に報われるが、それ以外の伝統に従って行動すれば、組織的に（こっそりと）罰せられる。そのプロセスの大半が誰にも気づかれずに進行していく。一つの文化が築き上げてきたものやその価値観を根絶しようと画策する者がいるわけではない。ただ、支配的な文化のほうが優れているという仮説が強力で、それ以外の選択肢を思いつかないだけなのだ。

自分たちの文化を守ろうとすると罰を受けるという人々に、「せっかくの伝統が死にかけていますからしっかり守ってください」と頼めるわけがない。個人には機会と選択の自由が必要だ。だが、絶滅の危機に瀕している文化を守っていく方法が見つからなければ、私たち全員が被害を被ることになるだろう。

一つの方法として、それが他の文化のものであっても、私たち一人ひとりが自分にふさわしい価値観を育んで守っていくというやり方はどうだろう。国家と文化を隔てる壁が取り払われれば、特定の民族を居留地やゲットーに閉じ込めたり、専用の学校や活動範囲をあてがったりする意味はなくなるはずだ。そんなやり方は時代錯誤としか言いようがない。イタリア人と言えばパスタ、アジア人と言えばコメ、アメリカ人と言えばステーキとポテトと決まっていた時代の話だ。パスタもコメもヨーグルトもベーグルもステーキもポテトもカレーも、さまざまな食文化のすばらしい食べ物から恩恵を受けられるようになった今は、パスタとステーキの優劣を云々するのではなく、それぞれの文化に伝わる最良のものを守っていくことができるのだ。

私はネイティブ・アメリカンではないが、〝ふさわしい時間〟を見つけるという価値観を持っている。もっとも、時計に支配された社会で生きていると、この価値観を忠実に守り続けるのは至難の業だ。それでも、環境に配慮した上で地球との調和をはかるという考え方から学び、私たちの存在を支えてくれている母なる大地そのものに愛情と尊敬を捧げていくことは可能なのだ。私は黒人ではないが、家族の絆を感じさせる、陽気で、即興的で、魂《ソウル》を感じさせる黒人文化ならではの魅力を意識的に学ぼうと努力しているし、自分のためにそうしている。と同時に、自分の文化よりも優れていると思える黒人文化の特質をみんなと一緒に守っているという自覚も持っている。

私はキャリアウーマンでもあり、多くの意味で男性と変わらない生活をしているが、それでも、古くから伝わる女性ならではの英知に敬意を払い、女性としての独自のペースを守りながら地に足のついた人生を歩んでいこうと努めている――その過程で、型破りなことをしていると思われてもかまわない。白人男性社会の文化の長所が失われそうになったら、私はやはりそれを守ろうとするだろうし、その危険がない今も多くの価値観を守っている。

ただし、小さくなった世界や、氾濫する情報とマスメディアとのつながりによって手に入るようになったさまざまな文化の恵みから恩恵を受けるためには、誰かが他の誰かよりも優れているという幻想を捨てる必要がある。それぞれの人間や文化がきわめて重要なパズルのピースを持っているとはいえ、すべてのピースを持っている個人や文化が存在するわけではない――この認識が浸透している時代の英雄的精神《ヒロイズム》は、多様性を尊重するものでなくてはならない。人は互いに求め合っている。自然も神も宇宙も、人間の肌の色を褐色や白色に定め、男性性や女性性を与え、異性愛者や同性愛者としてこの世に送り出すに当たって何一つまちがいは犯さなかった。私たちが目指しているのは、一つの集団に自分たちの優位性を宣言させ、それ以外の集団を整理していくような未来ではないはずだ。

異文化を組み入れる場合は、帝国主義者のようにふるまわないことも重要だ。異文化の特質を取り入れる際には相手への敬意が求められる。モーセの十戒には「父と母を敬え」という文言があり、多くの先住民族の文化には祖先を敬う伝統がある。現代の文化の豊かさに寄与していると考えれば、すべての文化が私たちの祖先なのだ。祖先を敬うためには、集団としての政治的活動はもちろん、個人の優しさや尊敬の気持ちが必要だ。その先に待っているのは、人種、ジェンダー、文化的遺産の如何に関わらず、誰一人として軽視されたり不利な立場に置かれたりすることのない世界なのだ。

私たちが旅に出て、個人や文化の潜在能力のすべてを開花させ、相手から学ぼうという謙虚な姿勢を示すようになれば、今の時代が抱えるさまざまな難問を解決する力が備わるはずだ。これが、現代人の英雄的精神の前に立ちはだかる試練である。実を言えば、古い秩序はすでに消滅している。それどころか、私たちは、相手に心からの愛情と敬意を捧げられるようになるための、変容の――死と再生の――まっただ中にいると言ってもいいだろう。第一歩としては、前の時代に生み出された最良のものを維持して、さまざまな伝統と英知の相互作用が可能な状況をつくり、その相乗効果によってこれまでにもたらされたものよりも大きな何かを生み出せるようにする必要がある。

アーキタイプと文化と全体性《ホールネス》

これといったふさわしい呼び名は見当たらないが、両性具有の先には、また別の全体性《ホールネス》が存在する。最も近いのは「コスモポリタン」、つまり、世界市民という呼び名だろうか。ただし、自分自身の文化から解放されればそこへたどり着けるというものではない――ジェンダーのアイデンティティを否定するだけでは両性具有者になれないのと同じことだ。ここでは、自身の文化の内部に入り込んで長所と価値を認識し、短所については自分で責任を負っていく能力が求められる。つまり、満足しているかどうかは別にして、自分がその伝統の中で育ち、その伝統の一部を担っているという事実を受け入れなくてはならない。その伝統とできる限りの折り合いをつけて、どうしても認められない部分があるのなら、自分の生き方を変えるという方法で、その部分を変えるための行動を起こすべきだ。

このような誠実な態度で自分の文化の一部になろうとしていれば、偏見にとらわれずに他の文化からも学ぶことができるだろう。つまり、文化というものを優劣の観点でとらえる見方を超越するということだ。今いる場所があなたという人間の大部分を定義づけている。その単純な事実は物事の善し悪しを云々するものではない。このスタンスに立てば、自分や他人の文化を貶める必要はなくなり、他の文化からもたらされる英知から学べるようになるはずだ。

これは、私たちの心《プシケ》という王国の中に、他の文化のほうがうまく育むことができた英知の保管場所をつくってあげることでもある。人によっては、自分の中に人種が異なる大勢の男性や女性が存在していることに気づくかもしれない。あるヨーロッパ系の白人男性は、自分の中にいる日本人の園芸家と英知と安らぎを共有しているという話をしてくれた。別の白人男性は、自分の中にいる黒人の男性から、「もっと肩の力を抜いてリラックスしなよ。人生を楽しまなくちゃ」と助言されたという。ネイティブ・アメリカンの年老いた女性から、「大地とつながりを持ちなさい」と諭された白人男性もいる。

同様に、あるアフリカ系アメリカ人の女性は、自分の中にいる白人のヨーロッパ系の男性から白人男性社会で成功するこつを教わったと教えてくれた。中国人の女性からは、立ち止まって黙想し、内なる英知に心を開くよう諭され、ネイティブ・アメリカンの呪医からは、自分自身と他者を癒す方法について助言を得たそうだ。

もちろん、頭の中に存在するこうした元型的な人物(私たちを型にはめるステレオタイプの陰にひそむ強力な存在)が、私たちの周囲にいる人々と一致しているわけではない。元型的な人物から学んだ英知で自分の全体性《ホールネス》を高めることはできるが、頭の中にいる黒人(あるいは白人)が、実際に知っている黒人(あるいは白人)の声を代弁しているわけではないし、何らかの形で彼らの姿が反映されているという仮定も成り立たない。これは、どんな組み合わせにも言えることだ。頭の中にいるのがステレオタイプだけなら、それは何の力ももたらしてくれないだろう。それがアーキタイプなら、私たちに力を与えて知識を授けてくれるだろうが、その知識に基づいて他の人々を一般化するようなことがあってはならない。

女性は、頭の中にいる家父長的な男性から「おまえはダメな人間だ」と言われるせいで、男性に怒りを感じていることが珍しくない。そんな時は、周囲にいる現実の男性がそのような態度をとるかどうか、あなた自身がその内なる存在を投影しているかどうかを確かめてみることが大切だ。男性の場合は、自分の中にいる女性からエロスを体験してみないかと誘惑されるせいで、生身の女性を恐れる場合がある。この内なるアニマを現実の女性に投影すると、その女性がとてつもなく強力な存在に思えるかもしれない——つまり、魅力とともにそのパワーに脅威を感じるということだ。そういう場合は、その投影から逃れて、周囲にいる女性たちの現実の姿を確かめてみることが重要だ。

同じように、自分の中の元型的なイメージと現実に交流のある人々を区別するという段階を踏んでおかないと、ヨーロッパ人がアジア人に抱くイメージが実際に出会うアジア人を定義づけてしまうことも考えられる――ヨーロッパ人のイメージを抱くアジア人、白人のイメージを抱く黒人、黒人のイメージを抱く白人、アングロサクソンのイメージを抱くヒスパニック、ヒスパニックのイメージを抱くアングロサクソンについても同様だ。フランス人とイギリス人、ドイツ人とイタリア人、ロシア人とハンガリー人の場合もそうであり、アメリカ国内に限れば、テキサス州の住民とニューヨーカーの組み合わせでも同じことが言える。

異文化

❶自分のものとは異なる文化的、家系的、(あるいは)宗教的な伝統の中で、自分が高く評価している特質や伝統、行動や思考の様式にはどのようなものがあるだろう?

❷その中で、自分の人生に取り入れたいと思うものはどれだろう?

ステレオタイプは私たちを型にはめるが、アーキタイプはパワーと英知の源になる。私たちに必要なのは、人を型にはめようとするステレオタイプを超越して、その背後に潜むアーキタイプからパワーを授かることだ。国や人種や地域が特定のアーキタイプと結びつけられるのはよくあることで、そうしたアーキタイプは、私たちのより大きな全体性《ホールネス》と複雑性に寄与してくれている。だが、こうしたアーキタイプは、それぞれの文化の中にいる特定の人々を定義づけるものではない。このバランス感覚が維持できれば、元型的な文化的伝統の多様性から恩恵を受けると同時に、そこに生きる人々の個々の力を保ったまま、多種多様な特性、物事に対する姿勢、ギフトを発揮してもらうことができるだろう。

全体性《ホールネス》を体験するためには、人間に優劣があるという幻想を捨て、自分という人間を──ジェンダーや、文化や、それぞれの自己《セルフ》を──を受け入れるというやり方が絶大な効果を発揮する。全体性《ホールネス》を体験できなければ、他者の英知から学んでそれを自分の中に組み込むこともできなくなる。それは、自分が他者よりも優れているとか劣っているとか考える人々に欺かれないようにするという意味でもある。そのような考え方は、常にまやかしの人生につながるからだ。その先に待っているのは、自分という人間になることを恐れる精神状態であり、その意味についての偏狭な意見に逆らってはいけないと萎縮してしまうことも考えられる。

アーキタイプが自分の人生でどのように機能しているのかを理解するには、自分自身の背景を知ることが大切だ──そこには、自分のライフステージ、ジェンダー、家風、人種や文化にまつわる伝統が含まれる。さらには、国内外の出来事によってあちこちにちりばめられたアーキタイプや、家庭、職場、コミュニティとの関わりといった、もっと直接的な背景を知ることも重要だ。次のページに示す図表を使えば、現時点で、自分自身の心《プシケ》や文化的背景の中で活動しているアーキタイプのエネルギーを記録しておくことができる。

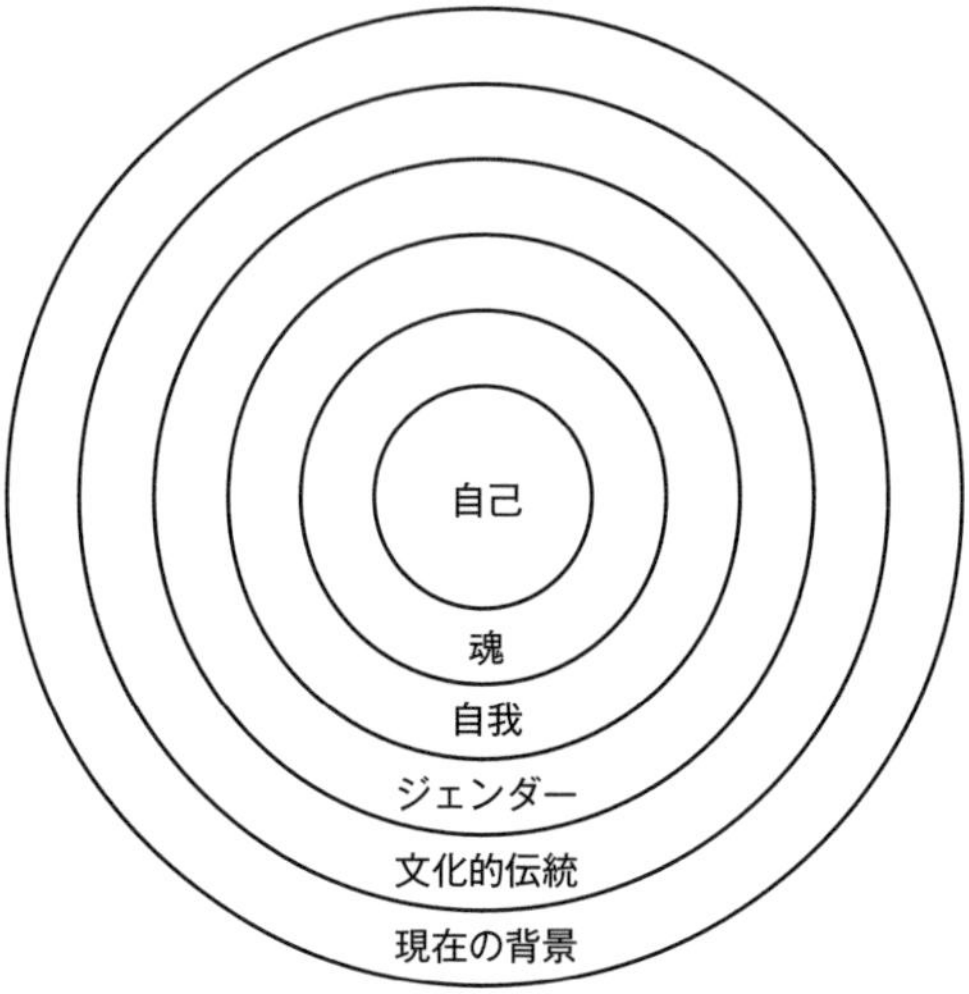

内側の円から順番に、自分の自己、魂、自我の中で最も活動的なアーキタイプを挙げてみよう。次に、自分のジェンダーに起因する活動的なアーキタイプ、自分のライフステージに関連するアーキタイプのペアを挙げてみよう。次に、自分の家系、人種的、民族的、文化的、宗教的伝統に起因する活動的なアーキタイプ、そして最後に、現在の出来事——地域の、国内の、世界の、そして自宅や職場での出来事——によってちりばめられた複数のアーキタイプを挙げてみよう。

文化の元型的な特質

この表を使って自分の文化的背景の元型的な特質を特定する際には、これはあくまでも簡略化されたものであり、ほとんどの文化には、ここに挙げた特質を混合したものやさまざまなバリエーションが存在することに留意してほしい。個人に関してもそうだったように、多くの文化——そして家族——に関しても、自我、魂、自己のカテゴリーからそれぞれ一つのアーキタイプを特定できるだろう。さらに、自分の文化的背景に男性的な傾向があるのか、女性的な傾向があるのかが明らかになる可能性もある。

幼子　権力者が崇められ、他者を守って世話をする責任を負っている。ルールや伝統に従うことが重視され、個人の幸福ではなく文化や集団の幸福に価値が置かれている。それどころか、個人はまわりに同調して正しいことを行なうように求められている。最悪の場合は、逸脱行為や規則違反に対して厳罰が与えられる。最善の場合は、逸脱行為や規則違反を行なった者は助けを必要としているとみなされ、権力者がより正しい行動を取らせようと辛抱強く働きかける。

孤児　平等主義が強く打ち出され、人々は結束して抑圧に対抗したり、困難な状況、病気や貧困などで苦しんでいる時には助けを求める。人々は自分がとても脆《もろ》い存在だと感じている。最善の場合は、犠牲者の気分を味わいながらも全力を尽くして助け合う。最悪の場合は、互いに相手を貶めようとする。

援助者　誰もが、自分の幸福を顧みずに利他主義を実践するように求められている。最善の場合は、これがうまく機能して、誰もが充分に世話をしてもらえるようになる。最悪の場合は、誰もがひたすら与え続けて求めようとしないせいで、誰一人として欲しいものを手に入れることができない――これはこれで、身勝手な行為と言えるのではないだろうか。さもなければ、（授権文化がそうであるように）誰もが自分の置かれた状況を認めようとしない。

戦士　多くを要求する、統制のとれた勤勉で禁欲的な文化で、競争力に高い価値が置かれている。最善の場合は他者と闘うために結束するが、最悪の場合は、秩序が崩れて喧嘩騒ぎになる。

探求者　さまざまな個体で成り立っている個人主義な文化。誰も他人に対して重大な責任を負わず、「生存、自由、幸福の追求」の権利を持っている。最善の場合は、各々が自分自身を見いだす。最悪の場合、全員が大きな孤独を抱えて独断的になる。

破壊者　物や人を破壊したいという欲望で人々が団結している文化的集団。何かを推し進めなければならないという共通認識のもとに団結する。最善の場合、悪に立ち向かう活動家、反逆的な集団として統合される。最悪の場合、ポジティブなはけ口が見つからずに怒りが内側に向かい、人々が暴力、アルコール、薬物といった自己破壊的な行為に及ぶ。

求愛者　平等主義で情熱的で激しい文化。芸術的な表現、個人的な人間関係、豊かな暮らしを高く評価する。

高揚感を伴うドラマ、激しさ、生活の質へのこだわりが見られる。最善の場合、誰もが快適な気分で、深い人間関係を築き、心地よい生活を送る。最悪の場合、平和な暮らしが嫉妬や口論やゴシップによって損なわれたり、目に見えない水面下の衝突によって徐々に蝕まれたりする。

創造者　（ユートピアを目指す実験がそうであるように）自分たちが築いているものが最大の関心事となる、予見的で革新的な文化。最善の場合、何らかの形でビジョンが現実化する。最悪の場合、極めて現実味の薄い未来を目指す壮大なビジョンによって、今という瞬間が見捨てられる。

統治者　他者を統治し、導き、すべての人の行動に対して良い手本を示すことに重きが置かれる。このような文化では、繁栄の証として物質的な豊かさの獲得に重きが置かれることが多い。最善の場合、身分の高い者が義務を負うことによって品格と信頼に満ちた形ができあがり、持てる者が慈愛に満ちた指導者のようなやり方で持たざる者を援助する文化が可能になる。最悪の場合、独善的で鼻持ちならない権威主義的な形をとる。

魔術師　自己と他者、人間と自然の相互関係という前提で、自分自身と他者に力を与えることに重きが置かれる。最善の場合、結びつきと慈悲の心の分かち合いが変容を促す活動につながっていく。最悪の場合は、策略的で、調和を欠いた、自我に駆り立てられた活動になる。あるいは、自分と異なるビジョンに適切に対処できないことや、時代の変化に伴うニーズを認識できないことが原因で無力になってしまう。

賢者　高潔な心や、より大きな英知や専門知識によって獲得された権威に重きが置かれ、永遠の真理に焦点が当てられるために、革新性が求められることはほとんどない。最善の場合、気分の高揚を伴う洗練された文化になり、偉大な英知を求める人々の手助けをすることさえある。最悪の場合、お高くとまった、生命力が感じられない文化となり、個々の自発性を鈍化させたり、変化に抵抗したりするようになる。

道化　経験を重視して、自らの利益のために活動する文化。達成感や物質的な獲得よりも、今という瞬間を楽しみ、遊び、充足感を味わいたいという思いが行動のきっかけとなる。難しい問題にも面白そうだという理由で取り組んでいく。最善の場合、このような文化は最高レベルの存在感――つまり、安心感や達成感をほとんど求めずに、生きるという行為そのものに恍惚感を覚える体験――を体現する可能性がある。最悪の場合、貧困や薬物が蔓延し、何一つ成し遂げることができない。

女性　平等主義で協力的で包容力があり、他人や自然界と同じ時を共有する暮らしに重点を置く。最善の場合、滋養と力を与える調和のとれた文化になり、公の場で話題にできるものや実行に移せるものであれば、幅広い範囲のふるまいを受け入れる。最悪の場合、衝突が抑制され、陰口をたたく、醜聞を広める、無視するといった行為を通じて周囲に同調することが強要される。

男性　序列を重んじ、競争好きで攻撃的、功績と技能の習得に重きを置く。最善の場合、こうした姿勢から、勇気、自制心、世のためになる規範を保つ方法を学ぶことができる。最悪の場合、冷酷で搾取的で権威主義的で、地球に有害な文化になる。

第21章 人生の神話

自分の人生を特徴づける大いなる物語を見つけることは神聖な務めと言える。自分の物語を知るには、自分という人間を知ることが必要だ。軽々しくとらえるべきではないが、だからといってあまり深刻に考える必要もない（なにしろ、道化のアーキタイプをたっぷりと活躍させれば創造性はたやすく手に入るのだ）。大いなる物語を知っていれば、自分を売り込む時に謙遜しすぎることはなくなるだろうし、不必要なものに惑わされたり、他人に操られたり、本来の自分よりも劣った人間だと思い込まされたりする機会は格段に減るだろう。

多くの人は、人生を地図のない旅のように感じている。自分が動いていることはわかっていても、それまでどこにいたのか、今はどこにいるのか、これからどこへ向かおうとしているのか、実感できずにいる。本書で説明してきたモデルはそうした人生の旅の大まかな地図を示すものではあるが、あくまでも一般的な地図であり、個々の人生に合わせてこしらえたものではない。大いなる物語には、一つか二つの支配的なアーキタイプが登場する可能性が高く、まずまちがいなく多種多様な元型的な要素が含まれているが、それらの組み合わせ方は独特な――しかも、その人だけの――ものになるはずだ。

ジーン・ヒューストンは著書『最愛の人を探し求めて（*The Search for the Beloved*）』の中で、「生きている間に姿を現し始める新しい物語」に意識的に関わる方法として、自分自身の大いなる物語を書くことの重要性を説いている。この本では、自分の大いなる物語を書くのに効果的なエクササイズが紹介されており、物語を神話のように綴っていくことの大切さが強調されている。ヒューストンは、まず、一般的な方法で個人の自叙伝を書いてから、それを神話的な言葉に置き換えるように勧めている。具体例として、「実存的に」書いた物語を神話的な表現に置き換えたものが紹介されている。

私は平均的な家庭に生まれた。母は教師で、父は鉄道の車掌だった。私は末っ子だったので、誰からもほとんどかまってもらえなかった。母は一日中外で働き、父は一度に何日も家を留守にした。

これを神話的な表現に書き換えると次のようになる。

昔々あるところに、とても特別な男の子がいた。可能性と光を抱いて生まれてきたが、人々はその輝きのせいで目が眩んでしまい、その子を見ようとしなかった。「物事の仕組み」を知る母親や、「遙かなる王国への旅」という職務を担う父親さえも、その子を見ようとしなかった。(1)

このようなやり方は嫌だと言うのなら、それでもかまわない。どんなに頑張っても普通のやり方でしか書けない人もいるだろうし、書く代わりに友人に話を聞かせる人もいるだろう。絵筆を使って物語を描く人もいるだろうし、何らかの運動やダンスや芝居で表現する人もいるだろう。自分の大切な何かを伝えるにあたっては、表現の形式が、物語の中味そのものに負けないほどの大きな意味を持つ場合もある。より正確に言えば、大いなる物語についてはプロセスと内容を切り離すことは不可能だ。その両方に自分自身を見いだすことになるからだ。

あなたの人生の物語　I

❶ごく普通の自伝を書いてみよう。本書のエクササイズで得られた洞察力を活用してもかまわない。たとえば、それぞれの年代で活発に活動していたアーキタイプのことを思い返してほしい。ジェンダーや文化の影響、「こうなるべきだと教えられた自分」と「なりたいと思っている自分」のバランスや、人生の目的についての最も重要な真実を考慮に入れること。

❷その自伝を、英雄の旅の物語として神話ふうに書き換えてみよう（アート、ダンス、芝居、音楽などで神話や英雄のイメージを喚起して物語を表現するという方法でもかまわない）。

主要な神話を探す

自分の主要な神話を決定するには、できる限り正直に自分の人生の物語を綴って（あるいは、表現して）、物語の骨子となる筋書の構造に注目するのが一番だ。それを可能にするために、自伝の筋書を、次のページで紹介する元型的な物語の表と比較してみよう。

人によっては、自分の物語が失恋や失望や犠牲の連続であることに気づくかもしれない。その場合は、自身の変容を促す神話は孤児の筋書に基づくバリエーションであるとわかるはずだ。試練の克服や、闘いと勝利（あるいは敗北）の場面が続く場合は、戦士の筋書を基にしたバリエーション。他人のために自分を犠牲にする物語なら援助者の筋書、愛や真実や答えを探す物語なら探求者の筋書のバリエーション、といった具合だ（複数のアーキタイプの主要な要素が組み合わさっている場合もあるかもしれない)。

自分の人生の神話を知らずにいると、実際に体験していない旅を基準にして自分自身を評価してしまうおそれがある。たとえば、求愛者の神話に抗《あらが》えずに旅を続ける人は、私たちの文化に戦士や統治者の神話を尺度にして自己評価を行なう人が多いせいで、偉業を達成できない自分をふがいなく思っているかもしれない。一方で、人生を特徴づける神話が統治者だという人がいたら、その人は、道化となって今という瞬間を生きることができない自分を物足りなく感じてしまうおそれがある。

自分の物語を書いて、自分の人生を特徴づける神話を見つけた人は、往々にして深い安堵感を覚えるものだ。これまで歩んできた道が実際に自分にふさわしいものだったとわかるからだ。ただし、誰もがそう感じるわけではない。これまでの人生の筋書を確認したとたんに、自分がその物語と物語を特徴づけるアーキタイプに――自由を与えられるのではなく――取り憑かれていた、もしくは、囚われていたと気づく人もいるだろう。この問題について論じる際には、そうした神話を自分の「脚本《スクリプト》」とみなすのも一つのやり方だ。

それぞれのアーキタイプの物語

幼子　楽園は失われたが信頼は保たれる。再び楽園を手に入れる。

孤児　楽園は失われ、絶望と疎外感がもたらされる。楽園への希望を捨てる。他の人々と協力しながら、あるがままの世界でより良い状況をつくろうとする。

戦士　旅を続ける。ドラゴンに立ち向かって退治する。犠牲者を救い出す。

援助者　自分を犠牲にして他の人々の望みをかなえる。体の機能を失ったような感覚や、他人を操っているような気分を味わう。「これが正しい」と思う生き方や、人生を豊かにする生き方を選ぶ能力を獲得する。

探求者　順応を強制されるのを察知して、コミュニティで疎外感を味わう。一人きりで旅に出る。自律と使命という財産を見つける。本物の家族と家庭を見つける。

求愛者　愛することを切望する。愛を見つける。愛から切り離されて、（悲劇的な）死か、（喜劇的な）愛する者との再会を経験する。

破壊者　大きな喪失と苦痛を体験する。幻想とまやかしのパターンを失う。死に直面し、死を同胞とするすべを学ぶ。

創造者　真の自己《トゥルー・セルフ》を発見する。さまざまな方法を模索して、その自己を自由に表現できるような人生を創造する。

統治者　傷を負い、王国は荒れ地となる。王国と自らの傷に対する責任を引き受ける。王国は復興され、豊穣と調和と平和がもたらされる。

魔術師　消耗性の病を克服する。自らを癒して変容させることによって、他者を癒して変容させるすべを学ぶ。傲慢や不安が有害な影響を及ぼすことを身をもって体験する。自らの意思と宇宙の意思を連携させるすべを学ぶ。

賢者　自己を忘れて真実を探求する。自分の主観性を認識する。その主観性を肯定する。超越的真実を体験する。

道化　自己やコミュニティや宇宙に根ざすことなく快楽を求めて生きる。人や自然や宇宙と深く関わって絆を結ぶことを学ぶ。プロセスを信頼して、宇宙と調和しながら生きていける。喜びを見つける。

脚本《スクリプト》の認識

誰の人生にも子供の頃から推敲を重ねてきた脚本《スクリプト》があるものだが、これは、「あなたにはこんな才能がある」「こんな選択肢がある」という周囲の声に応える形で書かれたものだ。交流分析（ＴＡ）によれば、実際には、「脚本《スクリプト》」と「対抗脚本」（自分の書く脚本に対する無意識の反抗が形になったもの）があるそうだ。自分の脚本を受け入れて、ポジティブな結末が待っているかどうかがわかると、解放という大いなる瞬間が訪れる。(2)

こうした脚本は外界への初期の順応と関連したものなので、大部分が外部からの影響によって決定されている。たとえば、両親から有名な軍人やカウボーイの名前をつけられたり、おもちゃの拳銃や兵隊を買い与えられたりしていた人は、自分を戦士と重ね合わせて考えるようになるだろうし、両親から人形ばかり買い与えられて、

「大きくなったらいいお母さんになるわよ」と言い聞かされていれば、自分を援助者と重ね合わせるようになるだろう。

人生の脚本が、幼い頃に負った心の傷の補償であることも珍しくない。私たちは、実際よりも安全で、痛みにも容易には屈しない人生を可能にしてくれるような筋書を考え出そうとする。すでに見てきたように、傷を負っていると、自分自身や自分の可能性を否定したり限定したりするメッセージが頻繁に送られてくる。このようなメッセージは、ジェンダー、人種、体格、容貌、エネルギーのレベルや気質をはじめとした、本人にまつわるありとあらゆる情報に言及している可能性がある。何も考えずに脚本を演じていると、心の傷はますます広がっていくだろう。脚本を文字通りに受け取ってしまうと、全体性《ホールネス》を妨げられることで傷を負わされてしまうからだ。脚本には、「脚本通りに行動しないと生き延びられないかもしれない」という私たちの潜在的な不安が反映されている。

だとしても、脚本を神話や隠喩として読んでいけば、その傷を癒す手段が織り込まれていることに気づくはずだ。このように、脚本には、私たちの原初の傷を癒して真実の物語を表現できるようにしてくれる心理学的な効用がある。脚本にアーキタイプの姿が織り込まれていると認識することで、脚本に抵抗するのではなく、中味を受け入れてより高いレベルに到達させればほとんどの人が今よりも幸せになれるという理解に至るだろう。

今の両親、人種、性別、全体的な周囲の環境は、そこに自分に必要なものがある、与えるか（もしくは、与えた上で）学びたいものがあるという理由で自分が選んだものなのだ——時にはそんな想像をしてみるのも効果的だ。そのような物の見方をしていれば、自分の責任で、幼い頃に必要としていた脚本が手に入るような状況を選んでいくことができるだろう。それは、本当の自分を表現する前に解いておかなくてはならないパズルのようなものなのだ。

あなたの脚本

❶あなたの脚本には、どんな人間になると書かれていただろう?
❷その脚本はあなたの人生にどのような制約を加えているだろう?
❸あなたはどのようなギフトや教訓を授かるはずだったのだろう?

最初のうちは限定的で窮屈で有害にさえ感じられた脚本も、その中に一つの(あるいは複数の)アーキタイプが織り込まれているとわかれば、変容によって趣が変わってくる。この変容を実現させるには、脚本を文字通りにではなく、隠喩的に解釈する能力が求められる。たとえば、シンデレラの脚本を持つ女性は、常に王子様の登場を待ち続けているせいで自分のために行動することができない。だが、自分の脚本を認識すれば、その筋書に隠喩的な英知が符号化されているのが見えてくる。それどころか、そこには、彼女が取るべき行動が象徴的な形式で符号化されている。つまり、「自分のアニムスを出現させて救い出してもらいなさい」と書かれているはずなのだ。この女性が世の中で活躍の場を見つけて、独り立ちするすべを身につけるには、彼女のアニムスに力を貸してもらう必要がある。

自分の物語が拘束的な神話のように思える場合は、その神話が意味しているはずの内容を解釈し直したいと考えるかもしれない。シンデレラの筋書を持つ女性の場合は、王子様が現れるのを漫然と待つのではなく、内なる王子を統合させて、自分自身の宮殿を発見できるような物語に書き換えることができる。機が熟して、その新しい情報に基づいて行動する時が来れば、彼女の傷は癒され、より大きな力を与えてくれるような新たな物語を綴っていく準備が整うだろう。

あなたの人生の物語　Ⅱ

❶自分について言われた言葉の中で、最も大きな力を与えてくれたのはどんなものだろう？

❷最も刺激を受けた人物は誰だろう？　あなたを鼓舞してくれたものは？　その人物やアイデアや経験によって人生が変わった経験はあるだろうか？

❸あなたに真の喜びや充足感をもたらしてくれるものは何だろう？　あなたが得意としていることは？　心からやってみたいと思っていることは何だろう？

❹人生の本質的な真実を浮き上がらせるために、自分の物語を死亡記事の形で書いてみよう。こうなるだろうという現実的な記事を書く必要はない。人生のあらゆる場面における自分の潜在能力を——職業上のものだけでなく、個人的、霊的な潜在能力を——発揮できた場合の死亡記事を書いてみよう。人生を全うし、何一つ思い残すことなく死を迎えることができたら、どんな死亡記事になるだろう？

❺あなたの人生で活動しているのはどのアーキタイプだろう？　どのアーキタイプの活動が活発になれば、自分の潜在能力を存分に発揮できるだろう？

多くの人は、自分が二つの大きな物語の中にいることに気づく。つまり、自分の脚本と、それよりも深遠で大きな力を授けてくれる神話が同時に進行しているのだ。これは、シンデレラを自分に重ね合わせた女性にも当てはまる。彼女は、ある次元では王子様が現れるのを待っている。だが別の次元では、絵を描くことに夢中になっていて、自分の〝魂の旅〟を続けているうちに、その絵には深みが加わり、他人に変容をもたらす力が備わっていく。この段階で魔術師になる素養は蓄えられているのだが、男性性を外界でしか探すことができないという呪縛から解放されなければその可能性は開花しないだろう。うまく開花すれば、すばらしい絵を描くという女性性と、描いた作品を売るという男性性を利用できるようになる。このパターンは、より深遠な神話を見つけた人々にしか見られないものだ。脚本は彼らに休む暇を与えず、その能力を蝕んでいるように見えることも多い。だが、当人たちはその間もずっと、より深遠な物語を演じるために必要なものを学び続けている。

自分の神話を一度で完全に理解するのが理想だが、実際にはそううまくはいかないだろう。自分に課された務めとそれに伴う人生の物語に対する理解力は進化していくものであり、しかも、神話を書いている最中も、その年代ならではの最大の関心事に大きな影響を受け続けているからだ。

〝新たな真実〟の解放に執拗にこだわり続ける統治者が恐ろしい暴君になってしまうように、自分の物語の特定のバージョンに異常なまでの執着を示す人や、吟味されていない物語を生きようとする人は、目の前の現実を踏まえた上で物語を再検討するという方法で再生を果たす必要がある。そのためには、自分の神話を頻繁に更新しながら、自分が従っている筋書が依然として有益で活気に満ちたものであるかどうかを確認しておくのが賢明だ。

新しい物語の発見

デイヴィッド・ファインスタインとスタンリー・クリップナーは、自身の大いなる物語の発見をテーマにした著書『個人の神話（*Personal Mythology*）』で、現在進行中の神話がどのように自分を抑制しているのかを検証し、その神話を拡大させて解放の力に変えていくプロセスの概要を示している。言ってみれば、体が大きくなって古い服が着られなくなったような状態だ。ある時期には、新しくて魅力的で自分に似合っていた服も、成長するにつれて少しずつ体に合わなくなり、さらには、くたびれたり、擦り切れたり、時代遅れに（おまけに、自分たちが生きている時代のニーズや傾向と矛盾するように）なったりする。

ファインスタインとクリップナーが紹介する五段階のモデルによれば、私たちは第一段階で、「自分を導く神話が自分の味方ではないことに気づく」。神話によって自分の行動がどのように制限されているかを認識して、自分自身を見つける時期にはふさわしくない神話にしがみつくことによって生じる痛みを自覚するようになる。第二段階では、「神話的な矛盾の原因に焦点が絞られる」。「本人が古い神話の欠点に気づいていないとしても、通常は心《プシケ》が制限されているものを補償するための対抗神話を生み出している」というのだ。夢と同じように、このような対抗神話は「願望充足」という特性を備えている。ただし、「夢と同じように、対抗神話は現実世界の要求とは乖離したものになることが珍しくない」。

そのせいで、新しい神話は現実逃避としか思えない空想や白昼夢の中に現れる。ファインスタインとクリップナーは、自分の活動を制限する神話と、新たに生まれる神話の両方を明確にするためのエクササイズを紹介している。次の第三段階では、「神話の統一的ビジョン」を思い描く。

「神話は、古い神話を命題《テーゼ》、対抗神話を反対命題《アンチテーゼ》とする弁証法として展開し、二つの神話の問題を解明する新たな神話が総合《ジンテーゼ》にあたる。対抗神話は展開するにしたがって古い神話と競い合うようになり、知覚を支配し、行動を左右するようになる。この弁証法的な争いは、心《プシケ》の中での〝自然淘汰〟、それぞれの神話の最善の成長と適合にまつわる〝適者生存〟にたとえられるかもしれない」。第四段階では「ビジョンから関与への」移行などがあり、最後の第五段階では、「更新された神話を日常生活に織り込む」作業が行われる。

ここで提示されているプロセスは、旅の副産物とも言えるものだ。私たちは自我《エゴ》の発達によって成長を促され、自己形成の物語を演じることを求められる。ところが、通過儀礼《イニシエーション》を経験してしまうとその物語に不満を感じるようになる。その内容が、新たな領域に足を踏み入れた者を導くのにふさわしいものではないからだ。私たちは二つの相反する物語の間で、矛盾に悩まされ、内面の葛藤に苦しめられる日々を過ごし、長い時間をかけて何らかの解決策にたどり着く。この時点では、どのような和解がもたらされるのかはっきりとは理解しておらず、葛藤を抱えていた場所が空っぽになったように感じるだけかもしれない。そのような場合は、心を開いて自分の活動を見つめるという行為が、往々にして解決策の発見につながるものだ。新たに誕生した物語を表現する作業に意識して取り組むようになるには、もう少し時間が必要だ。だが、その時がやってくれば、私たちの人生が神話的な性質を帯びるようになるだろう(3)。

新たな物語の発見

❶自分で書いた神話や物語を吟味して、それがあなたの人生を活気づけているのか、妨げとなっているのかを判断してみよう。

❷その神話や物語の中に変えたいと思う箇所があるのなら、実際に変えてみよう。対抗神話の手掛かりは自分の空想の中にあるということを念頭に置いた上で、対抗神話の書き直しから始めてほしい。

❸二つの神話や物語の最良の部分を統合できるかどうか確かめてみよう。

神話の領域へ

重要なのは、ここで手に入れた神話的な性質を慢心と区別しておくことだ。慢心も元型的な財産の一種ではあるが、脚本とちがって、その存在は何らかの方法で認知できる。私たちは、アーキタイプが自分の人生に及ぼす影響に気づいていないというよりも、アーキタイプそのものと自分を重ね合わせてしまっている。そのせいで、分不相応な身分を手に入れるが、それは結果的には自分のためにならない。その人を待っているのは、アーキタイプに取り憑かれるという現実だ（ポジティブな姿で現れる例もあれば、ネガティブな姿で現れる例もある――それどころか、その両方の姿で現れることもある）。その最たる例が妄想で、たとえば、自分をイエス・キリストの再来と思い込むようなことが起こってしまうのだ。

大いなる物語――慢心の証としての――を生きている人と、自分自身の物語を生きている人のちがいは、後者が、正真正銘のその人の物語を生きている点だ。それによって深い充足感を覚え、人生の意義を見いだすことができる。イエス・キリストがイエス・キリストの気分を味わうことは慢心とは呼ばれない。私が私であり、あなたがあなたであることは慢心とは関わりがないし、アーキタイプと自分が別の存在であることを自覚しているなら、そのアーキタイプにあなたを通じて活動させることも慢心とは呼ばれない。

気持ちが高ぶったあげくに「自分は他人よりも優れている」と感じたり、「自分には価値がない」「無意味な存在だ」「悪い人間だ」と大げさに考えてしまう人は、ある種の慢心に屈してしまっているのかもしれない。ポジティブな姿にせよ、ネガティブな姿にせよ、アーキタイプに取り憑かれている状態だ。自分自身の大いなる物語を生きていると、ある意味では気分が高揚するかもしれないが、そこには常に「これは当然のことだ」という認識がある。自分という人間を生きているのだから、ちょうど良い場所にいると感じるのが当然なのだ。

本当の物語や本当の仕事を見つけようとしている時には、往々にして、「その仕事は自分の身に余るのではないか」「自分には物足りないのではないか」という不安が最大の障害となるものだ。大きな仕事を任されたらどうしよう？　自分はその仕事に向いていないんじゃないだろうか。フロアの掃除を命じられたらどうしよう？　そんな仕事じゃとても成功なんておぼつかない――そうした「荷が重すぎる」「荷が軽すぎる」という不安に苛まれるせいで、私たちは何度も何度も本当の物語から遠ざけられてしまうのだ。だが、幸せになりたいのなら、自分自身の大いなる物語を生き抜く以外に道はない。成功を手に入れて刺激的な人生を送ったとしても、それが正真正銘の自分の人生でなければ幸せにはなれないだろう。そして、それが正真正銘の自分の人生であるのなら、どんな生き方であろうと惨めな思いをすることはないはずだ。私たちは、一日一日を大切にしながら、自分の物語を――実際に物語を書いたかどうかは別にして――生きていく。それは、成功が保証されているものや、成功が保証されているように見えるものを漫然とこなしていくのではなく、〝至福を追い求める〟生き方だ。

自分にしかできない生涯の務めを明らかにしたいという欲求は、もとをたどれば、自分の個人的な生き方を主張したいという願望から生まれたものだ。ところが、この発見の旅に出かけてみると、徐々に人間は独りぼっちで旅をしているのではないと気づくようになる。一人ひとりの旅は、綿密に織り込まれた糸のように、友人、家族、同僚、同時代を生きる人々の旅や、その人のジェンダーや文化の旅と結ばれている。他人の歩みが私たちに影響を及ぼすのと同じように、私たちがより完全な自分に向かって一歩を踏み出すたびに、その歩みが波及効果を生んでいく。そうなれば、人生の真の意味を見いだすことで王国の再生に貢献できるのだ。

現代社会では、「自分はちっぽけな存在だ」という呪いの言葉に惑わされて道を誤ることもあるだろうが、私たちには、自分の人生を主張しながら生きることによって、世界を変革していく力が備わっている。この認識に刻み込まれた責任こそが、過去の英雄たちから受け継がれてきた遺産なのだ。私たちを待ち受けているのは、悪夢かもしれないし、奇跡かもしれない。未来は、私たちの手にゆだねられている。

謝辞

本書は二十年来の研究成果をまとめたものであり、そもそもの始まりは、大学院で「英雄の旅」という題材に魅了された時までさかのぼる。すっかり夢中になり、一九七〇年には現代文学における英雄と道化についての論文を発表した。

二十年を費やした研究の集大成がそうであるように、影響を受け、支えとなってもらった文献、理論、人物の名前をひとつ残らず挙げることは不可能だ。それでも、際だった存在ゆえに忘れられないものもある。大学院時代、〝探索へ誘う声〟となって研究に取りかかるきっかけを与えてくれたのは、ジョーゼフ・キャンベルの著書『千の顔をもつ英雄』（人文書院）だった。本書の執筆中はライス大学英文学部の教授陣に大変お世話になったのだが、特に、文学だけでなく魂についても踏み込んだ講義をしてくださったモンロー・スピアーズ、ウィリアム・パイパー、デイヴィッド・ミンターの名前を挙げておきたい。コロラド大学とメリーランド大学で、女性学のプログラムに参加できたこともありがたかった。アン・ウィルソン・シェフの「働く女性のための集中講座」にはスタッフとして加わり、米国教育協議会の女性オフィスでは、ドンナ・シャブリック、ジュディー・タッチトンと共同作業を行なった。『英米文学における女性の肖像（*Who Am I This Time? Female Portraits in American and British Literature*）』の編集と、『英米文学における女性の英雄（*The Female Hero in British and American Literature*）』の執筆に当たっては、キャサリン・ポープと作業を行なうことができた。

本書の構想と執筆の最中に、ワシントンDC精神医学研究所財団の創造的想像のためのミッドウェイ・センターと協力関係を結び、ニューヨーク州ライのウェインライト・ハウス主催の「深層心理学の専門技能強化プログラム」に関わったことも大きな助けとなった。

ミッドウェイ・センターでは、デイヴィッド・オールドフィールドによる「神話学の創造的方法論」の講座を一年に渡って受講し、アーキタイプや神話といった題材への戦略的な取り組み方を実体験に基づく方法で学んだ。方法論はもちろん、魂と魂の成長についての理論からも得るものが大きかった。

受講後には、ミッドウェイ・センターで講座を受け持つという幸運に恵まれ、さまざまな分野の専門家と仕事をしながら、本書でも紹介している理論やエクササイズを実践に移すことが可能になった。優秀な受講生に被験者となってもらう機会を得たことについては、ミッドウェイ・センターとデイヴィッド・オールドフィールドに感謝したい。彼らの反応が私自身や本書に多大な影響を与えたというのは、決して大袈裟な表現ではない。それぞれの理論を仕事や生活の場面で応用し、私の草稿に目を通し、各人が得た洞察とそこに至るまでのプロセスを惜しみなく提供していただいたおかげで、この研究には意義があるという思いをますます強くすることができたからだ。

ウェインライト・ハウスでは、「深層心理学の専門技能強化プログラム」への二年に渡る参加によって、ユング心理学の知識を深めることができた。特に感謝したいのが、館長のフランクリン・ヴァラス、同プログラムの指導と調整役を務めたドン・カルシェッドとシドニー・マッキンジーの両名だ。非常に充実した学びの場をつくりあげ、必要に応じて利用できるように配慮してくださった。

誰よりも謝意を伝えたい相手はメリステムの同僚たちであり、中でも、シャロン・V・サイヴァートには感謝している。彼女には「職場の英雄たち」プロジェクトの考案の際に力を貸してもらったが、これは、本書で紹介するアーキタイプの多くを掘り下げて組織の枠組みにあてはめるという内容のものだ。したがって、本書の執筆と「職場の英雄たち」プロジェクトの間にはアイデアの強力な交換作用が働いていたことになる。思索の過程で多大な影響を受け、本書のどのページにも彼女との共同作業の成果が現れているからだ。個々のアーキタイプについて述べている第二部から第四部にかけては、特にその傾向が明らかだ。

同様に、私とともにＨＭＩ（英雄神話指標）の構築に当たってくれたチームも、アーキタイプへの理解を多いに深めてくれた。フォームＤ（十種類のアーキタイプ）を展開してくれたチームにはシャロン・サイヴァートとメアリー・レナードも含まれており、ベス・オブライエンとバーバラ・マリーからは技術的な力添えを、フランシス・パークス、ポリー・アームストロング、デイヴィッド・オールドフィールド、ジョン・ジョンソンからは専門家としての意見をいただいた。フォームＥ（十二種類のアーキタイプ）の展開に携わってくれたグループには、ヒュー・マール、メアリー・レナード、シャロン・サイヴァートが名前を連ねている。ＨＭＩの有効性調査と試験・再試験信頼度調査を実施し、先頭に立って作業を進め、問題点を次々と洗い出してくれたヒュー・マールには特別の感謝を捧げたい。

メリステムでの「職場の英雄たち」プロジェクトの調整役と、同プロジェクトのワークブック『職場の英雄たち（*Heroes at Work: Workbook*）』の共同執筆者の役割を務めてくれたシャロン・サイヴァートと、本書の土台となったアイデアを発展させて具体化する作業を手伝ってくれたＨＭＩチームには心からの感謝を捧げたい。本書に登場するアーキタイプのうちの十種は、もともとは、『職場の英雄たち』と、ＨＭＩのフォームＤ（一九八八年にメリステムが独自に発表）で取りあげたものである。

メリーランド大学カウンセリング学部の大学院で、メアリー・レナード主催のセミナーに参加している皆さんからも、測定方法の構築についての意見や助言をいただいた。フォームDについてはサンデー・スプリング・フレンズ・スクールが、フォームEについてはマウントヴァーノン・センターが試験・再試験用のサイトを開いてくださった。ヒュー・マールが重要な役割を果たしてくれたことにも触れておきたい。彼が取り組んでいる論文は、HMIのさらなる研究と開発を促すものになるはずだ。

本書を執筆している最中に、ローリー・リッピンとともに「タイプとアーキタイプ」についてのワークショップの構想を練った。これが、マイヤーズ・ブリッグズ・タイプ指標〔米国の就職適性検査〕の理論と本書で展開したシステムの融合をもたらす共同作業となったために、アーキタイプについての考えが明晰さを増し、個人の心理状態を理解するにあたってタイプとアーキタイプがどのように補完しあうものかを理解する助けとなってくれた。

本書の出版に当たっては、ハーパー・サンフランシスコ社のトーマス・グレーディーに編集を担当してもらうというとびきりの幸運に恵まれた。執筆中の励ましや方向性の指示、本の形態とデザインについての思慮に富んだ意見、編集者としての確かな技能は称賛に値する。手がつけられない程の長さになった草稿を読みやすくまとめてくれたナオミ・ラック、膨大な量の原稿をプロに徹したいつもの慎重さでタイプしてくれたサンドラ・ルテリエにも謝意を表したい。原稿を読んで感想を聞かせてくれたデイヴィッド・メルコヴィッツ、ジョーン・ヘレン、アリス・アブラッシュにも感謝している。

夫のデイヴィッド・メルコヴィッツ、ジェフとスティーヴとシャーナの三人の子どもたちにもありがとうと伝えたい。私を愛し、私を支え、このプロジェクトをやり遂げる励みとなってくれた。長年に渡って私の感情面と精神面での成長に計り知れないほどの影響を与えてくれた支援グループのコジ、メリステムの同僚達、分析家のドクター・フランシス・パークスにも感謝している。そして、私の両親であるジョンとセルマ・ピアソンにも感謝を伝えたい。二人から与えてもらう愛情と信頼が、私の人生を足元からしっかりと支えてくれている。

最後に、『内なる英雄――人生を支える六つのアーキタイプ（*The Hero Within: Six Archetypes We Live By*）』を読んでくださった皆さんに感謝を捧げたい。反響の大きさを心から喜ぶと同時に、自分の人生に一石を投じるものだったという感想に励まされた。あの本の中で、「この先数年は、書いてあることが正しいかどうかを云々するよりも、執筆後に何を学んだのかと尋ねてほしい」というお願いをした。多くの方々がその願いを聞き入れてくださったおかげで、国内のあちこちで英雄の旅をテーマにした講演やワークショップを実施するたびに、個人やグループとのやりとりを通じて自分の考えが明快になっていった。本書を読んでいただければ、皆さんからの質問に対する、より発展的な回答が見つかるものと思う。

になっている。たとえば、「本書の使い方」では50ページのＨＭＩチャートを利用して得点を図表化できるようになっており、第一部57ページの「自我と魂と自己――それぞれのマンダラ」では、自我、魂、自己に関わるアーキタイプの影響力を容易に比較できる記載方法が紹介されている。

　ただし、自分のことは自分が一番よく知っているものだ。ＨＭＩで算出された得点よりもアーキタイプの活動が活発だったり不活発だったりする場合は、現実に見合うように得点を調整してほしい。

◆ＨＭＩの得点をどう読み解くか

覚えておいてほしいのは、アーキタイプには“優劣”がなく、それぞれのアーキタイプが独自のギフトと教訓を与えてくれるということだ。まず、一番高い得点に注目してほしい。それは、ＨＭＩの得点に基づいた、あなたの人生でとても精力的に活動しそうなアーキタイプを示している。次に、一番低い得点（特に15点以下のもの）に注目してほしい。それは、あなたが現時点では抑えつけたり無視したりするほうがいいと考えているアーキタイプだ。15点以下の値域に近いものについては――

①過去に活性化させすぎた経験があって“アレルギー”と言ってもよさそうな反応を示している

②好ましく思っていないので自分の人生で活動させたくない（あるいは、活動しているのを認めたくない）

――のいずれかの理由で、そのアーキタイプに反感を抱いている可能性がある。

①に該当する場合は、そのアーキタイプとは距離を置きたいと考えているのかもしれない。②の場合は、今まで活動を許されなかったアーキタイプが、あなたの第二の自我や影の資質を象徴していて、自分よりもまわりのほうがそのことに気づいている可能性がある。自分が否認していた側面を改めて主張すると、さまざまな状況に対処するための選択肢が増え、そのアーキタイプが意図せずに主張するポジティブとは言い難い資質に翻弄される場面も減っていくだろう。アーキタイプを思う存分活動させてあげれば、自己表現の内容がよりポジティブなものになって、日々の暮らしにさらなる活力と多様性をもたらしてくれるかもしれない。

ＨＭＩの得点を第二〜四部の各章に設けられた記入欄に転載するのもいいだろう。自分の得点を念頭に置いた上で、それぞれのアーキタイプに関する記述に目を通し、そこに書かれた内容が、自分自身や該当するアーキタイプについて知っていることに合致するかどうか自問してみてほしい。記入欄は全編に渡って設けてあり、取りあげているテーマに照らしながらＨＭＩの得点を解釈できる仕組み

◆得点の集計方法

それぞれのアーキタイプ名の下に、ＨＭＩの設問と同じ番号がついた 欄が６つ用意されているので、「１」から「５」までの得点を書き写す。たとえば、設問17番の回答が「５（あてはまる)」の場合は、「求愛者」の上から３つ目の欄に「５」と書き入れる。すべての空欄を埋めたら、アーキタイプごとの合計点を算出してみよう。それぞれの合計点は６～30点になるはずだ。

集計が終わったら、50ページの「ＨＭＩチャート」を使って得点を図表化し、得点のパターンを視覚的に判断できるようにしてもいいだろう。

幼子	孤児	戦士	援助者	探求者	求愛者
5 ____	14 ____	6 ____	7 ____	33 ____	12 ____
13 ____	22 ____	39 ____	10 ____	47 ____	16 ____
34 ____	27 ____	40 ____	15 ____	51 ____	17 ____
49 ____	30 ____	44 ____	24 ____	62 ____	25 ____
63 ____	50 ____	57 ____	55 ____	70 ____	29 ____
65 ____	71 ____	59 ____	68 ____	72 ____	45 ____
合計 ____	____	____	____	____	____

破壊者	創造者	魔術師	統治者	賢者	道化
2 ____	8 ____	3 ____	26 ____	1 ____	9 ____
4 ____	19 ____	23 ____	32 ____	18 ____	11 ____
21 ____	31 ____	37 ____	35 ____	20 ____	28 ____
52 ____	60 ____	42 ____	38 ____	36 ____	43 ____
61 ____	64 ____	48 ____	46 ____	41 ____	53 ____
66 ____	69 ____	58 ____	67 ____	56 ____	54 ____
合計 ____	____	____	____	____	____

___ 56. 穏やかな気分だ。

___ 57. 攻撃してくる相手には立ち向かう。

___ 58. 状況を変化させるのが好きだ。

___ 59. 人生のあらゆる局面において、成功の鍵は自制心にある。

___ 60. ひらめくことが多い。

___ 61. 望んだとおりの人生を送っていない。

___ 62. どこかにもっといい世界があるのではないかと感じている。

___ 63. 私が出会う人間は信用できる人たちばかりだ。

___ 64. 夢を実現させようとチャレンジしている最中だ。

___ 65. 必要なものはいつか必ず手に入る。

___ 66. 何かを壊したい気分だ。

___ 67. 常に万人の利益を念頭に置いて状況に対処しようとしている。

___ 68. なかなかノーと言うことができない。

___ 69. 名案が次々と浮かんでくるのに、それを実行に移す時間がない。

___ 70. 常にもっといいものはないかと探している。

___ 71. 大切に思っていた相手に失望させられたことがある。

___ 72. 何かを探すという行為は、それを見つけるのに負けないぐらい重要なことだ。

1＝あてはまらない　2＝あまりあてはまらない　3＝どちらともいえない　4＝ややあてはまる　5＝あてはまる

____ 32. 自分にはリーダーの資質があると思う。

____ 33. 自分を向上させる方法を模索している最中だ。

____ 34. 誰かが自分の面倒をみてくれると思う。

____ 35. 責任を負う立場にいるほうがいい。

____ 36. 見かけに惑わされずに真実を見つけようと努めている。

____ 37. 心の内側を変えれば人生も変わる。

____ 38. 人や物を資源として育んでいる。

____ 39. 自分の信念を守るためなら、個人的リスクをもいとわない。

____ 40. 不正行為を黙って見過ごすことができない。

____ 41. 常に客観的でいようと心がけている。

____ 42. 自分が触媒となって周囲に変化をもたらすことが多い。

____ 43. 人を笑わせるのが楽しい。

____ 44. 目標達成のために自制心をはたらかせる。

____ 45. たいていの人間は愛すべき存在だと思う。

____ 46. その人の能力にふさわしい仕事を割り当ててあげるのが得意だ。

____ 47. 自立を守ることは絶対に譲れない条件だ。

____ 48. 人も物も、この世のあらゆることが相互に結びついているのだと思う。

____ 49. 世の中は安全な場所だ。

____ 50. 信頼していた人たちから見捨てられた。

____ 51. 落ち着かない気分だ。

____ 52. 自分に合わなくなったものは手放すようにしている。

____ 53. 深刻な顔をしている人たちをなごませてあげるのが好きだ。

____ 54. ちょっとした混沌《カオス》は魂《ソウル》にとって有益だと思う。

____ 55. 自分を犠牲にして人助けをしたからこそ、以前よりもよい人間になれた。

1＝あてはまらない　2＝あまりあてはまらない　3＝どちらともいえない　4＝ややあてはまる　5＝あてはまる

＿＿ 8．どんな状況でも自分に忠実であろうと心がけている。
＿＿ 9．単調な日々が続くと、新しいことをはじめてみたくなる。
＿＿ 10．他人の世話をすることに喜びを感じる。
＿＿ 11．まわりからはおもしろい人間だと思われている。
＿＿ 12．エロティックな気分だ。
＿＿ 13．故意に人を傷つけようとする人間なんていないと思う。
＿＿ 14．子供のころに育児放棄や虐待に遭った。
＿＿ 15．与えられるよりも、与えるときのほうが幸せな気分になる。
＿＿ 16．「愛する人を失ったとしても、人を愛したことがない人生を送るよりはいい」という考え方に共感する。
＿＿ 17．あるがままの人生を受け入れている。
＿＿ 18．長期的視点から物事を客観的に見るようにしている。
＿＿ 19．自分の人生をつくっている段階だ。
＿＿ 20．物の見方は１つではなく、優れた方法がたくさんあると思っている。
＿＿ 21．今の私は、かつての自分が考えていたような人間ではない。
＿＿ 22．人生は苦悩の連続だと思う。
＿＿ 23．霊的《スピリチュアル》な力のおかげで能力を発揮できている。
＿＿ 24．自分のために行動するよりも他人のために行動するほうが簡単だ。
＿＿ 25．人との関係を通じて満足感を得る。
＿＿ 26．みんなが私の指示を待っている。
＿＿ 27．権力を握っている人たちが恐い。
＿＿ 28．決まりごとを厳密に守ろうとは思わない。
＿＿ 29．人と人との橋渡しをするのが好きだ。
＿＿ 30．見捨てられたように感じている。
＿＿ 31．難しいことを苦もなく成し遂げたことが何度もある。

１＝あてはまらない　２＝あまりあてはまらない　３＝どちらともいえない　４＝ややあてはまる　５＝あてはまる

◆回答方法

❶次の各設問について、５つの選択肢の中からあなたに最も近いものを１つ選び、その数字を空欄に記入する。

1　あてはまらない

2　あまりあてはまらない

3　どちらともいえない

4　ややあてはまる

5　あてはまる

❷すばやく、あまり考え込まずに回答する。

❸正しい判定を得られるよう、設問は飛ばさず、必ずすべてに回答する。確信が持てない場合でも、最善と思えるものを選び、回答を続ける。

___ 1．勝手に判断せずに情報収集を行なう。

___ 2．物事がめまぐるしく変化するので、自分のいまの状況がよくわからない。

___ 3．自分が癒される過程があるから、他人を癒すことができる。

___ 4．人の期待を裏切ってしまったことがある。

___ 5．安全だと感じている。

___ 6．不安は脇に置いて、やるべきことをやる。

___ 7．自分の欲求よりも他人の欲求を優先する。

1＝あてはまらない　2＝あまりあてはまらない　3＝どちらともいえない　4＝ややあてはまる　5＝あてはまる

HMI (Heroic Myth Index; Form E)

HMI（英雄神話指標）は、人生で活性化しているアーキタイプを特定することによって、自分自身や自分以外の人々への理解を深める一助となるように考案されたものだ。設問に答えて得点を集計すると、その人が、本書で紹介する12種類のアーキタイプとどの程度まで共鳴しているかがわかる仕組みになっている。12種類のアーキタイプはどれもが貴重な存在で、それぞれが特別なギフトを授けてくれる。すべてのアーキタイプが私たちの人生で重要な役割を果たしており、優れているものも劣っているものもない。したがって、設問に対する回答にも正解や不正解はないということになる。

Form E of the HMI (©1990 by Carol S. Pearson) was developed by Carol S. Pearson, Sharon V. Seivert, Mary Leonard, and Hugh Marr (with Hugh Marr conducting the validity and test-retested reliability). The original form of the Heroic Myth Index (then called the Personal Myth Index) was published as a thirty-six item self-help test in The Hero Within (1986). Form D, a ten-archetype, sixty-item version of the instrument was designed for Meristem's "*Heroes at Work*" project by the Pearson, Seivert, Leonard team with the technical assistance of Beth O'Brien and Barbara Murry.

Media, 1989), 26-27, 66.

9. John Rowan, *The Horned God: Feminism and Men as Wounding and Healing* (London and New York: Routledge and Kegan Paul, 1987), 7. ローワンは次の文献からまとまった量の文章を引用しているので，本書にも２人の考えが反映されていることになる．Starhawks, *The Spiral Dance* (San Francisco; Harper & Row, 1979).

10. 純粋な性衝動は，人生のエロティックな要素と，超自然的な魂の一面を結びつける体験だ．超越的な――自己から抜け出す――体験が，往々にして，天上の神々や女神と関連づけられるのに対して，本能的な性生活と連携する内なる神や女神の発見は，原初的な土着の神や女神と関連づけられるのが一般的だ．人間は，この連続したつながりのどこかで，本物のジェンダー・アイデンティティを見つけるのかもしれない．最も本能に近いエロティシズムを受け入れることは，文化的に（組織的な宗教においては特に）厳しく禁じられているが，個々の中で眠っている男性性や女性性と結びつくという体験そのものはこの分野の探求に役立つものであり，肉体と霊《スピリット》を一つのものとして体験できる．

11. Singer, *Androgyny*, 333.（前掲）

第20章　ジェンダーと多様性と文化の変容

1. 現在では，女神崇拝の社会から家父長制社会への移行と，それが文化やその機能の仕方に与えた打撃について，数多くの良書が出版されている．初期の参考文献としては次を参照．Merlin Stone's *When God Was a Woman or Carol Ochs's Behind the Sex of God*; William Irwin Thompson's *The Time Falling Bodies Take to Light.*

   ジェンダーと文化をテーマにした近年の文献には次のようなものがある．Marija Gimbutas's *The Language of the Goddess* (San Francisco: Harper & Row, 1989); Elinor W. Gadon's *The Once and Future Goddess* (San Francisco: Harper & Row, 1989); John Rowan's *The Horned God.*

2. キリスト教の伝統においては，ウィッカの信奉者でさえ当初は邪悪なものとはみなされなかったというのに，魔女――もしくは，女神崇拝者――は，悪魔崇拝者と同じ扱いを受けた．彼らは，ネイティブ・アメリカンやアフリカの部族のように，呪術を重視する豊穣神崇拝を実践していた．

3. 女神の霊性《スピリチュアリティ》が果たした役割を掘り下げてみてはどうだろう．さまざまな宗教の英知に敬意を払ったり，キリスト教の教えをひもといて理解を深めたりするのもいいだろう．聖職者はもちろん，教義について話ができる敬虔なキリスト教信者は周囲に大勢いるはずだ．

第21章　人生の神話

1. Houston, *The Search for the Beloved*, 112.

2. 交流分析の基本的概念については，交流分析セラピストのマーシャ・ローゼンに指導を受け，エリック・バーンの次の著作を参考にした．Eric Berne, *Games People* Play［『人生ゲーム入門――人間関係の心理学』南博訳（河出書房新社，2000）］; *What to Do After You Say Hello.*

3. David Feinstein and Stanley Krippner, Personal Mythology: The Psychology of Your Evolving Self (Los Angeles: Jeremy P. Tarcher, 1988), passim.

あらゆる感情や行動を（すなわち，その人が秘めている“男性性”と“女性性”，アニムスとアニマを）体験できると気づくまでは，自分が持っていないものに羨望の念を抱くということではないだろうか．

2．次を参照．Mara Donaldson, “Woman as Hero” in Margaret Atwood’s Surfacing; Maxine Hong Kingston’s *The Woman Warrior in The Hero in Popular Culture*, ed. Pat Brown（Bowling Green, Ohio: Bowling Green State University Press, 1989），101-13.

3．現在ではこのパターンに異議を唱える声が多く，男女ともに競争意識と積極性で目標達成を奨励されるようになった．結果的に，多くの女性が早い段階で“男らしい”エネルギーに支配されかねない状況が生まれた．そうなった場合，女性たちは三十代初めから半ばにかけての時期に危機感を覚え，“女らしさ”を体験したいという衝動に駆られるようになるはずだ．この危機感は，子供を産みたい，家で子供と一緒に過ごす時間を増やしたい，という願望となって現れることが多く，ロマンスへの憧れという形を取ることも考えられる．

4．次を参照．道徳性の発達における男性と女性のちがいについて，非常に有益で啓蒙的な考察が行われており，本書のモデルにも大きな影響を与えてくれた．Carol Gilligan, *In a Different Voice: Pychological Theory and Women’s Development*（Cambridge, Mass.: Harvard University Press, 1982）［キャロル・ギリガン『もうひとつの声——男女の道徳観のちがいと女性のアイデンティティ』岩男寿美子監訳，生田久美子ほか訳（川島書店，1986）］

5．それどころか，今の世の中では従来の伝統的な関係は依存とみなされやすく，場合によっては嗜癖と診断される場合もある．現代では，成人期に入っても両性具有性を適度に発達させるように求められる——これは，伝統的に“男性の”務め，“女性の”務めと定義されていたことを巧みにこなす能力として表現される．現代社会では従来の役割が非常に抑圧的で限定的なものに感じられるので，そうしないと，有機体にストレスが加わってしまうのだ．ただし，両性具有性を高めることは，それ自体が過度の緊張をもたらすものでもある．ユニセックスを好む青年期特有のアイデンティティに後退しないためには，ほとんどの人に心理的解釈の拡大が必要だ．内面のジェンダーにとらわれずに男性性や女性性を正しく発揮できれば，私たちの成長や種の進化に役立つことはまちがいないのだが，容易くは実行できないものなのだ．

真のジェンダー・アイデンティティを見つけるに当たって，性的に異性を好む（あるいは，除外する）必要はない．ゲイの人もレズビアンの人もいるだろう．同性愛者にとっては，独自の男らしさ，女らしさ，両者の融合を表現していくことが大切であり，異性愛者や両性愛者にとっても同じことが言える．性的指向がどのようなものであろうと，自分自身の性を愛することは——性的に愛するかどうかは別にして——異なる性を愛するのと同様に，重要な旅の要素なのだ．

6．Joanna Russ, *The Female Man*（New York: Bantam, 1975），119.

7．リリー・トムリンが主演した一人芝居．特に，1970年代に成人期を過ごして中年の危機を体験している世代の社会的主張ともいうべき作品だった．全世代が70年代の大変革——女性解放運動，潜在能力回復運動，ニューエイジ運動——に影響を受けていることを考えれば，他の世代にとっても，心を揺さぶる人間喜劇として必見，必読の作品だ．Wagner, *The Search for Signs of Intelligent Life in the Universe*, 18.

8．Judith Duerk, A Circle of Stones: *Woman’s Journey to Herself*（San Diego: Lura

歳）では，「自発性」と「罪悪感」との対立が基本的葛藤となり，このジレンマの解決（基本的な家族関係において解決される）によって得られる美徳は「目的意識」である．第４段階の学童期（６～12歳）では，「勤勉」と「劣等感」の狭間でもがき苦しみ，このジレンマの解決（近隣地区や学校で解決される）によって「能力」という美徳を手に入れる．

おそらくは，乳児期の「基本的信頼感」と「不信感」の対立を解決しないまま大人になった人間を大勢見てきたせいで，本書のモデルでは，幼年期全般で――実際には，理想的な子供時代を経て青年期を迎えた人間を除くすべての人に対して――このジレンマが強調されている．エリクソン・モデルにおける幼年期の２～４段階では，段階的に自律と自尊心の感覚を強め，それほど依存せずに周囲に溶け込んでいくことによって幼子と孤児の二元性を解決する助けが得られるようになっている．さらに，依存の対象が，母親（もしくは，最初の養育者や援助者），父親（もしくは，より強い自律を体現する人物），家族，学校，コミュニティ，より規模の大きな集団へと移行していく経緯についても詳細な説明がなされている．

エリクソン・モデルの２～４段階は，幼年期のあり方が戦士のアーキタイプの成長に寄与することを証明している．羞恥心，不信感，罪悪感，劣等感に打ち勝って自律性を手に入れ，自発性と勤勉さを示し，その過程で，意志，目的意識，能力を育んでいくことは，いずれも，戦士のアーキタイプの力を借りた自我の形成とみなすことができるからだ．

エリクソン・モデルの最後の４段階は，幼年期以降の成長をたどっていくものだ．青年期（12～18歳）の重要課題は「アイデンティティ」と「アイデンティティの混乱」の対立（「忠実性」という美徳へ導かれる），若年成人期（19～35歳）の課題は「親交」と「孤立」の対立（「愛情」という美徳へ導かれる）である．前者は探求者の，後者は求愛者の課題に匹敵する．

エリクソン・モデルにおける成人期（35～65歳）の課題は，「生殖性」と「停滞」との葛藤だ（「慈しみ」という美徳に導かれる）．これは，自分の現実を創造するだけではなく，創りあげたものの面倒を見る時期に当たり，援助者，統治者，魔術師のアーキタイプに呼応する．最終段階に当たる老年期の課題は「統合性《インテグリティ》」と「絶望」との葛藤であり，「英知」という美徳へ導かれる．人生に意味を見出す（賢者）ことによって自分の人生を受け入れるように求められるのだ．「絶望」を乗り越えることは，心を開いて喜びを受け入れる（道化）ことに相当する．

第19章　ジェンダーと人の成長

1．フロイトは次のように主張している．少年は母親との結合を，少女は父親との結合を望み，その願望を咎められることを恐れている．少年は特に去勢を恐れるが，これは，少女という存在を，罰を受けて去勢された少年とみなしているためだ．少女も，自分の肉体から何かが取り除かれたような感覚から“ペニス羨望”を体験し，ペニスを持つ相手との関係を通じて自らのアイデンティティを発見することによって代償的な満足感を得る．また，カレン・ホーナイをはじめとする精神分析学者たちは，男性の“子宮羨望”について説得力のある持論を展開し，少なくとも，ペニス羨望に匹敵する重要な心理的動機付けであり，場合によっては，男性に女性蔑視の動機を与えかねないと主張している．要するに，肉体的に異なっていても，心理的には男女両方の

Association for Higher Education, 1980, 13-25. 次も参照. William Perry, Jr., *Forms of Intellectual and Ethical Development in the College Years: A Scheme* (New York: Holt, Rinehart and Winston, 1970).
2. Idries Shah, The Sufis (New York: Anchor Books, 1971), 351. [イドリース・シャー『スーフィー――西欧と極東にかくされたイスラームの神秘』久松重光訳（国書刊行会，2000)]
3. Luthman, *Energy and Personal Power*, 62.

第17章 道化

1. William Willeford, *The Fool and His Scepter: A Study in Clowns and Jesters and Their Audience* (Evanston, Ill: Northwestern University Press, 1969), 155. [ウィリアム・ウィルフォード『道化と笏杖』高山宏訳（晶文社，1983)]
2. 同上
3. Enid Welsford, *The Fool: His Social and Literary History* (Garden City, N.Y.: Double-day, 1961), 326-27. [イーニッド・ウェルズフォード『道化』内藤健二訳（晶文社，1979)]
4. Suzuki, *Zen Mind, Beginner's Mind*, 62.（前掲）
5. Hixon, *Coming Home*, 123.（前掲）
6. Jane Wagner, *The Search for Signs of Intelligent Life in the Universe* (New York: Harper & Row, 1985), 18.
7. Annie Dillard, *Pilgrim at Tinker Creek* (New York: Harper & Row, 1974), 278. [アニー・ディラード『ティンカー・クリークのほとりで』金坂留美子訳（めるくまーる社，1991)]

第18章 二元性から全体性へ

1. これと最も似かよった成長モデルは，著者が知る限りではエリック・エリクソンによるものだが，エリクソンのモデルは――ほとんどの理論家のモデル同様――幼年期よりも成人期の成長に着目したものだ．詳しくは次を参照．Erik Erikson, *The Life Cycle Completed* (New York: W. W. Norton, 1982).

もっとも，本書モデルが，研究当初に読んだエリクソンの著書に影響を受けていることは想像に難くない．もちろん，現在の研究対象であるユング派心理学による影響も大きく，どちらの理念も，生涯を通じた元型的進歩という考え方の基本的な枠組みづくりを提供してくれるものだ．

エリクソンのモデルによる最初の四段階は幼年期に焦点を合わせたもので，幼子と孤児の二元性に包含された期間に相当する．したがって，エリクソン・モデルの4つの段階は，幼子／孤児／聖なる子供の論証をより明快にするものだ．エリクソンは，乳児期の課題は「基本的信頼感」と「不信感」との葛藤にあると述べている．このジレンマの解決（母親との関係に焦点が当てられる）によって得られる美徳は「希望」である．

第2段階に当たる幼児期（2～3歳）では，成長過程で「自律」と「羞恥心や不信感」との葛藤を克服しなければならない．このジレンマの解決（父親との関係において解決される）よって得られる美徳は「意志」である．第3段階の遊戯期（3～5

る人々だ．それとは別に，権力者と無力な人々について学習する手段とみなす人もいるかもしれない．

強制収容所での体験や，それに匹敵する過酷で痛ましい体験に，体験者が自ら選び取ったものであるかのような命名をすることを，言葉の暴力のように――自分から不健全なものを選んだ面もあると指摘されているように――感じる人もいるだろう．そういう人々に自分の現実は自分で創りあげたものだとほのめかすのは残酷で思いやりに欠ける行為であり，一種の“無名化”とも言える．したがって，魔術師にとっては物事を複合的にとらえることが最善の道であり，「一人の人間を幸福にする“命名”は他の人間も幸福にする」という思いこみは絶対にやめるべきだ．

9．アン・ウィルソン・シェフ考案によるプロセスワークより．シェフには次の著書がある．Women's Reality (Minneapolis: Winston Press, 1981); *When Society Becomes an Addict* (San Francisco: Harper & Row, 1987).［A・W・シェフ『嗜癖する社会』斎藤学監訳（誠信書房，1993)］

10. 多くの治療師《ヒーラー》は専門分野を１つに絞っている．現代医学の医師は肉体の治療を専門としており，ごく最近までは，肉体面以外の治療の有効性を否定する傾向にあった（ただし，心因性疾患は例外とする）．心理学者は情緒面に焦点を当て，心的外傷から解放され，健全な方法で感情表現ができるように手助けする．カウンセラーや指導者は健全な考え方を広めることを専門としており，人々の心を育み，多くの場合は治療を行なう．それに対して，シャーマンをはじめとする霊的治療師《スピリチュアル・ヒーラー》や霊的指導者《スピリチュアル・ティーチャー》たちは，霊的レベルでの治癒に焦点を当てている．

こうした専門化はある程度までは理にかなっているが，極端に走って排他的になってしまうと，治療師が１つの方法に傾倒して視野を狭め，自分自身や治療を受ける人々に損害を与えかねない．これは衆知の事実だが，世の中には感情や魂にまったく関心を持たない医師が存在する――しかも，結果的に，肉体の世話《ケア》すら充分にできていないことも珍しくない．それとは逆に，霊性面の治療に焦点を当てている人々は，肉体の不調を放置しておくことが少なくない．誰よりも優秀な治療師は――彼らも専門分野を持ってはいるが――治療の際に４つの領域のすべてを統合させる．他の治療法を紹介する場合もある．（“患者の扱い”に優れている医師の常として）自分という存在によって統合を行う場合もある．彼らの全体性《ホールネス》が波及効果をもたらすのだ．ただし，さまざまな治療法を寄せ集めるというのが現代社会における現実であり，私たちは自分の傷の領域を専門とする治療師を探し，別の領域については別の治療師を探さなければならない．

11. 次を参照. Shirley Nicholson, ed., *Shamanism: An Expanded View of Reality* (Wheaton, Ill.: Theosophical Publishing House, 1987); Harner, *The Way of the Shaman*（前掲書）

12. Ursula Le Guin, *A Wizard of Earthsea* (New York: Bantam Books, 1968), 180.［アーシュラ・K・ル＝グウィン『影との戦い』清水真砂子訳（岩波書店，2000)］

第16章　賢者

1．Lee Knefelkamp, “Faculty and Student Development in the 80s: Renewing the Community of Scholars,” in *Integrating Adult Development Theory with Higher Education Practice*, Current Issues in Higher Education, No. 5, American

ドラマのキャラクターが挙げられる），一般的には邪悪な魔術師とみなされている．
3．Claremont de Castillejo, *Knowing Woman*, 178.
4．Serge King, "The Way of the Adventurer," in Shirley Nicholson, *Shamanism: An Expanded View of Reality*（Wheaton, Ill.: Theosophical Publishing House, 1987), 193.
5．もちろん，戦士を目覚めさせようとして障害にぶつかることもあるだろう．自分が強く望んでいても，まだ魔術師を目覚めさせる時ではないという場合もある．ただ単に，自分を主張したり，自分の価値観を守るために闘ったりするのに必要としていることも考えられる．
6．マイケル・ハーナーは，著書や自身のワークショップで，一定のテンポでドラミングを行ないながら通常とはちがう意識の状態に入っていく方法を紹介している．ドラミングによって脳波のパターンが変わり，意識が異空間に入っていくことが可能になるという．Michael Harner, in *The Way of the Shaman*（San Francisco: Harper & Row, 1980).［マイケル・ハーナー『シャーマンへの道』高岡よし子訳（平河出版社，1989)］

カルロス・カスタネダの一連の著書でシャーマンの役を務めるドン・ファンは，ドラッグの力を借りてカスタネダを異次元へ導くが，後に，そのような境地に到達するには必ずしもドラッグは必要なく，カスタネダの注意を引くための手段にすぎなかったと認めている．実を言えば，ドラッグは1960年代，70年代には別の次元と接触する手段として広く用いられ，後になってから，ほとんどの人にとって危険きわまりない手段であることが明らかになった．薬物中毒は現代社会における緊急の課題なので，ドラッグの利用は絶対にやめさせなくてはならない．
7．これは，不安に対処する方法としても有効なアプローチだ．心配事が頭から離れない時は，恐れていた事態に建設的な方法で対処する場面を思い描いてみるといい．そうすれば，大惨事になると恐れていたことが，誰にでも起こり得る対処可能な出来事になる．このアプローチは，航空会社が自分のスーツケースを紛失するのではないか（「機内持込用の鞄に荷物を分けておけば，お手上げ状態になることはない」），癌になったらどうすればいいのか（「医療保険に入って，従来の治療や代替治療をことごとく調べておけば，視野が広がるはずだ」）といった，日常的な不安にも応用できる．
8．感情的な解釈は禁物であり，自分の生き方を選ぶことと，人生に対する責任を負うことを混同しないようにしてほしい．ここでは，強制収容所に入れられるという（考え得る限りの）極端な状況を例に挙げて考えてみよう．自分で今の状況を選んだ面もあると仮定した場合，その仮定によって計り知れないほどの苦痛が消えることはないし，自分に責任があるとか，何らかの自虐的な必要性から苦しみを選んだという結論にも至らない．ところが，成長のために選んだ一つの機会とみなしてみると，どういう種類の成長を意味しているのか考えることが可能になる．

中には，幸福や安楽への執着を克服する機会ととらえる人もいる（仏陀も，欲望に負けないためには執着を絶つべきだと語っていた）．破壊者によるイニシエーションや，より深い境地に到達するための選択ととらえる人もいるだろう．また，自分の勇気を試し，大きな脅威や強迫にさらされた時も自分の価値観や信念に忠実でいられることを確認する機会ととらえる人もいるかもしれない．あるいは，別の強制収容所からの生還者に対する愛情や慈しみの気持ち，どんな目に遭おうとも自分は虐げる側の人間にはならないという自尊心を味わう人もいるだろう．いずれも魂を持ち続けてい

W. W. Norton & Co., 1988).［ジェームズ・ラヴロック『ガイアの時代――地球生命圏の進化』星川淳訳（工作舎，1989)］

5．William Butler Yeats, "Among School Children," in *The Collected Poems of W. B. Yeats* (New York: Macmillan Co., 1956), 214.［『イェイツ詩集』「小学生たちのなかで」高松雄一編（岩波書店，2009)］

第14章　統治者

1．Tom Robbins, *Even Cowgirls Get the Blues* (Boston: Houghton Mifflin, 1976), 43.［トム・ロビンズ『カウガール・ブルース』上岡伸雄訳（集英社，1994)］

第15章　魔術師

1．ほとんどの現代人が「魔術師」という言葉から連想するのは，奇跡を起こす人間ではなく，策を弄して人を欺くトリックスターだろう．彼らの騙しのテクニックは，人を愉しませることはあっても，本物の魔法とは呼べないものだ．確かに，今の社会では大勢の人々，場合によってはほとんどの人々が，魔法や奇跡を信じていない．実を言えば，それは自我の発達にとっては重要なことだ．子供のころは誰もが，「強く願えば望んだとおりのことが起こる」といった夢想に耽る．成長するにつれて迷信を信じなくなり，それと同時に，「問題が魔法のように雲散霧消する」「必ず救いの手が差し伸べられる」といった信念もなくしていく．
　魔法の力を信じる前に，自分の旅と，旅がもたらす魂のイニシエーションの両方を体験して，人生の統治者になる責任を引き受けておくことも重要だ．魔法は，善行のために用いるのと変わらない容易さで悪事に利用されてしまうので，自我の器をつくりあげて――そして，人格，力，自制心，他人への思いやりの気持ちを身につけて――自分の魂と触れあうまでは，面白半分に力をひけらかすような真似はしないことだ．私たちの魂は，宇宙の根本原理と触れ合い，宇宙の流れに乗って生きていくための手掛かりを教えてくれる．責任を持って魔法を使うためには，統合性《インテグリティ》――自分自身の価値観を持ち続けながら，時にはそれを越え，魂の求めに忠実であり続ける生き方――が必要だ．さもないと周囲に害を及ぼすかもしれない．だからこそ，魔術師は自己のアーキタイプなのだ．建設的な魔術師は，本物の存在になったおかげで魂を招き入れるところまで自我を拡大させた人々の中でしか活動しない．

2．魔女とみなされるようになった女性たちは，実際には，自然や人間に内在する女神を崇拝するウィッカの信奉者だった．「魔女」という言葉に対してほとんどの人が否定的なイメージを抱くようになったのは，「自然」「肉体」「性衝動」「女性」を悪魔と結びつけたキリスト教教会が土着の宗教を迫害したことが原因だ．たとえば，私たちが思い浮かべるキリスト教の悪魔は，角と蹄を持ったいたずら好きのパーンの姿と深く結びついている．だが，半獣神のパーンは邪悪な神ではなく，人間界と自然界の橋渡しをする存在だ．ジョーゼフ・キャンベルが説明しているように，人々から敬われていた神も，信仰が変われば悪魔の化身にされてしまう．事実，家父長制の社会で権力者が強い力を持つと，女性特有のパワーは禁忌の力である女神のパワーと結びつけられるようになった．そうやって，女性たちの魔法の力は闇に葬られた．女性の魔術師が健全なイメージを持つ例はごく希で（例外としては，おとぎ話で主人公を助ける妖精や，『かわいい魔女ジニー』(1965～70年）に登場する精霊《ジニー》のようなコメディ・

5. Matthews, *At the Table of the Grail*, 6-7.
6. Hillman, *Re-Visioning Psychology*, 55-112.（前掲）
7. Adrienne Rich, "Fantasia for Elvira Shatayev," *The Dream of a Common Language: Poems 1974-1977*（New York: W. W. Norton & Co., 1978）, 4-6.

第11章　破壊者

1. 孤児と破壊者はどちらもこの実存的危機に懸命に対処する．孤児が問題視するのは遺棄であり，私たちを慈しんでくれる元型レベルでの両親《コズミック・ペアレント》の存在自体に疑問を投げかける．破壊者の拳が振り下ろされると，私たちは自分が成長したように感じ，以前ほど神に親の役割を求めなくなる．人生は無意味だという思いに駆られてしまうのは，私たちが依然として宇宙が合理的な判断を下すことを望んでいるせいなのだ．
2. Annie Dillard, *Holy the Firm*（New York: Harper & Row, 1977）, 76.
3. John Sanford, *Evil: The Shadow Side of Reality*（New York: Crossroad, 1988）, 10.
4. Sylvia Brinton Perera, *Descent to the Goddess: a Way of Initiation for Women*（Toronto: Inner City Books, 1981）, 78.［シルヴィア・B・ペレラ『神話にみる女性のイニシエーション』山中康裕監修，杉岡津岐子ほか訳（創元社，1998）］
5. Robert Johnson, Ecstasy: *Understanding the Psychology of Joy*（San Francisco: Harper & Row, 1987）, 29-30.

第12章　求愛者

1. Shirley Gehrke Luthman, *Energy and Personal Power*（San Rafael, Calif.: Mehetabel and Co., 1982）, 85.
2. Matthew Fox, *The Coming of the Cosmic Christ*（San Francisco: Harper & Row, 1988）, 178.
3. Starhawk, *Truth or Dare*（San Francisco: Harper & Row, 1987）, 206.
4. Irene Claremont de Castillejo, *Knowing Woman: A Feminine Psychology*（New York: G. P. Putnam's Sons, 1973）.
5. Lex Hixon, *Coming Home: The Experience of Enlightenment in Sacred Traditions*（Los Angeles: Jeremy P. Tarcher, 1978）, 120-21.［レックス・ヒクソン『カミング・ホーム――文化横断的"悟り"論』高瀬千図監訳，高瀬千尋訳（コスモス・ライブラリー，2001）］
6. Ntozake Shange, *For Colored Girls who have Considered Suicide When the Rainbow is Enuf*（New York: MacMillan Publishing Co., 1977）, 31.［ヌトザケ・シャンゲ『死ぬことを考えた黒い女たちのために』藤本和子訳（朝日新聞社，1982）］
7. Palmer, *The Promise of Paradox*, 37-39.

第13章　創造者

1. Luthman, *Energy and Personal Power*, 63.
2. Hugh Prather, *A Book of Games: A Course in Spiritual Play*（New York: Doubleday, 1981）
3. Hillman, *Re-Visioning Psychology*, 44（前掲）
4. James Lovelock, *The Ages of Gaia: A Biography of Our Living Earth*（New York:

葉といった，人類の基本的な発明の多くを考案した．望むものはすべて手に入れたが，戦士だけはいなかった．

結果的に，平和と慈しみにあふれた社会は，はるかに野蛮で，発明の才に劣る家父長制の部族に滅ぼされる．この部族は文化的にもはるかに未熟だったが——当初は文化面での後退が見られたほどだった——武力を備え，冷酷だった．

3．解決方法や対処方法の優劣を判断する手法は，戦士の心理的タイプによって異なる．思考型は，客観的な視点で公平性を追求しようと考え，複数の選択肢の中から分析的なプロセスに基づく入念な識別を行う．感情型は，思いやりを持ち，個人的な価値観に忠実であろうと努め，自分の判断に影響される人々に最大の幸福がもたらされるように配慮するという，主観的な視点に立って識別する．次元の高い戦士の中には，優しさという人間の資質と，正義という抽象的な理念のバランスを取ることで，感情と思考をうまく統合できる者もいる．

4．Chogyam Trungpa, Shambhala: *The Sacred Path of the Warrior* (Boston: Shambhala, 1978), 33-34.［チョギャム・トゥルンパ『シャンバラ——勇者の道』沢西康史訳（めるくまーる，2001）］

第9章　援助者

1．援助者は，心理的タイプに応じ，多用な手段で他者のニーズや願望を認識して世話をする．情緒型は，高度なレベルに発達した共感の力を使って他者のニーズや願望を探っていく可能性があり，直観的な情緒型は特にその傾向が強い．感覚的な思考型の場合は，鋭い観察眼と熟慮で世話をしている相手のニーズを見きわめ，彼らが求めるものを提供する手段を見つけようとする．ただし，いずれのタイプの援助者も，批判よりも人助けのほうが重要だと訴えている．

2．キャロル・オクスに代表される理論家たちは，1つ目の援助者の様式をフェミニズムの意識と，2つ目の様式を家父長制の意識と関連付けている．木や女神の象徴性とその神学的含意についての詳しい情報については次を参照．Carol Ochs, *Behind the Sex of God: Toward a New Consciousness——Transcending Matriarchy and Patriarchy* (Boston: Beacon Press, 1977)

第10章　探求者

1．Mario A. Jacoby, *Longing for Paradise: Psychological Perspectives on an Archetype, trans. Myron B. Gubitz* (Boston: Sigo Press, 1980), 207.［マーリオ・ヤコービ『楽園願望』松代洋一訳（紀伊國屋書店，1988）］

2．Pearl Mindell, paper delivered for the Professional Development Program in Depth Psychology, Wainwright House, Rye, New York, September 1989.

3．純潔を守って聖杯を見つけた騎士は，ガラハッド，パーシヴァル，ボールスの3人だけだった．3人は聖杯を携えて東国の聖都サラスへ赴き，そこで聖杯の奥義を授けられる．ガラハッドはそのまま「荘厳な光に包まれて天に召される．パーシヴァルは聖杯城に戻って新たな王となり，ボールスは探索の奇跡を伝えるためにキャメロットへ向かう」．John Matthews, *At the Table of the Grail: Magic and the Use of Imagination* (New York: Routledge and Kegan Paul, 1987), 6-7.

4．Brian Cleeve, "The World's Need," from Matthews, *At the Table of the Grail*, 56.

飢えており，ふつうの善悪の概念では左右されない，人びとにいたずらをするか，人びとからいたずらをされるかしている，ひどく性欲旺盛な主人公を持っている．ほとんどどこでも，彼は神聖な特徴を持っている」

3．Hillman, *Re-Visioning Psychology*, 35, 51.（前掲）

4．Hal Stone, *Embracing Our Selves: The Voice Dialogue Method*（San Rafael, Calif.: New World Library, 1989）

第6章　幼子

1．William Irwin Thompson, *The Time Falling Bodies Take to Light: Mythology, Sexuality, and the Origins of Culture*（New York: St. Martin's Press, 1981), 9, 27.

2．Riane Eisler, *The Chalice and the Blade: Our History, Our Future*（San Francisco: Harper and Row, 1987), 186-87.［リーアン・アイスラー『聖杯と剣――われらの歴史，われらの未来』野島秀勝訳（法政大学出版局，1991)］

3．Marion Woodman, *Addiction to Perfection*（Toronto: Inner City, 1982).

第7章　孤児

1．Albert Camus, *The Rebel*（New York: Vintage, 1956), 304, 306.［アルベール・カミュ『反抗的人間』佐藤朔訳（新潮社，1973)］

2．Madonna Kolbenschlag, *Lost in the Land of Oz: The Search for Identity and Community in American Life*（San Francisco: Harper & Row, 1989), 9, 42, 186.

3．James Hillman, "Betrayal," *Loose Ends: Primary Papers in Archetypal Psychology*（Dallas, Texas: Spring Publications, 1975), 63-81.

4．Jean Houston, *The Search for the Beloved: Journeys in Sacred Psychology*（New York: St. Martin's Press, 1987), 104-21.

5．実際は，私たちが負う傷には本書で紹介する4つのアーキタイプが関連する．1つ目は幼子が負う傷で，孤児を目覚めさせて自我を育むプロセスを開始させる．2つ目は，確立された自我，バランスのとれた自我，成熟した自我が破壊者に負わされる傷であり，自分という人間や世界の存在意義についての認識を否定され，幻想を打ち砕かれ，自分のアイデンティティを魂のレベルで発見する機会を手に入れる．この傷がきっかけで，慎重に構築されてきたアイデンティティそのものの構造が解体され，自己が自由に表現できるように自我を建て直す必要性が生じるのだ．3つ目は，求愛者がキューピッドの矢に射抜かれた時の傷であり，苦労して手に入れた自律が，自分以外の物や人に対する愛情に“侵略”された時に負うものだ．この体験の後には，二度と自分のためだけに行動することはない．最後が，私たち一人ひとりの中にいる統治者の傷であり，この傷を癒すことで王国の復興や改革がどんなふうに進んでいくのかを知る．

第8章　戦士

1．Eisler, *The Chalice and the Blade*, passim.（前掲）

2．リーアン・アイスラーの前掲書によれば，かつては女性中心の（女性性を尊重し，女神を崇拝する）社会が世界規模で存在し，平和をこよなく愛し，創意に富んだ豊かな暮らしが営まれていた．人々は火を発見し，工芸，農業，車輪，話し言葉，書き言

まったと主張している．Edinger, *Ego and Archetype*, 231-32.

7．John Matthews and Marian Green, *The Grail Seeker's Companion: A Guide to the Grail Quest in the Aquarian Age*（Wellingborough, Northhamptonshire: The Aquarian Press, 1986）, 19.

8．ヤコブも大腿部に傷を負ったことに注目．これは父や兄との関係が断絶したことに関わる傷であり，父を欺いて双子の兄の長子特権を奪ったことに起因する．ただし，傷を負ったのは天使と格闘した時とされているので，傷そのものは，ひびの入った近親関係の証であると同時に，圧倒的神秘《ヌミノース》との結びつきを可能にする開放の証でもある．

9．Marion Zimmer Bradley, *The Mists of Avalon*（New York: Alfred A. Knopf, 1983）.［マリオン・ジマー・ブラッドリー『アヴァロンの霧』岩原明子訳（早川書房，1988）］

10．Emma Jung and Marie-Louise von Franz, *The Grail Legend*（Boston: Sigo Press, 1970）, 389.

11．Shunryu Suzuki, *Zen Mind, Beginner's Mind: Informal Talks of Zen Mediation and Practice*（New York: Weatherhill, 1974）, 75.［鈴木俊隆『禅マインド　ビギナーズ・マインド』松永太郎訳（サンガ，2012）］

12．アーサー・ダイクマンは次のように述べている．「観察する自己には文字通りの意味での限界がなく，我々の思考や知覚によって形成される客観世界に属するものではない．したがって，我々の体験の土台であるが故にほとんど意識されることのない超越的要素を，日常的に意識している．“超越的”という言葉を使うのは，主観的な意識――観察する自己――が，それ自体は観察されることなく永遠に意識の外に置かれた状態にあるとすれば，他のものとは異なる秩序のもとで存在する可能性が高いからだ．その性質が根本的に異なっていることが明らかになるのは，我々が，観察する自己には特色がないと気づく瞬間だ．何を映し出そうと鏡そのものに影響が及ぶことはないように，観察する自己もまわりの世界から影響を受けることはない」．Arthur Deikman, in *The Observing Self: Mysticism & Psychotherapy*（Boston: Beacon Press, 1983）, 45.

13．バーバラ・ウォーカーは，世の中の出来事を冷静に観察するまなざしを，老賢女，もしくは，老婆と関連づけ，それを体現するのが「人の魂を探ることができる，巨大な目をしたシリアの女神マリ」であると述べている．ウォーカーはさらに，インドのシャクティ，グノーシス主義派のソフィア，ユダヤ教のシェキーナといったように，英知そのものが女性の姿で描かれた例を挙げている．ギリシャの神々の中では，アテーナーを産んだメーティス（メドゥーサとする神話もある）が，知恵の女神として神の意思を具現化している．Barbara Walker, in *The Crone: Woman of Age, Wisdom and Power*（San Francisco: Harper & Row, 1985）, 58.

第５章　英雄的精神を超えて

1．C. G. Jung, “On the Psychology of the Trickster Figure”, in Paul Radin, *The Trickster: A Study in American Indian Mythology*（New York: Shocken, 1987）, 200.［ポール・ラディン『トリックスター』皆河宗一訳（晶文社，1974）］

2．ポール・ラディンは前出の『トリックスター』で，神話の重要性を次のように要約している．「北アメリカにおけるいわゆるトリックスター神話のすべての圧倒的多数は，地球創造，いや，少なくとも世界の変化を説明し，つねにさまよい歩き，つねに

樋口和彦ほか訳（創元社，1985）]

3．Titus Burckhardt, *Alchemy: Science of the Cosmo, Science of the Soul*（Worcester, England: Element Press, 1987）, 11-33.

4．ジューン・シンガーは次のように述べている．「婚姻は，性質が異なる２つの存在物の結合を象徴している――つまり，一番の目的は受胎して第三の存在を生み出すことにあり，生まれてくるのは，本質的には独立した存在でありながら，第一の存在と第二の存在の特徴を備えたものとなる．男女の婚姻は――そして，子供の出産は――個人的，直接的な方法で，その領域の土台となるドラマであり，天地創造の神話の冒頭を飾る出来事だ．その種の神話では，必ずといっていいほど壮大な“全”“混沌”“無”が広漠たる空間に存在し，やがて，何らかの欲求や思いつきがきっかけとなって分裂が起こる．そこではじめて，１つだったものが２つになる．空と大地，光と闇，男性と女性，主役としての光り輝く神と敵役としての影の神――二元性については数え切れないほどのバリエーションがある」．June Singer, *The Unholy Bible: a Psychological Interpretation of William Blake*（New York: Harper & Row, 1970）, 231.

5．June Singer, *Androgyny: Toward A New Theory of Sexuality*（Garden City, N.Y.: Anchor Press/Doubleday, 1976）, 183-207.［Ｊ・シンガー『男女両性具有――性意識の新しい理論を求めて』藤瀬恭子訳（人文書院，1981）]

第４章　自己――自分という人間を表現する

1．ジェイムズ・ヒルマンは，老いた王（個人的には，「老いた女王」も加えておきたい）と聖なる子供との対立がもたらす再生について，次のように述べている．「……老王の声も，聖なる子どもを通じて語るまだ生まれていない自己の声も，両方共正しいのである．このような葛藤から，新しい心理的立場が生ずることがあり，これもまた新しい道徳と呼べるだろう……（中略）……自分の見方を変えるように老王を強制する内的必要性は，最初はまだ小さな個人的良心の声で語る」．James Hillman, in *Insearch: Psychology and Religion*（New York: Charles Scribner and Sons, 1967）, 89.［ジェームス・ヒルマン『内的世界への探求――心理学と宗教』樋口和彦ほか訳（創元社，1990）]

2．漁夫王《フィッシャー・キング》の伝説は，王国の荒廃は統治者が傷を負っていることが原因だと教えてくれる．統治者の傷を癒して王国の再生を果たすためには，若い英雄の力が必要だ．漁夫王が傷を負った原因についてはさまざまなバージョンがあるが，その多くは王の性衝動と関連づけられている（股間か大腿部に傷を負っているというのが典型例だ）．

3．エドワード・Ｆ・エディンガーは，イエス・キリストは自己の象徴であり，イエス・キリストの血は「霊魂」を具現化したものだと述べている．したがって，聖餐の場でキリストの血を飲む行為には，魂を体内に取り込むという意味がある．エディンガーはさらに，イエス・キリストとディオニュソスにも関連を見出し，どちらも自己を神話化した存在ととらえている．Edinger, in *Ego and Archetype*, 228.

4．Parker Palmer, *The Promise of Paradox: A Celebration of Contradictions in the Christian Life*（Notre Dame, Ind.: Ave Maria Press, 1980）, 15-44.

5．Burckhardt, *Alchemy*, 155.

6．エディンガーは自己の象徴を両性具有的なものとして強調しており，家父長制にとらわれた神学者たちが，イエス・キリストから喚起される両性具有性を曖昧にしてし

原注

はじめに

1．ジェイムズ・ヒルマンは，私たちの身に降りかかる“病気”は，精神面や感情面の疾患も含め，すべてが神々からの呼びかけの声だと解釈している．詳しくは，ユング派以降の元型心理学の文献として名高い次を参照のこと．*Re-Visioning Psychology*（New York: Harper & Row, 1975），57-112.［ジェイムズ・ヒルマン『魂の心理学』入江良平訳（青土社，1997）］．本書では，病理だけではなく，人が直面するあらゆる問題をこの概念にあてはめた考察を行なっている．
2．キャンベルは，〈出立〉〈イニシエーション〉〈帰還〉という3つのステージを設定している．次を参照．Joseph Campbell, *The Hero with a Thousand Faces*（Princeton: Princeton University Press, 1949）［ジョゼフ・キャンベル『千の顔をもつ英雄』平田武靖ほか監訳（人文書院，1984）］; Carol S. Pearson and Katherine Pope, *The Female Hero in American and British Literature*（New York: Bowker Book Co., 1981）．
3．本書で紹介するアーキタイプの働きは，次のワークブックで初めて定式化された．Sharon V. Seivert and Carol S. Pearson, *Heroes at Work*, a workbook that is available through Meristem.

第2章　自我——内なる子供を守る

1．専門用語に不慣れな読者には次を参考文献として挙げておく．Sigmund Freud, *The Ego and the Id*, trans. Joan Riviere（New York: W. W. Norton, 1960）［ジークムント・フロイト『自我とエス』道籏泰三訳（フロイト全集18，岩波書店，2007）］; Calvin S. Hall, *A Primer of Freudian Psychology*（New York: New American Library, 1954）［カルヴィン・ホール『フロイト心理学入門』西川好夫訳（清水弘文堂書房，1976）］; Theodore Lidz, *The Person: His Development Throughout the Life Cycle*（New York: Basic Books, 1968）．ユング派の自我に関する見解については次を良書として挙げておく．Edward F. Edinger, *Ego and Archetype: Individuation and the Religious Function of the Psyche*（New York: Penguin, 1973）．
2．精神面や感情面の疾患を患っていると，自我の準備が整っていない状態で，自分の意志とは無関係に魂の旅に送り出されてしまうことがある．その場合，単独での旅は危険きわまりないものになる．必ず，訓練を積んだ専門家に案内役を務めてもらうこと．

第3章　魂——神秘を体験する

1．魂についての考察，魂と霊《スピリット》の相違点については次を参照．Hillman, *Re-Visioning Psychology*（前掲）; *Archetypal Psychology: A Brief Account*（Dallas: Spring Publications, 1985）．
2．Esther Harding, *Women's Mysteries: Ancient and Modern*（New York: Harper & Row, 1971），1.［M・エスター・ハーディング『女性の神秘——月の神話と女性原理』

著者紹介
キャロル・S・ピアソン（Carol S. Pearson）
メリーランド大学カレッジパーク校元教授。英文学博士（ライス大学）。心理学者カール・ユングや神話学者ジョーゼフ・キャンベルらの研究成果をベースに、個人や組織の変容を促す各種プログラムを発表している。著書は本書のほか、『*The Hero Within*』『*Magic at Work*』などがあり、世界各国で翻訳出版されている。

監訳者紹介
鏡リュウジ（Ryuji Kagami）
心理占星術研究家・翻訳家。国際基督教大学卒業、同大学院修士課程修了（比較文化）。英国占星術協会会員、英国職業占星術協会会員。日本トランスパーソナル学会理事。平安女学院大学、京都文教大学客員教授。著書に『鏡リュウジ　星のワークブック』（講談社）、『占星綺想』（青土社）、訳書にジェイムズ・ヒルマン『魂のコード』（河出書房新社）、マギー・ハイド『ユングと占星術』（青土社）、リズ・グリーン『占星学』（青土社）、『世界史と西洋占星術』（柏書房）など多数。

訳者紹介
鈴木彩織（Saori Suzuki）
翻訳家。訳書に、アンドリュー・スミス『月の記憶』、ジュリア・キャメロン『今からでも間に合う大人のための才能開花術』（以上、ヴィレッジブックス）、ダイアン・セッターフィールド『13番目の物語』（NHK出版）などがある。

英雄《えいゆう》の旅《たび》 ヒーローズ・ジャーニー
——12のアーキタイプを知《し》り、人生《じんせい》と世界《せかい》を変《か》える

2013年 9 月30日　初版第 1 刷発行
2024年 3 月 1 日　初版第 5 刷発行

著　者　キャロル・S・ピアソン
監訳者　鏡リュウジ
訳　者　鈴木彩織
発行人　淺井亨
発行所　株式会社実務教育出版
〒163-8671　東京都新宿区新宿1-1-12
電話　03-3355-1812（編集）
電話　03-3355-1951（販売）
振替　00160-0-78270
装　幀　重原隆
印　刷　シナノ印刷株式会社
製　本　東京美術紙工協業組合

ISBN978-4-7889-0789-8　C0011